本书获"广西大学中西部高校提升综合实力计划"经费资助

请缨日记校注

广西地方古籍整理研究丛书·第二辑

［清］唐景崧 著

李寅生 李光先 校注

上海古籍出版社

图书在版编目(CIP)数据

请缨日记校注/(清)唐景崧著;李寅生,李光先
校注.—上海:上海古籍出版社,2016.12
(广西地方古籍整理研究丛书. 第二辑)
ISBN 978-7-5325-8294-5

Ⅰ.①请… Ⅱ.①唐… ②李… ③李… Ⅲ.①史料—
中国—清代 Ⅳ.①K250.6

中国版本图书馆 CIP 数据核字(2016)第 272383 号

广西地方古籍整理研究丛书(第二辑)

请缨日记校注

[清]唐景崧 著

李寅生 李光先 校注

上海世纪出版股份有限公司
上 海 古 籍 出 版 社 出版

(上海瑞金二路 272 号 邮政编码 200020)

(1)网址:www.guji.com.cn
(2)E-mail:guji1@guji.com.cn
(3)易文网网址:www.ewen.co

上海世纪出版股份有限公司发行中心发行经销
浙江临安曙光印务有限公司印刷

开本 890×1240 1/32 印张 17 插页 3 字数 480,000
2016 年 12 月第 1 版 2016 年 12 月第 1 次印刷
ISBN 978-7-5325-8294-5

Ⅰ·3123 定价:68.00 元

如有质量问题,请与承印公司联系

总　序

梁　扬

　　在自治区党委、广西大学党委有关领导的大力支持下,经过广西大学文学院师生的共同努力,《广西地方古籍整理研究丛书》第一辑(10种)已于 2011 年 12 月在巴蜀书社出版①,第二辑(10 种)亦将在上海古籍出版社付梓②,第三至六辑(46 种)已完成初稿,一俟机会成熟,亦当陆续修订面世。另有 7 种已先期单独出版③。这将是对广西地方古籍文献中作家别集的一次空前规模的整理,也是对广西地域文学与文化的一次比较深入的发掘研究和重要创获。

一

　　我国浩瀚的古籍文献,以历史之悠久、数量之繁多、内容之丰富而著称于世。它维系着源远流长、博大精深的中华文化的根脉,并见证了中华民族绵延数千年,一脉相承奋斗发展的伟大历史。广西作为中华民族大家庭中的重要成员,在长期的发展过程中,也有大量珍贵的古籍文献遗存。

　　广西地方古籍整理研究工作,包括对文献的普查、整理和研究等三个方面。

　　(一)对广西地方古籍文献的普查工作。

　　最早系统载录广西文献者当推清代谢启昆《广西通志·艺文略》。该《志》所录,始自汉成帝时期的陈钦,止于清嘉庆初年,历时近两千年,存广西人士著作 240 余种。其后蒙启鹏《近代广西经籍志》收录闻见所及的桂人著作,凡谢《志》未收,或虽收而有缺遗者,一并著录;外省人士所写有关广西文献,亦酌予采录。共得 450 余种。

20 世纪 30 年代,广西统计局对本省地方古籍文献遗存情况进行普查,"举凡广西人或广西人团体之各种撰著、译述、纂辑、笺注,其已成定本者,悉为甄录",共得 2548 种,辑为《广西省述作目录》一书,并对各时代各类别的述作列表说明:

种数　类别 朝代	总类	哲学	宗教	社会科学	语文学	自然科学	应用艺术	艺术	文学	史地	合计
汉	3	1									4
三国	2								1		3
唐									2		2
宋	1	1	2	2					8	19	33
元		1							1	2	4
明	17	15		15		2		3	80	143	275
清	157	62	1	31	14	11	30	13	803	281	1398
民国	180	45	14	135	29	52	31	12	219	106	824
合计	360	125	17	183	43	65	61	28	1114	552	2548

80 年代初,广西民族学院(今民族大学)图书馆编《广西历代文人著述目录》,收 819 家 1505 种著述,具体情况见下表:

作家　朝代 作品	三国	唐	宋	元	明	清	民国	合计
人数	1	2	8	2	70	622	114	819
种数	1	6	9	2	98	1078	311	1505

该馆同时编有《广西历代文人著述馆藏联合目录》,进一步载明各

书在区内主要图书馆的收藏情况,极便读者检阅。

80 年代中期,广西社会科学院文学研究所查阅区内馆藏的 700 余种古籍,从中鉴别出历代广西少数民族文人著作约 60 种,收录少数民族文人作品或关涉少数民族内容的古籍 100 余种,另有作者族属待考的古籍约 30 种。

(二)对广西地方古籍文献的搜集整理。

早在 20 世纪 40 年代,陈柱以数年访求所得编为《粤西丛书》,可惜仅出版《粤西十四家诗钞》、《粤西词四种》和《红豆曲》等三种。其后黄华表辑《广西丛书》,更仅刊行《玉溪存稿》一种,均未竟其功。

新中国成立后,古籍整理研究工作渐受重视。1981 年 9 月,根据陈云同志的意见,中共中央下发《关于整理我国古籍的指示》,明确指出,"整理古籍,把祖国宝贵的文化遗产继承下来,是一项十分重要的、关系到子孙后代的工作","整理古籍是一件大事,得搞上百年",为古籍整理出版工作进一步指明了方向,极大地推动了古籍整理出版工作。广西老一辈著名学者、原自治区政府副主席、自治区政协副主席莫乃群先生曾主持《桂苑书林丛书》、《广西史志资料丛刊》等大型项目,为此,莫老亲临广西民族学院、广西大学,座谈商议广西古籍整理工作,动员中文系教师承担有关项目。在此背景下,广西部分高校相继建立古籍整理研究机构[4],并先后参与了莫老主持的广西地方古籍整理工作,"把有关广西的诗、文、史、地、科技、社会、民族、人物的古籍或资料,分别整理,或校点,或校注,或校补,或选注,或辑录",陆续出版了数十种广西地方古籍。其中包括广西古籍中最具参考价值的清代汪森纂"粤西三载"(《粤西诗载》、《粤西文载》、《粤西丛载》)的校注本,以及《三管诗话校注》、《粤西十四家诗钞校评》、《王鹏运词选注》、《桂海虞衡志校补》等重要古籍。

稍后,广西少数民族古籍整理出版规划领导小组主编《广西少数民族古籍丛书》,已出版的壮族作家别集有清代蒙泉镜《亦嚣轩诗稿》、韦绣孟《茹芝山房吟草》等。曾德珪编《粤西词载》、蒋钦挥主编《全州历史文化丛书》15 种、杨东甫编《八桂千年游：古代广西旅游文学作品荟萃》等也相继面世。由广西桂学研究会潘琦会长主编的《桂学文库》，截至 2015 年 8 月底，已由广西师范大学出版社推出"广西历代文献集成"66 种，另已有扫描文件待出者 128 种。

广西大学文学院一直积极参与广西古籍的整理研究，并把这项工作与研究生培养有机结合起来，其中，汉语言文字学硕士点古籍整理专业 1993—2005 级校注广西古代作家别集 70 种，中国古代文学硕士点元明清文学专业 2005—2006 级校注广西古代作家别集 3 种，计 73 种。除已出版的 17 种外，此次上海古籍出版社即将出版 10 种，尚需修订待机出版的有 46 种。（详见文末附表）

（三）对广西地方古籍文献的研究状况。

黄华表曾就其编辑《广西丛书》所见发表《广西文献概述》一文，对历代广西的文、诗、词、曲各体裁、流派的文献进行概括述要。

2004 年中共中央下达《关于进一步繁荣发展哲学社会科学的意见》之后，有关高校又陆续建立与古籍所相关而又有所分工的研究中心⑤，加强对广西地方古籍文献的研究工作。今据对《中国知网·中国期刊全文数据库》及《中国重要报纸全文数据库》，以及广西各主要高校、科研机构网站的检索调查⑥，获得有关广西地方古籍研究成果的资讯为：专题论文 26 篇⑦，科研项目 13 项⑧，学术专著 15 种⑨。

由于《中国知网》收录的选择性，各高校、科研机构网站又多未能及时更新信息，以及检索者可能的疏漏等原因，上述资讯或未能完全反映实际的研究情况。但从中已可看出，对广西地方古籍的整理与研究，已受到越来越多的单位和学者的重视，开始呈现出一派繁荣景象。

二

广西大学文学院从事广西地方古籍整理的研究者，主要是汉语言文字学、中国古代文学硕士点的导师。大家面对广西古籍这座蕴蓄丰厚却有待开发的南国特色宝藏,这批久经岁月侵蚀而亟须抢救的不可再生资源,以当代学人的责任感、使命感和紧迫感,甘坐冷板凳,满怀热心肠,共同投入广西地方古籍整理研究工作,而且二十余年如一日,专注地尽力做好这项事业。

在确定选题和整理研究中,我们的做法可以概括为"四个并重":

(一)本籍人士与外来人士的著述并重。广西人士生于斯写于斯,如吴廷举、朱依真、苏时学、王维新、蒋励常、黄体正、苏煜坡、李宗瀛、李彬、罗辰等,其著述固然难能可贵;而居外地写他乡的广西人士,如契嵩、蒋冕、戴钦、王贵德、龙启瑞、王拯、赵炳麟、潘乃光、蒋琦龄、况周颐等,因故乡仍给其创作带来重大影响,并在述作中多有反映,故当一并予以重视。被贬谪或宦游来桂的外省人士,如董传策、瞿式耜、赵翼、汪为霖、李宪乔、谢启昆、秦焕、徐樾、甘汝来、郝浴等,不仅传播了中原文化,而且以理论指导和创作实绩促进了广西文学与文化的发展,其著述亦应受同等重视;但那些虽有吟写八桂佳作却从未到过广西的外省人士,如韩愈、杜甫、白居易、张籍、刘长卿、王昌龄、张说、许浑、钱起、张祜等,则不在此列。

(二)大小作家、男女作家并重。此处论作家的大小,一按名声高下,二据作品多寡。声名远播者如"一代高僧"契嵩,"乾隆三大家"之一赵翼,"晚清四大词人"之王鹏运、况周颐,"岭西五大家"吕璜、朱琦、彭昱尧、龙启瑞、王拯等;沉寂无闻者如李宗瀛、王衍梅、崔瑛、钟琳、周必超、李彬、周益等,悉数纳入,穷达不捐。以作品多寡论长短,原本不足为训。只是我们在指导研究生选题时有轻重缓急的考虑,要求先选有诗500首或文10万字以上的"大"家,后来降为诗300首或文6万字以上者,最终因资源渐竭才不再作数量上的硬要求。女作家人数本来就不多,名家作品数量则更少,因之如清代闺秀诗,即将35家诗结为一集加以校注。其余如有父女、夫妻皆能诗文者,亦一并论及。

(三)多种版本与孤本善本并重。在版本的选择上,尽量选取较早的、较为通行又较可靠的本子为工作本,再辅以他本校勘。要求先选有多种版本的著述进行整理校注,也是基于让学生获得较全面扎实的训练并保证校注本学术质量而考虑。但在普查选题时,发现有的著述疑似孤本,且蟫蠹伤残严重,亟待抢救性保护。如王维新《海棠桥词》抄本在广西区内久已绝踪,80 年代初邓生才同志于旧书摊购得并捐赠给容县博物馆,2001 年研究生赴容拍照时因蟫蠹粘连未能摄全,后来导师亲往并在馆长协助下将缺页补齐,惜蠹洞残字已难以复原。

（四）作品的校勘注释与作家生平研究并重。校注者对每部书不仅加以新式标点,还对生僻的字词、晦涩的典故予以注释,对所涉人物的生平、地名的变迁也作简略考释。在查找资料时,既广求一般文史论著资料,又特别留意地方史志文献材料;强调以地方志作为整理地方古籍的重要依据,并应着力诠释原著（文）含义,切忌生搬硬套辞书以释义。在生平研究中,要求以大量可信的文献资料为依据,注重于对相关素材的梳理、鉴定,坚持言必有据,不发空论;强调所依据的文献资料务必是第一手"生料",少用第二、三手"熟料",力忌照搬他人重复使用过的"腐料"。在尽可能充分地占有翔实可靠的材料基础上,详考史实,补充史料,阐幽发微,使一些人物本事、行迹及史事本末昭然若揭,以助读者便捷地了解书籍内容,真正起到导引作用,对专业研究者也有启迪意义。

三

著名文化学家罗迈德·威廉姆斯说过:"文化研究最精彩的片段,将不再是回溯古老洞穴的火把,而是照亮未来选择的光柱。"[⑩]结合广西的历史与现状,充分发掘与利用广西固有的文化资源,建设独具风格的文化强省,日益成为广西学界和政界的共识。

越是具有地方性的文化,越富于民族性;越是具有民族性的文化,越富于世界性。因此,近年来,许多省市均致力于地方古籍的整理出版,如广东的《岭南丛书》、湖北的《湖北地方古籍文献丛书》、福建的《福建丛书》、甘肃的《陇右文献丛书》、安徽的《安徽古籍丛书》、山西的《山右丛书初编》、东北数省的《辽海丛书》、广西的《桂学文库》等,对各地文化、经济建设具有多方面的借鉴意义与应用价值。这套《广西地方古籍整理研究丛书》,也当作如是观。

(一)珍稀的文献资料。南京艺术学院音乐学院张翠兰教授指出:"《海棠桥词》是清嘉道年间广西词人王维新的一部稀见词作,集中的《法曲献仙音·洋琴》是目前所见清词中唯一一首专述洋琴(即扬琴)的咏物词。因作者身处边地,词集未刊刻,原作流传不广且抄本稀见,故词作中蕴涵的相关史料在目前所见扬琴研究论著论文中鲜见引用。"[11]再如,赵翼的人口论,始于知广西镇安府时的所见所思,"我行万里半天下,中原尺土尽耕稼";[12]来到"地当中国尽,官改土司流"的镇安,"只拟此中非世界,谁知鸡犬亦相闻",[13]"昔时城外满山皆树,今人烟日多,伐薪已至三十里外"。[14]随着密菁日渐萎缩,虎群不时入城觅食,赵翼曾组织打虎安民,同时开始意识到人口问题的严重性:"遥山最深处,想必无人居。一缕炊烟起,乃亦有室庐。始知生齿繁,到处垦辟劬。虎豹所窟宅,夺之为耕畲。尚有佣丐者,无地可把锄。民生方愈多,地力已无余。不知千岁后,谋生更何如?"[15]此后,随着思考逐步深入,他形成了解决人口问题的基本框架:"太平生齿日蕃昌,不死兵戈死岁荒",[16]通过天灾人祸达到减员;"勾践当年急生聚,令民早嫁早成婚。如今直欲禁婚嫁,始减年年孕育蕃",[17]通过晚婚、晚育控制人口增长;"或仿秦开阡陌例,尽犁坟墓作田畴",[18]推平坟墓以增加耕地;"只应钩盾田犹旷,可惜高空种不成",[19]斗胆提出将皇家园林翻为耕地,并想到了如何向高空发展这个几百年后的热点问题!以往,洪亮吉的《治平篇》被视为我国乃至世界上最早的人口专论,但事实上赵翼的人口论比他早22年,更比英国的马尔萨斯早27年!又如,唐景崧曾亲赴越南联络黑旗军统兵抗法长达六年,而当甲午战争中国战败清廷被迫签订《马关条约》割让台湾之际,又曾率领台湾军民自主抗日。故其《请缨日记》里蕴含中法战争、中越边情、中日战争的丰富史料,"其中得失是非,足以备鉴来兹,有裨时务,而事必征实,尤可为后世史官得所依据焉"。[20]

(二)传统思想精华举要。在北宋禅宗史上,一代高僧契嵩"谋道不谋身,为法不为名"的思想境界,令人肃然起敬。明代戴钦《古风拟李白三十首》诸作,既热情歌颂抵抗外族入侵的正义战争,又痛批明武宗宠信小人、乱政祸国的昏庸无能。清代赵炳麟与康有为、黄遵宪、丘逢甲等共同投身社会变革,并致力"诗界革命",作品多借咏叹古今,指陈时政得失。潘乃光在汹涌的洋务大潮中,坚持独立思考,提出武器制造"镕金冶铁不自铸,购向外夷年年来"绝非长久之计,要就地取材国产化;"讲求机器固应尔,众志当仿长城坚",强国的根本不在利器而在于招揽人才凝聚人心。当《马关条约》签订,日军割占台湾之际,他写下《台湾割让,时局可知,谁实为之,愤而成此》等诗篇,怒斥出卖国家利益的当朝权贵,期望能力挽狂澜,救国于水火。蒋琦龄《中兴十二策》则提出"端正本,除粉饰,任贤能,开言路,恤民隐,整吏治,筹军实,诘戎行,慎名器,恤旗仆,挽颓风,崇正学"的政治主张,并留下"气愤如山死不平"的《绝笔》。前贤们的爱国情怀、凛然正气和真知灼见,至今仍闪烁光芒。

(三)艺术创作规律的启示。广西文学是中国文学的重要组成部分,清代广西各民族文学是中华古代多民族文苑中的一簇奇葩,也是汉、壮等多民族融和,南北、东西文化交流的成果和实证。这种融和与交流是双向的、共赢的。例如经济欠发达的少数民族聚居地桂西,自乾隆年间傅堅、商盘、赵翼、汪为霖相继知镇安府,李宪乔、刘大观分任镇安府归顺知州、天保县令,均颇能尊重民族风习,积极推动文化建设,促成当地诗人成批涌现。李宪乔"政暇尝以教州人士。州人粗知韵语,皆宪乔所教也。贡生童毓灵、庠生童葆元皆经其陶育。一时风雅称彬彬焉"[21]。壮族人素以善歌而著称于世,其以汉文写诗亦颇有特色。如童毓灵《独秀峰呈颖叔先生》诗句："龙攫虎拏纷无数，中间一岊尤嵷嵷。"用了三个古壮字："岊"，上声下形，即读若当地壮话"巴"音，意指高而尖的石山。"嵷"，左形右声，即读若当地壮话"松"音，意指（山）高；两字叠用，即很高很高。二句以刚健灵动之笔，极写众山簇拥之下独秀峰的险峻奇丽。诗中偶用古壮字对理解诗作并无大碍，反而使笔下景物别具异域风味，更显奇丽怪伟。这些土著壮人夹用古壮字写汉诗与国内名家唱和，堪称相映成趣，独特绝妙！其余诗作也大多类似，风格古朴，较少含蓄雅致之作，无论沉郁悲怆还是显豁浅俗，均力求自然畅达，直抒内心情感。由此可见，壮族文人诗并非汉族诗歌的单纯模仿，而是自具品格，保有自身的独特价值，为清代诗坛增添了一道奇丽灵秀的异彩。而赵、汪、李诸大家，入镇安后其诗风诗境和影响力亦有变化。李宪乔旅桂十余年，先后在岑溪、苍梧、桂林、归顺、天保、柳州、柳城、宁明、百色、南宁、崇善等地或任职，或寓居，或行经，"所至以诗教人，开各邑宗风"[22]，传播诗法，召集诗社，八桂诗家十数位与之交游，后学师从有名姓可考者更多达数十人。于是高密诗派由山东崛起，以广西为根据地，逐渐辐射到江西、江苏，再传衍各省，形成为全国性的主要诗派之一。尚镕《三家诗话》称："云松宦游南北数千里之外，所表现固皆不虚，而极险之境地，极怪之人物，皆收入诗料，遂觉少陵、放翁之入蜀，昌黎、东坡之浮海，犹逊其所得所发之奇，可谓极诗中之伟观也。"指出赵翼镇安府诗作在题材、风格上的开拓之功，业已超越杜甫、韩愈、苏轼、陆游诸大家的同类作品。再如，文学的发展与经济状况并不都成正比，经济欠发达地区、少数民族地区在一定条件下也能产生全国性大家。如"岭西五大家"崛起于内地桐城派衰竭之际，是桐城中兴的前奏，以致梅曾亮惊叹："天下之文章，其萃于岭西乎？"[23]又如王鹏运、况周颐分列"晚清四大词人"之冠冕和殿军；王维新作为清代散曲大家，是张炯《中华文学通史》中论及清散曲仅举的两家之一。

（四）资政参考示例。古代广西各地经济、社会、文化的发展极不平衡，桂北、桂东南、桂东、桂中相对较快，桂西、桂西北、桂西南则长期落后,政治制度的不平衡是其重要原因之一。对桂北等地区,很早就派出流官,治以中原之术;对桂西等地区的许多州县,则至清末仍维持羁縻制、土司制,推行愚民政策。政治上的差异,造成了桂西等地区经济、教育与文化发展的严重滞后。以史为鉴,更见当今中央西部大开发战略的英明及时。应在大力扶持西部经济建设的同时,加大对"老、少、边、山、穷"地区文教事业和社会发展的倾斜力度。又如,从古籍中体现的广西古代教育情况来看,许多官员都重视教育事业,有的带头捐资办学,有的亲自授课。在科举腐败、官学衰落的背景下发展起来的书院,民办、公立并举,有较宽松活跃的学术争鸣氛围和浓厚的学习风气,造就了许多学者名儒。后来随着书院官学化、行政化的逐步加深,其特点和优势也随之消失。这对于当今的教育教学改革,不无借鉴意义。

习近平总书记在党的十八大报告中强调指出:"中华文明绵延数千年,有其独特的价值体系。中华优秀传统文化已经成为中华民族的基因,植根在中国人内心,潜移默化影响着中国人的思想方式和行为方式。今天,我们提倡和弘扬社会主义核心价值观,必须从中汲取丰富营养,否则就不会有生命力和影响力。"当今,随着中国—东盟自由贸易区、北部湾经济区相继成立,广西站在了一个千载难逢的腾飞基点上。我们期盼,通过对广西地方古籍的整理研究工作,能为积极寻找广西文化的根,深入探讨广西崛起内在的文化基因,努力探索文化与经济互动发展的最佳模式,尽到自己的一份责任。

四

我们的古籍整理研究工作,一直得到自治区领导和社会各界的鼎力支持。莫乃群、李纪恒、潘琦、钟家佐、梁超然、沈北海等同志都曾过问并解决有关问题,有的还直接参与研究生培养工作。黄天骥、钟振振、莫砺锋、康保成、陶文鹏、郑杰文等国内名家对我们的工作多有指导。毛水清、丘振声、顾绍柏、韦湘秋等十余位区内专家学者先后参与历届学位论文的评审指导工作。自治区图书馆、桂林图书馆、自治区通志馆、广西大学图书馆，以及国内、区内许多图书馆和有关单位都提供了资料查阅之便。此外，本丛书还吸取了海内外许多专家学者的研究成果，大都注明了出处，而其中有些为学界所熟知的，为节省篇幅不再一一标示。谨此说明，并致以诚挚的谢意！

限于水平，丛书的编纂和各别集的整理、校勘、注释及前言等，错误失当，在所难免，敬请专家、学者和广大读者批评指正。

2015 年 9 月 1 日于广西大学碧云湖畔寓所

① 《广西地方古籍整理研究丛书》第一辑，余瑾主编，梁扬副主编，巴蜀书社 2011 年 12 月第一版。

② 《广西地方古籍整理研究丛书》第二辑，余瑾主编，李寅生、梁扬副主编，上海古籍出版社即出。

③ 详见本文后附《广西大学文学院已整理的广西地方古籍情况简表》。

④ 广西民族学院古籍整理研究所、广西大学古籍整理研究所、广西师范学院古籍整理研究所。

⑤ 广西师范大学八桂文化与文学研究中心、广西大学文学与文化研究中心。

⑥ 检索截止日期：2015 年 8 月 31 日。此项网上调查工作及文末所附《广西大学文学院已整理的广西地方古籍情况简表》的编制，均由广西大学行健文理学院梁颖峰完成。

⑦ 专题论文 26 篇，即毛水清《桂山漓水写襟抱——谈李商隐在桂林》，《学术论坛》1980 年第 4 期；梁扬《镇安府任上的赵翼》，《广西大学学报》1981 年第 1 期；梁扬《袁枚与广西》，《广西大学学报》1981 年第 2 期；梁扬《赵翼在镇安府》，《学术论坛》1981 年第 4 期；毛水清《瘴雨海棠写归魂——谈宋代词人秦观在广西》，《学术论坛》1982 年第 3 期；丘振声《论临桂词派》，《学术论坛》1985 年第 7 期；梁超然《唐末五代广西籍诗人考论》，《广西社会科学》1986 年第 3 期；丘振声《浩气长存山水间——瞿式耜、张同敞风雨桂林吟》，《学术论坛》1987 年第 5 期；梁超然《略论〈粤西诗载〉的史学价值与美学价值》，《广西民族

学院学报》1988 年第 4 期;韦湘秋《博学多才的龙启瑞》,《学术论坛》1989 年第
1 期;丘振声《试论壮族诗人韦丰华的诗论》,《广西民族学院学报》1989 年第 3
期;梁超然《晚唐桂林诗人曹唐考略》,《广西师范大学学报》1989 年第 4 期;莫
恒全《试论爱国诗人朱琦及其诗》,《学术论坛》1989 年第 2 期;张维《晚清诗人
朱琦的诗歌创作》,《中国韵文学刊》2000 年第 2 期;黄海云《赵翼镇安府诗文研
究》,《苏州大学学报》2005 年第 7 期;梁扬、戎霞《〈小山泉阁诗存〉版本生成考
论》,《广西大学学报》2006 年第 6 期;葛永海《论清代壮族名士郑献甫纪游诗的
文化维度》,《广西民族研究》2007 年第 2 期;王德明《论广西文学在晚清的崛
起》,《南方文坛》2007 年第 4 期;王德明"杉湖十子研究"系列论文,《广西师范
大学学报》等 2007—2008;李惠玲《临桂龙氏父子与晚清词坛》,《广西民族大学
学报》2008 年第 2 期;王德明"清代广西文学家族研究"系列论文,《南方文坛》
等 2008—2009;梁扬《论王维新对清代散曲题材的新变与开拓》,《广西大学学
报》2008 年第 5 期;张维《试论家族文化对清代广西古文创作的影响——以全
州谢氏、蒋氏为例》,《广西师范大学学报》2010 年第 3 期;谢仁敏《清代壮族文
人的精神特质及其文学选择》,《广西民族研究》2012 年第 2 期;梁颖峰《别开生
面的世态民情独家报道——赵翼笔下的清代桂西壮族社会》,《传播与版权》
2013 年第 6 期;梁颖峰《桂西壮族地区汉文化传播例谈——从靖西"二童"到德
保"三盛"》,《广西大学学报》2014 年第 1 期。

⑧ 科研项目 13 项,即梁扬、陈自力主持广西大学项目《岭西五大家研究》
1996—1998;李复波主持全国高校项目《粤西文载整理》1997—1999;梁扬主持
广西大学项目《广西地方古籍整理研究丛书》2001—2003;杨东甫主持全国高校
项目《古代广西旅游文学作品汇编》2002—2004;梁扬主持广西社科项目《赵翼
镇安府诗文考论》2004—2005;梁扬主持国家社科基金项目《清代广西作家群研
究》2005—2007;张明非主持国家社科基金项目《广西文学史》2005—2007;沈家
庄主持广西师大项目《临桂词派与粤西词人群体研究》2006—2008;陈自力、李
寅生主持广西社科项目《广西地方古籍整理研究丛书》2007—2009;阙真主持
国家社科基金项目《广西彩调研究》2008—2010;梁扬主持广西社科项目《广
西乡邦文学文献研究》2013—2015;梁颖峰主持广西社科项目《桂西壮族地区
汉文化传播研究》2013—2015;梁扬主持广西高校项目《广西典籍研究》
2014—2016。

⑨ 学术专著 15 种,即梁超然《八桂诗人论及其他》,广西人民出版社 1988
年版;梁庭望等《壮族文学概要》,广西民族出版社 1991 年版;韦湘秋《广西百代
诗踪》,广西人民出版社 1995 年版;张利群《词学渊粹——况周颐〈蕙风词话〉研
究》,广西师大出版社 1997 年版;韦湘秋《广西历代词评》,广西教育出版社

2001 年版;张维、梁扬《岭西五大家研究》,江苏古籍出版社 2003 年版;梁扬、黄海云《古道壮风——赵翼镇安府诗文考论》,中国社会科学出版社 2005 年版;周作秋、欧阳若修等《壮族文学发展史》,广西人民出版社 2007 年版;张维《清代广西古文研究》,广西师范大学出版社 2008 年版;黄海云《清代广西汉文化传播研究》,民族出版社 2009 年版;王德明《广西古代诗词史》,广西师范大学出版社 2009 年版(获广西第十一次社会科学优秀成果奖一等奖);张明非《广西古代诗文发展史》,广西师范大学出版社 2012 年版;范学亮《古道盘龙——商盘旅桂诗研究》,中央民族大学出版社 2013 年版;钟文典、刘硕良主编《中国地域文化通览·广西卷》,中华书局 2013 年版;梁扬、谢仁敏等《清代广西作家群研究》,中国社会科学出版社 2013 年版(获广西第十三次社会科学优秀成果奖一等奖)。

⑩ 转引自:蒋磊《蓝色大潮——21 世纪上半叶人类文明与海洋发展》,北京:海潮出版社 2013 年版,第 281 页。

⑪ 张翠兰《稀见清词中的洋琴史料》,《江苏教育学院学报》2007 年第 6 期。

⑫⑬⑮⑯⑰⑱⑲ 赵翼《瓯北集》,上海古籍出版社 1997 年版,第 267、269、731、1272、1196、1196、1196 页。

⑭ 赵翼《檐曝杂记·镇安水土》,乾隆五十七年(1792)湛贻堂刊本。

⑳ 唐景崧《请缨日记·跋》,上海古籍书店 1980 年影印版。

㉑ 何福祥纂《归顺直隶州志》,清道光二十八年(1848)抄本,成文出版社 1967 年影印版。

㉒ 广西统计局编《古今旅桂人名鉴》(1934),杭州古籍书店 1987 年影印版。

㉓ 龙启瑞《彭子穆遗稿序》,《经德堂文集》卷四,光绪四年(1878)京师刻本。

附：广西大学文学院已整理的广西地方古籍情况简表

序号	年级	校注本题目	作者			校注者		备注
			朝代姓名	原籍贯	简历	研究生	导师	
1	93级	《粤西词见》校注	清·况周颐	广西临桂	内阁中书,会典馆修纂	赵艳丽	林仲湘 陈自力	
2	96级	《怡志堂文集》校注	清·朱琦	广西临桂	翰林院编修,监察御史	张维	梁扬	
3		《龙壁山房诗文集》校注	清·王拯	广西马平	大常寺卿,孝廉书院主讲	李芳	陈自力	
4	97级	《经德堂诗文集》校注	清·龙启瑞	广西临桂	翰林院编修,江西布政使	吕斌	梁扬	岳麓书社,2008
5		《广西清代闺秀诗校注》	清·陆媛等			杨永军	梁扬	共收35家诗
6		《月沧诗文集》校注	清·吕璜	广西临桂	浙江庆元,奉化等县知县	胡永翔	陈自力	
7		《致翼堂诗文集》校注	清·彭昱尧	广西平南	广东巡抚黄石琴幕僚	王春林	陈自力	
8	98级	《九芝草堂诗存》校注	清·朱依真	广西临桂	《广西通志》分纂,布衣终生	周永忠	梁扬	巴蜀书社,2011
9		《韦庐诗集》校注	清·李秉礼	江西临川	刑部郎中,末几退居桂林	赵志方	梁扬	
10		《宝墨楼诗册》校注	清·苏时学	广西藤县	候选内阁中书,主讲藤州书院	阳静	陈自力 梁扬	巴蜀书社,2011
11		《芙蓉池馆诗草》校注	清·罗辰	广西临桂	两广总督阮元等之幕僚	罗瑛	梁扬 滕福海	上海古籍,即出
12		《带江园诗文集》校注	清·黄体正	广西桂平	广西西隆州学正,桂林司训	刘洋	陈自力 滕福海	

（续表）

序号	年级	校注本题目	原著 朝代·姓名	原著 籍贯	著者简历	校注者 研究生	校注者 导师	备　注
13		戴钦诗文集校注	明·戴钦	广西马平	刑部郎中	石勇	滕福海	巴蜀书社,2011
14		《菁箱集刪》校注	明·王贵德	广西容县	湖广麻阳县令、南明监军金事	江宏	谢明仁	巴蜀书社,2011
15	99级	《玉照堂诗钞》校注	清·邓建英	广西苍梧	山西榆社知县、绛州通判	曾赛男	梁扬	
16		《少鹤先生诗钞》校注	清·李芜乔	山东高密	岑溪知县、归顺知州	赵黎明	潘琦 梁扬	上海古籍,即出
17	00级	赵翼镇安府诗文校注①	清·赵翼	江苏常州	镇安、广州知府,贵西兵备道	黄海云	梁扬	中国社科,2005
18		《空青水碧斋诗集》校注	清·蒋琦龄	广西全州	国史馆总纂,顺天知府	银健	潘琦 梁扬	巴蜀书社,2011 广西人民,2013
19		《西舍诗钞》校注	清·况澄	广西临桂	户部主事,河南按察使	方芳	潘琦 梁扬	
20		王维新文集校注	清·王维新	广西容县	武宣县教谕,平乐、泗城府教授	彭君梅	梁扬	光明日报,2012
21		《桐阴清话》校注	清·倪鸿	广西临桂	广东昌山、江村等县巡检	王璇	梁扬	
22		《峡腴轩诗稿》校注	清·封祝唐	广西容县	陕西湘木县知县	苏铁生	梁扬	

（续表）

序号	年级	校注本题目	朝代姓名	原籍贯	著者简历	研究生	导师	备注
23		《镡津文集》校注	宋·契嵩	广西藤县	一代高僧，封"明教"禅师	邱小毛	林仲湘	巴蜀书社，2011
24		《蒋励常诗文集》校注	清·蒋励常	广西全州	融县教谕、全州清香书院山长	袁志成	滕福海	
25		《韫山诗稿》校注	清·朱凤森	广西临桂	河南靖县、固始知县	韦盛年	滕福海	
26		瞿式耜诗歌校注	清·瞿式耜	江苏常熟	南明史兵部尚书兼桂林留守	李英	滕福海	
27	01级	《赵柏岩诗集》校注	清·赵炳麟	广西全州	翰林院编修、都察院御史	刘深	余瑾	巴蜀书社，2011
28		《赵柏岩文集》校注	清·赵炳麟	广西全州	翰林院编修、都察院御史	孙改霞	余瑾	上海古籍，即出
29		《况周颐词集》校注	清·况周颐	广西临桂	内阁中书、会典馆修纂	秦玮鸿	梁扬	上海古籍，2013
30		《退遂斋诗钞》校注	清·倪鸿	广西临桂	广东昌山、江村等县巡检	王先岳	梁扬	上海古籍，即出
31		《悦山堂诗集》校注	清·谢赐履	广西全州	山东巡抚、左都御史	周毅杰	谢明仁	
32		《湘皋集》校注	明·蒋冕	广西全州	礼部尚书兼文渊阁大学士	梁颖稚	谢明仁	
33		《东湖集》校注	明·吴廷举	广西梧州	广东右布政使、主讲东湖书院	邹壮云	滕福海	
34		《问梅轩诗草偶存》校注	清·蒋启敭	广西临桂	山东、河南河道总督	杨瑞	李寅生	
35		《苓益斋诗集》校注	清·苏煃坡	广西贺县	临桂县教谕、主讲临江书院	周生杰	李寅生	上海古籍，即出

（续表）

序号	年级	校注本题目	朝代·姓名	原籍籍贯	作者简历	校注者 研究生	校注者 导师	备注
36	02级	《岭西五家词校注》	清·王拯等			黄红娟	梁扬	巴蜀书社,2011
37		《琼台诗话》校注	明·蒋冕	广西全州	礼部尚书兼文渊阁大学士	李柳宁	梁扬	广西人民,2013
38		《遗园诗集》校注	清·徐樾	广东番禺	广西巡抚张联桂幕僚、成都知府	石天飞	陈自力	巴蜀书社,2011
39		《素轩诗集》校注	清·黎建三	广西平南	甘肃山丹等八县知县	陆毅青	陈自力	
40		《小庐诗存》校注	清·李宗瀛	广西桂林	布衣终生	刘晖	谢明仁	
41		《空青水碧斋文集》校注	清·蒋琦龄	广西桂林	国史馆总纂、顺天府尹	步青英	谢明仁	
42		《树经堂咏史诗》校注	清·谢启昆	江西南康	广西巡抚、《广西通志》主修	曾志东	滕福海	
43		《易安堂集》校注	清·龙献图	广西临桂	昭州训导、《临桂县志》编纂	李国新	滕福海	
44		《横槎集》校注	清·吴时来	浙江仙居	刑科给事中、谪戍横州	范利亚	滕福海	
45		《寓真轩诗钞》校注	清·蔡希邠	江西新建	龙州同知、广西按察使	武海军	李黄生	
46		《榕阴草诗草》校注	清·潘乃光	广西荔浦	湖北布政使王之春幕僚	杨经华	李黄生	巴蜀书社,2011
47	03级	《剑虹居古文诗集》校注	清·秦焕	江苏山阳	桂林知府、广西按察使	刘雪平	陈自力	上海古籍,即出
48		《白鹤山房诗抄》校注	清·李璆	广西苍梧	广州知府	黄飞	陈自力	
49		《小山泉阁诗存》校注	清·汪为霖	江苏如皋	刑部郎中、思、恩、镇安知府	戎霞	梁扬	

（续表）

序号	年级	校注本题目	著者 朝代姓名	原籍	简历	校注者 研究生	导师	备注
50		《红杏诗集》校注	清·王衍梅	浙江会稽	武宣知县	农福庞	谢明仁	
51		《唐确慎公集》校注	清·唐鉴	湖南善化	平乐知府	乔丽荔	谢明仁	
52		《豫章集》校注	清·王必达	广西临桂	武昌知府,安肃道按察使	张月兰	滕福海	
53		《树经堂文集》校注	清·谢启昆	江西南康	广西巡抚,《广西通志》主修	夏侯轩	滕福海	
54		《甘庄恪公全集》校注	清·甘汝来	江西奉新	广西巡抚	郭春林	李寅生	巴蜀书社,2011
55		《小罗浮草堂集》校注	清·冯敏昌	广西钦州	翰林院编修,户、刑部主事	杨年丰	李寅生	上海古籍,即出
56		《醉白堂诗文集》校注	清·谢良琦	广西全州	江苏宜兴知县,延平通判	熊柱	梁扬	广西人民,2001
57	04级	《琼笙吟香管诗余》校注	清·崔瑛	广西桂平	布衣终生	兰旻	滕福海	
58		《南涧文集》校注	清·李文藻	山东益都	桂林府同知	王艳玲	陈自力	
59		《菊芳园诗钞》校注	清·何梦瑶	广东南海	义宁,阳朔,岑溪知县	游明	陈自力	
60		《咀道斋诗集》校注	清·钟琳	广西苍梧	直隶行唐,昌平知县	肖菊	谢明仁	
61		《分青山房诗集》校注	清·周必超	广西临桂	甘肃礼县,宁远等县知县	李木会	谢明仁	
62		《中山诗钞》校注	清·郝浴	河北定州	广西巡抚	王玮	李寅生	上海古籍,即出
63	05级	《海叟集》校注	明·袁凯	松江华亭	监察御史	孙晓飞	陈自力	

（续表）

序号	年级	校注本题目	著者			校注者		备注
			朝代·姓名	原籍贯	简历	研究生	导师	
64		《奇游漫记》校注	明·董传策	松江华亭	刑部主事，谪戍南宁	杜建芳	陈自力	
65		《穆堂初稿诗集》校注	清·李绂	江西临川	内阁学士，广西巡抚	王昭	谢明仁	
66		《海日堂诗集》校注	清·程可则	广东南海	桂林知府	魏捷	谢明仁	
67		《愚石居集》校注	清·李彬	广西贵县	赐内阁中书，辞隐故里	方立顺	滕福海	
68		《北上》《过江集》校注	清·王必达	广西临桂	南昌知府，甘肃按察使	周楠	滕福海	
69		《阮庵笔记五种》校注	清·况周颐	广西临桂	内阁中书，会典馆修纂	张宇	李寅生	上海古籍，即出
70		《树萱草堂集》研究	清·周益	广西临桂	刑部主事，湖北恩施知县	刘青山	李寅生	
71		《王鹏运词集校注》②	清·王鹏运	广西临桂	内阁中书，礼科给事中	宋丽娟	李寅生	
72	06级	《商盘旅桂诗校注》③	清·商盘	浙江绍兴	郁林知州，太平、镇安知府	范竹莞	梁扬	中央民大，2013
73		《诸缨日记》校注	清·唐景崧	广西灌阳	吏部主事，台湾布政使，巡抚	李光先	李寅生	上海古籍，即出

① 《赵翼镇安府诗文考论》附录；② 05级中国古代文学《王鹏运词集研究》附录；③ 06级中国古代文学《商盘旅桂诗研究》附录。

目　　录

总序 ……………………………………………………………………… 1

前言 ……………………………………………………………………… 1
校注凡例 ………………………………………………………………… 1

请缨日记序 ……………………………………………………………… 1
凡例 ……………………………………………………………………… 5
卷一 ……………………………………………………………………… 10
卷二 ……………………………………………………………………… 70
卷三 ……………………………………………………………………… 120
卷四 ……………………………………………………………………… 159
卷五 ……………………………………………………………………… 213
卷六 ……………………………………………………………………… 254
卷七 ……………………………………………………………………… 300
卷八 ……………………………………………………………………… 323
卷九 ……………………………………………………………………… 381
卷十 ……………………………………………………………………… 410
跋一 ……………………………………………………………………… 455
跋二 ……………………………………………………………………… 458
跋三 ……………………………………………………………………… 462

参考文献 ………………………………………………………………… 466
附录 ……………………………………………………………………… 469
后记 ……………………………………………………………………… 473

前　言

引　言

　　唐景崧(1842—1903),字维卿,广西灌阳县新街乡江口村人,少有大志,勤学才优。同治四年(1865)进士,入庶常馆学习三年后授吏部主事。光绪八年(1882),法国侵占越南,伺机侵犯我国云南和广西。唐景崧为捍卫祖国边疆和援助越南抗击法国侵略军,上书朝廷,请缨出征。经皇帝阅准,唐景崧踌躇满志,于光绪九年春到达中越边境保胜,说服黑旗军首领刘永福一齐抗法。1883年,唐景崧激励刘永福进攻河内。刘永福与法军激战于河内纸桥,取得大捷,击毙法军两千余人,击毙法军大元帅李威利,大振国威军威。唐景崧后来受命募兵,组建广东"景字军",会同滇军、黑旗军与敌在宣光作战,大挫宣光法军。唐景崧援越抗法有功,被加封为"霍伽春巴图鲁勇号",授台湾道道员,1891年升任台湾布政使。1894年署理台湾巡抚。中日甲午战争中国战败,清廷签订《马关条约》割让台湾。台湾民众义愤填膺,不愿为日人统治,公推唐景崧为"台湾民主国"总统,自主抗日。后因孤军作战不利,唐景崧内渡大陆,旅居桂林。唐景崧在桂林担任经古书院山长和广西体用学堂校长。同时,他还在桂林组建桂剧"春班",从事桂剧创作,为桂剧的创办和发展作出了较大贡献。1897年与康有为组织"圣学会",创办广西第一张报纸——《广仁报》,进行变法维新宣传。著有《请缨日记》、《诗畴》、《谜拾》、《看棋亭杂剧》等。

　　《请缨日记》十卷,其篇幅短则仅仅两字,如《请缨日记·卷一·二十三日》:"抵卫。"长则八千多字,如《请缨日记·卷五·九月初五日》,

内有两封张之洞来电,一段请缨客议论,刘铭传、左宗棠、杨昌濬三人的四封奏疏,共计八千余字。长短非常悬殊。其中有日记、有游诗、有往来书电、有奏折、有谕旨、有条约等,内容庞杂,对唐景崧的《请缨日记》进行研读和校注,其意义有:

一、对唐景崧做一个比较深入、全面的个案研究,推动八桂乡贤的研究,具有弘扬乡土先贤、传承爱国主义精神的意义;

二、将有助于分析和研究中法、越法战争历史,具有历史学的意义;

三、通过其日记了解越南的风土人情,具有民俗学的意义;

四、其日记中的尺牍、诗文等,具有一定的文学研究价值;

五、"城以人传",加深和扩大唐景崧的研究有利于灌阳县的文化建设。

六、扩大和深入唐景崧的研究有助于充实桂学。

建国以来,对《请缨日记》的著录和整理有有两类:

一、未标点的完全本:1.《续修四库全书》第 577 册著录该书;2. 沈云龙主编的《近代中国史料丛刊》第五辑著录该书,台北文海出版社印行,1973 年版;3. 上海古籍书店复印本,此书为线装书。

二、已标点的不完全本:1. 中国史学会主编,邵循正等编《中国近代史资料丛刊》之《中法战争》第二册著录该书。繁体竖排,已经标点。该书有三个版本:上海新知识出版社 1955 年版;上海人民出版社 1957年版;上海人民出版社、上海书店出版社 2000 年版。2.《唐景崧日记》,属于《中国近代人物日记丛书》,古辛整理,北京中华书局 2013 年版。简体横排。附有台湾唐维卿中丞电奏稿、《清史稿》本传、人名索引、篇名索引。该本也存在省略,尽管后出,但不能称为完全本。

目前对《请缨日记》的辨误和整理,研究成果有:1. 廖宗麟的《〈请缨日记〉辨误》(《历史研究》,1996 年第 2 期),该文对《请缨日记》进行了初步的辨误。2. 钱成的《〈请缨日记〉选注》(广西大学 2013 届硕士毕业论文),该论文对唐景崧作了进一步的研究,选取了军事及民俗方面的部分日记进行注释,注释的日记约占全部日记的七分之一。

由此可见,唐景崧的《请缨日记》仍然缺乏一个较为系统完备的整理,《请缨日记》的校勘、注释和文本研究、版本整理等依然有很大的拓展空间。这正是本文的努力方向。

第一章 唐景崧所处的时代背景、家世、生平

第一节 唐景崧所处的时代背景

唐景崧生于道光二十二年(1842),卒于光绪二十九年(1903),其一生经历了道光、咸丰、同治、光绪四朝。其所处的时代正是中国封建社会的末期,清王朝面临统治危机,外则帝国主义列强用坚船利炮侵略中国,内则太平天国运动等农民不断起义。这个外患内忧的时代背景深深影响了唐景崧的一生,自小受到的儒家教育又使他积极入世,建立功业以报国恩。心忧天下的他于是向朝廷献"绥藩固圉"之策,请缨赴越联络刘永福抗法。他的《请缨日记》也成为研究中法战争的重要历史文献。

18、19世纪正是欧美、日本列强蓬勃发展、对外扩张的时期。欧美国家如英法等在经历工业革命后,对外展开殖民地掠夺。在中法战争爆发前,英法等列强即发动了两次鸦片战争,迫使中国成为一个半殖民地半封建的国家。紧邻中国的越南也遭到了法国资产阶级的侵略。"早在17世纪,法国传教士就进入越南,除传教外,搜集政治、军事、经济情报。18世纪,法国在与英国争夺印度殖民地的战争中失败,遂加紧侵略越南,并把越南作为侵略中国的基地。"①

"一七六三年(乾隆二十八年)前后越南的情况,正好为法国侵略提

---

① 南炳文主编.清史[M].天津:天津人民出版社.2011:260.

供了利的机会。"①越南在黎氏王朝统治之下,实权则掌握在北方郑氏家族及南方阮氏家族手中。1771 至 1786 年,越南农民起义军在阮文惠领导下推翻了北方郑氏及南方阮氏政权,建立了新的政权并且得到清朝乾隆皇帝的册封。南方阮氏家族阮福映不甘失败,起兵反抗新朝,但未成功。法国传教士百多禄则趁机勾结阮福映,助其复国,并携阮福映之子赴法为质。百多禄在法国代表阮福映与法国签订了越法《凡尔赛条约》。条约规定,法国派军助阮福映复国;相应地,阮福映则割让土伦港地区及昆仑岛给法国;法国可持土伦港护照到越南各地贸易;法国船舰可至越南各地航行。这是越法背着中国这个越南宗主国签订的第一个条约。这个条约为日后法国侵略越南提供了依据。19 世纪初,阮福映在百多禄帮助下复国,称越南嘉隆王,并于第二年(1803 年)获清廷批准,去安南旧号,称越南国,阮福映被册封为越南国王。

为实现越法《凡尔赛条约》及扩大权益,法国派舰队于 1856 年炮轰越南土伦港,并于 1857 年对越南提出一系列要求,遭到拒绝。1858 年 7 月,法军会同西班牙舰队一同侵略越南,遭到越南军民的奋力抵抗,战至 1862 年 4 月,法西联军占领了西贡、边和、嘉定、美萩、永隆省、昆仑岛等地,越南屈服议和。越、法、西签订第一次《西贡条约》。条约规定,越南割地、赔款,开放通商口岸,允许法、西传教,法国船舰自由航行湄公河。越南自此正式沦为半殖民地半封建国家。

"一八六七年(同治六年)法国侵占越南南部领土以后,为了吞并全部越南和准备从中国西南侵入中国内地,便开始向越南北部侵略。"②法国的侵略不仅遭到越南人民的抵抗,也遭到中国农民起义军黑旗军的抗争。1873 年 12 月 21 日,黑旗军进援河内,打败法国侵略军,击毙侵略军首领安邺。法军遭遇重大挫折,不得不返还河内及其他几个安邺占领的城市。越南尽管军事取得胜利,但在外交压力下,越南政府

---

① 牟安世.中法战争[M].上海:上海人民出版社.1961:13.
② 同上:22.

与法国在西贡签订了第二次越法西贡条约。条约中关涉中国者,有两条:一是越南受法保护,外交关系需顺应法之外交政策;二是沿红河至云南蒙自的河道允许法船航行。第一条否定了中国对越南的宗主权;第二条便利了法国对中国西南地区的侵略。第二次越法条约不仅加剧了越南半殖民地的状况,而且也对中国西南地区造成了威胁。

黑旗军的胜利挫败了法军的侵略,但是侵略者并不甘心失败。"一八八二年三月(光绪八年二月),法国西贡总督黎眉派遣李威利率军北上,五月十八日(光绪八年四月二日)侵占河内"①。

在北方,俄国通过《瑷珲条约》、《北京条约》不断鲸吞中国疆土并趁新疆回乱乘机占据伊犁地区,最终又割去中国西北七万多平方公里疆土。

在东部,日本于光绪元年(1875)开始对清朝的藩属国朝鲜进行侵略。

在东南沿海,清朝也面临威胁。"光绪五年(1879),日本正式吞并琉球国,改为冲绳县"。② 琉球国原为清朝的藩属国,琉球国向清廷入贡,国王受清廷册封。至此,中国丧失了第一个藩属国。

自1840年起,中国不仅遭遇列强侵略,而且内乱不已。1851年广西太平天国起义,并于1853年在南京定都。太平天国与清廷对峙十四年,东南糜烂。此外尚有天地会、捻军、新捻军、云南回民起义、贵州苗民起义、西北回民起义、新疆回乱等。内乱造成清廷焦头烂额,财政枯竭,地方团练需靠厘金供养。在以后的中法战争中,不得不依靠向外国借贷支持军费。

以上即是唐景崧生活的时代背景。内则国家贫弱,外则列强环伺。疆土一割再割,属国一失又将失。

面对日益严重的边疆危机,中国有识之士唐景崧遂上奏请缨赴越

---

① 牟安世.中法战争[M].上海:上海人民出版社.1961:29.
② 南炳文主编.清史[M].天津:天津人民出版社.2011:221.

联络刘永福军抗法固边。

第二节　唐景崧的家世与生平

在灌阳县,唐家是一个大族。唐景崧出生于书香官宦人家,其祖父唐廷植是清朝道光贡生,父亲唐懋功是咸丰举人。到唐懋功这一代,唐家家道中落,加之中年丧妻,唐懋功只好携带儿子们离乡到桂林在一个王姓富商家课读。唐家有三兄弟,唐景崧最大,老二唐景崇,老三唐景崶。唐景崧同治四年(1865)进士,唐景崇同治十年(1871)进士,唐景崶光绪三年(1877)进士。三兄弟不仅都为进士出身,而且都被点为翰林。因此,桂林灌阳关于唐家有"同胞三翰林"的说法。

唐景崧的生平可以分为五个时期:一是居桂苦读,二是在京为吏,三是赴越抗法,四是渡台任职,五是返乡居住。

从唐景崧1841年出生至1865年中进士前,这是唐景崧人生的第一个时期,即居桂苦读时期。这期间唐景崧随父亲在桂林,父亲教书,而自己和两个弟弟则刻苦学习。因为父亲是个读书人,所以在学习上唐景崧能够得到父亲的指点。父亲的东家富商王员外也非常重视对子侄的教育,请父亲作为其家庭教师,唐家三兄弟与王家子弟一起学习。这些即是唐景崧苦读的内部环境。尽管清朝处于内忧外患的时期,但是内陆地区的桂林还是比较平静,没有大的战乱和外敌入侵,这为唐景崧苦读提供了一个良好的外部环境。唐景崧的勤奋用功及英俊的仪表令王员外十分欣赏,感到他日后必然大有作为,遂把女儿许配给他。王员外的鼓励让唐景崧更加发奋苦读。咸丰十一年,唐景崧参加桂林乡试,喜中解元。同治四年,唐景崧进京会试,登乙丑科进士及第,入翰林院为庶吉士。

1865年中进士后至1882年上奏请缨赴越,这是唐景崧担任京官的时期。这期间,唐景崧首先被选为翰林院庶吉士,后授吏部候补主事。

《请缨日记·跋二》中,唐景崧言:"余官京师,于海国情形粗有涉猎,环顾九州,慨然有纵横海外之想。河南才士黄晓膏跳荡负奇气,两人相与于穷卢风雪中,时时以越南为说。晓膏溺死珠江酒艇下,余十五年吏部主事,潦倒文选司中。"①可见他在吏部时关心世界形势,有志于在海外有所作为,尤其关心越南局势,与同道中人时常谈论越南。在吏部主事一职居官十五年未曾升迁,年岁增加,华发渐生,功业无成,倍感潦倒。此外,法国对越南步步侵入,威胁中国边疆,国家外患方殷,自己却无所报国。这些状况都令唐景崧感到不得志。

　　他的潦倒不仅是政治(仕途)潦倒,而且也是经济上的潦倒。《请缨日记·卷一》记录了唐景崧上奏赴越获批交岑毓英差遣使用后,许多师友陆续给予路费资助,如《请缨日记·卷一·九月二十日》:"各师友所赠行资,备志于后,毋忘盛情:佩蘅师一百两,唐景星一百两,郑让卿、静卿兄弟一百两,龙松琴三十两,岑泰阶三十两,唐元甫三十两,妹婿赵心笙三十两,门人孙宗麟二十两、郑国瑞十两,皆在都中所赆。"②此处从侧面说明了唐景崧经济上穷困潦倒,并且为师友们所了解,故有所资助。《请缨日记·卷一·十月十六日》载:"在沪留连多日,因无旅费,不能启行,又急欲前进,不胜焦灼。"③由此可见,唐景崧连赴越南的旅费也没有。京官时期,唐景崧十分潦倒。

　　1882 年 8 月赴越至 1886 年在越南保胜勘定滇越边境画押。这是唐景崧人生的第三个时期。这个时期,唐景崧不顾艰难险阻奔赴越南实地了解越南情形,返粤报告两广总督曾国荃。后来又赴越联络刘永福黑旗军主动出击河内,1883 年 5 月 19 日黑旗军取得纸桥大捷,法军统帅李威利阵亡。"一八八三年十二月十一日(光绪九年十一月十二日),孤拔分军两队,一队三千三百人,一队二千六百人,乘十二艘兵船、

---

①　[清]唐景崧.请缨日记[M].续修四库全书,第 577 册.上海:上海古籍出版社,2002:258.
②　同上:73.
③　同上:74.

四十艘民船并带来五百多部装载弹药的车辆,自河内出发,进攻山西。"①中法战争爆发。在唐景崧去越南之前,清政府已经以"查办土匪"及"严防越南积匪"的名义派有两支军队赴越南,一是云南布政使唐炯指挥的滇军,驻扎在河内西北的山西;一是广西布政使徐延旭统帅的粤西防军。法军发动对中国军队的进攻后,中国在越南的防军不战自溃,阵地山西、北宁相继失守。倒是唐景崧与刘永福在山西与法军进行了交战,失利撤退。1884 年 5 月 11 日,中法双方议和,李鸿章与法国水师总兵福禄诺签订《中法会议简明条约》。唐景崧因病回国疗养。由于法军擅自袭击未接到撤退命令的中国在越守军,中法再度爆发战事。唐景崧受张之洞之命组建广东景字营,出关作战。1885 年 1 月下旬及 2 月,唐景崧景军与刘永福黑旗军、丁槐滇军一起围攻越南宣光法军,给予法国守军重大挫折。敌人几乎失守,不幸中国军队在谅山失守,谅山法军救援宣光,唐景崧等撤退。在海上,法军则攻袭台湾、福州,进攻福州失败,法军封锁台湾。1885 年 3 月 24 日,冯子材率军取得镇南关大捷并克复谅山,法国茹费里内阁倒台。中法停战。唐景崧撤军入关。在越南的这个时期是唐景崧命运发生重大转变的一个时期。由于在越激励刘永福军及带兵作战有功,唐景崧四次获得嘉奖,第一次赏四品衔,第二次赏五品卿衔,第三次赏戴花翎交军机处存记,候旨录用,第四次是中法战争结束后升任台湾道兼按察使衔。越南的军事经历使他由吏部潦倒京官升级为地方行政长官台湾道道员。

1887 年唐景崧赴台至 1895 年 6 月 4 日晚内渡,这是唐景崧人生的第四个时期。唐景崧的这个时期是很具有争议性的。甲午中日战争,中国战败,中日签订《马关条约》,清廷割台。台湾民众不愿受日统治,奋起反抗,并公推台湾巡抚唐景崧为台湾民主国总统进行抗日。唐景崧见大势已去,无法抵抗日军,遂内渡。"学者们对甲午中日战争中的

---

① 牟安世. 中法战争 [M]. 上海:上海人民出版社. 1961:59—60.

唐景崧普遍持否定态度。"①"'贪生怕死,携款潜逃'就成了戴在唐景崧头上的沉重帽子,成为许多治史者不敢涉足的人物。"②

因为内渡就认为唐景崧贪生怕死,此不足为据。首先,内渡是清廷的旨意。"清政府不顾全国人民特别是台湾人民的悲愤抗议,于光绪二十一年四月二十六日(1895 年 5 月 20 日)命台湾巡抚唐景崧率文武官员'陆续内渡'。"③唐景崧属于遵旨行事。若唐为贪生怕死之徒,则他不会只身赴越、统兵战法。

其次,朝廷 5 月 20 日下旨令唐内渡,而唐并没有即刻遵旨内渡,而是留台竭力保台。闻知清廷割台,台湾群情激愤,不愿受倭国统治,乃万般设法挽回。在朝野劝阻朝廷不能奏效的情况下,台湾绅民选择独立,成立"台湾民主国",效仿三国干涉还辽的先例,通过陈季同联络法国军官,希望法国干涉日本占台,从而取得台湾自保。法国兵舰军官允诺保台,唐景崧受到鼓舞,接受台湾绅民公推担任台湾民主国总统,率领台湾军民对日军进行了抵抗。从 5 月 21 日至 6 月 4 日,唐景崧留在台湾为抵抗日本占领台湾,求得台湾自保而进行了努力。这些努力是在违抗廷旨的情况下进行的,这些努力都是为了台湾军民不受倭国统治,符合台湾人民的利益,是顺应历史潮流的正义行为。

最后,因"内渡"指责唐景崧"贪生怕死"也有失偏颇。《台湾史》载:"5 月 25 日,台湾藩司布政使顾肇熙、台北府知府管元善、淡水县知县李淦等,均于是日搭英国商轮康姆萨号,自沪尾起航内渡。福建提督杨岐珍亦率所部 12 营于 5 月 26—30 日,自沪尾撤兵内渡。"④《台湾史稿》载:"6 月 17 日……台北失守后,候补道林朝栋、义民军统领丘逢甲

---

① 政协灌阳县教育文化卫生体育委员会编. 灌阳文史资料(第十一辑)[Z]. 灌阳:2011:7.
② 同上:8.
③ 南炳文主编. 清史(下编)[M]. 天津:天津人民出版社,2011:280.
④ 戚嘉林. 台湾史[M]. 海口:海南出版社,2011:189.

和官员人等也纷纷离开台湾内渡。"①在唐景崧之前内渡及在唐景崧之后内渡的文武官员及军队内渡不闻指责,而唐景崧内渡便被斥为"贪生怕死"。唐景崧若贪生怕死,完全可以在 5 月 25 日随台湾藩司布政使顾肇熙等人内渡,后来也可以于 5 月 26 日至 30 日随福建提督杨岐珍等内渡,而他没有。说明唐景崧"贪生怕死"不成立。指责唐景崧"贪生怕死"内渡,这是不公平的,也是不客观的。唐景崧的内渡,完全是因为日军步步入侵,已经侵入了总统府,形势糜烂,无法保台,留台不能再有所作为。既然留台已经不能保住台湾,只好奉旨内渡。留台抗争是给台湾人民一个交代,内渡是给朝廷一个交代。

携款潜逃,此种说法不能成立。即使唐景崧确实携款内渡,也不算携款潜逃。有论者认为,唐作为台湾巡抚,民政是其职责范围,有责任把公款携带回到内陆交差。这是有道理的。《清史稿·职官三·总督巡抚》载:"巡抚台湾等处地方提督军务兼理粮饷一人。"②军饷丢失,朝廷会问罪。另,携款潜逃没有史料依据,《清史稿·卷四六三·唐景崧》载:"总统府火发,景崧微服絜子遁,附英轮至厦门。"③《甲午中日战争人物传·唐景崧》载:"而他自己却于六日带着亲兵由淡水偷乘德国船仓皇逃回大陆。唐景崧弃台逃走后,人心惶惶。台北溃兵四出抢掠,藩库存银被抢劫一空。"④《台湾史稿》载:"'台湾民主国'总统唐景崧,奔向淡水河口的出海港沪尾,急忙内渡回大陆。"⑤《台湾史》载:"是晚九时左右,总统唐景崧改装微服出署,奔逃沪尾德商忌利士洋行(Tait),不久化妆躲乘汽船亚士轮号(Arthur),于 8 日离台。"⑥以上材料尽管小有出入,但都是记载唐景崧离台内渡,都没有谈到唐景崧携款的事情。这可以说明唐景崧没有携款。遵旨内渡也不算潜逃。携款潜逃一说不能

① 张海鹏、陶文钊主编.台湾史稿[M].南京:凤凰出版社,2012:170.
② 赵尔巽等撰.清史稿[M].北京:中华书局,1997:898.
③ 同上:3264.
④ 孙克复、关捷.甲午中日战争人物传[M].哈尔滨:黑龙江人民出版社,1984:72.
⑤ 张海鹏、陶文钊主编.台湾史稿[M].南京:凤凰出版社,2012:169.
⑥ 戚嘉林.台湾史[M].海口:海南出版社,2011:191.

成立。

　　1895 年 6 月唐景崧内渡居于桂林至 1903 年在广州去世,这是唐景崧人生的最后一个阶段。据《灌阳县志》①记载,在这个阶段,唐景崧主要做了三件事:

　　一是从事教育。他担任经古书院山长及广西体用学堂堂务,培养人才,这些人才中有后来的省立广西大学校长马君武博士。

　　二是发展桂剧,组建桂剧"春班",进行桂剧创作,著有《看棋亭杂剧》。

　　三是参与维新。他与康有为在桂林组织"圣学会"并创办广西第一张报纸——《广仁报》,宣传维新变法。从上可知,不再担任官职之后,唐景崧致力于教育、文化、变法维新事业,继续为国贡献力量。

第二章　《请缨日记》的版本、日期概况、 内容与唐景崧的国防军事思想

第一节　唐景崧《请缨日记》的版本

　　建国至今,《请缨日记》的版本有:

　　1. 1955 年本。中国史学会主编,邵循正等编《中国近代史资料丛刊》之《中法战争》第二册著录该书。十卷。上海新知识出版社 1955 年 9 月第 1 版,32 开,4100 部,繁体竖排,已经标点。据《古籍目录》②,该书印 1 次。无序及凡例。属于节录本,其省略处大多用省略号标明。经参照中华书局本及沪复印本,省略未录的内容详情如下表:

---

　　① 灌阳县志编委办公室编. 灌阳县志[M]. 北京:新华出版社.1995:711.
　　② 国家出版局版本图书馆编. 古籍目录[M]. 北京:中华书局,1980.

1955 年本省略内容明细表

序号	卷 次	所在日期	页码	省 略 内 容	备 注
1	序及凡例			省略序及凡例	
2	一	八月十二日	P45	省略八月十二日日记	
3	一	十月初二	P47	省略十月初二日日记	
4	三	九月（初七日以后）	P93	省略徐晓帅奏稿	
5	三	九月十四日	P94	省略八月二十三日上谕	
6	三	十月（十八日以后）	P99	省略九月三十日上谕	
7	四	二月二十三日	P117	省略本月十九日旨	
8	四	五月初七日	P139	省略《中法简明条约》五条	在第七册
9	五	七月初六日	P145	省略七月初六日圣旨	
10	五	七月十六日	P146	省略本月初九日懿旨	
11	五	八月二十日	P147	省略邸钞（七月二十八日上谕）	
12	五	八月二十四日	P147	省略上谕	
13	五	九月初四日	P148	省略电报（八月二十三日旨）	
14	五	九月初五日	P149	省略刘省帅奏退基隆疏、左侯相劾李彤恩疏、刘省帅奏辨疏、杨厚庵宫保奏疏	
15	六	九月二十三日	P154	省略七月二十日谕旨	
16	六	十月初五日	P156	省略吴鼎卿钞	
17	六	十二月（十二月二十九日以后）	P172	省略香帅、雪帅、豹帅三衔会奏	
18	七	正月二十九日	P181	省略正月二十九日电旨、二月初二日电旨	

（续表）

序号	卷次	所在日期	页码	省略内容	备注
19	七	二月初九日	P181	省略二月初九日电报（上谕）	
20	七	二月初七日	P181	省略二月初九日上谕	
21	七	二月（二月二十日前）	P182	省略邸钞（十年十二月十七日上谕）	
22	八	二月二十九	P185	省略香帅三次电奏	
23	八	三月初三日	P185	省略彭雪帅电奏等语及二月二十六日电旨、香帅二月二十五日电奏、二月二十七日电旨、三月初一日电旨	
24	八	三月初五日	P186	省略鉴帅三月初五日电奏	
25	八	三月初六日	P186	省略香帅三月初二日至二十二日电奏	
26	八	四月初八日	P195	省略游览情形及所作的诗	
27	八	四月二十七日	P199	省略铙歌五首及"请缨客曰"一段	中华书局本亦省略相同
28	九	初六日	P209	省略北洋大臣与法使商办详细条约之奏稿、《中法越南条约》	条约在第七册
29	十	九月十七日	P220	省略王佑遐来书	
30	十	十一月	P228	省略《滇越勘界节略》	在第七册
31	十			省略跋一	
32	十			省略跋二	
33	十			省略跋三	

从上表可知,其省略的内容有:少量日记、圣旨(邸报、上谕、懿旨)、奏疏、条约、游览情形及所作的诗歌、请缨客议论、书信、跋。其中以圣旨、奏疏、条约居多,盖此三种内容颇多且非日记体的内容。

2. 1957 年本。中国史学会主编,邵循正等编《中国近代史资料丛刊》之《中法战争》第二册著录该书。十卷。上海人民出版社 1957 年 9 月出版,32 开,4700 部,繁体竖排,已经标点。

3. 2000 年本。《中国近代史资料丛刊》之《中法战争》第二册著录该书。十卷。上海人民出版社、上海书店出版社 2000 年 6 月出版,繁体竖排,已经标点。

4.《续修四库》本。《续修四库全书》第 577 册史部著录该书。十卷。据该书封面题名页云:"据清光绪十九年台湾布政使署刻本影印,原书板框高一六一毫米,宽二一四毫米。"①首页有书名和牌记。该书 16 开,每页分上下两版,版框为四周双边。版心有书名、卷次、页码。单鱼尾,鱼尾居版心上方四分之一处,鱼尾黑墨填实,方向向下。每版二十列,每列二十一字。繁体竖排。遇"圣"、"皇"、"宸"、"敕""天朝"、"密谕"、"朝廷"、"上谕"、"旨"等字皆另起一行,顶格刻写。该本卷一第一版右下角钤有一方印,内容不清。

5. 文海出版社印本。沈云龙主编的《近代中国史料丛刊》第五辑著录该书。十卷。文海出版社印行。1973 年出版。首页及第二页有书名和牌记。板框为四周双边。版心有书名、卷次、页码。单鱼尾,鱼尾居版心上方四分之一处,鱼尾黑墨填实,方向向下。半版为一页,半版十列,每列二十一字。繁体竖排。繁体竖排。遇"圣"、"皇"、"宸"、"敕""天朝"、"密谕"、"朝廷"、"上谕"、"旨"等字皆另起一行,顶格刻写。与《续修四库》本同。地脚编有阿拉伯数字页码,半版为 1 页,总计780 页。

6. 上海古籍书店复印本。上海古籍书店复印。此书为线装书,纸

----

① [清]唐景崧.请缨日记[M].续修四库全书,第 577 册.上海:上海古籍出版社,2002.

张长 24 cm,宽 14 cm。出版年代不详,第六册版本信息有书名、书店名称、总册数、定价及"三三·一·四○○·七九·十二"字样,经请教前北大中文系主任费振刚先生,其称或为书号。该书十卷。一版对折为两页,半版十列,每列二十一字,书口向外。分《请缨日记》为六册。每册前后均有副页。外有书衣。双线四孔装订。书签题书名"请缨日记"四字,四周双边框住。首页有牌记。板框为四周双边。版心有书名、卷次、页码。单鱼尾,鱼尾居版心上方四分之一处,鱼尾黑墨填实,方向向下。繁体竖排。书根从右到左印有册的序号及"请缨日记"四字,繁体。每卷卷首第一行题书名、卷次,第二行题"灌阳　唐景崧　维卿"字样,每卷卷终最后一列题书名及"卷之某终"字样,以显示每卷的始终。繁体竖排。纸张颜色淡黄。遇"圣"、"皇"、"宸"、"敕""天朝"、"密谕"、"朝廷"、"上谕"、"旨"等字皆另起一行,顶格刻写,因此推知与《续修四库》本同源,二者底本均是清光绪十九年台湾布政使署刻本。其区别是,该本卷一第一页右下角无印。可知该本非以《续修四库》本复印而来。

　　7. 中华书局本。题《唐景崧日记》。属于《中国近代人物日记丛书》,古辛整理。十卷。中华书局 2013 年 8 月第一版。简体横排,已经标点。附有台湾唐维卿中丞电奏稿、《清史稿》唐景崧及刘永福本传、人名索引、篇名索引。据该书前言云:"此次整理,以光绪癸巳刊本为底本进行标点,参考了节录本,对节录本删削之处概予补足……"节录本指的是"'中国近代史资料丛刊'之《中法战争》卷二"节录本。具体出版年代不详。从《1955 年本省略内容明细表》第 27 条可知,该本也存在省略,尽管后出,但不能称为完全本。其称"概予补足",循名责实,未果。其正文及索引也有一定讹误,如《卷二·二月二十》:"必捣保胜遂刘而后已"中"遂"应为"逐";索引的讹误如《人名索引》中"L"条目中,"李成"应为"李成谋"。

　　经核对,《续修四库》本、文海印本、沪复印本,每版版式、内容、字数相同,每本都有牌记题曰"光绪癸巳刊于台湾布政使署",癸巳年为光绪十九年,因此三者源自同一版本,其底本都是光绪十九年台湾布政使署刻本。

　　1955 年本、1957 年本、2000 年本三个节录本不仅省略部分相同,而且页码也相同,因此其为同一版本系统,其底本相同。

　　中华书局本则以光绪十九年本为底本,参考了节录本。

　　综上,唐景崧的《请缨日记》版本系统如下图:

　　从上图可知,《请缨日记》具有两个版本系统:一为光绪十九年台湾布政使署刻本,一为 1955 年简体节录本。中华书局本则参照两个版本而成。

第二节　《请缨日记》的日期概况及内容

(一)《请缨日记》的日期概况

　　《请缨日记》记录日期始于光绪八年七月初九日(1882 年 8 月 22 日)至光绪十三年丁亥(1887 年),前后时间跨度为六年,日记总计五百三十六则。名为日记,实际上情况比较复杂。从时间上看,有些日记,一则记录一天;有些日记一则记录好几天,即一段时间。如卷二“二月十八、十九等日”,一则记录两日;有些日记一则记录一个月。如卷十“十二年丙戌二月”及之后紧接着的“五月”,两则日记记录两个月;有些日记甚至记录一年。如卷十“九月二十二之后”的“十三年丁亥”,一则日记记录一年。有些日记只表明月份,不标明具体日期,如卷二“五月十二日”之后,有三个“五月”、五个“六月”,这是因为唐景崧处于战争岁月,环境险恶、紧张,手稿遗失及后来个人生病。《请缨日记·跋二》称:"甲申二月,北宁失守,稿弃城中。继驻垒于谅山之巴坛岭,羽书火急之下,抽毫追忆,仅撮大端。养疴龙州,遂尔阁笔。八月,领军出关,复有记。"①具体日期唐景崧自己也不记得了。记录的时间断断续续,不是每天都有日记。

(二)《请缨日记》的内容

《请缨日记·凡例》云:"凡关此次军务,除记越事较详,己事尤详,此外如闽、台、浙江,亦据邸钞、军报、友书大略采录,以备此次用兵之本末,其有不关军务者,间亦摘存,聊志泥爪。"②这是唐景崧《请缨日记》的内容成分,有自己亲身经历的事情,有邸钞、军报、朋友书信,不关军务的事情也有所记录。日记中,唐景崧自己的事让人了解他的经历;邸钞、军报、朋友书信、上谕、奏折等让人了解其他战场的情况及国内局势。因此,唐景崧《请缨日记》的材料来源是直接材料与间接材料结合,这大大增加了其日记的内容含量。《请缨日记》总计十卷,各卷主要内容如下:

卷一记录了唐景崧以"绥藩固圉说"首先进谒宝佩蘅相国及李兰孙相国,得到这两位朝廷重臣的肯定。两位相国还把他的说帖给恭亲王等大臣阅看,均得到肯定。在李兰孙的建议下,唐景崧把说帖删改为奏折上奏请缨出关。其奏折要点一是说明法国侵越最终目的在于侵占中国西南;二是刘永福在越抗法得力,宜派员联络,以便保越以巩固边疆;三是唐景崧愿往越南联络刘永福。上谕令唐景崧赴云南交岑毓英差遣使用。唐景崧欲亲自了解越南当地情况,遂计划途经越南前往云南。1882年10月31日唐景崧从京城出发,到通州登舟启程,途经天津、上海、香港、广州、海南。启程前及往越途中师友多所关照,馈赠二十两、三十两、一百两不等,资助唐景崧路费。唐景崧1883年1月11日抵达越南。在越南唐景崧通过与越南官员笔谈诘问及向熟悉越南的华人了

① [清]唐景崧.请缨日记[M].续修四库全书,第577册.上海:上海古籍出版社,2002:258.
② 同上:68.

解越南的形势。了解情形后，由于法国使者宝海在上海与李鸿章商议越南保胜通商、越南分界分别由中法保护事宜，中法有议和的倾向，故唐景崧没有去保胜联络刘永福。唐景崧于1883年1月31日回到广州。回到广州后唐景崧谒见两广总督曾国荃并把越南情形书面呈交给曾国荃。曾国荃嘱唐景崧把越南书面报告改为奏折，把越南形势上奏告知朝廷。在奏折中，唐景崧报告了越南的形势、地理、物产、刘永福情况，提出暗用刘永福、仗义执言、要结华商、开垦养兵、筹财举事、据北图南等巩固边疆计策。这是唐景崧第一次赴越的情况。

卷二记录了唐景崧遵之前赴云南的圣旨再次赴越及在越南的活动。唐景崧1883年2月19日由香港赴越，1883年3月3日到越南。到越南后，唐景崧辗转去越南山西省保胜会晤刘永福。在去会晤刘永福的路上，唐景崧会晤了越南官员黄佐炎等人。见到刘永福后，唐景崧向刘永福献上三策：上策据北图南，在越称王；中策进攻河内，求取功名；下策株守保胜，消极自保。刘永福倾向于接受中策。1883年4月22日，唐景崧再次激励刘永福进攻法军，遂有1883年5月19日刘永福黑旗军著名的河内纸桥大捷。纸桥大捷，黑旗军阵斩法军统领李威利，法军伤亡82人。大捷后，唐景崧为刘永福捉刀檄告中外，宣扬刘永福及黑旗军威名。在越期间，朝廷催唐景崧赴滇，不得在越逗留，云贵总督岑毓英也催唐赴滇。经广西布政使、在越桂军统领徐延旭奏请，唐景崧获准在越留营协助军务。此卷还记载了黑旗军在山西与法军进行的喝江之战及怀德之战。这是唐景崧第二次赴越并且获准留越的情况。

卷三主要记录了黑旗军与法军进行的丹凤之战及山西之战的情况。1883年9月初，刘永福黑旗军与法军战于丹凤，法军败退。丹凤之败后，法国不甘心失败，遂进攻越南国都，越南投降并与法国签订了法越第一次顺化条约。其要点在于中国不得干预越南之事、越南受法国保护；驱逐刘永福黑旗军。越法和约后，刘永福黑旗军处境恶化。刘永福欲退据保胜老巢，唐景崧成功劝说刘永福留驻山西。1883年10月，唐景崧在北宁接统桂军四营，开始成为统兵将领。因桂军内部有所掣

肘,故实际上只带了一营军队往助刘永福于山西。桂军因山西乃西南
门户,不属于桂军守御范围,故撤走驻军;滇军统帅云南布政使唐炯因
国内与法谈判,畏惧法军,故撤走山西的滇军。因此,山西之战只剩下
刘永福军、唐景崧所带一营与法交战及响应唐景崧求助的滇军张永清
部三营。1883 年 11 月—12 月,唐景崧、刘永福军与法国兵轮、陆军战
于山西,后战败退兴化、保胜。这是唐景崧第一次统兵配合刘永福与法
军作战。

　　卷四主要记录了北宁之战、唐景崧帮办节制前敌桂军、唐景崧因病
入关、《中法简明条约》的情况。该卷详细记录了 1884 年 3 月发生的北
宁之战的经过。北宁失败的原因很多:一、北宁之战前,唐景崧说服刘
永福军援助北宁,而在实际战斗中,刘永福没有及时救援北宁。二、战
前,唐景崧建议桂军统领黄桂兰在城外赶造地营,守住外围以保城,黄
桂兰未接受;三、桂军另一路统领赵沃的部属党敏宣屡调不救北宁;
四、黄统领以守城部队赶救六十里外之地扶良,用兵失策;五、桂军守
北宁的部队四十余营散扎不能互相援应;六、徐延旭的家丁韩姓把总怯
敌无能,没有把徐的以赏赐及求救为内容的书信送达刘永福,又不让别
人送,致使刘永福没有及时出救;七、北宁外围的据点扶良、涌球没有利
炮据守。卷中还记录了桂军内部的一些矛盾,如广西巡抚徐延旭及广
西提督冯子材的矛盾。对于桂军将领的舞弊也直书不讳,如对法军退
出太原,赵沃谎报克复太原。北宁失守后,唐景崧受命帮办、节制前敌
各营。唐景崧为了解桂军实际情况,故先对各营进行点验再定去留,并
排兵布阵做好前敌守御。北宁失守后,中法议和,1884 年 5 月 11 日中
法签订《中法简明条约》。《中法简明条约》中的要点有:一是中国撤军
回界,对于法越已定及未定条约不过问。实际上是否定了中国对越南
的宗主权;二是越南与中国西南边界听凭越法及内地货物运销。这加
深了中国的半殖民地程度。由于桂军统帅徐延旭被问罪,新的上司即
将来到,唐景崧入关治病。这是唐景崧第二次从越南回国。

　　卷五主要记录了中法战事又起,中法分别在越南陆路及闽、台进行

交战。1884 年 6 月 23 日—24 日,法军与桂军交战于越南观音桥。时和议已成,桂军未接到撤退命令,法军前来巡视,两军发生口角遂生战事。本来已经形成的和局被破坏了。唐景崧受两广总督张之洞之命,募勇出关抗击法军。张之洞以饷械助唐景崧组建广东景字营,该军号称"景军",共计四营,唐景崧全权统领该军。这是唐景崧第三次赴越并且第一次拥有自己掌握的军队。景军 1884 年 10 月 8 日启程出关往会刘永福,10 月 11 日抵达牧马省城。在景军成军及出关赴越前线期间,唐景崧通过邸钞、电报记录了朝廷对东南沿海防御的人事调动及法军进攻中国闽、台,中国抗争的情况。唐景崧通过函报记录了桂军与法军的船头之战及郎甲之战。卷五后部附了五个奏折,一是刘铭传奏报撤兵基隆、退守沪尾的详细情形;二是左宗棠弹劾刘铭传、李彤恩的奏折;三是刘铭传辩解的奏折;四是杨岳斌奉旨确查台湾情形,据实覆陈的奏折;五是刘铭传关于沪尾大捷的奏折。

卷六主要记录了 1884 年 11 月—1885 年 2 月唐景崧景军会同刘永福军、滇军一同与法军战于宣光,给予敌人重大打击的详细情况。宣光交战,中国军队后来主动攻打法国侵略军,城内守敌被困甚惨,不得不内置求救书于漂流瓶内,向西贡法军求救。中国军队 1885 年 1 月 26 日,滇军攻打宣光南门贼寨,景军截击东门援敌,黑旗军沿河阻援,大败法军,取得宣光大捷。接着,景军与滇军丁槐部用"滚草法"成功夺取城外守军炮台,扫清了城外敌垒。后来,丁槐部与景军一起靠挖地道及发地雷的手段攻城。丁军负责挖地道接近城墙,黎明用地雷轰城墙,待城墙出现缺口即扑攻,景军攻北城阻敌救援。由于在早晨,敌人能俯击城下的景军,景军伤亡惨重。宣光之战,这是唐景崧第二次直接统兵作战,并且取得宣光大捷,景军声名鹊起。

卷七主要记录了 1885 年 2 月下旬至 3 月初,景军、滇军、黑旗军继续力攻宣光不克,被迫撤退的情形。丁军、景军、何云楼军协同攻城,刘永福阻援,唐景崧连日悬赏挑队猛扑城墙缺口,法军死命抵抗,中国官军未能成功攻克宣城,反而伤亡惨重,城内守军粮弹即将告罄,也接近失败。由于法军攻陷谅山，法军大队赶来援助宣光，刘永福在左育阻击援敌溃败，中国官军粮食将尽、饷械远离前线，故唐景崧景军、滇军不得不撤退。围攻宣光之敌的景军、滇军经过多日奋力攻城，最终功败垂成。唐景崧景军在岑毓英的建议下退保牧马助桂军。该卷通过上谕、军报记录了桂军冯子材、王孝祺军镇南关大捷及谅山大捷的情形。该卷还通过邸钞展示了朝廷对马尾海战失利相关官员张佩纶等的处罚。

卷八主要记录了1885年4月至6月期间中法停战后张之洞及李秉衡力主在中国边境之外、越南北部留中法不驻兵的瓯脱地区及安置刘永福部的事宜。该卷还通过书信记录了滇军临洮大捷的情形以及中法停战后，唐景崧撤军入关回龙州及在龙州的经历。从越南撤军回到龙州，这是唐景崧第三次从越南回国。中法战争第二阶段，战火烧至中国边疆，法军封锁台湾，攻陷台湾基隆、澎湖，劫持中国"平安轮"七百余官兵，禁止米粮北运，援台兵轮又被击沉，广东北海亦被封锁，法军派兵援台，清廷靠借洋款应对战争开支。在这样的背景下，清廷为保住台湾本土，趁镇南关大捷、谅山收复之机，乘胜议和，中法停战。为避免法军对中国西南边疆的威胁，张之洞及李秉衡力主留瓯脱。中法停战，刘永福居越不再受越保护，为保存抗法力量，故中国调刘回国守边。最终确定刘永福部扎屯广西思州、钦州。法人见刘永福部不撤回中国，澎湖也缓退。为求得澎湖解除威胁，朝廷令岑毓英、张之洞催刘永福尽快撤回中国。唐景崧两次催促刘永福入关，并在龙州为有功及伤亡将士请求奖恤。

卷九记录了唐景崧在龙州闲居的经历、中法战争取得一定程度的胜利、朝廷奖赏有功人员、中法签订《中法会订越南条约》、中国平安轮被俘弁勇获释的情况。由于唐景崧表现突出，张之洞、岑毓英先后为他请功。张之洞的奏折中刊载了宣光法军的求救书、西人河内来信、东京法人新闻报道两则，这些材料从另一个方面印证了唐景崧的军事才能。《中法会订越南条约》十款于1885年6月9日在天津订立。该条约的要点有：一是中国承认法国对越南的保护权；二是画押后六个月内中法人员一同勘定越南北圻与中国边界；三是越南北圻与中国边界通商，并且在云南、广西、广东的通商税较减；四是中国即将修建铁路时须与从事铁路建设的法国人商办；五是法军从台湾基隆、澎湖撤军，并解除海面搜查。《中法会订越南条约》的订立，标志着中国丧失了对越南的宗主权，中国又失去了一个藩属国，越南成为法国的殖民地。从国家的角度而言，中国失去越南屏障、缓冲，西南门户洞开；就个人而论，唐景崧赴越抗法，安定藩国从而巩固边疆的愿望没有实现。故卷十言："同事皆邀奖，余独辞赏。"①

卷十记录了朝廷令唐景崧赴滇勘定中越国界、张之洞留唐在龙州协助安置刘永福部、朝廷授唐为福建台湾道兼按察使衔、中法《滇越勘界节略》的事宜。另有跋三篇，一篇为唐景崧属下所跋，后两篇为唐景崧自跋。因停战及唐景崧须赴滇随同勘界，景军裁减六营。该卷还记录了张之洞面对新形势提出的关于强化广西边境防御的筹边大略。刘永福军亦撤入关内，最终被安置在广东，刘永福获授广东南澳镇总兵。勘界期间，唐景崧亦到过越南保胜画押。这是唐景崧第四次入越。唐景崧勘界后赴台任台湾道。唐景崧的跋文说明了《请缨日记》成书的原因及有万里请缨图与之相配。

以请缨赴越抗法始，以勘界画押而终。唐景崧的越南之行虽然没有实现初衷，却让他的人生发生了从吏部潦倒京官到地方行政长官的转变。在清末出现了文人掌兵这一特殊现象。在唐景崧之前则有曾国藩及其湘军、左宗棠及其楚军、李鸿章及其淮军。唐景崧虽然没有形成以他为首的桂军，但是和前面这些人相似，他们都因为执掌兵柄建立军功而得到很大的升迁，曾国藩由在籍侍郎升为两江总督、直隶总督，左宗棠则由幕僚人员升为两江总督兼南洋通商大臣，李鸿章则升为直隶总督兼北洋通商大臣，唐景崧由潦倒吏部主事升任台湾道员，后任台湾布政使、台湾巡抚。《请缨日记》展现了唐景崧忠君爱国、不畏艰险、重

---

① ［清］唐景崧．请缨日记［M］．续修四库全书，第 577 册．上海：上海古籍出版社，2002：252．

情重义、文武兼备的优良品质。这不仅是一个人的日记，也记录了当时中国的许多重大历史事件，极具史料价值。

第三节　《请缨日记》中唐景崧的国防军事思想

唐景崧书生从戎，没有受过正规军事教育，但他在从戎过程中勤于思考，向当局提出了许多值得称道的国防军事思想并且尽可能去实践。他的国防军事思想闪烁着智慧的光芒，对当时乃至后世都有切实的指导意义。这些国防军事思想散见于《请缨日记》中，形成一个体系。其国防军事思想分为三个方面：治军、作战、防守，分述如下：

（一）治军：重视人心，重视军纪

唐景崧平时非常重视人心，为安定人心，主要有两个观点：精神善待及物质保障。《请缨日记·卷四·三月十五日》云："凡统帅为将领计，为勇丁计，必切切焉如家人父子，筹画备至，毋使稍有疑难，而后可责其用命。"①平日注重人心，在态度上善待属下将士，待下如亲，则战时将士用命，上下一心，杀敌致果。在物质上，也要善待属下才能安定人心。在越留营协助徐延旭期间，唐见桂军将士太苦，乃上书桂军统帅徐延旭称："桂军口粮太薄，营哨各官太苦，不能申明纪律，请增饷。"②（《请缨日记·卷三·十月》）最终徐延旭接受了唐的建议，给营官及士兵都加了饷。生活得到保障将士才能安心在军效力。

在作战时，唐景崧也更加注重人心。在《请缨日记·卷三·十二月除夕》中，唐景崧上书都中诸大臣，主张派遣军队直接进入越南首都顺化，安定越南人心并鼓舞关外将士之心。中法战争爆发，北宁失守后，徐延旭内心慌乱，唐景崧力主"宜先收溃卒，定人心"③《请缨日记·卷四·二月二十日》。唐景崧总理桂军前敌营务后，《请缨日记·卷四·

---

① ［清］唐景崧.请缨日记［M］.续修四库全书，第577册.上海：上海古籍出版社，2002：137.
② 同上：115.
③ 同上：129.

三月十八日》载"昨传黄军门恶耗,前敌各营多有经手未清之款,愈觉张皇。总之,寇在咫尺,诸军残破,首以镇定人心为要义。"①面对桂军主将黄桂兰自尽,黄部士兵被拖欠饷银,敌寇近在咫尺,唐景崧亦主张先定人心。

关于用人,唐景崧亦主张用人宜专以定人心。如在用连美为营官这一事,可证。《请缨日记·卷四·三月二十一日》云:"惟连美时有更动之信,该四营弁勇亦疑,不知究属何人。窃以为吃紧之秋,艰险之地,用人宜专而节取其所长。若偏听后路安坐之谈,必堕前敌奋勇之气。连美能早储谷数万觔,不至皇皇觅食,即为他人所不能,固不必问原募者何人,原辖者何人,此皆小人巧思攘夺,军事无此办法也。总以得力为主,以定人心为主。"②

在重视人心的同时,唐景崧也非常重视军纪。唐景崧所在的粤军军纪败坏,有携带眷属、掠夺妇女、占用民房、布棚、草篷等情事。唐接受前敌营务之后,切谕各营联络扎营,不得占用民房等越民物资;不得携带妇女,官兵家室送入关内。《请缨日记·卷四·三月初六日》载:"李全忠勇丁拆毁民房,立即正法。"③可见唐景崧严申军纪,雷厉风行,执行军法不折不扣。《请缨日记·卷四·初三、初四、初五等日》载:"炳林之前军中营,人最不堪,形同乞丐,而军装甚足,似无接仗被挫之形。叶逢春一营全无号衣,队伍杂乱。李逢桢仅百余人,情形尚无作伪。陈朝纲一营略整,然守涌球要地,而伤亡仅二十人,是其未败先逃之明验。俟事稍定必治陈、周以重法,始能作士气而儆人心。"④营官率队先逃必须治以重罪。在这里唐景崧认为,重法治军与约束人心是一致的。对于敢死队,"所挑奋勇俱界现银,朱额为志,退后者斩"⑤(《请缨日记·卷七·正月十二日》)军纪是军队战斗力、军民和谐相处的有力保障。

---

① ［清］唐景崧. 请缨日记［M］. 续修四库全书,第577册. 上海:上海古籍出版社,2002:139.
② 同上:141.
③ 同上:135.
④ 同上:133.
⑤ 同上:190.

占用民房等居民物资必然引起驻军与居民关系紧张,得不到人民的拥护,对作战不利;散居民房军队亦难以迅速集合出战,影响战斗力。携带家室、掠夺妇女不仅严重扰民而且影响行军作战速度。解放战争淮海战役中,黄维兵团即是因为携带家眷而被围就歼。

唐景崧重视人心,重视军纪,可以说是恩威并施,深得带兵之道。

(二)作战:重视士气、主张速战夜袭

唐景崧认为:"兵者,气也,相时而养之,及时而用之,万不可使其散,一散则陷,陷则不可再振矣。"①(《请缨日记·卷二·四月十六日》)对兵家来说,军队的士气很重要,在中法武器相差悬殊的情况下,"仗义执言,可以补甲兵之不足。"②(《请缨日记·卷一·二十九日》)"盖兵者,气也。理气盛则无往不宜。所谓'可使制梃以挞秦楚之坚甲利兵'也。"③(《请缨日记·卷二·六月》)在唐的日记中多次提到气。这里的气指军队的士气,也就是精神状态。为了提升刘永福军的士气,唐景崧在纸桥大捷后为刘永福作了一篇檄文《讨法兰西文》,后来又为刘永福草撰了约法人会战书(《请缨日记·卷四·十五日》)。这对增加刘永福黑旗军的声望及鼓舞黑旗军的士气起了很大作用。唐景崧在受命总理前敌事务、节制各军后,为提升粤军士气,出了一个告示《为严切晓谕事》,以刘永福军为例,说明粤人能战,鼓励粤军,并率先垂范,称"本营务处虽捐糜顶踵,亦愿与诸将同甘苦而共死生。设负此誓,明神殛之!其各懔遵,共图奋举,切切勿违!"④(《请缨日记·卷四·三月十八日》)胜则进一步提升士气,败则培育士气。

此外,悬赏许官也是唐景崧提升士气的一个办法。在中法战争爆发后的山西之战,唐景崧与刘永福一同守卫山西,唐在这期间的日记中有:为夺回山西城北门外的河堤,"乃悬重赏,挑死士,首登者准保守备

---

① [清]唐景崧.请缨日记[M].续修四库全书,第 577 册.上海:上海古籍出版社,2002:96.
② 同上:96.
③ 同上:100.
④ 同上:139—140.

花翎,约定四鼓进兵。"①(《请缨日记·卷三·十一月十五日》)在围攻宣光时,唐景崧为振奋士气,给予敢死队奖赏,如"赖、邹就本哨拣得头等先锋三十人,二等先锋五十人,署状,首夺口得城,头等一人赏三百两,二等一人赏二百两,豫给印票,各先赏番银一元,刑牲煮酒,然炮祭旗。"②(《请缨日记·卷七·正月初九日》)

在越南作战,唐景崧主张速战,如"兵无万全,时当速战,不必分别明仗、暗仗,且混战数次则各路之军皆奋起矣。"③(《请缨日记·卷四·正月二十四日》)"函三管带,谓进扎中门亦是暂局,利在速战。"④(《请缨日记·卷六·十月十三日》)倡导速战有其客观原因,越南道路险阻,输运粮饷弹药到前线不容易。唯有速战取胜,克复城池,因城为粮方为上策。不然久攻不下,耗费士兵生命及粮饷、弹药而无功。宣光战役即久攻不下而粮食、弹药将近,最终宣告失败。宣光之战从反面证明了速战的正确性。速战之利,一是趁士气旺盛之际,一鼓作气,争取胜利;二是可以乘敌不备或立足未稳而攻袭;三是粮弹足用。

唐景崧在越南多使用夜袭。如中法战争第一阶段的山西之战及第二阶段的宣光之战。夜袭可以乘敌不备及避免敌军大炮轰击。这是在敌强我弱的情况下采取的战术。夜袭也可以让敌军日夜不得安宁,消耗敌军精神。

(三)防守:重视联越、重视地营

在国境防守方面,唐景崧主张联越护边。他上奏主张"绥藩固圉"并请缨赴越联络刘永福军抗法。他联络刘团抗法的最终目的是安定越南,把越南作为中国的屏障以便保卫边疆。他在越南期间激励刘团进击法军及统兵与法军交战都是为了打败法军,把法军赶出越南从而保障中国边疆安全。《请缨日记·卷四·四月初五、初六等日》载:"迭与

---

① [清]唐景崧.请缨日记[M].续修四库全书,第577册.上海:上海古籍出版社,2002:119.
② 同上:189.
③ 同上:126.
④ 同上:174.

晓帅商用黄廷金事。余之欲用越中豪杰也。意与众殊,非仅望其纠集
越民能打仗也,望其能自立,为南交别开境界耳。始欲用刘渊亭而不
行,继欲用梁俊秀而亦无用,至是欲用黄廷金,奈大人先生往往循涂守
辙,不能破格作非常之事。"①此处说明在越南期间,唐景崧除联络刘永
福外,尚且想联合越官梁俊秀及北宁总督黄廷金,以便这些枭雄能自立
于越南,抵抗住法军。1885 年 4 月中法停战后,据《请缨日记·卷八·
四月十二日》:"越官梁俊秀专人入关求借军火,畀洋枪二百杆。"②唐景
崧在中法停战后还在支持越南人民抗法。不久的四月十四日,唐景崧
给张之洞的电报称:"密。梁俊秀专差入关,求假军火。拟借以大吉枪
数百杆,助彼守土,即为我捍边。不与恐失其心,有事不能再用。"③
(《请缨日记·卷八·四月十四日》)此处说明,唐景崧继续支持越南军
火并说明了支援越南军火的目的"为我捍边"及"有事"用之。"有事"
当然指中国边疆有事。

在驻军防守方面,唐景崧非常重视地营。《请缨日记·卷四·正月
二十四日》载唐景崧上徐延旭的书信称:"拟请另行指拨四营,专归节
制,即当亲率驰往,进据嘉林,仿造军地营,立定脚跟,再筑炮台,攻其敌
垒。"④唐景崧未正式统兵已经拟造地营,稳住阵脚再进行进攻。1884
年 3 月,唐景崧晤北宁统兵将领黄桂兰及赵沃时主张"应速于城外十里
要隘处所,开掘地营,以守野为守城。"⑤(《请缨日记·卷四·二月初八
日》)当日又上书徐延旭称:"北宁军壁虽厚,实不足当一巨炮,亟应仿滇
军开掘地营。"唐景崧总理前敌营务,节制粤军各军后,为了守卫防区,
他命属下赶造地营,重视地营的军事思想得到广泛实行。在上徐延旭
的书信称:"观音桥新得锄铲五十具,赶造地营,克日可成。……顷接函
称,新左、新后、新中、锐字、忠字等营,均已开办长濠,并于濠外再开地

---

① [清]唐景崧.请缨日记[M].续修四库全书,第 577 册.上海:上海古籍出版社,2002:142.
② 同上:220.
③ 同上:221.
④ 同上:125.
⑤ 同上:126.

营,祈再饬下党敏宣认真办理。"①(《请缨日记·卷四·三月二十一日》)在统兵与滇军围攻宣光时,唐景崧也挖造地营。《请缨日记·卷六·十二月十二日》载:"我军仍列队东门挑战。法虏据城头,枪炮环击。令邹培立小地营于西城下,离城极近,兼制炮台,借云军小炮架击堞虏,堞毁,虏多伤,不敢立堞。"②把地营作为前敌防所,然后谋取进攻。

唐景崧的军事思想和军事行动得到了外媒的称赞。《请缨日记·卷九·五月初三日》载,东京法人新闻纸称:"观华军围攻形势,布极善,想华人必有曾往欧洲军政书院练习战法者。……此次中法交战,华兵勇敢异常。又有兵官善于管带,围宣光城之法甚合欧洲军政书院所教习者,放枪炮均有准的,且储备弹子甚多。法军毙命不少,其死伤实数尚未知确。"③

要之,唐景崧的军事思想对当时及后世均有实际参考意义。唐景崧的军事思想为他的军事斗争提供了指导。他的军事思想来源于他自身的学识、勤于思考以及善于学习。唐景崧有胆有谋,以书生从戎,亲自领兵打仗并重挫敌军,这是很难能可贵的。

第三章　《请缨日记》的特色

与同时代的日记如《翁文恭公日记》相比,《请缨日记》的特色有四个方面。

第一节　内容特色: 取材广泛,内容多样

《请缨日记》的材料来源有很多种,以致其内容非常广泛多样。《请

---

① [清]唐景崧.请缨日记[M].续修四库全书,第577册.上海:上海古籍出版社,2002:141.
② 同上:182.
③ 同上:228.

缨日记》的内容不能以"日记"二字概之,其材料来源有本人及友人诗
词、奏折、上书、檄文、来书、家书、上谕、约战书、复信、告示、批示、条约、
电报、懿旨、词、函、电旨、邸钞、电奏、法人求救书译文、东京法国新闻纸
报道、照会、方略、滇越勘界节略、序跋。这么多类别的文章在《请缨日
记》内占的比重非常大,有时候一个上谕或是一篇上书、来书即是一篇
日记。多样化的材料来源决定了《请缨日记》内容广泛多样,其记录内
容有:一是记录了唐景崧个人的行止及其家事,如母亲寿辰;二是记录
了唐景崧的友谊,如由京赴越途中在上海访旧友蒋宪甫;三是记录了唐
景崧与上级、同僚、部属的袍泽之情,如唐景崧对属下管带谈克昌的爱
护及痛惜之情;四是记录了中法战争的许多战役,这些战役有些是亲身
经历的,如中法战争第一阶段的山西之役,有些战役靠电奏、军报等获
知,如第二阶段的临洮大捷由岑毓英的电奏获知;五是记录了清廷对战
争的真实态度,其中的上谕、圣旨即是清廷的真实态度;六是记录了中
法战争期间朝廷对前线的人事安排及变动、奖惩;七是记录了桂军、滇
军、黑旗军、楚军之间的矛盾及其各自内部的矛盾;八是记录了越南军
民对法国侵略者的抗争情况;九是记录了刘永福黑旗军与越南朝廷的
相处情况;十是记录了中法、中越之间的外交情况。非唐景崧自己亲身
经历而记录的材料属于间接材料,这些类别的间接材料可以说从其他
角度反映了当时的情况,如《卷九·五月初三日》的法国求救书、西人来
信、东京法人新闻纸报道等反映了华军的英勇及法军的困厄。从视角
来说,唐景崧的《请缨日记》第一人称视角与其他多个视角结合,尽可能
多地反映中法战争的经过,从而显得内容广泛,资料翔实。

第二节　情感特色:感情真挚,令人动容

《请缨日记》其动人之处不在于战役之激烈,而在于感情之真挚。
唐景崧与上级、同僚、下属浓浓的袍泽之情令人感动。1884 年 3 月,北
宁陷落后,法军步步紧逼,徐延旭方寸已乱,粤军统领黄桂兰、赵沃不知

所往,唐景崧乃受命于败军之际,任前敌营务,节制诸军,布置防御。《请缨日记·卷四·二月二十》载:"余慨然许诺。即日檄下,人皆曰:'愚哉,维卿也! 此何时而受乱军之任乎? 强寇在百里,地无宿粮,兵无斗志,必败之道。奈何以身入虎口也?'余曰:'中丞待我厚,自入刘营有微劳必奏达。今事急,不为分忧,非所以劝忠义,且乡关之难,乌可坐视?'明日遂行。"①患难见真情,唐景崧于上级主将危难之际勇于应召,力挽狂澜,精神可敬,情义可钦。1883 年 12 月,法军从河内倾巢出动,进薄山西。唐景崧、刘永福黑旗军、滇军、侦探唐芷庵守城。12 月 16 日,城破,唐景崧败走,"不忍舍渊亭……渊亭初出南门,闻余未出,痛不欲生。问有人能入城护出者,赏银二万,芷庵继赏五万,应者六人,临桥而返。"②(《请缨日记·卷三·十一月十七日》)于各自逃亡之际,唐景崧、刘永福、唐芷庵等人互相不舍,力求相救,诚为可贵。《请缨日记·卷六·十二月十一日》所载的唐景崧及属下游击谈敬德的知遇与报主之情和卷七所载在谈克昌灵柩启行时,唐景崧带队哭送。这些事情让人深深感动。

第三节 笔法特色:秉笔直书,不避人忌

唐景崧的《请缨日记》在记录当时各类事件时,秉笔直书,不避人忌,真实记录了当时中法战争的情况及各色人物的表现。如《请缨日记·卷四·(二月)十七日》:

> 赵统领所部之副将党敏宣八营远避六头江外,屡调不至。总兵陈德朝六营扎新河,法人故作攻势以掣之,赵不敢调。北宁四十余营,四面散扎,不能援应。十五日,法大队由扶良进犯北宁,黄、赵各率亲兵督韦和礼、尚国瑞、黄云高、贾文贵四营拒战于十里外,

---

① [清] 唐景崧. 请缨日记[M]. 续修四库全书,第 577 册. 上海:上海古籍出版社,2002:129.
② 同上:120—121.

皆左路军也。韦和礼腕中枪伤，尚国瑞、贾文贵俱微伤，苦战不能撤。黄统领呼渊亭黑旗一展，敌少却。而渊亭不欲战，持契箭束手行间。黄守忠搴旗进，渊亭喝止之。黄统领示赏二万金，渊亭终不令黑旗驰前一步。正相持间，法轮突驶入涌球，而守涌球之提督陈朝纲两营闻炮顿溃，周炳林营在附近，亦溃。敌夺涌球，曳炮阜顶，俯击北宁城。弹三落，城市哗奔，越官张登僮等开城遁。黄、赵犹在阵前。惊闻后路失，亟撤队回城。乱军苍黄，势不能守。黄统领闭户将自缢，周炳林、陈朝纲、尚国瑞携提督印强掖以行，遂与赵统领并奔太原。勇营四溃。渊亭次日亦全师退太原，旋回兴化。彦帅闻十一日扶良警报，再遣提督吴永安带兵二千驰救，至太原，闻城陷，折回。①

该则日记记录了桂军军官军纪涣散、布置无方及刘永福意气用事，没有积极救援北宁桂军，以致桂军黄统领即将自杀、北宁失守，隐晦地批评了桂军及刘永福。又如《请缨日记·卷六·十二月二十五日》记录了滇军苏元春部与法人作战，楚军王朗青军、滇军杨云阶军坐视不救的情形。《请缨日记》还记录了桂军携带眷属、掳掠越南妇女、虚报战功等弊病。《请缨日记》刊于光绪十九年（1893 年）台湾布政使署，日记中的人物如刘永福等还在世，而日记并不回避对刘永福的批评，从这点来说，《请缨日记》不避人忌。总之，由于唐景崧的实录精神，《请缨日记》为后世中法战争研究提供了宝贵的具体史料。

第四节　章法特色：篇末评论，抒发己见

唐景崧《请缨日记》章法上的特色是有些日记末尾以"请缨客曰"领起议论，发表自己的看法。篇末以"某某曰"发起议论，这个形式由来已久，从先秦的《左传》"君子曰"、到《史记》"太史公曰"、再到《聊斋志

---

① ［清］唐景崧. 请缨日记［M］. 续修四库全书，第 577 册. 上海：上海古籍出版社，2002：128.

异》"异史氏曰",唐景崧继承了中国古代文史作品的传统,以"请缨客曰"引导一段议论,品评人物,评论事件得失。《请缨日记·凡例》云:"或义有未尽,则用'请缨客曰'云云,以发明焉,非好论也。境系躬历,事经目睹,抒至公之论,为后世之征。"①说明了附上"请缨客曰"领起的段落的原因是"义有未尽",目的是"抒至公之论,为后世之征"。

《请缨日记》中"请缨客曰"领起的段落有 21 处,这些段落根据其内容可以分为五类:

一是评论事件,如《请缨日记·卷一》的末尾:"请缨客曰:余之疏请入越也,而敕下往滇。盖中旨谓滇越毗连,刘在保胜,尤与滇近,其命入滇,未尝非暗寓用刘之意也。而余意非亲入越必不能相机筹措,入滇终属隔膜,于是展转而有假越入滇之计,亦可谓一意孤行者矣。后幸获留边,而用刘亦著有明效,岂不可畅行其所志哉。无如事机愈变愈坏,而余厕戎行,卒提空名也。良可慨夫!"②评论了朝廷命唐入滇的用意。

二是评论人物,如《请缨日记·卷七·正月十四》:"请缨客曰:杨云阶爵军门在滇平回匪起家,决荡纵横,独当一面。潘中丞视若裨将,仅畀以广武军数千。南皮谓其愤郁以死,有以夫!虽然,云阶死,天下遂无訾云阶短者,竟以一死成勋业完人,岂非奇幸哉!其少妾牛氏亦殉节死。云阶草菅粉黛,乃获此烈女报,更奇。"③这段评论了杨云阶军门的死。

三是说明当时的情况、原因,如《请缨日记·卷二·正月二十九日》:"请缨客曰:法破河内,我防军进扎北宁,仅数百人,法人诘总署何故进兵?总署以搜土匪对,法谓北宁无匪,宜退兵。而宝海嗣有分界、通商之议,约中国先退兵,于是我军退扎涌球。此为最近北宁之军。"④此段说明了中国驻军涌球的原因。

四是说明当时的情况以及提出对策,如《请缨日记·卷十》正文最后

① [清] 唐景崧. 请缨日记[M]. 续修四库全书,第 577 册. 上海:上海古籍出版社,2002:68.
② 同上:84.
③ 同上:191.
④ 同上:86.

一段:"请缨客曰:近闻通商议在临安府蒙自县。由越南红江船行,经保胜直达蛮耗,再陆行百数十里即蒙自。将来滇如有警,寇必专趋蒙自。保胜以上河道虽浅,不能行船,而彼由南岸陆行,乃北圻地,我难阻之。寇趋蒙自,则已入我腹地矣,所有河口汛及马白关沿边一带之防营皆落后,无所用之。蒙自距省仅十站,故今日滇防以重扼蒙自为要著。桂边要隘已见南皮所议,然尤以廉州之北海为重。此关两省命脉,地在粤东,而关系粤西更紧,明者当能微会之也。通商议在龙州,李鉴堂力争不可,今竟在龙州。"①此段说明了通商云南、广西通商的地点、形势,提出了防敌对策。

五是说明情况并进行评论,如《请缨日记·卷二·二月二十》:"请缨客曰:余在谅山营,阅倪豹帅致黄统领书,悉所谓分界、通商者,分界以红江为界,中法分任保护。通商则在保胜,合肥相国虑黑旗为梗,议编置其军移屯他所,即以保胜税关所入养之。今求如分护越圻而不可得。合肥原策不诚善欤。然当是时,法人料黑旗必不肯移,保胜必不可得,云南仍不可通,款议虽成,惧天下笑,故展转背约,而仍逞兵于南定、北宁,处心积虑,必捣保胜逐刘而后已。此黑旗兵扼一隅,法不得入云南之隐憾也。或曰,移刘则越祸立解,中国亦保全实多,何计不果出此?然而宝海飏矣,中国不能牵其裾而从事盘敦,其奈之何?且移刘而越难果能解耶? 分护之说,姑以饷我而已。"②此段说明了中法分界、通商的具体情况并对法国进行了评论,认为法国志在侵入中国云南。

第四章　《请缨日记》的价值

第一节　《请缨日记》的史料价值

《请缨日记》由于是作者亲身赴越南进行查看、联络黑旗军及统兵

---

①　[清]唐景崧.请缨日记[M].续修四库全书,第577册.上海:上海古籍出版社,2002:256.
②　同上:89.

作战,历时六年,足迹遍及越南北部,故是十分珍贵的第一手历史资料。其价值主要有两个方面:

(一)中法战争史料价值

光绪九年十一月十二日(1883 年 12 月 11 日),孤拔分兵两路进攻驻越中国军队至光绪十年四月十七日(1884 年 5 月 11 日),李鸿章与福禄诺签订《中法会议简明条约》,这是中法战争的第一阶段。1884 年 6 月 23、24 日观音桥中法发生战事(谅山事变),和局破裂。之后,战争在越南及中国东南沿海同时进行。至 1885 年 6 月 9 日,中法议和,签订《中法会订越南条约》。唐景崧对这两个阶段的重要战役均有记载。在第一阶段的山西之战,唐景崧亲自与刘永福黑旗军、滇军一起抗击法军,兵败遁走;北宁之战,唐景崧虽然没有亲身经历其中,但从北宁城逃出者口中得知并且详细记录了北宁之败。在第二阶段,唐景崧亲自统帅广东景字营与刘永福、滇军丁槐部一起围攻宣光法军,重挫敌军;谅山之战,唐景崧则揭示了致败之由。关于第二阶段的台闽战事,唐景崧则通过电报、邸钞进行展示。在后期,唐景崧通过上谕、探报记录了镇南关大捷及官军克复谅山;通过岑毓英的电奏记录了滇军临洮府大捷。对于第一阶段的《中法会议简明条约》及第二阶段的《中法会订越南条约》、《滇越勘界节略》,唐景崧的《请缨日记》全文收录。

《请缨日记》对在越抗法的三个军事集团都有详细记录。《请缨日记》对刘永福黑旗军的抗法斗争有多次详细记录,如 1883 年 5 月 19 日,刘永福在唐景崧鼓励下,主动出击,与法军在河内纸桥交战,阵斩法军统帅李威利;1883 年 8 月 15 日,怀德之战,唐景崧协助刘永福打败来犯的法军;1883 年 9 月初,丹凤之役,唐景崧协助刘永福击退来犯的法军。对黑旗军内部刘永福、黄守忠等将领的关系也有详细说明。《请缨日记》对桂军(粤军)集团的记录则可说明桂军失败之由。统帅徐延旭识人不明,提督黄桂兰不能接受正确意见,道员赵沃虚报战功,营官党敏宣积猾,桂军饷薄且携带家室。根据《请缨日记》滇军集团则主帅唐炯畏敌先撤,丁槐部则实心力战且知晓立地营、掘地道轰城墙、滚草法制敌炮台等战术。这对了解清末地方团练的战术有很大帮助。

对于国内的主和派李鸿章及主战派张之洞，通过收录他们的奏折，展示了他们的思想。

对于越南与台湾的关系，《请缨日记》也进行了揭示。中法战争第二阶段，台湾被封锁，由于清廷要保卫本土台湾，遂舍弃越南而保台，最终导致越南成为法国的殖民地。

唐景崧在《请缨日记》自跋言："而军事之宏纲要迹、始卒兼赅。其中得失是非，足以备鉴来兹，有裨时务，而事必征实，尤可为后世史官得所依据焉。"①这一点，从以上的叙述来说，唐景崧的《请缨日记》确实做到了。

（二）19 世纪 80 年代越南外交、军事、政治史料价值

19 世纪 80 年代，越南对外交往对象主要是中国和法国，而对中国的交往，《请缨日记》中，唐景崧记录了中越官方交流的方式——笔谈，如《请缨日记·卷一·十二月初五日》："未刻，协办大学士、户部尚书兼机密院阮文祥来拜，权相也。笔谈良久，保护一款始亦不言，经余揭道破，伊乃承认。"②《请缨日记》总计记录了唐景崧与越官的八次笔谈。在法国侵略日益加深的情况下，越南一方面被迫屈服，另一方面则赍国书赴华求援，如《请缨日记·卷一·十二月初七日》："初六日经越南王派其礼部侍郎兼机密院陈叔讱、内阁参知阮述前来探慰。据云，派出阮述赍国书三本，随马大使赴广东投递，一呈台辕，一祈转咨礼部题奏，一祈转达合肥傅相。"③中越官员以笔谈进行交流，越南受法侵凌，冀华保护，这正是越南当时的外交情形。

由于中越语言不同，故通过笔谈的方式进行交流。笔谈双方使用的文字应该是汉字。因为：一、中国语言文字在越南有悠久的历史。"中国语言长期被认为是越南国家的正式语言，中国文字据说早在公元

① ［清］唐景崧. 请缨日记［M］. 续修四库全书，第 577 册. 上海：上海古籍出版社，2002：258.
② 同上：77.
③ 同上：78.

前一百年左右就开始传入越南,广泛通行。"①二、唐景崧不通越南语言文字。假设唐景崧通越南语则他与越南官员会谈就不须笔谈。三、历次笔谈均未谈及翻译,也就是说没有翻译在场。

越南与中国 19 世纪 80 年代尚维持"藩属"关系,这种关系从公元939 年开始至 1885 年《中法会订越南条约》签订后结束。越南对中国进贡、接受中国册封,中国作为越南的宗主国,视越南为中国的势力范围。在唐景崧赴越前,越南已经被迫与法国签订两次《西贡条约》,越南的主权不断丧失,中国边疆危机也随之加深。越南请求中国支持是基于中国对越南的宗主关系而产生的保护义务。从《请缨日记》可以看出,这一时期越南外交的特点是被迫与法国议和,暗中联合清廷保护。与之相应,中国对越南则由暗中相助抗法到公开与法交战、再到丧失对越南的宗主权。镇压太平天国后,清廷财政枯竭,无力再与列强交战,故为保护越南只能暗中接济在越南抗法得力的刘永福黑旗军,即使是在越南的山西、北宁驻军,只能以"查办土匪"为名。1883 年 12 月 11 日孤拔进攻山西之后,中法军队在山西、北宁直接交战。1884 年 5 月 11日,中法在天津签订《简明条约》五款,这个条约简称"津约"。"津约"由于中法军队在越南观音桥发生战事而破裂。于是有了中法战争的第二阶段。在中法第二阶段结束后,1885 年 6 月 9 日,中法签订《中法会订越南条约》,中国丧失了对越南的宗主权。越南与中国脱离了宗藩关系。这一系列事件《请缨日记》都有记载,唐景崧暗中助越抗法是第一手的资料。

19 世纪 80 年代,越南面对日益严重的法国侵略,越南人民和越南王室奋起反抗,各地义军蜂起。唐景崧的《请缨日记》记录了越南人民反抗法国侵略者的军事斗争情况。如《请缨日记·卷三·九月》:"近闻该国各处渐起义兵,宜令越臣妥为团合。北宁总督张登憻力任济粮,高谅抚使梁俊秀愿为统率,陆续聚集四五千人,定于本月中旬祭旗起义,

① 牟安世.中法战争[M].上海:上海人民出版社.1961:8.

先取海阳。"①记录了越南义军的情况。《请缨日记·卷十·九月二十
八日》:"乃绐法人,迟一日王出见。遂集兵突击之,战一昼夜,杀伤相
当。法折数酋,继以十四小轮进,越兵不支,阮说乃以三千人奉王夜遁
于广治省之甘露地方,而故王阮福时八旬太妃及其妃犹在宫中也。"②
则记录了王室对法军的抗击。《请缨日记·卷二·二月二十日》关于越
南兵制的记载:"越南兵制度,临阵弹药必记数,杀敌少,责将士偿,故见
敌不敢妄施,亦不肯丰给,其迂愚如此。"③、《请缨日记·卷二·三月初
八日》:"越南兵饷极微,每兵月给铅钱二贯,值银二钱,米一方,重四十
五觔。"④越南积贫积弱,武器缺乏,唐景崧《请缨日记》也反映了这个情
况,越南义军多次遣人来借军火,如《请缨日记·卷九·初六日》:"十七
日,法大股来争,独涌球一路越兵不敌,城复失。游勇头目刘翰华来见,
假以军火。"⑤《请缨日记》中关于越南军事的记载揭示了越南军事孱弱
的表现:一是越南抗法力量中,包括刘永福黑旗军在内的义军占很大的
比重;二是越南兵制落后,不能最大化实现军队战斗力;三是武器缺乏,
须求助于中国。

　　越南军事孱弱有多方面的原因:一是经济落后,没有建立起近代军
事工业;二是统治阶级思想昏庸,没有先进的军事思想;三是闭关锁国,
无法向外国购买武器。中国由于开展洋务运动有一定的近代军事工
业,具有"师夷长技以制夷"的思想,开放有一些通商口岸,能够购买外
国武器,故中国军事较越南为优为多,中国成为越南武器来源地。

　　《请缨日记》记录了19世纪80年代越南政治的腐朽。在19世纪
80年代以前,越南已经分别于1862年及1874年和法国签订了两次《西
贡条约》,第一次《西贡条约》越南向法国割地、赔款、开放通商口岸、允
许法国人传教、允许法船在湄公河自由航行,第二次《西贡条约》法国获

① 　[清]唐景崧.请缨日记[M].续修四库全书,第577册.上海:上海古籍出版社,2002:110.
② 　同上:249.
③ 　同上:89.
④ 　同上:90.
⑤ 　同上:230.

取了越南的独立外交权、红河至云南蒙自的河道航行权、领事裁判权及河内、宁海等通商口岸。越南成为一个半殖民地半封建的国家。关于19 世纪 80 年代越南的政治,《请缨日记·卷一·十二月二十九日》载:"查得该君臣昏愚委靡,战守绝无经营,即议和亦毫无条理。其国政令酷虐,民不聊生。自锢利源,穷蹙已甚,每岁所入,大概不及百万。法人又从而愚之,饴以甘言,则欣欣窃喜,而于中国转多疑忌之心,无可扶持,一言已决。阮福时家庭构衅,苟活自娱,内乱将兴,胜于外侮。"①《请缨日记·卷一·十二月初六日》载:"其地四时种艺,腊月生莲,珍物错出。出口有禁,国令最严,小民畏法。"②由此可见,越南君臣昏庸、政令苛刻、闭关锁国、昧于形势、王室构衅,在政治上乏善可陈。实行闭关锁国政策,禁止特产外卖。这直接造成了越南经济的落后,也造成了越南军事的孱弱。

"19 世纪最后三十年,法国资本主义的发展造成了国内资本空前未有的集中,形成了垄断联合,加强了财政资本的作用。"③财政资本在国内的剩余导致了资本输出。越南混乱衰弱的政局为法国的进一步侵略提供了条件。19 世纪 80 年代,法国对越南的侵略由两度组阁的茹费里主持。在茹费里的主持下,法国从 1882 年 3 月开始派兵对越南进行新一轮的侵略。越南内乱外患日益加重,先后两次签订了越法《顺化条约》,明确否定了中国对越南的宗主权。关于第一次《顺化条约》的情况,《请缨日记·卷三·八月初九日》载:

> 黄佐炎得富春警报,并接该国枢密院传国王退兵之谕。先是,法人于七月十三日怀德败后,遂于十六日驾兵轮至富春,攻顺化海口。宗室阮说督兵力战。十七日,海口不守,法入都城。维时,故

---

① [清] 唐景崧. 请缨日记[M]. 续修四库全书, 第 577 册. 上海: 上海古籍出版社, 2002: 81—82.

② 同上: 78.

③ 牟安世. 中法战争[M]. 上海: 上海人民出版社. 1961: 25.

王阮福时殡犹在宫,嗣君不贤,在位一月,阮说启太妃废之,改立阮福升。外寇内讧,至是乞降。法与立约二十七条,其第一条即言中国不得干豫越事。此外,政权、利权均归法人,逼越君臣谕外省退兵,重在逐刘团也。①

这是越南政局动荡衰败的一个具体例子。内讧外患,越南被迫签订城下之盟。

鸦片战争后,清政府元气大伤,又先后经历了太平天国运动的沉重打击、捻党起义、苗民起义、回民起义,国力衰弱。面对越南问题,清廷不愿再与法国交战,以李鸿章为首的主和派占上风。在中法战争第二阶段,清政府由于台湾被围导致自顾不暇,于是借镇南关大捷趁机与法国言和,最终清政府舍越保台,被迫放弃对越南的宗主权。1885 年 6 月9 日签订的《中法会订越南条约》标志着法国对越南的保护权得到中国的认可,越南最终脱离中国而沦为法国的殖民地。

（三）19 世纪 80 年代越南风俗、民情史料价值

对越南的风俗,唐景崧《请缨日记》也有所记录。《请缨日记·卷二·二月初五日》载:"席罢,唤魋婆唱曲。越俗好鬼,延以治病,席地列米盘,焚香起舞,摇铜环琤琤然,有挥弦者如月琴,又见牛尾一弦琴。"②《请缨日记·卷二·二月二十二日后》:"习越人投壶戏。"③唐景崧的记录对认识越南风俗有一定的史料价值。

唐景崧《请缨日记》对越南民情的记录大大开阔了人们的视野。《请缨日记·卷一·十二月初四日》载:"坐小船入内河,妇女摇舟,歌声琅琅,忽停桨登篷,食槟榔闲坐。盖其生性好逸,男子尤甚,持家勤苦皆女子也。"④越南地方男子好逸恶劳,勤苦劳作均是女子。《请缨

---

① [清] 唐景崧. 请缨日记[M]. 续修四库全书,第 577 册. 上海: 上海古籍出版社,2002: 106.
② 同上: 87.
③ 同上: 90.
④ 同上: 77.

日记·卷一·十二月初六日》载:"晚饭后,与应星、铁崖游市中。男尖笠、女圆笠,皆赤脚。……民居不准瓦屋,卧无被,覆以席。市廛萧索,大者仅屋二三间,犹是中华人也。富春城池完固,惟皆茅苇之家而已。……国令最严,小民畏法。三十家一里长,杀一鸡一豕必先献里长。偶有储积,则由下而上,层层剥削,败家而后止,民间不敢致富。民极惰,小有财则坐食,食尽再为人役。"①男子好逸恶劳则生产力没有得到充分使用;人民不敢致富则社会经济得不到发展,这些情况所产生的后果肯定是越南贫穷落后。这也是法国得以侵略越南的原因之一。

第二节 《请缨日记》的文学价值

《请缨日记》作为一部日记,理所当然是记录唐景崧的日常经历。唐景崧作为一个进士出身的读书人,在日常生活中诗文词联赠答在所难免;而在军中效力,唐景崧也进行必要的文书写作。在《请缨日记》中,诗文楹词所占的分量不多,诗21首,文2篇,联2副,词1首,却深深烙上了清末的时代烙印,具有一定的文学价值。《请缨日记》的文学价值有以下两个方面:

(一) 体现了清末文人感时忧国、崇尚气节、建功立业的情怀

1840年以后,经历了两次鸦片战争、洪秀全太平天国运动及多个地方的民众起义,清朝陷入了半殖民地半封建社会,内忧外患非常严重。而接壤的越南也面临法国越来越严重的侵略。法国从17世纪中期开始侵略越南,法越相继签订了法越《凡尔赛条约》、两次法越《西贡条约》。19世纪60年代越南南部被法国占领。19世纪70年代,越南北部部分城市河内等被迫开放为通商口岸,红河至云南蒙自的河道也允许法国船舶航行,越南沦为法国殖民地。19世纪80年代,法国进一步

---

① [清] 唐景崧. 请缨日记[M]. 续修四库全书,第577册. 上海:上海古籍出版社,2002:78.

侵略越南北部,并把魔爪伸到广西、云南。1882 年 5 月,法军侵占越南北部重要城市河内。在这样的形势下法国必然以越南为基地侵入中国南部,中国南疆面临危机。这是唐景崧请缨入越抗法的时代背景,也是《请缨日记》写作的时代背景。《请缨日记》记录了一些文人的诗文词联,这些诗文词联体现了面对国家内忧外患,清末文人感时忧国、崇尚气节、建功立业的情怀。他们不仅在诗文楹词中展现一种豪言壮语,同时也在现实行为中有刚烈之行,是坐言起行式的可贵文人。

《请缨日记·卷一·光绪八年壬午七月初九日》中,唐景崧给宝鋆及李鸿藻大学士的献诗中有"贾生欲报吴公荐,汉室陈书涕满襟"①句,体现了唐景崧报国忧国的感情。

《请缨日记·卷六·十月初五日》刘敬亭先生的绝命词:

> 父教我尽心,君教我尽力。
> 心力俱已竭,此躯何足惜。
> 投塘苦被拯,绝粒已遂志。
> 城破身犹存,何以对天地?
> 七日赴幽冥,自恨犹濡滞。
> 但得民人安,妻孥甘并弃。
> 绝命质古人,乾坤留正气。②

这首词为明州知州刘作肃先生于 1860 年太平军攻陷宁明州后上吊自杀的绝命词。从中可以读到作者那种与城共存亡、宁死不屈的气节。

同乡友人谢子石给《万里请缨图》题诗,其诗末云:

---

① ［清］唐景崧.请缨日记［M］.续修四库全书,第 577 册.上海:上海古籍出版社,2002:69.

② 同上:173.

富良江上瘴烟浓,一肩萧瑟羞行李。

吁嗟乎!

男儿作健宁顾此,奉君一杯君行矣。①

这些诗句体现了作者支持唐景崧请缨出国联络刘永福军抗法固边的壮举,为唐景崧壮行,充满着无比豪壮的气概,体现了一种不顾艰险、不避穷困、建功立业的情怀。

（二）说明了唐景崧的诗文词联达到了较高的水平

《请缨日记》中收录了作者唐景崧的一些诗文词联,这些作品具有很高的文学水平。研究这些诗文词联对于深入研究唐景崧具有一定的意义。

唐景崧的诗歌,用典贴切,形象直观,语句自然流畅,达到了一种形象美、含蓄美、感情美的水平。例如:

狼星悬焰亘西方,又见传烽到雒王。

可有大刀平缅甸?用明刘綖事,指刘永福已无神弩出安阳。今越南乂安省

何人更下求秦泪,说客将治使越装。

岂是唐衢轻痛哭,乡关消息近苍黄。②

（《请缨日记·卷一·光绪八年壬午七月初九日》）

这首诗首句"狼星悬焰"表明狼星变色,有盗贼来;"亘西方"表明盗贼来自西方。第二句,战事起,烽烟升,越南国王得知有警。这两句含蓄地写出了法国侵略越南的时代背景。"狼星悬焰"、"传烽到雒王"既含蓄又形象。第三句"可有大刀平缅甸?"作者发出疑问,以古代今,意为明代有刘綖平定藩国的战乱,如今是否有人能平定越南战乱呢?

---

① [清]唐景崧.请缨日记[M].续修四库全书,第577册.上海:上海古籍出版社,2002:259.

② 同上:69.

根据其注解可知,作者认为刘永福能像刘绖一样平定藩国的战乱。"已无神弩出安阳"含蓄地写出了国家的形势,由于国家内忧外患,没有太多的国力用兵越南。"神弩"以兵器指代国家军队,"安阳"以具体地点指代越南。"何人更下求秦泪"用了春秋楚国大夫申包胥哭秦庭之典,含蓄贴切地说明了越南面对法国侵略,求助于宗主国中国。这首诗写作之前,越南旧都河内已经被法国侵略军占领,越南使者两次到达北京求助。这些情况与春秋楚国都城被吴国军队攻陷,楚国使者求助大国秦国十分相似。"说客将治使越装"用汉代陆贾使越的典故含蓄表明自己出使越南联络刘永福的志向。这个典故也很贴切。唐景崧与陆贾都面临越南不安定的情况、都有一个主脑人物在越南、都是为了国家的利益。"岂是唐衢轻痛哭,乡关消息近苍黄"前句用唐衢痛哭的典故说明自己非常伤心,后句表明伤心的原因是家乡广西边陲面临法国侵略军的威胁。全诗语句毫无晦涩之感,自然流畅,耐人寻味,有巧夺天工之感。

《请缨日记·卷四·十五日》收录的唐景崧为刘永福写的约法人会战书体现了唐景崧的高超散文水平。首段作者先声夺人,写法军安邺及李威利等法军军官被斩毙命,大大打击法国侵略军的气焰。第二段历数法军历次战役之败及近来徘徊不敢战的情况,再次打击法国侵略者的气焰。第三段用激将法约战,"今与尔兵头约,三日不至,期以五日,五日不至,期以十日,十日不至,则本提督即当布告中外四海九州,必群起而非笑之。……"①。且不论该文实际效果如何,全篇既打击了法国侵略者的气焰,又用激将法约战,先羞后激,法军不来则陷于耻辱境地,来则达到与法军决战的战略设想。因此而知,该文是一篇高水平的约战书。

唐景崧的对联对仗工整,契合人事。如给广西提督黄桂兰的挽联:

---

① [清]唐景崧.请缨日记[M].续修四库全书,第577册.上海:上海古籍出版社,2002:125.

公岂无雄心，试看洒血军前伤亡将士；

臣自有死地，不肯遗尸贼手亏损朝廷。①

（《请缨日记·卷四·三月十七日》）

此联上联表明黄桂兰带领部下为国浴血奋战的经历，下联表明黄桂兰的兵败自杀，不愿遗尸于敌手及不肯亏负朝廷的气节。该联实虚对应，上下联平仄、语句结构、词性都对得很工整，达到了比较高的水准。

要之，《请缨日记》的文学价值十分值得重视。《请缨日记》里面诗文词联体现的清末文人感时忧国、崇尚气节、建功立业的情怀，这是一种十分宝贵的精神财富，值得一代又一代的国人去继承，从而为中华民族的伟大复兴做出贡献。广西自古属于南蛮之地，文化起步晚，《请缨日记》中保存的清末桂籍文人尤其是唐景崧的诗文楹联，说明了唐景崧的文学水平达到了很高的水准。由此可见，唐景崧的诗文楹联值得进一步研究。

------

① ［清］唐景崧.请缨日记[M].续修四库全书,第577册.上海：上海古籍出版社,2002：139.

校注凡例

一、以《续修四库全书》(上海古籍出版社 2002 年版)第 577 册光绪十九年台湾布政使署刻本为底本,简称"底本"。

二、以中国史学会主编,邵循正等编《中国近代史资料丛刊》之《中法战争》第二册著录的《请缨日记》(上海新知识出版社 1955 年版,简称"1955 年本")及第七册著录的《中法条约选辑》、《唐景崧日记》(中华书局 2013 年版,简称"中华书局本")为参校本。

三、底本竖排繁体无标点,本校注横排简体并加标点。

四、《请缨日记》中每则日记之日期配上对应公历,并加括号。

五、校勘标明【校勘】字样,以(一)、(二)、(三)……为序号,置于正文段落之后。底本因避讳而缺少笔画的字,径改成完整的字,不出校记;底本明显错误的字,径直订正;异体字不出校。

六、注释标明【注释】字样,以①②③……为序号,置于正文段落之后。

七、以卷为单位,重复出现的需注词语,同卷之内一般只注一次。

八、校注不以自然段为单位,根据需注词语的数量而定起始。

九、人物一般只注到省级官员,如巡抚、布政使、提督等;地名一般只注到州郡。

请缨日记序

玉关烽警,正班定远出塞之年;铜柱云摩,是马伏波登坛之地。书生面目,顿改戎装;海上幺么,群惊将令。然而封侯投笔,便消磨兰台旧史之才;诫子传书,亦散佚浪泊旋师之后。未有刀头环影,半镜方飞,盾鼻墨痕,成编快睹如《请缨日记》者也。

我维卿方伯夫子,三垣奎宿,早耀文光,八桂名流,夙饶奇抱。于蛮触交争之日,正和战未决之秋。贾谊上书,请击匈奴于阙下;陈汤献策,将维属国于关西。始则一介行边,终乃偏师捣穴。于是本子云之典册,写小范之心兵。纪事成书,编年仿体。以一身之涉历,关全局之转移。

盖非陆贾持节,仅事羁縻;终军弃襦,空谈慷慨。综观全事,可得言焉。当其觅骏燕台,听箫吴市,大江东去,洗出雄心;秋色西来,郁为兵气。方谓伯通庑下,定有才人;要离冢边,不无奇士。

苟能数五十余国,使房情尽在掌中;亦可率三十六人,奏边功全资幕下。无如酒徒零落,击筑难闻,遂使烟水苍茫,买舟竟去。五羊停棹,未看岭上梅花;万马窥边,且眺关城杨柳。诚以编《板桥杂记》,浪抛词客才华;不若展故箧《阴符》,略见英雄本色。

越南旧隶黄图,久藩赤县。三年修贡,屡镌金叶之书;万里待封,频舣银河之棹。乃者粲粲熊罴,共骇西人之衣服;眈眈豺虎,将夺北地之燕支。如使卧榻之侧,鼾睡竟容;将毋火维之区,全藩尽撤。公于此行,盖欲授策屠王,传书侠客,同扶残叶,永拱中枢。苟舆服而保脾泄,楚尚有材;则甲楯而栖会稽,越犹可国。

知不独驾汉官之驷乘,相如自侈谕蜀之文;方且赠齐国之鱼轩,管子将行复卫之策也。

尔乃富良江上,王气消沉;真腊城中,妖氛震撼。平章方以斗秋虫为乐事,尚书乃以撰降表为世家。铸翁仲之金人,难威夷狄;挽安阳之神弩,坐失河山。

公知韩将背洹水之约而事秦,楚终出方城之师而灭蔡。君卿虽尚存口舌,叔宝已全无心肝。回望珠江,再航琼海,则此记也,固傺之《风土记》而不伦,较之《利病书》而更核者也。

然而龙尾伏辰,遂亡虢祀;虬髯仗剑,或王扶余。如得尉佗黄屋左纛,上表称老夫臣;婆留玉带锦衣,开门作节度使,仍可资为外藩,自胜沦于他族。即或夜郎自大,竹王之种已稀;南交可宅,西母之图宜益。将使二千余年之故土,仍隶中朝;三十六郡之旧图,再编交趾。亦必号召豪杰,乃能申画郊圻。则有刘牢之本南国枭雄,黄汉升亦西州豪士。越南舍长城之万里,昧国士之无双。公知时局之已更,乃遂露章而复上。盖以中国有圣人之世,为王者大,一统之图,必不置羌戾、沉墨于无何有之乡;舍邓赒、靡芝于不可通之域。则当吾皇神武,能驭英雄;何不我马驰驱,再通山泽?果而得郭中令之书,承嗣屈膝;感陆士衡之荐,戴渊抒诚。囊鞬道左,誓复蔡州;酾酒江头,志吞朔虏。亦可谓知人善任,将不难计日成功矣。

无何吐蕃诣浑太尉而请盟，倭人误石尚书以款局。官书火迫，催赴昆明；心计灰飞，难羁炎徼。当斯时也，去留两非，倏忽万感。仰天长啸，日寒白虹；斫地悲歌，斗坠紫气。

明知大同之塞，虽战胜而马市终开；无如广武之军，方屯定而鸿沟已画。绕朝适所谋不用，子野惟辄唤奈何。乃于进退维谷之秋，顿有惊喜自天之信。闻沙陀之鸦军，破林邑之象阵。于是疆臣决主战之议，大帅上吁留之章。盖当戎服方加，冰衔特晋，天子亦知公真可用矣。

第以乍辞郎署，未能全付军符。非关李广之数奇，实待贾生之才老。故虽当金戈铁马之场，历瘴雨蛮云之际，航海捣燕之策，未见施行；分道伐吴之师，又多自竞。奇计屡摈而勿用，壮怀终郁而不伸。然而公之才固未尝不略见一二也。

其守谅山也，碻磝乍败，符离新溃。粮绌而无筹可唱，乞米徒书；将骄而有檄难征，强兵何策？鱼阵晨压，狼烽夜冲。越甲屡鸣，吴军尽墨。公乃气慑虎狼，画周猿鸟。李临淮作帅，色变旌旗；程不识行军，令严刁斗。遂使残军复振，败局能支。至是而后，大帅悔知之不早，用之不尽，而前失已不可追矣。

其攻宣光也，缒阴平而入蜀；度陈仓而下秦。万险备尝，一军曲达。方将扼兀尤于金山，北虏绝无归路；擒孟获于泸水，南人不生反心。月晕而围已合；云压而城欲颓。金人见宗、岳而呼爷，夏贼畏范、韩而坠胆。此亦法人自纵横海上，睥睨寰中而来，所未有之困者矣。

则此记也，谓之为相斫之书则过，儗之以大事之记非夸者也。今者，银河洗甲，凯旋而柳色当楼；瀛海开藩，判毕而芸编满案。始搜伍籍，将付手民。子长酒肉之簿，饶有史材；鬈仙嬉笑之词,皆为文料。盖一时兵交之事,一人战迹所经,而属国兴亡之局,兵家胜败之机胥于是乎寓焉。或谓公间关万里,奔走三秋,所愿未遂,当鸣不平,其事屡乖,宜多过激。何以史臣以成败定英雄,公则多平心之论?术士以兴亡归气数,公则抉人事之微?况得毋故示旷达,务为恢张?不知公含和饮粹,蕴英蓄华。琅嬛琐记,皆名臣奏议之余;幕府丛谈,无文士言兵之习。非特著岳岳之才,抑亦表渊渊之度。况昔者燕然勒石之词,塞上从军之作,多属油幕从事,笔墨为缘,蛮部参军,土风是记。公始则口含鸡舌,遍吐天香,继则事坌牛毛,难资人力。乃能挽弧射狼,搦笔绣虎。当下马作露布之日,为飞鸿存雪爪之思,斯又分其余事,足了十人;耗我壮心,独有千古者矣。

嗟乎!瞻文昌于天阙,惟上将最有光芒;纪列传于史官,独名臣备书言行。方今四洋毕达,五大在边。瀛海非终无事之时,天下正急需人之日。所愿公本绘画乾坤之笔,为荡清海宇之图。衙斋运甓,陶桓公志靖中原;帷幄陈筹,张留侯材堪独将。将上军中之日报,方略馆汗简宏修;扫海上之巢痕,纪功碑濡毫待作。

门下士台湾丘逢甲谨撰

凡　例

一、《日记》记一己之阅历也。以己事为干,故详;以人事为枝,故略。凡关此次军务,除记越事较详,己事尤详,此外如闽、台、浙江,亦据邸钞①、军报②、友书大略采录,以备此次用兵之本末,其有不关军务者,间亦摘存,聊志泥爪③。

一、近年军兴④以来,统兵大臣及督抚⑤皆称曰帅,摘其号一字冠之,《记》中亦依俗称:彦帅,岑彦卿⑥宫保⑦制军⑧也;雪帅,彭雪芹⑨宫保尚书⑩也;振帅,张振轩⑪宫保制军也;沅帅,曾沅圃⑫爵⑬宫保制军也;香帅,张香涛⑭制军也;莪帅,唐莪生⑮中丞⑯也;晓帅,徐晓山⑰中丞也;琴帅,潘琴轩⑱中丞也;豹帅,倪豹岑⑲中丞也;鉴帅,李鉴堂⑳方伯㉑护抚㉒也。

【注释】

① 邸钞:即邸报,朝廷官报。汉唐时代,地方长官于京师设邸,邸中传抄诏令奏章等,以报于诸藩,故称邸报。后世因称朝廷官报为邸报。清季由报房刊行,称京报。

② 军报:军事情报,军事消息。

③ 聊志泥爪:志,记。泥爪,雪泥鸿爪,比喻往事遗留的痕迹。出自苏轼《和子由渑池怀旧》:“人生到处知何似,应似飞鸿踏雪泥。雪上偶然留指爪,鸿飞那复计东西。”

④ 军兴:军事行动开始。

⑤ 督抚:清代各省置总督与巡抚,合称督抚。

⑥ 岑彦卿:岑毓英(1829—1889),字彦卿,号匡国,广西百色西林人。道光间以诸生从军,转战云贵,功甚伟。光绪时越南之役,创地营法,败法兵。官至

云贵总督,加太子太保。居官无声色之好,所至旁求民隐,滇人虽妇孺皆知之。卒谥襄勤。

⑦ 宫保:即太子少保。清制不立太子,但有太子傅保之名,专为大臣及有功者之加衔,无职掌官属,也无员额。太子称东宫,故名宫衔。如太子少保称宫保。

⑧ 制军:明清总督的别称,也叫制台。

⑨ 彭雪芹:彭玉麟(1816—1890),字雪琴(亦书作"芹"),湖南衡阳人,自号退省庵主人。咸丰间,太平天国运动兴起,曾国藩治水师于衡阳,玉麟与杨岳斌分统之。转战长江各省,捷湘潭,复武汉,破田家镇,拔湖口,夺小姑山,复彭泽,连克九江、安庆、芜湖、江宁,功甚伟。克江宁后,加太子少保衔。定长江水师之制,每年巡阅长江。官至兵部尚书,卒谥刚直,追赠太子太保衔。性刚介绝俗,善为诗,下笔立就,尤善画梅,海内流传者过万本。

⑩ 尚书:官名。秦时本为少府属官,掌殿内文书,职位很低。汉成帝时,设尚书员,群臣章奏都经过尚书,位虽不高而权很大。隋唐设尚书省,以左右仆射分管六部。明洪武十三年,废中书省,以六部尚书分掌政务。清末改官制,并六部,改尚书为大臣。

⑪ 张振轩:张树声(1824—1884),字振轩,安徽合肥人。同治间领淮军从李鸿章转战江苏、浙江屡有功。光绪间,官至直隶总督。法越之役,受命赴广东治军防海,卒于军。谥靖达。

⑫ 曾沅圃:曾国荃(1824—1890),字沅甫(亦书作"圃"),号叔纯。清曾国藩之弟。湖南湘乡人。道光优贡。咸丰间洪杨军起,为国藩画三十二策,无不效。国藩困于南昌,国荃募勇援之。战屡捷,肃清江西。复安庆,进攻江宁,克之,擒洪仁达、李秀成,战败洪杨军。以功封一等威毅伯,官至两江总督,太子太保,卒谥忠襄。

⑬ 爵:伯爵。同治三年(1864 年),曾国荃因攻破太平天国天京城被封为一等伯爵,故有此称。

⑭ 张香涛:张之洞(1837—1909),字孝达,号香涛,直隶南皮(今属河北)人。同治进士,屡督学典试,所至提倡经史实学。外任督抚垂三十年,在两湖最久。光绪末为军机大臣,官至体仁阁大学士。卒谥文襄。有《广雅堂集》。

⑮ 唐薇生:唐炯(1829—1909),字鄂生(亦书作"莪"),贵州遵义人,号成山老人。光绪间四川道员。官至云南巡抚,开办滇省铜矿。越南之役,以山西、北宁失守,坐夺职。寻以巡抚衔督办云南铜矿,以每年得铜不满十万斤,被议革巡抚衔。留办矿务,后因疾辞职。诏给原衔。

⑯ 中丞:官名。汉御史大夫下设两丞,一称御史丞,一称中丞。中丞居殿

中,故以为名。掌管兰台图籍祕书,外督部刺史,内领诸御史,受公卿奏事,举劾案章。明设都察院,其中副都御史职位相当御史中丞。明清常以副都御史或佥都御史出任巡抚。清代各省巡抚例兼右都御史衔,因此,明清的巡抚也称中丞。

⑰ 徐晓山:徐延旭(?—1884),字晓山,山东临清人。光绪九年—光绪十年(1883—1884)任广西巡抚。

⑱ 潘琴轩:潘鼎新(1828—1888),字琴轩,安徽庐江人。清末淮军将领。举人出身。咸丰七年(1857年)随李鸿章办团练。同治元年(1862年),率淮军到上海。后随李鸿章赴山东与捻军作战,任山东布政使。光绪九年(1883),任湖南巡抚。次年,调广西巡抚。中法战争中,受李鸿章指使,不战而退。十一年(1885年)初被革职。

⑲ 倪豹岑:倪文蔚(1823—1890),字豹岑,安徽望江人。咸丰进士,以主事参曾国藩军幕,官至河南巡抚。光绪七年(1881年)任广西布政使,光绪八年(1882年)升任广西巡抚,光绪九年(1883年)调任广东巡抚。光绪十年清政府向法国宣战后,与彭玉麟、张之洞、冯子材等率兵收复越南失地。

⑳ 李鉴堂:李秉衡(1830—1900),字鉴堂,奉天人。光绪间由冀州知州累官山东巡抚。惩贪革弊,颇著清望。以曹州教案罢职。后巡阅长江水师,义和团兴起,附和载漪、刚毅,排外仇教,御各国联军于通州。不战而溃,遂自尽。和议成,追夺官。

㉑ 方伯:本义为一方诸侯之长。《礼记·王制》"千里之外设方伯"。后来泛称地方长官为方伯,明、清时用作布政使的称呼。

㉒ 护抚:护院和巡抚,此处复义单指,指巡抚。护,清制,抚台离职,由藩台或臬台暂时代理,称为"护院"。

一、地名不宜单用一字,而近日公牍、电报每摘用一字,曰"云",云南也;曰"东",广东也,广东又专称"广"、称"粤",而用"桂"字以别广西,《记》中多依此称,以归画一。

一、中国电报近始有之,曰"密"者,彼此豫约暗码,不用本码,令人不解也。末一字用韵目记日①,曰"东",即初一日也。电奏由总署②进呈,故曰"请代奏"。

一、军中近称统多营者,曰"总统"、曰"统领"、曰"统带"。

其所部之营官,令分统数营者,曰"分统"、曰"督带"。带一营者,曰"管带"。带一哨者,曰"哨官"。闲散候差曰"差官"。就今言今,概从俗称。

一、是编事后纂成,故记本日之事,间引后事以证明之。或义有未尽,则用"请缨客曰"云云,以发明焉,非好论也。境系躬历,事经目睹,抒至公之论,为后世之征。

① 韵目记日:指清末至建国初期使用的一种电报记日方法。为晚清状元洪钧发明。据《触电的帝国:电报与中国近代史》:"方法是:以十二地支来代表十二个月,再以平水韵的韵部来代表日期。前面十五天用的是韵目上平声的全部,接后是韵目上声的十个,再来就韵目去声的五个,一共是三十天。……第三十日本该用'陷',但是这个字不吉利,就换成了'卅'字;使用公历后,又加了一个'世'字代表三十一日,因为'世'字拆开恰好是廿、十、一,偶尔也会用'引'字代替。"("引"字像阿拉伯数字31)"对应关系如下:

一日:东、先、董、送、屋
二日:冬、萧、肿、宋、沃
三日:江、肴、讲、绛、觉
四日:支、豪、纸、置、质
五日:微、歌、尾、未、物
六日:鱼、麻、语、御、月
七日:虞、阳、麌、遇、曷
八日:齐、庚、荠、霁、黠
九日:佳、青、蟹、泰、屑
十日:灰、蒸、贿、卦、药
十一日:真、尤、轸、队、陌
十二日:文、侵、吻、震、锡
十三日:元、覃、阮、问、职
十四日:寒、盐、旱、愿、缉
十五日:删、咸、潸、翰、合
十六日:铣、谏、叶
十七日:筱、霰、洽

十八日：巧、啸

十九日：皓、效

二十日：哿、号

廿一日：马、个

廿二日：养、祃

廿三日：梗、漾

廿四日：迥、敬

廿五日：有、径

廿六日：寝、宥

廿七日：感、沁

廿八日：俭、勘

廿九日：豏、艳

三十日：陷

卅一日：世、引"

②　总署：总理各国事务衙门。初名"总理各国通商事务衙门"，简称"总理衙门"，亦称"总署"、"译署"。1861 年初清政府为办理外交和洋务而设立的中央机构。初由恭亲王奕䜣主持。分设英国、法国、俄国、美国、海防（后改日本）五股。附设京师同文馆，并管辖海关总税务司署。所办事务涉及外交、通商、海关、海防、制造、路矿、新式学堂等。1901 年按《辛丑条约》规定，改组为外务部，班列六部之首。

卷　一

光绪八年壬午七月初九日（1882.8.22）

以"绥藩固圉说"①缮呈吉林宝佩蘅相国②及高阳李兰荪相国③。赴宅由阍人④投进，不请谒⑤。两相者，本部堂官⑥、军机大臣⑦、总理各国事务大臣⑧。吉林为景崧乙丑⑨会试⑩座师⑪，并献以诗：

【注释】

①　绥藩固圉说：安抚藩国以巩固边境的建议。绥，安抚。藩，藩属国，指越南。圉，边境。

②　宝佩蘅相国：宝鋆（1807—1891），姓索绰络氏，号佩蘅，满洲镶白旗人。道光进士。光绪间官至武英殿大学士致仕。卒谥文靖。相国，清代专指任大学士者。

③　李兰荪：李鸿藻（1820—1897），字兰孙，号石孙、砚斋，直隶高阳人。咸丰进士，值上书房，授穆宗读。累官协办大学士，吏部尚书。性刚耿，光绪间中日事起，鸿藻主战尤力。同治初，母忧归，七诏夺情不起，时论嘉之。卒赠太子太傅，谥文正。

④　阍人：守门人。《周礼》天官有阍人掌昏晨启闭宫门。后世通称守门人为阍人。

⑤　请谒：告求，干求。

⑥　堂官：明清时称中央各衙门长官为堂官，如各部的尚书、侍郎、各寺的卿官等，言其为殿堂上之官。又知府、知县等为府县署的堂官，故自称府正堂、县正堂。

⑦　军机大臣：清雍正朝用兵西北，以内阁在太和门外，恐机密泄露，七年设军需房于隆宗门内，选内阁中谨密者入值缮写。因地近内廷，便于召见。十年更名军机处。军机大臣无定员，人数三至十人，于满汉大学士、尚书、侍郎、京官

内特简，着军机处行走。军机大臣为一项兼衔与兼职，其职责是掌书御旨、综军国之要、以赞君主治机务、入值禁廷，以待皇上之垂询、承旨或拟旨，随驾出京。

⑧ 总理各国事务大臣：咸丰十年成立总理各国通商事务衙门。

⑨ 乙丑：同治四年（1865）。

⑩ 会试：明清科举制度，每三年，各省举行考试曰乡试，中式者为举人。次年，以举人试之京师为会试。宋制，以秋取解，冬集礼部，来春考试。至元皇庆二年，诏行科举，举人各给解据，咨送礼部会试。会试之名始此。

⑪ 座师：明、清举人、进士用以称其本科主考或总裁官。

狼星悬焰亘西方①，又见传烽到雒王②。

可有大刀平缅甸③？用明刘綎④事，指刘永福 已无神弩

出安阳⑤。今越南乂安省

何人更下求秦泪⑥，说客将治使越装⑦。

岂是唐衢轻痛哭⑧，乡关消息近苍黄⑨。

【注释】

① "狼星悬焰"句：狼星，星名。《史记·天官书》："其东有大星曰狼。狼角变色，多盗贼。"悬焰，带着光芒。亘，连接。

② "又见传烽"句：传烽，烽火传警。雒王，秦汉时期交趾地区民族对自己民族首领的尊称。《水经注·叶榆水》引《交州外域记》："交趾未有郡县时，上地有雒田，其田随水上下。民垦食其田，谓之雒民。设雒王雒侯，主诸郡县；县多为雒将，铜印青绶。"此指越南国王。

③ 缅甸：其名始见于明初史籍，系宣慰使司之称，其辖境各个时期不尽相同，但在16世纪初废弃之前，约当阿瓦王朝的领土，即伊洛瓦底江中游地区，司治设阿瓦。16世纪30年代后，东吁王朝、雍籍牙王朝先后逐步统一全国，缅甸之名遂用来指今缅甸。

④ 刘綎：（1560—1619，一说1553—1619），明末著名骁将，嘉靖间大将军都督刘显子，号省吾。江西南昌人，万历武状元，平缅甸、罗雄、播酋等、抗日援朝，战功显赫，威震海内外。

⑤ "已无神弩"句：安阳，安阳国（前257—前207），又称瓯雒国，在今越南

义静省,大致指今荣市一带。秦灭古蜀国后,开明王朝王子开明泮(蜀泮)所建,都城为古螺城(在今越南河内东英县),疆域包括越南北部一带,一度扩张至广西、云南部分地区。公元前 207 年为南海郡尉赵佗所灭。神弩,具有神威的弓弩。越南民间故事记载,秦末赵佗率军进攻安阳国,安阳王得到金龟的爪作为弩机制成神弩,仰仗神弩打退了赵佗的进攻。之后安阳国与赵佗和款,赵佗之子仲始与安阳王之女结亲,仲始盗走安阳王神弩的金龟之爪,以假爪代替。后来赵佗再次进攻安阳国,神弩不灵,安阳国灭。神弩在此处指作战得力的军队。

⑥"何人更下"句:用春秋楚大夫申包胥事。春秋时,吴师陷楚都,楚大夫申包胥赴秦乞师,倚立秦庭,日夜号哭,七日之内,不进饮食,秦哀公深为感动,即出师救楚。

⑦"说客将治"句:用西汉陆贾的典故。陆贾,汉初楚人,以客从刘邦建汉王朝,有辩才。曾两度出使南越,招谕赵佗。

⑧唐衢:唐中叶诗人。应进士第,久而不第。所作诗意多感发,见人文章有所伤叹者,读后必哭。曾游太原,参预人宴,酒酣言事,高声痛哭,一席不欢,故世称唐衢善哭。

⑨"乡关消息"句:乡关,指故乡。《河岳英灵集》中崔颢《黄鹤楼》:"日暮乡关何处在,烟波江上使人愁。"

岁岁藤厅①覆翠阴,花前独怅②受恩深。

无才且学屠龙技③,有臂终存射虎心④。

简练阴符开夜箧⑤,萧疏霜鬓抚华簪⑥。

贾生欲报吴公荐⑦,汉室陈书涕满襟⑧。

【注释】

① 藤厅:藤蔓延缠绕,像厅的一种形态。

② 独怅:独自惆怅。怅,惆怅,因失意而伤感、懊恼。

③ 屠龙技:《庄子·列御寇》:"朱泙漫学屠龙于支离益,单千金之家,三年技成,而无所用其巧。"后因称高超的技术为屠龙之技。

④ 射虎:指消灭边寇。用汉代李广的典故。《史记·李将军列传》:"广出猎,见草中石,以为虎而射之,中石没镞,视之石也。因复更射之,终不能复入石矣。广所居郡闻有虎,尝自射之。及居右北平射虎,虎腾伤广,广亦竟射杀之。"

后来诗文常用射虎形容武将射艺的高强。

⑤ "简练阴符"句：用战国苏秦的典故。《战国策·秦策》："（苏秦）乃夜发书，陈箧数十，得太公《阴符》之谋，伏而诵之，简练以为揣摩。"简练，精心研摩，熟练掌握。阴符，阴符经，旧题黄帝撰，有太公、范蠡、鬼谷子、张良、诸葛亮、李筌六家注，经文三百八十四字，一卷。言虚无之道，修炼之术。《新唐书·艺文志》著录李筌所传《阴符玄义》一卷，列于道家。开夜箧，开，打开。夜，夜间。箧，小箱。

⑥ "萧疏霜鬓"句：萧疏，稀散。霜鬓，耳边白发。抚华簪，抚，垂下贴着。华簪，华贵的帽簪。

⑦ "贾生欲报"句：贾生，汉代贾谊。吴公，举荐贾生的姓吴的廷尉，名不详。《史记·屈原贾生列传》载："贾生名谊，洛阳人也。年十八，以能诵诗属书闻于郡中。吴廷尉为河南守，闻其秀才，召置门下，甚幸爱。孝文皇帝初立，闻河南守吴公治平为天下第一，故与李斯同邑而常学事焉，乃征为廷尉。廷尉乃言贾生年少，颇通诸子百家之书。文帝召以为博士。"

⑧ "汉室陈书"句：汉室陈书，指西汉孝文帝在宣室召见贾谊，问鬼神事。涕满襟，指文帝令贾谊做梁怀王的太傅，怀王骑马坠而死，贾谊哭泣年余而死。

七月十二日（1882.8.25）

兰荪相国入署，谓余曰："昨递说帖①颇佳，时事艰难，猝言莫尽。"属次日赴宅详谈。

七月十三日（1882.8.26）

赴兰荪相国宅。接见，论及时事，太息咨嗟②，垂询时人贤否极详，余据实以对。相国谓："说帖于异域事，筹画完密，计诚得间③，虽成败利钝未可逆睹④，而人事当为。且携入枢垣⑤，与恭邸⑥及景秋坪尚书⑦、王夔石侍郎⑧同阅，再定办法。"坐谈甚久，余于相国无渊源，仅数月堂官，公晤数次，未曾一到私宅。

【注释】

① 说帖：建议书。帖，简帖。

② 太息咨嗟：太息，出声长叹。咨嗟，叹息。

③ 得间：得有间隙可乘。

④ 逆睹：预见。

⑤ 枢垣：政权的中枢。

⑥ 恭邸：恭亲王的府邸，指代恭亲王奕䜣。住处指代人物，表示尊称。奕䜣（1833—1898），爱新觉罗氏，满族，道光帝第六子，咸丰帝之弟，封恭亲王。清末洋务派首领。

⑦ 景秋坪尚书：景秋坪，景廉（1823—1885），姓颜札氏，字俭卿，号季泉、隅斋，满洲正黄旗人。咸丰进士，累擢伊犁参赞大臣。后官至兵部尚书。左迁内阁学士。尚书，官名。明洪武十三年，废中书省，以六部尚书分掌政务。清制同。

⑧ 王夔石侍郎：王夔石，王文韶（1830—1908），字夔石，号耕娱、退圃，浙江仁和人。咸丰进士，历湖南巡抚。光绪间，除兵部左侍郎，改户部。以云南报销索贿案镌级。再抚湖南，累官户部尚书、协办大学士。庚子联军入京，从德宗及太后西奔。回京，官终武英殿大学士。乞休归，卒谥文勤。侍郎，官名。正二品，与尚书同为各部的堂官。清代兵部尚书以下设左、右侍郎，由满、汉各一人充任。

七月十九日（1882.9.1）

兰荪相国到署，谓："说帖已与恭邸以次①同阅，均曰善，但说帖不便进呈，其改为折式代奏。"往谒佩蘅师，谓："此事高阳②极力赞成，惟如何前往，当请旨。"

是日为龙松琴③招饮④，尽醉而归。剪烛抽毫⑤，敬撰奏稿，删节说贴十之三四，得二千言：

奏为筹护藩邦⑥，敬陈管见，恭折仰祈圣鉴事。

窃越南一隅，分南、北圻⑦，接壤滇、粤，中国西南之藩篱⑧也。南圻六省⑨，久为法据。同治十二年，突攻北圻河内⑩等省。越南招广西人刘永福⑪率众败之，议和罢兵。而法人终眈眈⑫于北圻者，实欲撤我中国之屏蔽⑬，而窥滇与蜀、楚⑭之道路也。

【注释】

① 以次：以下次第。

② 高阳：李鸿藻。此处以地名代人。

③ 龙松琴：龙继栋（1845—1900），字松岑，号松琴、槐庐，广西临桂人。江西布政使龙启瑞之长子。据《请缨日记·卷一》，壬戌（1862）举人，高雅好学，工篆籀、诗词。

④ 招饮：约请饮酒。

⑤ 剪烛抽毫：剪烛，剪去燃尽的烛心。抽毫，作书以前先去笔套，犹抽笔。

⑥ 藩邦：藩国，指越南。939 年至 1885 年越南对中国维持"藩属"关系，故有此称。

⑦ 南、北圻：南圻，约当今越南归仁以南的地区，19 世纪后这一带也曾被称为交趾支那或交趾。北圻，19 世纪阮朝时的北圻约当今越南横山以北的地区，或又被称为东京。

⑧ 藩篱：本指以竹木编成的篱笆，为房舍的外蔽。此指屏障。

⑨ 南圻六省：指边和、嘉定、美萩、永隆、昭笃、河仙等六个省。

⑩ 河内：《清史稿》卷五二七："河内即东京，其国建都处也。及阮福时得国，以东京屡毁于兵，而其先人世居岭南，遂迁都于富春省，改东京为河内省。"即今越南的河内市。

⑪ 刘永福（1873—1917）：又名义，字渊亭，广东钦州（一说上思）人，清末将领。贫苦农民家庭出身，幼时为人做雇工。咸丰七年（1857）参加广西人民起义。1865 年，率部加入吴亚忠的天地会起义军。后改黑旗军，被推为首领。1873 年法军入侵河内，他应越南政府之邀，入越南抗击法军，被越政府任为三宣副提督。1882 年法军再陷河内，他于次年率黑旗军在黑内城西纸桥大败法军，击毙法国印度支那海军舰队司令李维业，以功升三宣正提督。1884 年被清政府收编，授记名提督。1885 年春，在临洮大败法军，克复数十州县。战后，被调入关，任广东南澳镇总兵。1894 年中日战争爆发后，移驻台湾，帮办军务。次年 6

月,日军侵占基隆、台北,台湾巡抚唐景崧内渡,他被推为军事统领,率领防军及义民共同抗日。后因孤军无援,乘英国轮船逃往厦门。1896 年奉两广总督谭钟麟之命,在南宁招募兵勇四营,仍称黑旗军,驻守广州。1907 年告病返里。辛亥革命后,应广东都督胡汉民之请,出任全粤民团总长。不久辞归。

⑫ 眈眈:威视之貌。也作"耽耽"。

⑬ 屏蔽:即屏障。

⑭ 楚:指湖南和湖北。

越南贡使①到京,臣就询情势,谓澜沧一江②,法人志在必得,为进规云南计。赖刘永福驻军保胜③而夷船不敢肆行。去岁,法人屡胁越南撤刘永福入富春④。越君臣穷守富春,意在乞和,而劫制过甚,势难遽从,即乞救天朝之章亦不敢骤进,恐漏泄愈遭毒虐。惟仗刘永福一军遥峙声援,苟延旦夕。法人欲割其山西⑤、兴化⑥、宣光⑦等省,则以地近云南、广西故也。奸民四出,密探内境,募诸不逞⑧,集有千人;又招贼党⑨陆之平、覃四棣等,幸皆拒之。此越南蒙难以后之情形也。中国往援,既虑有碍,争以公法⑩,亦决不从。而越南患难之来中国与共,又未可听其存亡。

【注释】

① 贡使:负责进贡方物给朝廷的使臣。

② 澜沧一江:澜沧江。我国西南地区大河之一。古代又名鹿沧江、沧浪江、澜沧水。源出青海唐古拉山,经西藏昌都,东南流贯云南西部,出国境后,称湄公河。

③ 保胜:位于越南西北部红河左岸,临近中国云南省,法属时期属老街省,从水尾州析出而置。

④ 富春:18 世纪后曾为西山朝及阮朝的都城。今越南顺化市。

⑤ 山西：《安南图说》，"山西承政司：即交州、三江、嘉兴、归化地"。在今越南北部。辖境大致在河山平省北部和永富省一带。

⑥ 兴化：《安南图说》，"兴化承政司：即广威州地，领府三，曰兴化、广威、天关"。兴化承政司、兴化道或后来的兴化省在越南西北部，其辖境前后有所变化，大致在永富省西部、河山平省西部以至山萝省、黄连山省一带。

⑦ 宣光：其地在今越南北部，辖境大致为今河宣省一带。

⑧ 不逞：为非作歹的人。《左传·隐十一年》："鬼神实不逞于许君，而假手于我寡人。"

⑨ 贼党：贼众。

⑩ 公法：国际应共同遵守的规则。

伏见宸谟①深远，于法氛未动之先，曾谕内外臣工详加揆度②，合力图维③，是朝廷固未尝置越南于度外也。本年总理各国事务衙门奏请筹备，复有敕④疆臣相机因应⑤之旨。疆臣建议无外筹防。揆时度势，力止于斯，而终归于无救。越南有损，中国殊可叹已。臣窃维救越南有至便之计。越南存，则滇、粤亦固，请为皇太后、皇上敬陈之。

越南有将、有兵而不知用，君臣贪黩⑥，政治不修，即无夷难⑦亦几无以自存。中国不与共安危则已，既与共安危，则赖有人往提挈⑧之也。

【注释】

① 宸谟：帝王的谋略。

② 揆度：揣度，估量。

③ 图维：谋划。

④ 敕：诫饬，告诫。

⑤ 相机因应：随机应变。

⑥ 贪黩：贪污。

⑦ 夷难：指法国侵略。

⑧ 提挈：扶持。

刘永福少年不轨①，据越南保胜，军号黑旗。越南抚以御法，屡战皆捷，斩其渠魁②。该国授以副提督③职，不就，仍据保胜，收税养兵，所部二千人，不臣不畔。越南急则用之，缓则置之，而刘永福亦不甚帖然受命④。嗣⑤得黄二⑥率党来归，暨招降黄旗余党叶成林⑦等，兵数较众。是皆枭雄之徒，而沉毅数刘为最。云贵督臣⑧刘长佑⑨已疏其名入告，当确有见闻也。去岁旋⑩粤谒官，则用四品顶戴⑪，乃昔疆吏羁縻⑫而权给之，未见明文，近于苟且，且越人尝窃窃疑之，故督臣刘长佑有请密谕⑬该国王信用其人之奏。

【注释】

① 不轨：越出常轨，不合法度。
② 渠魁：首领。旧称武装反抗集团或敌对者的首领。
③ 提督：武职官名。职掌军政，统辖诸镇，为地方武职最高长官。
④ 帖然受命：帖然，顺从的样子。受命，接受任务和命令。
⑤ 嗣：次，之后。
⑥ 黄二：散兵游勇的头目。
⑦ 叶成林：黄旗余党头目，后归降刘永福，与唐景崧参与抗法。
⑧ 云贵督臣：云贵，云南、贵州。督臣，总督。
⑨ 刘长佑（1818—1887）：字子默，湖南新宁人。湘军将领。同治十年（1871），起用为广西巡抚、云贵总督。
⑩ 旋：返还，返回。
⑪ 四品顶戴：四品，相当于省部级副职。顶戴，用以区别官员等级的服饰。清制，官品以帽上顶珠色质为别，谓之顶戴，也称顶子。有红宝石、珊瑚、蓝宝石、青金石、水晶、砗磲、金之别，其制始于雍正四年。
⑫ 羁縻：喻联络、维系。羁，马笼头；縻，牛绁。

⑬ 密谕：秘密告晓。

　　臣维刘永福者，敌人惮慑①，疆吏荐扬，其部下亦皆骁
勇善战之材，既为我中国人，何可使沉沦异域？观其膺越
职而服华装，知其不忘中国，并有仰慕名器②之心。闻其
屡欲归诚③，无路得达。若明畀以官职，或权给以衔翎④，
自必奋兴鼓舞。即不然，而九重⑤先以片言⑥奖励，俟事
平，再量绩施恩。若辈生长蛮荒，望阊阖⑦如天上，受宠若
惊⑧，决其愿效驰驱⑨，不敢负德。惟文牒行知，诸多未便，
且必至其地，相机引导而后操纵得宜。可否仰恳圣明遣员
前往，面为宣示，即与密筹却敌机宜，并随时随事开导该国
君臣释其嫌疑，继以粮饷。

【注释】

　　① 惮慑：畏惧，恐惧。
　　② 名器：奴隶社会和封建社会用以表示尊卑等级的称号和车服仪制等。
　　③ 归诚：投顺。
　　④ 衔翎：清代官员的冠饰，有三眼、双眼、单眼之分。清初，花翎只赏给得
朝廷特恩的贵族与大臣，咸丰以后赏戴甚滥，又定报捐花翎之例，于是五品以上
官员皆可援例捐纳单眼花翎。惟赏戴双眼花翎，仍出于特恩。三眼花翎则只赏
给亲王贝勒。
　　⑤ 九重：指天子。
　　⑥ 片言：半言，少量的言辞。
　　⑦ 阊阖：皇宫之正门。
　　⑧ 受宠若惊：受人宠爱而感到意外的惊喜和不安。
　　⑨ 愿效驰驱：愿意出力奔波。

　　刘永福志坚力足，非独该国之爪牙，亦即我边徼①之

干城②也。或谓刘永福一武夫耳,岂能倚任大事?而臣则以为过论。前者河内之捷,海岛③闻知,至今夷见黑旗相率惊避,正宜奖成名誉,藉生强敌畏惮④之心。中国人士轻之,则彼族亦遂轻之矣!臣尝见今之言者,訾毁重臣⑤,弹劾宿将⑥,愚昧之见,窃叹未宜。盖四邻环伺之秋,与承平有间⑦。重臣宿将,所藉以御外侮者,亦赖威望有以镇慑之。必曰不可恃,诚恐长寇雠⑧之玩志⑨而堕我长驾远驭之先声。

【注释】

① 边徼:边境。

② 干城:干,盾;城,城郭。都起捍御防卫作用。此喻刘永福为御敌立功的将领。

③ 海岛:指越南。因越南位于印度支那半岛上,故称。

④ 畏惮:畏惧忌惮。

⑤ 重臣:担任要职及重任的大臣。

⑥ 宿将:老将。

⑦ 有间:有差别。间,差别。

⑧ 寇雠:仇敌。

⑨ 玩志:轻慢之心。玩,轻慢。

夫刘永福诚何足道,然既驰声海峤①,亟应奖励裁成。臣所以请遣使前往者,乃欲藉国威灵,培彼名望,未尝非控制强邻之一术也。

今法之于越南,已扼其咽喉②而据其心腹③矣。计刘永福竟不必救北圻,应即潜师逾广平关④,走南圻之定祥⑤、永隆⑥,往劫夷埠⑦。法人利薮⑧全在南圻,势必舍北援南,北危自解。兵法所谓"攻其所必救也"。越南土匪极多,与其中国年年防剿,处处兜擒⑨,不如赦而纵之,概令其往扑南圻,因敌为粮,得财⁽一⁾悉予。纵未必能操胜算,但使四处起与为敌,该虏自不免彷徨,闻风敛迹,此亦病急治标⑩之法也。

【校勘】

（一）财：底本作"材",据1955年本改。

【注释】

①　海峤：本指近海多山之地,此指岭南地区。

②　咽喉：比喻扼要之地。

③　心腹：比喻要害。

④　广平关：今广平省和老挝之间的关口,属于明华县。广平省是越南东西距离最短的省份,北与河静省的黄连山接壤,南连河静省,东临南海,西接老挝。

⑤　定祥：定祥省在今越南南部,辖境约当前江、槟椥省一带。

⑥　永隆：在今越南南部,辖境约当九龙省一带。

⑦　夷埠：法人停船的码头。

⑧　利薮：利益的渊薮。

⑨　兜擒：包围擒拿。

⑩　治标：治末,中医称后起曰标。

刘永福兵力尚单,俟事略平,宜议增兵集饷。越圻五大省①最称繁庶,华民极众,富商颇多,百货往来,可谋收税,则非独不费中国,抑并不费越南,养成大枝劲旅,屹立海疆。不独长顾北圻,兼可规复南圻,进策②南洋③岛国,断泰西④南来之门户。迩岁⑤诸夷觊觎⑥滇、蜀,盖欲通西藏、达印度,另辟入华道路,亦惴惴⑦于南洋华民大盛,虑起作梗⑧。甚哉！彼族顾虑之深也。

【注释】

① 越圻五大省：据《卷二·二月十八、十九等日》："五大省者，河内、南定、北宁、海阳、山西是也。"
② 进策：进规，进军并有所图谋。
③ 南洋：指南洋群岛，现称马来群岛。
④ 泰西：极西，泛指欧洲。我国古代称南海以西为西洋，即中亚细亚及印度洋一带。而欧洲位于更西，因此，明代意大利人利玛窦入华，自称为大西洋人，以别于西洋。后来泛称欧洲为泰西。
⑤ 迩岁：近年。
⑥ 觊觎：非分的冀望或希图。
⑦ 惴惴：恐惧貌。
⑧ 作梗：干扰，妨害。

　　以上各节，发一乘之使①，胜于设万夫之防，岂非至便？惟使臣难得其人，越南四境虎狼，强之以行，其气先馁。且非用一刘永福遂能资其靖寇也，是赖胸有成算者往焉，用彼爪牙②为吾凭藉，而后扩充，以图事业之有成。昔汉陈汤③为郎求使外国，傅介子以骏马监求使大宛④，皆以卑官而怀大志，卒立奇勋。

　　微臣慨念时艰，窃愿效陈、傅之请。刘永福所部皆属粤人，臣籍隶广西，谊属桑梓⑤，则前往出于有因。寓越之粤人极多，情势易于联络。盖尝熟筹及之，非敢冒昧而请行者也。

　　今者琉球⑥固无望矣。朝鲜又生事矣。日本、俄罗斯皆睢盱⑦而欲蠢动⑧者也。民穷财尽，巨患日深，苟可以裨救⑨万一，虽职系小臣，亦不得诿为分外之事。其济⑩，国之灵⑪也；不济，则虽绝脰夷庭⑫，粉身蛮徼⑬，均不必在顾计之中。

【注释】

① 一乘之使：乘，车辆。使，使者。

② 爪牙：得力的助手、亲信、党羽。

③ 陈汤：字子公，汉山阳瑕丘人。元帝时，以副校尉使西域，建昭三年与都护甘延寿矫制击杀匈奴郅支单于于康居。成帝时大将军王凤奏为从军中郎，以贿徙边，还长安卒。《汉书》有传。

④ "傅介子"句：傅介子，汉，北地人。昭帝元凤中，出使大宛，以计斩楼兰王，归封义阳侯。《汉书》有传。骏马监，大宛。

⑤ 桑梓：故乡。《诗经·小雅·小弁》："惟桑与梓，必恭敬止。"桑与梓为古代住宅旁常栽之树木，东汉以来遂用以喻故乡。

⑥ 琉球：古国名。即今琉球群岛。在我国台湾省东北，日本南面海上。隋时建国，自大业以来，即与我国频有来往。清光绪五年，日本侵占琉球，俘其国王尚泰归，改为冲绳县。

⑦ 睢盱：仰视貌。

⑧ 蠢动：骚动。

⑨ 裨救：补救。

⑩ 济：成功。

⑪ 国之灵：国之福。灵，福。

⑫ 绝脰夷庭：绝脰，断脖子，指殒命。夷庭，夷人的厅堂，指敌人的处所。

⑬ 蛮徼：指越南。

　　臣不冀迁官，不支岁帑①，抵越南后，毋庸援照洋使章程②办理。惟乞假以朝命③，俾观瞻肃④而操纵有权。奋往之忱，矢诸夙夜⑤，一得之虑⑥，期报涓埃⑦。臣为绥藩固圉起见，恭折沥陈，伏祈皇太后、皇上圣鉴。谨奏。

【注释】

① 岁帑：国库的钱物。

② 洋使章程：朝廷关于出使外洋的章程。

③ 朝命：朝廷的命令。

④ 俾观瞻肃：俾，使。观瞻，显著于外的物象，指形象。肃，严肃。

⑤ 矢诸夙夜：矢，发誓。夙夜，早晚。
⑥ 一得之虑：谦辞，"愚者千虑，亦有一得"的缩略语。虑，考虑。
⑦ 涓埃：滴水与轻尘。比喻微小的贡献。

七月二十五日 (1882.9.7)

太夫人①寿辰。晨携折入城，送各堂官阅。未刻②始回家叩祝。

七月二十九日 (1882.9.11)

为吏部③奏事期。二十八日夜三鼓④代进折。是夕，大雷雨，异常震惊。递折笔帖式⑤及东华门，藉电光引入。抵奏事处，天顿晴，余循例当往候旨。四鼓⑥登车，大雨倾泻。及宣武门，城畔忽见星光。是日，折留中。

八月初五日 (1882.9.16)

内阁奉上谕：

> 吏部候补主事⑦唐景崧着发往云南，交岑毓英差遣委用。钦此。

【注释】

① 太夫人：汉制，列侯之母方称太夫人。后来凡官僚豪绅的母亲，不论存亡，均称太夫人。
② 未刻：下午一时至三时。
③ 吏部：旧官制六部之一。主管官吏的选任铨叙勋阶等。置尚书等官。班列次序，在其他各部之上。
④ 三鼓：三更。一夜分五更，半夜子时为三更，即夜十一时至一时。北齐

颜之推《颜氏家训·书证》:"汉魏以来,谓为甲夜、乙夜、丙夜、丁夜、戊夜;又云一鼓、一鼓、二鼓、三鼓、四鼓、五鼓;亦云一更、二更、三更、四更、五更,皆以五为节。"

⑤ 笔帖式:官名。蒙语必暗赤,满语巴克什。元代怯薛下掌书记者曰必阇出。顺治入关后,汉语译为笔帖式。其初为文职的赐名。康熙时,各部院衙门皆置笔帖式,有翻译、缮本、贴写等名目,掌翻译满、汉章奏文籍等事。有七品、八品、九品之分。

⑥ 四鼓:四更。凌晨一时至三时。

⑦ 候补主事:候补,清代制度,没有补授实缺的官员在吏部候选后,吏部再汇列呈请分配工作的官员名单,根据职位、资格、班次每月抽签一次,分发到某一部某一省,听候委员,称为候补。主事,从北魏置尚书主事令史始,意即令史中的首领。清代进士分部,须先补主事,递升员外郎、郎中。官阶为正六品。

八月初六日(1882.9.17)

辰刻,季弟景崶①奉顺天乡闱分校②之命。

余入城谒恭邸、醇邸③、政府佩蘅师、兰荪相国、王夔石侍郎。佩蘅师曰:"南城外,窃尝议汝不守范围④,然陈汤、傅介子之俦岂拘守绳墨⑤之士可同日语⑥哉?此事极为出奇,出奇必求制胜,吾深望汝。"

八月初十日(1882.9.21)

以后,则同年⑦、同乡、戚友饯行。终日拜客,车马劳顿、酒食接联,刻无暇晷⑧,而刘永福之名已遍传都下⑨。

【注释】

① 季弟景崶:唐景崶(1855—1885),字禹卿,广西桂林灌阳县人。唐景崧最小的弟弟,十五岁中举,光绪三年(1877)二十二岁中进士,被选为翰林院庶吉士。

② 顺天乡闱分校：顺天，府名，治所在今北京市。明洪武元年改曰北平府，永乐元年建北京，改北平府为顺天府。清因之。乡闱，京师及省城乡试试院。分校：科举时，校阅试卷的各房官。

③ 醇邸：醇亲王奕譞(1840—1891)，满族，爱新觉罗氏。道光帝第七子，封醇亲王。历任御前大臣等职，管神机营，参与祺祥政变。因其子载湉入继帝位，深得慈禧信任。光绪十一年(1885)，总理海军衙门事务，挪用海军经费，供慈禧修建颐和园。

④ 范围：规范。

⑤ 拘守绳墨：拘泥规矩或法度。

⑥ 可同日语：可以相提并论。

⑦ 同年：科举制度同榜的人称同年。

⑧ 刻无暇晷：没有一刻闲暇的时光。晷，时间，光阴。

⑨ 都下：京城。

八月十二日(1882.9.23，秋分)

夜间，彗星见芒①，长丈余，横二尺有奇。

八月十八日(1882.9.29)

谒总理各国事务衙门大臣、署礼部②侍郎、顺天府府尹③周小棠④，并谒刑部⑤尚书张太夫子⑥子青，原任吏部尚书。万藕舲⑦师，垂询甚详。

【注释】

① 彗星见芒：彗星，亦称孛星，以曳长尾如彗，故名。旧谓彗星为重大灾难的预兆。

② 礼部：官署名，为六部之一，掌礼乐、祭祀、封建、宴乐及学校贡举的政令。

③ 府尹：官名。掌京府的政令。清朝于顺天、奉天置府尹。

④ 周小棠：周家楣(1835—1887)，字小棠，江苏宜兴人。咸丰九年进士。历任礼部主事、总理各国事务衙门章京、四川乡试正考官、光绪四年任顺天府

尹,光绪四年至光绪十年两度(1878—1879;1881—1884)任总理各国事务衙门
大臣。后任礼部、户部、兵部侍郎、通政使。

⑤ 刑部:刑部,旧官制六部之一。主管法律刑罚的政令。隋开皇三年始有
此名,历代相沿不改。

⑥ 张太夫子:张之万(1811—1897),字子青,直隶南皮(今属河北)人。清
代画家。道光二十七年(1847)状元及第。官至东阁大学士。工书画,以画山水
著名。

⑦ 万藕舲:万青藜(1821—1883),字文甫,号照斋、藕舲,江西九江德化县
人。道光二十年进士,历任翰林院编修、侍讲侍读学士、国子监祭酒、内阁学
士、礼部、吏部、刑部、兵部左右侍郎,道光至同治年间先后任顺天乡试同考官
等,光绪四年(1878)五月,任吏部尚书。光绪八年(1882)致仕,光绪九年卒,
谥文敏。

八月二十一日(1882.10.2)

由都赴天津。

二十三日(1882.10.4)

抵卫①。

二十五日(1882.10.6)

谒北洋大臣②直隶③总督李傅相④,谓其志甚壮,并为述近
日边情。

八月二十九日(1882.10.10)

津海关道⑤周玉山⑥观察⑦赠行资⑧二十两,手函⑨话别。

【注释】

① 卫:天津。明永乐二年(1404)筑城置戍,三年移天津卫及天津左卫,四

年移天津右卫皆治此。故城在今天津市狮子林桥西端三汊口附近。清顺治九年(1652)年裁天津左卫、右卫并天津卫,雍正三年(1725年)改为直隶州。同治后为直隶总督兼北洋钦差大臣驻所。

② 北洋大臣:清代官名。即北洋通商大臣的简称。咸丰十年,清政府设立总理各国事务衙门,下设三口通商大臣。同治九年,改设北洋通商大臣,管理直隶(今河北省)、山东、奉天(今辽宁省)三省洋务、海防及关政事务。由直隶总督兼任。

③ 直隶:直隶,旧省名。即今河北省。明太祖置北平布政司,成祖迁都,以南京为南直隶,北平为北直隶。清初置直隶省。1928年改为河北省。

④ 李傅相:李鸿章(1823—1901),字少荃,安徽合肥人。清末大臣、洋务派领袖。傅相,古称辅导国君、诸侯王的官为傅相。因李鸿章累官太子太傅,故有此称。

⑤ 津海关道:津,天津。海关道,受巡抚委任,监理海关,大抵由守巡兼职。道,清代在省与州、府之间设道。负责辖区内的财税、司法或者特别事务。

⑥ 周玉山:周馥(1837—1921),字玉山,别字兰溪,安徽建德人。由淮军幕僚致身显赫,历任津海关道、直隶、四川、山东、两江、两广等地藩臬督抚,又为李鸿章幕下重要洋务人员之一,历年承办对外交涉,办理武备学堂、兴建旅顺船坞等。

⑦ 观察:清代道员的俗称。古鸿廷《清代官制研究》:"道员是在督抚及藩臬两司下、府州县之上的一个中级地方官员。"据《清史稿·职官制》,其职责是"弹压地方"、"核官吏,课农桑,兴贤能、厉风俗,简军实,固封守,以倡所属而廉察其政治"。

⑧ 行资:路费。

⑨ 手函:亲笔来信。

八月三十日(1882.10.11)

遣家人至白塘唐仁廉元甫军门①营中。元甫,东安同乡,现任芦台镇,驻营白塘,赠行资三十两。

九月初三日(1882.10.14)

由津旋都。

初五日（1882.10.16）

抵京寓。

九月初七日（1882.10.18）

谒阁大司农丹初②。赴津后，阁公属其乡人霍编修来道意。余与阁公无渊源，而峻节清风③，一时无两，早拟往谒，无介而止④。是日，呈阅奏稿，承函致两广制府⑤曾宫保⑥及广东臬司⑦龚霭仁⑧前辈，照料前进。

九月初九日（1882.10.20 重阳）

谒军机大臣、户部⑨尚书秋坪世丈。

初十日（1882.10.21）

寄上云南岑宫保⑩函，为述禀商政府大臣及合肥傅相⑪，航海南行至粤东，假道越南，详看情形，再行赴滇等情。

九月十一日（1882.10.22）

谒刑部尚书潘伯寅⑫师，谓未观奏疏，已闻大概。事业亦关福命，此举并关国运，且尽人事之所当为。索观奏稿。

【注释】

① 唐仁廉元甫军门：唐仁廉（1834—1895），字元甫，湖南东安县人。湘军将领，后从李鸿章征战。军门，清代专命武臣为提督，以总军务，军门遂成为提督的敬称。清代于重要省份设提督，职掌军政，统辖诸镇，为地方武职最高长官，其不设者由巡抚兼任。别称提台、军门。

② 阁大司农丹初：阁敬铭（1817—1892），字丹初，号约盦、荔门，陕西朝邑

(今陕西大荔县朝邑镇)人。道光进士,授户部主事,迁员外郎,乞病归。胡林翼抚鄂,命总管军需。四迁为山东巡抚,以嫉恶甚严,所用多酷吏,时有讥其过于杀戮者,乞归。光绪间复起用,官至东阁大学士,诸阉嫉其持正,潜于孝钦后,遂罢归,卒谥文介。大司农,官名。九卿之一。秦有治粟内史,掌谷货。汉景帝后元年,更名大农令。武帝太初元年,更名大司农,其属有太仓平准令、导官令等。掌管租税、钱谷、盐铁等事。后也作户部尚书的别称。

③ 峻节清风:高洁的节操。峻节,高尚的节操。清风,廉洁。

④ 无介而止:无人引见而没有去成。介,传宾主之言的人,引申为引见人、介绍人。

⑤ 两广制府:两广,广东、广西合称两广。制府,总督。

⑥ 曾宫保:曾国荃,官至两江总督,太子太保,故有此称。

⑦ 臬司:明清时置提刑按察司,主管一省刑名按劾之事,亦称臬台。

⑧ 龚霭仁:龚易图(1836—1893),字霭仁,号谷盈子,福建闽县人。清代官员、藏书家。咸丰九年进士。历任济南知府、登莱青兵备道兼东海关监督、江苏按察使、云南、广东、湖南等地布政使。后辞官还乡。精通书画,喜作诗藏书。

⑨ 户部:朝廷掌管户口、财赋的官署。

⑩ 岑宫保:岑毓英,官至云贵总督,加太子太保,故有此称。

⑪ 合肥傅相:李鸿章,安徽合肥人,以籍贯指代人,故有此称。

⑫ 潘伯寅:潘祖荫(1830—1890),字伯寅,号东镛、郑庵,江苏吴县人。幼好学,涉猎百家,喜收藏,储金石甚富。咸丰进士,官至工部尚书,好士重贤而性坦率。治事勤,日寅而起,至官署恒在人先。舆马甚俭,同僚笑之,弗计也。卒谥文勤。

九月十三日(1882.10.24)

胜春堂余紫云饯行,为赠一联四屏,其联用成语曰:"称心一日足千古,高会百年能几何。"同座者为龙松琴、赵心笙、白子和、俞潞生、陈筱农、王粹甫。

是日,季弟出闱①,得士十六人,大半南方绩学之士②,亦来与宴。

九月十五日(1882.10.26)

老母治酒饯行。

是日辞佩蘅师,勖③以定识定力,且知行囊萧索④,许助百金,送至门曰:"壮哉! 班定远⑤也。"

九月十六、七、八等日(1882.10.27,28,29)

各弟妹饯行。

九月二十日(1882.10.31)

出都。晚至通州登舟。此南征第一日也。同行者为参将⑥连璧峰,萧琴石、陈子英两茂才(皆广东人),仆人老张、聂升。

各师友所赠行资,备志于后,毋忘盛情:

佩蘅师一百两,唐景星一百两,郑让卿、静卿兄弟一百两,龙松琴三十两,岑泰阶三十两,唐元甫三十两,妹婿⑦赵心笙三十两,门人⑧孙宗麟二十两、郑国瑞十两,皆在都中所贶⑨。

【注释】

① 出闱:走出乡试试院,指阅卷完毕。

② 绩学之士:学问渊博的人。

③ 勖:勉励。

④ 行囊萧索:盘缠稀少。

⑤ 班定远:班超曾投笔从戎随窦固北击匈奴,后出使西域有功,被封为定远侯。

⑥ 参将:旧武官名。明置,位次于副统兵。清因之,位次于副将。凡参将为提督及巡抚统理营务的,称提标中军参将、抚标中军参将。

⑦ 妹婿:妹妹的丈夫。

⑧ 门人:弟子。

⑨ 贶:以财物赠行者。

九月二十三日(1882.11.3)

晚,到天津与璧峰到鍼市街仁裕土栈宿,主人为郑仁山。

九月二十四日(1882.11.4)

谒李傅相①,允为函致两广制府照料前进。晤同乡陈尧墀同知②,由云南解铜来京,询云南及保胜情形。

九月二十五日(1882.11.5)

在仁裕栈书联扇③。潮义栈郑瑞堂请看戏。晚饮河清馆,归佛照楼。李傅相赠行资四十两。

九月二十七日(1882.11.7)

许叔文年丈④便服过访,论关外事极有识。午刻登新南升轮船。

十月初一日(1882.11.11)

晨,十钟到上海,寓泰安栈,寻李葆臣。闻都中旧友蒋宪甫在此,偕葆臣往访。留晚饭,三人同入浴堂,游华众会茶园,忆十五年前以庶常散馆⑤北来暂泊沪上,未获遍游。今天假之缘,重莅斯土,虽妖焰劫氛⑥目不忍睹,实则花稠锦叠⑦,水软尘香⑧,为南赡部州⑨另开境界。市廛⑩楼阁,灯火花枝,种种异致。盖以西人之绚烂,参以是乡烟水⑪之温柔,诚天下繁华第一区也。

【注释】

　① 李傅相:李鸿章。因其累官太子太傅,故有此称。

② 同知：清代府、州以及盐运使设同知，正五品，属于知府的属官，负责专门事务，常以职务冠前，如船政同知、缉捕同知。府同知即以同知为官称，州同知称州同，盐同知称运同。

③ 联扇：对联和扇面。

④ 年丈：犹年伯。科举时代为对父亲同年登科者的尊称，明代中叶以后，亦用以称同年的父亲或伯叔，后用以泛指父辈。

⑤ 庶常散馆：《书·立政》："庶常吉士。"庶，众；常，详。总括文中前举各官，言在官者皆为有德善人。清于翰林院设庶常馆，即取此为义，进士殿试后朝考前列者，得选为庶吉士。肄业三年期满再经考试，按等第而分别授职，谓之散馆。二甲进士授编修，三甲授检讨，不入选者，内用六部主事、内阁中书，外用知县。

⑥ 妖焰劫氛：不祥之气，多指凶灾、祸乱、灾难。

⑦ 花稠锦叠：形容色彩缤纷，鲜艳华丽的景象。

⑧ 水软尘香：形容女子妖艳。

⑨ 南赡部州：佛经中所说的四大洲之一。亦作阎浮提洲，在须弥山南。

⑩ 市廛：商店集中的处所。

⑪ 烟水：雾霭苍茫的水景。

十月初二日（1882.11.12）

李葆臣来寓。与琴石同往天桂茶园看戏。在宪甫宅晚饭，游华众会茶园。

十月初三日（1882.11.13）

寄广东南海县令张石麟信，附寄曾沅帅①及唐芷庵②信。移寓宪甫宅。

十月初六日（1882.11.16）

拜苏松太道③邵筱村世丈④及苏伯赓观察⑤。晚观戏天仙茶园。伶人周凤林、蔡桂喜极佳，座有王桂卿。

十月初八日(1882.11.18)

晤谭铭九、邵子湘,见王雅卿。申刻赴跑马厂观洋人操兵⑥。游静安寺,前有茶楼,裙屐杂遝⑦,士女⑧车马络绎道上。

【注释】

① 曾沅帅:曾国荃,字沅甫,故称。
② 唐芷庵:唐镜沅,字芷庵,广西灌阳人。光绪十四年(1888)任崖州知州。
③ 苏松太道:清乾隆六年(1741)改苏松道置,驻上海县(今上海市黄浦区旧城厢),辖苏州、松江、太仓三府、州。二十五年改松太道,嘉庆十六年(1811)复旧。1912 年废。因驻上海,通称"上海道"。
④ 世丈:世交的前辈。
⑤ 观察:清代道员的俗称。
⑥ 操兵:操练军队。
⑦ 杂遝:众多纷杂貌。
⑧ 士女:成年男女。

十月初十日(1882.11.20)

郑让卿送二十元。到泰安栈访邵子湘、谭铭九、吴春波,子湘留晚饭。

十月十四日(1882.11.24)

吴春波约听唱书。四女高坐,按弦而歌,忽歌忽说,描摹情致,旁若无人。晚饭毕,观戏天仙园。

十月十五日(1882.11.25)

为雅卿书名片。桂卿名琳,乃名雅卿曰琼,并赠以诗:

秋风万里送南征,一疏声名满玉京①。

酒市歌楼寻侠客,人间无处觅荆卿②。

(此行物色奇士③不得,赊酒④看花非其志也。)

襟边浊气鬓边香,伧父妖姬醉一场⑤。

到此已无干净土,楼头独看彗星光。

女儿风调数琅琊⑥,姊妹争妍比赵家⑦。

七出镜奁⑧双唾(一)袖,果然抹煞沪城花。

闻有扶余在海滨,横磨匣剑秘龙身⑨。

便宜一个张红拂⑩,附作《虬髯传》⑪里人。

【校勘】

(一)唾:1955 年本作"睡"。

【注释】

① 玉京:指帝都。

② 荆卿:即荆轲(? —前 227),战国卫人。其先乃齐人,徙于卫,卫人谓之庆卿。而之燕,燕人谓之荆卿。为燕太子丹客,受命至秦刺秦王,诈献樊於期首级与燕督亢地图。既见,轲以匕首刺秦王,不中,被杀。

③ 奇士:才能出众的人。

④ 赊酒:赊酒。

⑤ "伧父妖姬"句:伧父,亦作"伧夫",鄙贱之夫。南北朝时,南人讥骂北人的话。妖姬,美女。多指妖艳的侍女、婢妾。

⑥ "女儿风调"句:风调,风度、韵致。琅琊,晋元帝时的琅琊王王导。此以郡望代姓。指王桂卿、王雅卿二位艺人。

⑦ 赵家:赵飞燕姐妹。赵飞燕(前? —前 1),汉成帝宫人,成阳侯赵临之女。初学歌舞,以体轻号曰飞燕。先为婕妤,许后废,立为后,与其妹专宠十余

年。哀帝立,尊为皇太后。平帝即位,废为庶人,自杀。

⑧ 镜奁:镜匣。

⑨ "横磨匣剑"句:匣剑,匣中剑。龙身,指虬髯客。

⑩ 张红拂:相传隋末李靖以布衣谒越国公杨素,杨侍婢罗列,中有一执红拂者,貌美,深情瞩目李。李归逆旅,夜五更,红拂特来投,两人相与奔归太原。

⑪ 《虬髯传》:五代前蜀杜光庭撰。贞观中,传言人有将海船千艘,入扶余国,杀其主自立,疑即虬髯客。

十月十六日(1882.11.26)

老张自浙回沪。龚幼安师送十六两。在沪留连多日,因无旅费,不能启行,又急欲前进,不胜焦灼。

早饭后,偕琴石至恭泰栈王吉甫家,留食鱼生。同至烟馆①,观电气灯②,如日不足,比月有余。烟馆甚洁,有一二万金资本者,伧父横陈,满堂满室。

十月十七日(1882.11.27)

邵筱村世丈送席,赆四十元。

十月二十日(1882.11.30)

璧峰自宁波旋沪,约观夜戏。蔡桂喜妖冶独出,周凤林演《蝴蝶梦》,极有神情。

十月二十一日(1882.12.1)

苏伯赓送席,郑雨山送十元,郭安亭请晚饭。

十月二十三日(1882.12.3)

潮州秀才③萧稻农约坐马车至静安寺观古井,泉形如沸,

岁时皆然。传梁高僧卓锡④于此,虾蟆⑤出听讲经。石甃⑥题
曰:"天下第六泉"。登楼用茶饼,裙钗⑦绕座,楚楚可人。风寒
不耐坐,乃归。

【注释】

　　① 烟馆:供人吸食鸦片烟的营业场所。
　　② 电气灯:电灯的旧称。
　　③ 秀才:明清专以称入县学之生员。
　　④ 卓锡:僧人出行,多拿锡杖。因谓僧人居止为卓锡。锡,锡杖,僧人用
具。卓,植立。
　　⑤ 虾蟆:蛙和蟾蜍的统称。
　　⑥ 石甃:石头砌成的井壁。甃,井壁。
　　⑦ 裙钗:裙钗,妇女着裙插钗,因称妇女为裙钗。

十月二十五日(1882.12.5)

　　潮州洋药局①送一百元,郑玉山送十元。

十月二十七日(1882.12.7)

　　移寓二洋泾桥长乐里第五巷春盛号,主人马姓。袁小亭、
周润田来谈。

十一月初二日(1882.12.11)

　　闻太古重庆轮船十钟开行,急运行李。袁小亭至河干送
行,船已举火。

十一月初四日(1882.12.13)

　　晚十二钟,至香港。

十一月初五日（1882.12.14）

上岸，寻上环巨源油店梁谦如，见陈香圃，十七年前兰谱②兄也。谦如留早饭，香圃偕往百步梯人家小坐。谦如请杏花楼晚饭，晤唐纪云。与香圃、纪云至百步梯，见潘亚清。

十一月初六日（1882.12.15）

唐纪云约至百步梯午饮，见潘亚清。四钟下船，夜三钟到省。

十一月初七日（1882.12.16）

入省运行李至大石街，唐丽生豫租也。一切铺陈皆丽生及唐芷庵照料。芷庵，名镜沅，受业③先大夫门下，以副榜④举孝廉方正⑤，用直隶州⑥州判⑦，分发广东。儿辈受业同邑，至交也。知州⑧李燕伯同年是日娶子妇，往贺，晤乡人旧好数人。

【注释】

① 洋药局：清代管理中外鸦片贸易的机构。第二次鸦片战争中，清政府于1858 年被迫与英、法、美签订《通商章程善后条约·海关税则》，准许外商在通商口岸销售鸦片，并以"洋药"名目缴税，从此鸦片成为"合法"进口商品。

② 兰谱：科举时代，同时登科，亦曰同兰谱。唐景崧于 1865 年登进士科，与日记所言"十七"年前，即 1865 年相符合，故作此解。

③ 受业：从师学习。业，大板。古代无纸，用竹简木板作为书写的材料，因之称知识的传授为受业。后弟子对老师，也自称受业。

④ 副榜：科举时代会试取士分正榜、副榜。正式录取的名列正榜；在正榜之外，另取若干，名列副榜。元至正八年，中书省奏会试例取十八人外，再取副榜二十二人，副榜之名始此。清代只有乡试有副榜，可以入国子监肄业。

⑤ 孝廉方正：清科举名。自雍正时起，新帝嗣位，由督抚举荐孝廉方正，授以六品顶戴。乾隆以后，由地方官保举，经送吏部考察得任用为州县与教职

等官。

　　⑥ 直隶州：据古鸿廷的《清代官制研究》，清代行政级制为行省、道、府、县，府、县外，尚有州与厅。州分为直隶州与散州。直隶州行政地位相当于府。直隶州有辖县。

　　⑦ 州判：官名。清制，知州佐吏称州判，从七品。

　　⑧ 知州：官名。明、清时始定知州为官称。有直隶州与散州知州之别，前者地位稍低于知府，知府从四品，直隶州知州正五品，散州知州从五品，后者地位与知县实际无别。

十一月初八日(1882.12.17)

　　晨，往燕伯家贺喜。饭后，过河南福场里访周竹卿。竹卿适自越南招商局归，恐恩恩难谈，因宿其家，细询该地情形，并索阅地图，与带来者绝异。其一纸系法人所绘，虽详莫识。一则粗具大概。

十一月初九日(1882.12.18)

　　自竹卿家归。

　　到桂花巷陈香圃家中，晤其子麟生。总兵①黄国安爵臣来见。

十一月初十日(1882.12.19)

　　谒曾沅帅②，谈一时许。阅奏稿，称某处某节皆破的之论，三十年来无此文矣。为余规划极周，阔达和平，若莫知其建大勋，膺大位者。沅帅因疮疾不能迎送。见客在内室。

　　拜臬司③龚霭仁前辈，粮道④张丹叔观察，均见。裕泽生⑤中丞因武闱关防⑥未见。晤康子祺同年，丹叔幕客也。十八年前过苍梧，与子祺嬉于酒艇中。子祺卒不得志，而才日进。

燕伯家新妇三日入厨,约晚饭。燕伯二十年至好,今其子入泮成室⑦,兼知官声甚佳,为之窃慰。

【注释】

① 总兵:官名。清制,各省置提督,为地方武职最高长官。下设总兵、副将等职。总兵所辖的部队称镇。故俗称总兵为总镇。

② 曾沅帅:曾国荃,字沅甫,故称。

③ 臬司:元时设肃政廉访司,主管一路司法刑狱和官吏考核,已有臬司之称。明、清时置提刑按察司,主管一省刑名按劾之事,亦称臬司。清代俗称臬台,又称廉访。

④ 粮道:官名。明各省设督粮道,以布政司参政参议任之。清废参政参议,于有漕粮之省份置督粮道,司漕运,有专管一省者,如浙江、福建;有兼管两省者,如江安督粮道管江苏、安徽二省,称粮道。

⑤ 裕泽生:裕宽。满洲镶黄旗人。道光帝时孝慎成皇后之兄。1878 年 12 月至 1879 年 12 月任两广总督。

⑥ 武闱关防:武闱,科举中的武科考试。赵翼《檐曝杂记》:"武闱但以弓马技艺为主,内场文策,不论工拙也。"关防,防范,禁制。

⑦ 入泮成室:入泮,科举时代,学童考进县学为生员,叫入泮。因学宫前有泮水,故云。成室,成立家室,娶妻。

十一月十一日(1882.12.20)

沅帅请往见,交阅马大使信十五件,黄守备①信一件,皆坐探越南禀报也。谈良久,谓:"昨细阅所奏,意见极合,君宜先往富春一行。富春为越都,察其政令能否有为,其于刘永福能否信用,再酌或径趋保胜,抑先旋广州。"

十一月十二日(1882.12.21)

副将②唐士贵来拜,督标③中军也。奉沅帅命,屏④左右谈。招商局⑤郑陶斋来拜,过河南见周竹卿。

【注释】

① 守备:清代绿营统兵官,位在都司之下,为五品武官,称营守备。漕运总督辖下各卫分设守备,统率运军领运漕粮,称卫守备。此外,四川、云南等省的土司中也有守备一职,称土守备。

② 副将:清代从二品武官。隶属于总兵,统辖一协(相当于旅)的军务,又称协镇。

③ 督标:清代各省招募汉民,编为绿旗兵,其归总督统辖者曰督标。

④ 屏:排除,退去。

⑤ 招商局:轮船招商局。中国最早设立的轮船航运企业。1872 年李鸿章招商筹办。1873 年 1 月成立。总局设上海,分局设烟台、汉口、天津、福州、广州、香港以及横滨、神户、吕宋、新加坡等地。1885 年改为官督商办。

十一月十三日(1882.12.22,冬至)

谒沅帅,知已饬①藩、臬两司②提海防经费为路资,商议所带之员,并属函禀政府、总署及合肥相国③知之,拟稿至四鼓。

十一月十四日(1882.12.23)

往督署贺冬。沅帅接见,请派周竹卿偕行,并派黄爵臣与唐芷庵由北海赴广西龙州④出关入保胜。余折回宁海汛候信,定何处会合。

龚霭仁前辈来信,云唐州判即由臬署⑤以札⑥委钦州为名。

十一月十五日(1882.12.24)

谒沅帅。唐士贵送致香港及宁海汛招商局各一函、广西边营统领⑦黄军门一函及驻宁海汛黄守备一函。黄守备名秀玲,号朗臣,与马大使复贲,号铁崖,同事坐探⑧者也。

十一月十六日(1882.12.25)

芷庵接奉臬司札往钦州察土匪。藩、臬来拜,由善后局⑨送路费三百两。

【注释】

① 饬:告诫。

② 藩、臬两司:藩司与臬司。藩司,明、清时布政使(全称承宣布政使司布政使)的别称。在清代为督抚的僚属,或称藩台,主管一省人事与财政。康熙六年后,每省仅设布政使一员,不分左、右,为从二品官。别称方伯。臬司,明、清时置提刑按察司,主管一省刑名按劾之事,亦称臬司。清代俗称臬台,又称廉访。臬,法度。

③ 合肥相国:李鸿章,安徽合肥人,此处以籍贯称人。

④ 龙州:州名。唐置州,治今广西龙州北。元改为万户府,移治今龙州。明洪武初复为龙州。清雍正三年(1725)废。乾隆十六年(1791)置厅,1912年升为府,次年改为龙州县。

⑤ 臬署:提刑按察司的官署。

⑥ 札:古代公牍文的一种,用于发指示,或称"堂帖"。

⑦ 统领:根据本书《凡例》,军中近称统多营者为统领。清制,各地防营武官统军二员以上者,部属称之为统领,上官称之为统带。

⑧ 坐探:专在某处刺探收集情报的人。

⑨ 善后局:清代后期,有战事的省份常设的处理特殊事务的机构。督、抚可不按常规支款办事。

十一月十七日(1882.12.26)

谒裕中丞,谈越南事颇详。张丹叔观察来会,谈时事良久。龚霭仁前辈送席。熊九成同年请晚饭。李次瑶同年来会。

十一月十八日（1882.12.27）

缮家信,附呈佩蘅师、伯寅师、兰荪相国、秋坪尚书、丹初尚书、夔石侍郎、小棠京兆①、合肥相国各一函,又禀总署王大臣一函,交沅帅付文报局②转寄。张石麟请晚饭。回寓,沅帅送阅越王求救文。

十一月十九日（1882.12.28）

竹卿谒沅帅,领所谕随行公文。芷庵领路费一百五十金。

十一月二十日（1882.12.29）

往辞督、抚、司、道③,沅帅谆属勿冒险,保身为要。霭仁前辈述沅帅云：如在外,盘费不足,可向招商局借用,由善后局寄还。检点行李,制布衫、履,充作商人。时法人在越南海口搜诘严酷,防中越交通信息。极知此行艰难,乡人多为我危,又窃窃以资俸旷废④为虑,岂知伏奏时已置此身于度外,何一官之足较哉?

佩蘅师勖以定识定力。沅帅谓凡事精神贯注则必成。今成否不可知,而精神未敢稍懈也。龙雨三约晚饭。

十一月二十一日（1882.12.30）

雷春喜来见。同治丁卯⑤游广州,居大石街荫乐园,春喜时相过从。戊辰⑥入都,撰《感春楼日记》,散佚无存。《龙槐庐诗集》中有《题感春楼记》七古一首。回忆春花秋月之盛,相对歔歉⑦,清谈半夕⑧。

【注释】

① 京兆:官名,京兆尹的省称,顺天府府尹即京兆。汉京师置京兆尹。明应天、顺天置府尹,掌京府的政令。清袭明制,于顺天、奉天置府尹。顺天府府尹为京师最高行政长官。

② 文报局:即电信局。

③ 督、抚、司、道:总督、巡抚、藩司、道台。

④ 旷废:荒废、耽误。

⑤ 丁卯:同治六年(1867)。

⑥ 戊辰:同治七年(1868)。

⑦ 歔欷:哭泣后不自主地急促呼吸。

⑧ 清谈半夕:清谈,对人物、时事的谈论。半夕,半夜,半个夜晚。

十一月二十二日(1882.12.31)

偕竹卿坐海东雄轮船赴香港,寓招商局。

十一月二十四日(1883.1.2)

爵臣、芷庵、麟生自省来商定前进。招商局请晚饭。

十一月二十五日(1883.1.3)

爵臣、芷庵、麟生上下七人附轮船至北海,芷庵带老张行。

十一月二十六日(1883.1.4)

陈作屏送二十元。阅邸钞①,知龙松琴因云南报销案②解任候质③,心甚怃然④。松琴为道光辛丑⑤殿撰⑥、江西布政使⑦翰臣先生⑧之子,一字槐庐,壬戌⑨举人⑩,高雅好学,工篆籀⑪、诗词,在京师有觅句堂。余与韦伯谦、王佑遐、侯东洲、谢子石时造庐为文字饮⑫。伯谦同登乙丑⑬会榜⑭,官翰林⑮,视学⑯贵州,旋任河间府⑰知府⑱,少年美才,惜早卒。佑遐以举人官内阁侍读⑲,工词,好金石文字,储书画甚富。东洲以举人官江苏知县,脱略不俗。子石由举人官中书⑳,充军机章京㉑,工绘事水墨㉒,具五采,是皆桂林之秀,而戚好之尤㉓。此外则浙江袁碌秋、安徽俞潞生、山西王粹甫、顺天白子和,亦时与会。碌秋强记,工诗文。子和伉爽㉔无欺,皆佳士也。回望京华,不料余今日独为海客㉕。

【注释】

①　邸钞:即邸报。汉唐时代,地方长官于京师设邸,邸中传抄诏令奏章等,以报于诸藩,故称邸报。后世因称朝廷官报为邸报。清季由报房刊行,称京报。

②　云南报销案:光绪五年,云南平定少数民族起义后,派人携款到京报销军费。据郭廷以编著的《近代中国史事日志》(上):光绪八年七月二十三日(1882.9.5),御史陈启泰奏,太常寺卿周瑞清包揽云南报销,经该省粮道崔尊彝、永昌府知府潘英章来京汇兑银两贿托关说。诏命麟书、潘祖荫确查。光绪九年五月二十九日(1882.7.3)以云南报销案需索贿证,查明属实,户部主事孙家穆、太常寺卿周瑞清发往黑龙江效力,知府潘英章、御史李御华等发往军台效力,军机大臣景廉、军机大臣王文韶等交部议处。

③　解任候质:解除职务,等候质问。

④　怃然:茫然自失的样子。

⑤　道光辛丑:道光二十一年(1841)。

⑥　殿撰:状元的别称。元时,张起岩以进士第一名特授集贤院修撰,明清科举制度沿袭此制进士试一甲第一名(状元)即授翰林院修撰。自状元例授修撰一职以后,又称状元为殿撰。

⑦　布政使:官名,全称承宣布政使司布政使。明始置。在清代为督抚的僚属,或称藩台,主管一省人事与财政。康熙六年后,每省仅设布政使一员,不分左、右,为从二品官。别称方伯。

⑧　翰臣先生:龙启瑞,字辑五,号翰臣,清广西临桂人。道光进士,官至江西布政使。有《经德堂内外集》。

⑨　壬戌:咸丰十一年(1862)。

⑩ 举人：明清专称乡试登第者为举人。

⑪ 篆籀：篆文和籀文。

⑫ 文字饮：文人的诗文酒会。

⑬ 乙丑：同治四年（1865）。

⑭ 会榜：会试录取名单。榜，揭示取录的名单。

⑮ 翰林：清代翰林院属官侍读学士、侍讲学士、侍读、侍讲、修撰、编修、检讨、庶吉士的通称。

⑯ 视学：天子派有司到国学对学子进行考试。

⑰ 河间府：明初所置，属河北省，清沿置，府治河间县。汉文帝二年为河间国，因地处黄河与永定河之间而名。

⑱ 知府：官名。宋代命朝臣出守列郡为府的长官，称为权知某府事，简称知府。明代始正式称知府，管辖数州县，为府一级行政长官，清代沿袭之。

⑲ 内阁侍读：内阁，明、清两代政务机构。清初以国史院、祕书院、弘文院内三院为内阁，设大学士，参与军政机密。雍正时设军机处，掌军政要务，后来内阁便徒有虚名。侍读，官名，职务是给皇帝讲学。清翰林院、内阁，并有侍读学士及侍读。

⑳ 中书：官名。明设内阁中书及中书科中书，掌管书写机密文书。

㉑ 军机章京：官名，军机处办理文书的人员。章京，清代凡都统、副都统以至各衙门办理文书的人员，多称章京。

㉒ 绘事水墨：绘事，绘画之事。水墨，水墨画的略称。

㉓ 戚好之尤：亲戚好友中比较要好的人。

㉔ 伉爽：刚直豪爽。

㉕ 海客：航海出行者。

十一月二十七日（1883.1.5）

与竹卿、陈星藩游太平山，恶劣不可坐，不知当日游此，何以不觉？

十一月三十日（1883.1.8）

与竹卿游博物院，怪物罗列，亦一大观。

十二月初一日（1883.1.9）

早八钟，偕竹卿登普济船，船向西南行，过万山、高兰山。高兰向为贼窟①，今有轮船巡查，稍靖。

十二月初二日（1883.1.10）

早四钟，过七洲洋。九钟，过木牌头，水浅多沙。十一钟，见远山一塔，文昌县②也。一钟，进琼州海口③，有炮台，停船竟夕。此地至富春计洋里三百零十咪，一咪合中国三里④三有奇⑤。

【注释】

① 贼窟：贼党的巢穴。

② 文昌县：县名。汉紫贝县，唐初置平昌县，贞观元年更名文昌。在今海南省。

③ 琼州海口：琼州入海口。琼州，地名。唐贞观五年置琼州。宋仍旧，徙治所于今海南岛琼山县南。元天历二年改为乾宁军民安抚司，明改为琼州府，清因之。海口，内河通海的地方。

④ 里：《清会典》："以营造尺起度，五尺为步，三百六十步为里。"（1 里 = 360 步 = 360 × 5 尺 = 360 × 5 × 0.32 米 = 576 米）清代乾隆至清末一里为 576 米。

⑤ 有奇：有余。奇，余，零数。

十二月初三日（1883.1.11）

早六钟，开行。八钟，过徐闻县①界。船向正西行，风平浪静，如坐江船。十一钟，过陵水县②界。二钟，入儋州③界，船向西南行，偏西即钦州④与越南广安省⑤交界，西北即越南之海阳省⑥宁海汛。五钟，过尽海南山，入越南界，船向南行略西。八钟，过河静⑦、乂安⑧等省边界。

十二月初四日(1883.1.12)

　　早大雾、微雨,船曲折误行。四钟,至顺化⑨海口。顺化即富春,又改称顺安,波涛奇险,白昼晦冥⑩。坐舢板⑪入口,风雨辄覆。由此进口可免走广南⑫之沱瀼⑬,而逾岭至富春也。

【注释】

　　① 徐闻县:县名。属广东省湛江市。汉置徐闻县,属合浦郡。南齐置乐康县,隋改为隋康,唐仍称徐闻。宋开宝五年并入海康县,乾道七年复置。

　　② 陵水县:县名。属广东省。隋置。故城在今县东北。后屡经迁徙,明时始徙今治。清属崖州。

　　③ 儋州:在今海南省。

　　④ 钦州:在今广西壮族自治区。

　　⑤ 广安省:位于越南东北顶部,东部面海,清时北部与广东接壤。

　　⑥ 海阳省:海阳府,又作海洋府,指海兴省的海阳一带,其治所即在海阳。

　　⑦ 河静:在今越南义静省。

　　⑧ 义安:又作乂安。在今越南义静省,各时期所辖领地不一,大致指今荣市一带。

　　⑨ 顺化:又作淳化。在今越南中部,顺化承政司境包括今平治天省,顺化府仅当该省南部广治至顺化一带。作为港市,即平治天省的省会顺化,又名富春,16 世纪末至 18 世纪末,曾为安南南部阮氏政权的重要据点,后成了越南阮朝的首府。

　　⑩ 晦冥:昏暗。

　　⑪ 舢板:一种划行便捷的小船。

　　⑫ 广南:广南,约当今越南中部的广南—岘港省一带。

　　⑬ 沱瀼:旧名土伦,今岘港市,位于越南海岸线中段,越南南方第二大海港城市。该港港阔水深,背山面海,形势险要。1858 年法军由此登陆侵入越南。

　　是日,幸值开朗,而舢板在浪中有一落千丈之势。入口有炮台,有兵。今阮氏得国,即借法兰西①兵,由此夜渡而袭其城。地距富春四十里,巨炮可及,不可恃也。暂憩招商外局。

有海防官识竹卿者前来问讯,并有掌卫官及侍卫二名在此巡查,询余姓名。举姓号以对。

该国禁令:有中国衣冠人至此,必查名入告。海防官皆大员,赤足,鞋无后,兜帛蒙首,窄袖衣及膝,语次摩挲②两足。在局用饭。坐小船入内河,妇女摇舟,歌声琅琅,忽停桨登篷,食槟榔闲坐。盖其生性好逸,男子尤甚,持家勤苦皆女子也。

河身不甚宽,沿岸有炮台,沙中排桩③,为拒舟计。十钟,抵东城外招商内局。唐应星及马铁崖皆在此。询其所探何事,则云法人有保护之说,其官坚讳不言,语多讥讽,现仍有国书④派员赴粤东⑤呈递,尚未交来。

【注释】

① 法兰西:法国。

② 摩挲:抚摸。

③ 排桩:成排地树立树桩。

④ 国书:国家间往来或议定的文书。

⑤ 粤东:广东的别称。

十二月初五日(1883.1.13)

竹卿往访礼部侍郎兼机密院①陈叔䜣,达余来意。叔䜣即撮大略入告,并语竹卿曰:"本日早朝即据报有唐某者入口,不识何人。经内阁参知②阮述谓系中国京员吏部某,曾在北京相识,但何以来此?"

未刻,协办大学士③、户部尚书兼机密院阮文祥来拜,权相④也。笔谈⑤良久,保护一款始亦不言,经余直揭道破,伊乃承认。盖此来固查看情形,而为越作说客,则在不逐刘永福,不从保护为要,故极力破其昏愚,怵以利害⑥。然观其大概,官不成官,民不成民,兵不成兵,则其君可知也。实不足以立国,一目洞然,不必穷诘。承天府府尹陶登进奉王命馈炙豚⑦全具。

【注释】

① 机密院:掌管军政的官署。

② 内阁参知:内阁,政务机构。参知,参政知事,为宰相的副职。

③ 协办大学士:内阁置大学士,有因大学士在内廷行走,或奉差在外,阁务需人办理,另简人员,协同办理,称协办大学士。

④ 权相:握有实权的宰相。

⑤ 笔谈:以文字交换意见。

⑥ 怵以利害:说明利害关系使人害怕。

⑦ 炙豚:烤乳猪。

十二月初六日(1883.1.14)

陈叔讱到局,奉王命前来探慰,并传王语,谓缘法人密迩①,恐有漏泄,不敢延见,所议即属若辈②入告。笔谈良久。叔讱云,此次具国书三本:一呈曾督③,一呈礼部,一呈李傅相,均请曾督代为咨达。派阮述随马大使赴广东赍投。又恐曾督仍不肯代咨④,属余加函密恳。余谓一信不惜,但必国王所属,乃昭郑重。据云此即王命相恳,乃允之。

晚饭后,与应星、铁崖游市中。男尖笠、女圆笠,皆赤脚。官署多隘,草竹编牌,昼撑若窗,夜蔽为门,鞠躬而后入。少几案⑤,一幎⑥之隔,外客座,内闺房。民居不准瓦屋,卧无被,覆以席。市廛萧索,大者仅屋二三间,犹是中华人也。富春城池完固,惟皆茅苇之家而已。其地四时种艺⑦,腊月生莲,珍物错出。出口有禁,国令最严,小民畏法。三十家一里长⑧,杀一鸡一豕必先献里长。偶有储积，则由下而上，层层剥削，败家而后止，民间不敢致富。民极惰，小有财则坐食，食尽再为人役。

闻十州⑨有金矿，为乱党所据；广南有煤矿，法夷已开；尚有银、铁等矿。稻田、蔗地多未开垦，木质极坚，轮船用以代煤。

【注释】

① 密迩：贴近，靠近。

② 若辈：此辈，指越南王派来的臣子。

③ 曾督：曾国荃，署两广总督，故称。

④ 代咨：代为征询。

⑤ 几案：泛指桌子。

⑥ 幮：同"幕"，用于遮挡的布。

⑦ 种艺：种植。

⑧ 里长：古之乡职，谓一里之长。犹里尹、里正。

⑨ 十州：据《卷二·二月十五日》："十州者，越之羁縻州，属兴化，三猛在焉。""十州实十六州，保胜为水尾州，居其一。余界云境，互有出入。"

十二月初七日（1883.1.15）

作《上沅帅①书》交阮述带呈。《书》曰：

敬密启者：

窃②景崧于十二月初四日行抵富春，初六日经越南王派其礼部侍郎兼机密院陈叔讱、内阁参知阮述前来探慰。据云，派出阮述赍国书三本，随马大使赴广东投递，一呈台辕③，一祈转咨礼部题奏④，一祈转达合肥傅相。其请咨礼部者，经崧叠次告知，向由广西巡抚⑤办理，由粤东则于例未合。而其君臣危难之秋，呼吁情切，必欲我公俯予变通，较为迅速,情词恳挚。崧明知于例有难行之处,而当其请援迫切,不能止其使者之行,且亲睹其蒙难情形,又未免窃深悲恻。

现据陈叔讱声称,奉其王命,属崧加函密达,乞于格外赐以矜全⑥,再四踌躇,未便辞拒。崧自维绵薄,不足当刘公一纸之书⑦;公独具权衡,或能慰包胥七日之泣⑧。

肃泐⑨即付其使赍呈,伏乞垂鉴。

【注释】

① 沅帅:曾国荃,字沅甫,故称。

② 窃:谦辞,私下。

③ 台辕:指两广总督曾国荃。因总督别称制台、制军,故称。

④ 题奏:题本和奏本,此作动词用,意为上奏。

⑤ 巡抚:官名。清以巡抚为省级地方行政长官,总揽一省的军事、吏治、刑狱、民政等。因兼兵部侍郎衔,也称抚军。又因明、清两代巡抚例兼都御史或副都御史衔,故也称抚院。

⑥ 矜全:爱惜而保全之。

⑦ 刘公一纸之书:刘公,晋代刘弘。《晋书·刘弘传》载:晋惠帝宰相刘弘,勤于政事,凡兴废之事,皆亲自过问,并详细地写出意见,指示下级妥善处理,"所以人皆感悦,争赴之。咸曰:'得刘公一纸书,贤于十部从事。'"此指指明机宜的书。

⑧ 包胥七日之泣:典出《左传·定公四年》:"申包胥如秦乞师,……立,依于庭墙而哭,日夜不绝声,勺饮不入口七日。秦哀公为之赋《无衣》,九顿首而坐。秦师乃出。"包胥,申包胥。春秋时楚国贵族,楚君蚡冒后代,也叫勃苏、梦冒勃苏。

⑨ 肃泐:恭敬地书写。泐,通"勒",本谓铭刻,引申为书写。

十二月初八日(1883.1.16)

往拜陈叔讱、阮述、陶登进及船政衙门。余坐轿。此地惟国王坐轿,官用辋,俗曰杠,其音近更,布兜竹盖,中一大竹,二人肩之,两旁有围,人卧其中曰暗辋,不用围曰明辋,可趺坐①。

入署,客榻上西,惟陈一席、一矮脚案,左右列小枕,脱履,据席笔谈,请叔䜣行文西北各省,照料护送,定期初十日与阮述、铁崖、竹卿出广南候船。

至阮述衙则陈设稍华,去岁曾充贡使②入都者也。

回招商局,府尹奉王命送豆蔻③,晚送歌者娱客,曰曲妹,如古官妓。男女席地坐,所歌皆唐人诗、古文词,尤多古乐府,一字不解。府尹击鼓,敬上宾礼也。

【注释】

① 趺坐:双足交叠而坐。
② 贡使:代表藩属国进献方物于朝廷的使臣。
③ 豆蔻:植物名。多年生常绿草本。分肉豆蔻、红豆蔻、白豆蔻等种,均可入药。红豆蔻生于南海诸谷中,南人取其花尚未大开者,名含胎花,言如怀妊之身。诗人或以喻未嫁少女,言其少而美。

十二月初八日(1883.1.16)

驻越法使遣人至局云:“闻有中国苏进士到此,何事?”竹卿答:“系唐应星族人渡海闲游。”

十二月初九日(1883.1.17)

府尹奉王命馈莲子、冰糖。陈叔䜣奉王命送沉香①、肉桂②,笔谈良久。余送阮文祥、阮述、陈叔䜣、陶登进文物四色③。阮文祥送茄柟④、豆蔻,叔䜣送肉桂,登进送自著(一)诗集,阮述送肉桂、豆蔻、碑拓、妙莲、苇野诗集。

妙莲为国王女弟,曰梅庵公主,余在京题其诗集曰:"妙莲丽句传名远,更说诗媛有范胡⑤。天末未能窥指爪⑥,此心遥愿拜麻姑⑦。"不料今至其都,可窥环珮⑧矣,而仍未见。苇野为宗室,曰仓山公,古文、骈体、诗词俱可观。

【校勘】

(一)著:底本作"箸",据中华书局本、1955 年本改。《卷二·正月初六日》、《卷二·三月二十七日》、《卷十·九月十七日》同,不再出校。

【注释】

① 沉香:香木。木材与树脂可供细工用材及薰香料。其黑色芳香,脂膏凝结为块,入水能沉,故名沉香。佛经中作阿伽哸香。

② 肉桂:木名。别名桂椶、牡桂等。皮可入药,充健胃强壮剂用。

③ 四色:四种。

④ 茄枏:茄楠。一种具有止痛功效的药材。

⑤ 有范胡:此处为押韵把"胡"置后而倒装,意为可以作为越南人的模范。

⑥ 指爪:指纤细的手指。此代称妙莲。

⑦ 麻姑:传说中女仙。东汉桓帝时,仙人王远(方平)降于蔡经家,召麻姑至,年十八九,甚美,自云:"自接待以来,已见东海三为桑田,向到蓬莱,水又浅于往者会时略半也,岂将复还为陵陆乎?"蔡经见麻姑手指纤细似鸟爪,自念:"背大痒时,得此爪以爬背,当佳。"

⑧ 环珮:佩玉。此代称妙莲。

十二月初十日(1883.1.18)

府尹陶登进来送行,备船三,并饬沿站备夫。午三钟,与唐应星、马铁崖、周竹卿坐船游行,遥睹王宫不甚高,规模略备,有龙舟①在河干,不及珠江一酒艇也。六钟,与铁崖、竹卿起程。舟行竟夕,由香江出。

十二月十一日（1883.1.19）

早，过牢江，水竹明瑟②，禾颖青葱③，腊月乃有此景。白云在山，微雨如线。至高堆，由香江至此八十里，泊船。此地又名承化栈，备辎及夫役在此，每船赏铅钱④三贯⑤。

【注释】

① 龙舟：龙形或刻有龙纹的船只。

② 水竹明瑟：江水与岸边的竹子显得很莹净。

③ 禾颖青葱：禾颖，带芒的谷穗；青葱，葱绿色。

④ 铅钱：中国旧时以铅铸成的钱币。清咸丰四年曾铸造大小铅钱，1857年停铸。

⑤ 贯：古钱中间有空，可用绳索贯穿成串，六百铅钱称一贯。

冒雨由承化栈陆行，十五里到渃恶，又曰广泽，小憩。八里到渃漫，又曰承流站，宿此待阮述。赏役夫二十三名六贯九勺。一贯为六百铅钱，十钱为一勺。站目赏一贯。站目如驿丞①，屋极陋，站官竟夕亲巡屋外。承流站属富禄县，人家数十，皆茅舍，有破败瓦房，云系旧日官员行馆②也。左右皆山，草木极茂，烟云郁结，瘴厉③斯多，常有虎出，阴雨及晚间辄遇。

与阮述夜谈良久，前赠碑拓为宁平省④东北郊外浴翠山《灵济塔记》，该国陈朝张汉超书。浴翠山下为云林江，汇正大海口。

十二月十二日（1883.1.20）

黎明启行。过富家峪，山石高低约半里许，有八九人家，小憩。由承流至此，约十二三里。山下为鲨潭。约十二三里，至承福栈,俗呼沙屯。过渡,遥见朱买海口,有朱买汛。

　　登海云山,极峻,伛偻⑤步行。俯瞰大洋,银涛脊立。十七里至山顶,有关,朝北题曰:"天下第一雄关",朝南题曰:"海云关"。过此为广南府⑥。小憩,乃步下山。约七八里,至清溪,民居傍海,浪声如炮,是谓广南湾⑦。《瀛寰志略》⑧谓洋船以见广南山为戒,即此地也。

【注释】

　　① 驿丞:官名。明制:于各府州县设驿,置驿丞,掌邮传迎送之事。清因之,但盛京之驿,不隶州县,专设驿丞管理之,统于盛京兵部;各省之驿,隶于厅州县,间有专设驿丞,以司驿务者。

　　② 行馆:旧时官员外出临时居住的处所。

　　③ 瘴厉:瘴疬,山林温热地区流行的恶性疟疾等传染病。

　　④ 宁平省:今越南平治天省北部地区。

　　⑤ 伛偻:弓背。

　　⑥ 广南府:约今越南中部的广南—岘港省一带。

　　⑦ 广南湾:指越南中部的弧形海湾。

　　⑧《瀛寰志略》:清徐继畬撰。十卷。记述五洲各国之概略,首亚细亚、次欧罗巴、次亚非列加,次亚墨利加,据美国人雅埤理所绘世界地图及西人所撰,依图立说,略附沿革,是我国系统介绍世界列国概况较早的作品。

十二月十三日(1883.1.21)

　　坐牛粪船出广南湾,臭不可闻,晕浪呕吐,则过转沙浪也,未出口,风陡变,浪势尤恶。铁崖急呼转棹,折回清溪。陆行二十五里,过渡至南坞。行七八里,复过渡。十余里,沿河岸行,至沱瀼,有关,广南奠磐府和荣县所属也。有水曰岘港,有山曰岘山,《越南志》曰茶山。寓代办招商局公昌栈。阮述来谈,谓本国宜迁都清化省①之绍化、寿春、广化等府,则距海有三四日程,屡奏不报。

十二月十四日(1883.1.22)

阮述送宁平、范旸所著《象郡铜柱各考》,颇详核,又送茶山石刻,属写扇二柄。早饭后,偕铁崖至海防衙门拜阮述。其海防官为太仆寺卿②阮廷穗。

【注释】

① 清化省:清化,又作清华、青化、青花。在越南东北部。

② 太仆寺卿:掌管舆马及牧畜之事的官员。太仆寺,官署名,掌管舆马及牧畜之事。

海防主事张伯珩约游五行山之三台寺。同行者为铁崖、阮述、阮籍、黎桢,仆从数人,分坐两舟。约行十里,至山下,遥见猿猴往来石穴、林杪①间。登岸约行二里许,至水山。盖其山有五,土人按五行呼之也。一百六十三级,至中台,入山房小憩,僧人献茶。至三台寺,由寺北行,至上台,入元空洞,有石榻二,可席坐。再入为藏真洞,门首塑神像四,内列佛龛②。洞极阴幽,石乳滴沥,长藤蜿蜒而下。峭壁巉石曰"麟凤龟龙",其龟形则首尾酷似也。苔碧石寒,不可久留。出洞至一石窟,环抱若城,向东题曰"洞天福地";向西题曰"云根月窟";北一洞曰"云通洞",窈暗③不可入;南一洞曰:"天龙岩",皆在石城中。曲折行石磴④,至上台,高处一碑,题曰:"望海台",阮福映⑤明命十七年⑥立。天风海涛,浩渺无际,极为壮观。下至应真寺,饮茶小憩。复曲折绕至中台,登望江台。盖山东面海,西面江也。回三台寺小坐,赏僧人银四元。夕阳坠山,迤逦⑦而下。山脚一洞,谓通江底,至尖波罗山。尖波罗在江对面,土人呼曰燕窠山。燕窠极肥。沙行至舟,冰轮西出,水月交辉,乘风而返。此山天然雄秀,惜罕古迹,山属延福县。

【注释】

① 林杪:树梢。

② 佛龛:供佛的小室。

③ 窈暗:幽暗。

④ 石磴:石级,石阶。

⑤ 阮福映(1762—1819):亦名阮映。越南阮氏王朝建立者。庙号世祖。广南阮氏家族后裔。先后求援于暹罗和法国,镇压"西山起义"。1802 年即皇帝位,建元嘉隆(亦称"嘉隆地"),定都顺化。翌年改国号为越南。中国清朝册封其为"越南国王"。在位时,强化大土地所有制,给法国传教自由等特权,出兵侵略柬埔寨。

⑥ 明命十七年:道光十六年(1836)。

⑦ 迤逦:曲折连绵。

十二月十六日(1883.1.24)

广东招商局递到致应星信函、铁崖拆(一)阅,乃沅帅致应星函一件、札一角①,内称法使已到天津,经总署奏请,敕北洋大臣②会商越南通商、分界事宜。天津电音,谕越南派一二明干大员于正杪③来津备问等因。随邀阮述告知。余见中外既有此举,保胜似可缓行,拟即先回广东见沅帅再议进止。且计此时芝庵等尚无信至,宁海汛适有海南轮船径旋香港,即附以行。广南藩司阮劝来见,馈生豚一、米二盒、酒二瓶。阮述馈炙豚全具,饼饵④三色。此地极盛礼仪也。

【校勘】

（一）拆：底本作"折"，据中华书局本、1955 年本改。

十二月十七日（1883.1.25）

晚七钟，下拨船，行十三四里到轮船泊所。八钟，动轮，月明如昼。广南港口浪极险恶，此时独平，诚冬令之不易得也。船向东行。夜半经顺化口。

十二月十八日（1883.1.26）

早，微雨，船向北行，捷逊。昨夜每一点钟犹行十咪，交午⑤风大，船行较迟，每一点钟行八咪。一钟，船西对河静省之津汛港口，东北遥见海南山，此离宁海汛一百五十五咪，而距琼州海口尚有二百咪之遥。四钟，风稍减，距海南山约二十余咪，船甚稳。至夜，月明星朗。八钟，转针向东北行，每一点钟行九咪，捷于午间，已出越南界。十钟，船旁微浪，遥见海南山，波平如镜，洵⑥海上良夜也。

【注释】

① 一角：一封。旧称一封文书为一角文书。

② 北洋大臣：李鸿章。同治九年（1870）继曾国藩任直隶总督兼北洋大臣，掌管内政、外交、军事大权，成为洋务派领袖，故称。北洋大臣为清代官名，即北洋通商大臣的简称。咸丰十年，清政府设立总理各国事务衙门，下设三口通商大臣。同治九年，改设北洋通商大臣，管理直隶（今河北省）、山东、奉天（今辽宁省）三省洋务、海防及关政事务。由直隶总督兼任。

③ 正杪：正月末。杪，末尾，末端。

④ 饼饵：饼与饵，泛指饼类食物。

⑤ 交午：中午。

⑥ 洵：诚然、实在。

十二月十九日（1883.1.27）

　　早，晴，有雾。每一点钟行八咪半。船向东北行，偏东七十度，船极稳。与阮述等笔谈。阮述云，三国吴之士燮①在北宁有墓、有祠，以文学开风气。土人谓为"士王"。海阳安子山有唐石刻。八钟，渔船渐多。南对平沙，即琼州黄沙港，北则往廉州②之北海道。十钟，雾稍大。十二钟，船正东行。二钟，过澄迈县。四钟三刻，至琼州海口泊船。沱瀼至此共一千二百五十里，合洋里三百七十一咪。

【注释】

　　① 士燮：字威彦，三国吴广信人。少游学京师，治《左氏春秋》，察孝廉。历迁交趾太守，献帝时道路断绝而燮不废贡职。诏拜安远将军，封龙度亭侯。建安中孙权加燮左将军，复迁卫将军，封龙编侯。燮体器宽厚，谦虚下士。中国士人往依避难者以百数。在郡四十余年卒。

　　② 廉州：府名。明、清属广东省。1911年废府，故治即今广西合浦县。

十二月二十日（1883.1.28）

　　停船竟日。

二十一日（1883.1.29）

　　船未开。与阮述笔谈，云其国苇野公欲一见，恨无公事不敢来。其子名洪蓡，闻亦风雅，曾请余书一扇，一名章。阮述至沱，接其诗函道及之，惜亦未见。并询阮述其国现在贤才。

十二月二十二日(1883.1.30)

船未开。夜三钟始行。

二十三日(1883.1.31)

午十一钟,至香港。五钟,附夜船至省。

二十四日(1883.2.1)

六钟,上岸,至竹卿家。回大石街寓中。往谒沅帅及裕中丞,知天津会议尚无成说。沅帅属仍往越南。

十二月二十五日(1883.2.2)

以越南情形稿呈沅帅。

十二月二十七日(1883.2.4)

谒沅帅,属改为奏,命寄呈总署代奏。

二十八日(1883.2.5)

拟奏稿。

二十九日(1883.2.6)

呈沅帅代达总署:

奏为详度边情,敬陈管见,恭折仰祈圣鉴事。

窃臣于光绪八年八月初五日恭奉上谕:"吏部候补主事唐景崧,着发往云南,交岑毓英差遣委用。钦此。"臣遵即出都。抵天津,禀商于北洋大臣李鸿章。抵广东,禀商于督臣曾国荃、抚臣裕宽。拟假道越南入滇探查情形,冀得真切,均谓曰宜。经派出总兵①黄国安、直隶州州判唐镜沅、南海县②举人周炳麟改服充商③,同行渡海,即一面禀报总理各国事务衙门。

　　臣行抵越南顺化都城,经越南王派出官员笔谈数次,臣即将法越构难情形及现在战守议和情形逐加诘问。又证诸华人熟悉越情者,查得该君臣昏愚委靡,战守绝无经营,即议和亦毫无条理。其国政令酷虐,民不聊生。自锢利源,穷蹙已甚,每岁所入,大概不及百万。法人又从而愚之,饴以甘言④,则欣欣窃喜,而于中国转多疑忌之心,无可扶持,一言已决。阮福时家庭构衅⑤,苟活自娱,内乱将兴,胜于外侮。此越南上下之情形也。

【注释】

　　① 总兵:官名。清制,各省置提督,为地方武职最高长官。下设总兵、副将等职。总兵所辖的部队称镇。故俗称总兵为总镇。

　　② 南海县:属广东省。秦置番禺县,为南海郡治。隋开皇十年,分番禺县置南海县。唐为广州治。五代南汉分置咸宁、长康二县,宋开宝六年,仍置南海县。

　　③ 改服充商:改易服装冒充商人。

　　④ 饴以甘言:用谄媚奉承的话语诱取。

　　⑤ 构衅:结怨。

　　该国为山海奥区①,海口以南定②之巴辣口及海阳之宁海汛为最要。宁海早已通商,南定亦垂涎特切。两口皆不甚宽,上达河内。至河内则水势较狭。由河内上至红江③则愈行愈狭。佛殿滩以上逐段皆石,夹岸皆山,入保胜而达云南,路极艰险。其陆路毗连广西、云南一带,山峻且纡④,瘴厉甚恶,非服水土者不能久居也。河内为北圻心腹,而最关利害者则北圻之屯鹤三歧口。盖此处北来一水为泸江⑤,又曰绿水河;西北来一水为洮江⑥,又曰红水河;西来一水为沱江⑦,又曰黑水河。三水汇于屯鹤,是谓三歧。下趋为而达河内。三歧口商贾往来,利之所萃⑧。此处为人扼据则该国之上下游隔绝,不击将亡;刘永福饷无来源,势亦坐毙;环北各省,均如人为墙蔽遏,一步难行。不独为越南呼吸所关,且极为中国藩篱之大害。去年法人拟于此地筑关,越官暗禁民役,因之中止而其心固未尝已也。棋争先着,急宜暗使刘永福就近扼兵,及彼未来,犹易下手,恐稍纵则即逝矣。此越南险阻之情形也。

【注释】

① 奥区:内地、腹地。

② 南定:在越南东北部,红河入海口以南,东与海南岛隔海相望。

③ 红江:即红河,又作洪江。即今越南的红河,发源于我国云南省,在我国境内称元江。在我国不同时期的载籍中,红河及其某一段曾有各种不同的名称,如富良江、泸江、白鹤江、洮江、黄江、闷江、胶水江等。

④ 山峻且纡:山高峻且山路弯曲。

⑤ 泸江:指越南河内附近的红河主流。

⑥ 洮江:又作洮水。指越南的越池北面红河的一段。

⑦ 沱江:又作陀水、沱水、沲江。在今越南西北部,指黑水河。

⑧ 萃:聚集。

该国桑麻黍稷①,随处皆宜,四时可种。官民委惰,芜秽不治。象犀枏桂②之珍,尤称利薮③,乃俱禁不出口,迫为贩私。税权委之华商。又与该大员阮文祥夤缘④为奸,半归中饱。山矿错出,法久注意。越官约华商豫先开办,而惧越人反复无常,不敢承揽。善为筹之,犹可为富强之国。此越南膏腴之情形也。

【注释】

① 黍稷:黍,谷物名。性黏,子粒供食用或酿酒。去皮后北方称黄米子。稷,谷类,一说即谷子,不黏。

② 象犀枏桂:大象、犀牛、枏木、肉桂。枏,同楠,木名。生南方,干甚端伟,高者十余丈,巨者数十围,木材坚密芳香,为建筑及制造器物的良材。桂,肉桂,月桂。

③ 利薮:物产集中的地方。

④ 夤缘:凭藉关系,进行钻营。

刘永福所恃者险,惟力主分布散击之术,夷人时隐慑之。曾迭请于黄佐炎①,以为非战不能议和。并谓兵连祸结,则乞降罪以谢法人。奈书累上而说不行。又致书于坐探委员②,谓有搏虎驱狼③之志。惜制于人。实则自备糗粮④,越人无所掣肘⑤。第虞⑥一败则法越两不相容,中国又无退路,故亦隐忍图存。现在增兵造船,暗购军火,其下扑河内仅六七日程也。越南极仗此军支持全局,又迫于法人,逡巡畏葸⑦。臣尚未晤及永福而就近访闻较确。此刘永福之情形也。

【注释】

① 黄佐炎:据《卷二·二月十五》:"号罗洲,越南驸马,东阁大学士统督北

圻军务,北圻督抚均受节制。"

② 坐探委员:同"坐探",专在某处刺探收集情报的人。

③ 搏虎驱狼:指抵抗法国侵略者,把法国侵略者赶出越南。

④ 糇粮:干粮。

⑤ 掣肘:比喻使人做事而故意留难牵制。

⑥ 第虞:但是忧虑。

⑦ 逡巡畏葸:逡巡,迟疑徘徊,欲行又止。畏葸,害怕。

法人之攻河内也,造意①于西贡②带兵之五画③,而兵头七画④,意不谓然。坠河城⑤后,有换兵而无增兵。又鉴于同治十二年刘永福之战⑥,欲进则怯,欲退则羞,而我防军于上年三面续出,彼极恇怯⑦。至八、九月,窥破情形,复无忌惮。实则西贡仅二千余兵,不能拨来。由本国而越,重洋亦属不易。其国政出多门,佥议迟疑⑧,故迁延至十阅月⑨之久,而实观强弱为进退,亦未尝不防公论,巧诈掩饰。此法兰西之情形也。

【注释】

① 造意:首倡其议。

② 西贡:又作雉棍、柴棍,即今越南胡志明市。

③ 五画:袖口有五画的法军军官,军衔为上校。如在纸桥大战中被刘永福黑旗军击毙的法国海军上校李威利即袖口有五画的军官。

④ 七画:袖口有七画的法军军官。军衔越高,袖口的画数越多。袖口有七画的军官比袖口有五画的军衔高两级,应为中将。

⑤ 河城:护城河及城墙。

⑥ "同治十二年"句:同治十二年,公元1873年。据牟世安《中法战争·法国向越南北部侵略及第二次西贡条约》:"一八七三年十一月五日(同治十二年九月十六日),安邺到达河内附近,二十日袭击河内,总督阮方知战死;十二月前半月,占领了海阳、宁平、南定诸城。这时,中国农民起义部队的将领刘永福统帅的

黑旗军正驻扎在越南,立刻支持越南人民的抗法斗争,进援河内。一八七三年十二月二十一日(同治十二年十一月二日),打败了法国侵略军,安邺中弹阵亡。"

⑦ 恇怯:懦弱,胆小。

⑧ 佥议迟疑:佥议,众议。迟疑,犹豫。

⑨ 十阅月:十数月。

　　臣行抵顺化,拟即绕道北宁而赴保胜。适闻天津会议通商、分界事宜,窃叹越南孱懦①之难扶而彼族横行之已甚。此际纵不谋绥藩而应谋固圉。请为皇太后、皇上敬陈之。

　　夫越界本无所谓分也。分之则当以清化为断。清化以上,北圻归我保护,清化以下,南圻归彼保护,则边事尤属可为。惟此议非独虑法人不允,即越人亦未必从。盖法人志在红江,红江在北圻境内。违其志则必龃龉②。此不允之在法者也。而越都顺化设在南圻,我既立保护之名,先委其都于度外,是显示中国专为边隅起见,未免孤属国之心。此不从之在越者也。

　　臣亲履其境,目睹其形,伏思中外未肯失和,非用刘永福一军,别无良术。至如何用之,及为永福如何布置之处,请缕析而陈其计。

　　一、刘永福固宜暗用,而不宜显用也。然虽不见明文,亦必密有确据,方能坦然效忠相应。请旨敕谕③滇、粤督抚臣,如刘永福果能扼守红江,有功边圉④,即行文广西上思州⑤立案,准其日后回籍。传使闻知,坚其奋发。至接济军火,云南一省力或不足,势须两粤⑥合力图之。疆臣必奉旨而后敢行。刘永福即迅移兵屯扎红江左右,胜于在天津以口舌争也。

【注释】

① 孱懦：懦弱。

② 龃龉：齿参差不齐。喻抵触，不合。

③ 敕谕：诫饬，告晓。

④ 边圉：边疆。

⑤ 上思州：属广西壮族自治区。唐置上思州，属邕州都督府。明改属南宁府。清改上思直隶厅。公元1913年改县。

⑥ 两粤：广东广西，古属百粤地，称为两粤，也称两广。

　　一、兵当以义动也。刘永福兵力尚单，固非法敌，然《春秋传》曰："师直为壮，曲为老。"①尊周室而攘夷狄，齐桓②、晋文③所藉以成霸业者也。宋室南渡一诏④，论者谓其有助中兴。仗义执言⑤，可以补甲兵之不足。宜有人入永福军而提挈之。一檄传呼，申布大义，致书各国，请示公评。自外夷构难以来，神人共愤，一经震喝，必有奋袂而起，仗剑而前者。彼族断无闻之而不惊也。观去秋情形，已萌退志，势不肯以全力争此瘠区。中国再为请停，庶易转圜⑥而退。

【注释】

①"《春秋传》曰"句：出自《左传·僖公二十八年》。师，军队。直，理直。壮，气壮。曲，理亏。老，气馁。

② 齐桓：齐桓公。春秋时齐侯，五霸之一。名小白。周庄王十一年，以兄襄公暴虐，去国奔莒。襄公被杀，归国即位。任管仲为相，尊周室，攘夷狄，九合诸侯，一匡天下，终其身为盟主。后管仲死，用竖刁、易牙、开方等，怠于政事。及卒，诸公子争立，霸业遂衰。

③ 晋文：晋文公。春秋时晋君，名重耳，献公之子。献公宠骊姬，杀太子申生，重耳奔翟。流亡十九年，以秦穆公之力得返为君。用狐偃、赵衰、贾佗、先轸为辅，尊周室，平王子带子乱，纳周襄王，救宋破楚，遂霸诸侯。在位九年。

④ 宋室南渡一诏：宋室南渡，宋高宗渡江，建都临安，史称南宋。诏，诏书。
⑤ 仗义执言：主持正义说公道话。
⑥ 转圜：调解挽回。

一、华商宜要结也。外夷致富在商，无商则如鱼失水。河内与宁海汛通商皆我华人，并无越人贸易，西贡皆然。法越待华商皆极酷虐，所见异于所闻。我宜以数十万银在屯鹤立一公司，示以宽仁，则华商一呼即至，如水赴壑，将无人与彼族通商，不独河内、宁海顿成黄茅白苇之乡①，即西贡亦必骤形萧索，釜底抽薪，气焰自息。

一、开垦以养兵也。该国极多旷土，如广安一省，地千里而人仅三千。他处虽不尽然而皆可以招垦。既收养无业之散勇，即寓藏有用之精兵，可卷可舒，可静可动。

一、举事宜筹财也。越南苦于无急切觅财之所，至其境始悉其穷。保胜所入，势难加增。屯鹤向有税关，每年亦不逾十万。即用越之财守越之地，终苦无大裨益。添兵招商，非财莫办。屯田开垦，获利终迟。三五年内势须仰赖朝廷。光绪七年十一月初五日有谕疆臣合力图维之旨。应请再申谕令②，酌度数省每年接济若干，俾得展布。俟关外利源渐开，再行停止。当此藩篱吃紧之际，与其决裂不可收拾，费财更多，不如及此时犹事半功倍。

以上各节，所以必用刘永福者，以其为越官而行越事，无虑外人之阻挠耳。果能先据红江，次扼北宁，则宣光③、山西④、兴化⑤、太原⑥、高平近边等省，已归囊括之中。据北而后图南，固圉之策，无逾于此。

【注释】

① 黄茅白苇之乡：意为荒凉之地。

② 谕令：告示，命令。

③ 宣光：其地在今越南北部，辖境大致为今河宣省一带。

④ 山西：在今越南北部。辖境大致在河山平省北部和永富省一带。

⑤ 兴化：或讹为谅化。在越南西北部，其辖境前后有所变化，大致在永富省西部、河山平省西部以至山萝省、黄连山省一带。

⑥ 太原：又作太源。在越南北部，辖境大致在今北太省一带。

　　兹当天津会议之秋，窃揣必多棘手，艰危阅历，谨贡其愚。明知一介小臣，何可屡渎天听①。惟中外关系甚大，知而不言，言而不尽，则罪戾尤深。何必驰驱于洪涛峻坂②之中，瘴雨蛮云之地哉。所有详度边情，敬陈管见缘由，恭折沥陈，伏乞皇太后、皇上圣鉴。谨奏。

　　请缨客曰：余之疏请入越也，而敕下往滇。盖中旨谓滇越毗连，刘在保胜，尤与滇近，其命入滇，未尝非暗寓用刘之意也。而余意非亲入越必不能相机筹措，入滇终属隔膜，于是展转而有假越入滇之计，亦可谓一意孤行者矣。后幸获留边，而用刘亦著有明效，岂不可畅行其所志哉。无如事机愈变愈坏，而余厕戎行③，卒提空名也。良可慨夫！

【注释】

① 屡渎天听：渎，谦辞，亵渎。天听，帝王的视听。古以帝王比天，故称。

② 洪涛峻坂：大海高山。

③ 厕戎行：厕，参加。戎行，军队。

卷　二

光绪九年癸未正月初三日（1883.2.10）

藩臬来询需随员几何，路费几何，沅帅命也。余请路费五百两，并请派同知①龙维霖雨三、通判②黄赞勋煦斋同行，雨三旋辞，邀蔡冰鉴同往。

正月初六日（1883.2.17）

游花埭，临江吊黄晓甫。晓甫，河南商城人，名殿荃，更名罞（jiǎ）原，字香谷，又字画民。咸丰辛酉拔贡③，官礼部主事，博学能文，语无凡响，书法胎源篆隶，奇峭不可思议。其为人尝垂首噤默，于稠众中崖岸独立，胸有单复④，而不好骂人，失意杯酒，遂莫测其舞蹈之所极。遇佳士，则裼裘篝灯，能作数夕慷慨谈也。晓甫虽不谐流俗乎，而志趣游乎九天之上，长揖⑤公卿，敝屣科目。袁小午侍郎爱其才，延入西征粮台⑥，半载无私谒⑦，橐笔复入都。晓甫实博通乎古今治乱之源，有叩辄应。肆其余力，凡兵法、医学、风鉴⑧诸家以及掷涂⑨、赌跳⑩之术，靡不精晓，奇气直辟易⑪万人。于是与余每纵谈越南事，二人贫恋都下，不得行。相晤必问所志若何，互勖毋隳。余于是别字"南注生"。光绪丁丑⑫九月，晓甫乃与季弟禹卿襆被⑬出都门，独余知其志在南行也。至沪，穷无复之，托迹书肆⑭。次年，乃游广州，醉后堕水死，平生著作不留稿，仅记十四字，云：

"尽有诗书堪饱暖,止余天地是樊笼。"呜呼！其狂而狷^⑮乎。
晓眚血性男子,赴人急难,性命以之,卒不免中伤,故字晓眚。
其袍履如窭人^⑯子,发累旬不栉^⑰,于思连鬓,故小字鬈姑。

【注释】

① 同知：清代府、州以及盐运使设同知,正五品,属于知府的属官,负责专门事务,常以职务冠前,如船政同知、缉捕同知。府同知即以同知为官称,州同知称州同,盐同知称运同。

② 通判：清于府设通判,为辅佐之官。

③ 咸丰辛酉拔贡：咸丰辛酉,咸丰十一年(1861)。拔贡,即始于明代的选贡。清制,自乾隆七年定每十二年(逢酉年)由学臣于府、州、县学廪生内,选拔文行优秀者,与督抚汇考核定,贡入京师,称为拔贡生。先赴会考,择优者再赴朝考。入选者一等任七品京官,二等任知县,三等任教职;更下者罢归,谓之废贡。与岁贡、恩贡、副贡、优贡合称五贡。

④ 单复：单衣和复衣,本指衣着的厚薄,此指对人评价的高低。

⑤ 长揖：相见时,拱手自上而至极下以为礼。

⑥ 粮台：军行时调发粮饷的机关。

⑦ 私谒：以私事谒见请托。

⑧ 风鉴：相人之术。

⑨ 掷涂：谓投掷泥土以为嬉戏。

⑩ 赌跳：以跳跃的高低比赛胜负。

⑪ 辟易：惊退。

⑫ 光绪丁丑：光绪三年(1877)。

⑬ 襆被：以包袱裹束衣被。襆,包袱,巾帕。

⑭ 书肆：售书的店铺。

⑮ 狂而狷：狂狷,激进与拘谨自守,此指偏激。

⑯ 窭人：穷苦人。

⑰ 栉：梳理头发。

正月十二日(1883.2.19)

偕煦斋、冰鉴赴香港,寓泰来栈候船。连璧峰、萧琴石运余行李,取道梧、邕赴龙州。

二十日(1883.2.27)

附普济船。

二十二日(1883.3.1)

至廉州之北海,妇女解官话,渔艇满港。有招商局。

二十四日(1883.3.3)

至越南宁海汛,俗呼海防,海口长而狭,法人乔尔赤在此带水①,一艘索费三十两。登岸,寓招商局对岸,地名帮金。帮音同左,越人谓墟也。有洋楼。泊兵轮四艘,新来兵五百人,已入河内。

海防入河内水道有二,一道冬春水浅,不能行船。晤越南商政衙门官。旋有法人到局,探问来者何人。

【注释】

① 带水:在水上引导。

正月二十五日(1883.3.4)

雇民船二艘赴海阳,俗呼水东。越都向建河内,曰东京,水东、山西、北宁、南定四省环卫之。商政官遣兵护送,路多劫贼,夜有戒心。

二十六日(1883.3.5)

辰刻,抵海阳省,寓客栈。海阳巡抚阮调来见,延入署,布政、提督以次各官在焉。

衙洁，张饮，肴馔二十余品，味凉。馈铅钱百贯，礼物八色，却钱收茶饵数色。

正月二十七日（1883.3.6）

由海阳起程，省官派兵护送，七十里至顺成府。府官延入署，出见子孙八九人。

正月二十八日（1883.3.7）

由顺城府起程，越官召夫，持竿卓①地，群趋竿下。民犯罪，削竹缚一肘，不敢遁。大员可枷答②知府，卑官脱履始敢上堂。

本日知府传夫极勤。辰刻，坐辋行。禾黍盈畴，青翠无际。中途，接北宁总督张登懂书，派兵来迎。申刻，抵北宁，寓城外行馆③。总督以次文武各官来见，馈羊豕酒米，犒从者。入城答拜，张登懂留饮，参赞④裴文禩在座。文禩常充贡使，在都与舅弟相识。询知爵臣、芷庵甫于二十日过此，赴山西往保胜矣。闻刘永福有左右两营扎山西。总兵⑤陈得贵扎北宁三十里之安勇县，着哨官带亲兵马匹来接。张登懂号子明，裴文禩号珠江，陈得贵号槐阶，广东人。

请缨客曰：广西自洪逆⑥创乱，遍地皆盗，窜及越南，官军出关，旋平旋起，则散勇之为祸烈也。初，越南请师，愿供薪粮夫役。而官军议给米价，索薪役。将备⑦武夫，鲜知怀柔⑧大义，待越官辄无礼，军欺民懦，又虐使之，以故国家为藩服，用兵二十年，糜帑⑨千余万，而越人终不甚心感。然其悉索敝赋，实亦可矜⑩。甲申⑪,北宁陷,而夫不可得。秋冬,再用兵,而越夫索价,变本加厉,一至于此。

【注释】

① 卓:植立。

② 枷笞:枷,上枷锁铐;笞,用鞭、杖、竹板抽打。

③ 行馆:旧时官员外出临时居住的处所。

④ 参赞:官名。负责辅佐主官的官员。

⑤ 总兵:官名。清制,各省置提督,为地方武职最高长官。下设总兵、副将等职。总兵所辖的部队称镇。故俗称总兵为总镇。

⑥ 洪逆:洪秀全(1814—1864),广东花县人。道光二十三年创立"拜上帝会",自称是"天帝"次子。咸丰元年正月,在广西桂平县金田村与杨秀清、冯云山、萧朝贵、韦昌辉、石达开等起义,建号太平天国,洪秀全称天王。次年,进军湖南、湖北、安徽、江苏等省。1853年3月建都南京,改名天京。后因内部分裂,力量削弱。清王朝又联合帝国主义列强全力镇压太平军。1864年6月,洪秀全逝世。不久,太平天国运动失败。

⑦ 将备:将弁。

⑧ 怀柔:怀柔,招来安抚。

⑨ 縻帑:浪费国库资财。

⑩ 可矜:可怜。

⑪ 甲申:光绪十年(1884)。据郭廷以《近代中国史事日志》(上),光绪十年二月十五日,法军占北宁,左路军统领广西提督黄桂兰、右路军统领赵沃败走太原,总兵韦和礼等阵亡,刘永福不战而退。

正月二十九日(1883.3.8)

由北宁起程,十里抵涌球,即天德江,管带①叶逢春驻此。河狭,两岸皆土阜。渡河,二十里抵安勇,槐阶列队迎,款留蓬村。

请缨客曰:法破河内,我防军进扎北宁,仅数百人,法人诘总署何故进兵?总署以搜土匪对,法谓北宁无匪,宜退兵。而宝海②嗣有分界、通商之议,约中国先退兵,于是我军退扎涌球。此为最近北宁之军。

二月初一日(1883.3.9)

由蓬村起程,三十里至谅江府③,一呼旧府。渡河,此河与涌球皆汇红江达海,涨生,小轮船可入。六十里至郎甲,寓李该总宅中。五更,闻书声咿唔。越人勤读,起最早。唤书生见之。该总,如中国里正。

【注释】

① 管带:管理一营的营官。

② 宝海:法国驻华公使。

③ 谅江府:位于红河以北,阮朝时期属于北宁省,1832 年(越南阮朝明命十三年)设。法属时期,1895 年摘谅江府成立北江省。

二月初二日(1883.3.10)

行七十里至屯牙,小憩。万山环列,溪涧横道。三十里至屯梅,即谅山之长庆府,寓府署。府南十五里为鬼门关,有伏波祠,越地无里数,约略言之。

二月初三日(1883.3.11)

行六十里,至五台。相传古树颠有伏波铜箭。过此为四台、三台、二台,而至谅山。渡河为驱驴埔,记名提督①统领左江左路防军黄桂兰驻此,遣亲兵小队迎入左府祠。黄军门,安徽合肥人,号卉亭。修干长髯,知书儒雅。谅山巡抚梁辉懿率布按来见。席罢,与卉亭谈夷务及刘永福,谓已授计爵臣、芷庵,并函知永福矣。探余来意,告以将约刘进兵河内。卉亭以为然,又疑其统督黄佐炎积不相能,越且不敢抗法,恐阻之。余曰:"惟相时而制黄佐炎。"四鼓,卉亭就榻前,曲商^②而切属之,亦有心人欤。梁辉懿号竹圃,原籍广东。越人每不以军国真情告我,竹圃独肯言。

二月初五日(1883.3.13)

偕卉亭、冰鉴渡河入谅山城答拜各官。梁辉懿留饮,馔丰,得中华味焉。席罢,唤魁婆^③唱曲。越俗好鬼,延以治病,席地列米盘,焚香起舞,摇铜环玎玎然,有挥弦者如月琴,又见牛尾一弦琴。

二月初六日(1883.3.14)

驱驴墟期,物列棚下,男妇如织,装束简洁。地近南关,有华风也。相传谅山城紫砖为马伏波筑,今所历越南省城皆紫砖,俗说不足信如此。

二月初七日(1883.3.15)

由谅山起程赴山西。黄统领^④派把总^⑤何有龙带勇五十名护行,把总李得发随侍。

【注释】

① 记名提督:记名,清制,官吏有劳绩,由军机处或吏部记名,以备考核铨叙。清代于重要省份设提督,职掌军政,统辖诸镇,为地方武职最高长官,其不设者由巡抚兼任。别称提台、军门。

② 曲商:婉转协商。

③ 魁婆:女巫。

④ 黄统领：记名提督统领左江左路防军黄桂兰。

⑤ 把总：官名。明、清各地总兵属下以及明驻守京师三大营、清京师巡捕五营皆设有把总，为低级武官。清代云南土司也设有土把总。

初九日（1883.3.17）

至蓬村，寓槐阶营中。

二月十一日（1883.3.19）

偕煦斋、冰鉴由蓬村起程。槐阶派其族弟陈玉堂带勇五十名护行。至北宁，裴文禩约饮。张登懔谓法人将取南定，乞予留北宁。答以此来重在晤刘，孤身羁此何益。张登懔又浼①予，调其左营吴凤典、右营杨著恩，下击河内。辞以未晤刘，不能孟浪②，晤后再议。

二月十二日（1883.3.20）

由北宁起程。七十里至金英县，县官外出，寓署中。金英距河内省城三十里。越南府县无城。府土围，县竹围。凡村皆种蕉、竹、槟榔，葱翠成林，惟秽而不治，可厌耳。

二月十三日（1883.3.21）

行二十里，至永祥分府，即安朗县山西属也。汉征侧、征贰③用兵处。再行六十里，至安乐县。由金英去山西不必过安乐。是日误行。

【注释】

① 浼：请托。

②　孟浪：卤莽、轻率。

③　征侧、征贰：后汉交趾麓泠县雒将之二女。征侧嫁为朱鸢人诗索妻。诗索甚雄勇，交趾太守苏定以法绳之。征侧怒，与其妹征贰反。凡略六十五城，自立为王。光武遣马援等讨平之，斩征侧、征贰。

二月十四日(1883.3.22)

行二十里，抵山西省，布政使宗室阮尉列队郊迎，入行馆。总督阮廷润及按察、提督、领兵等官来见。黑旗左营吴凤典、右营杨著恩及滇、粤坐探委员、华商首事俱来见。阮廷润号海元；吴凤典，广西人，号雅楼；杨著恩一名著仁，号肫卿，广东钦州武监生①，少年俊伟，知礼能言，刘永福得力将备。

二月十五日(1883.3.23)

黄佐炎来见。号罗洲，越南驸马，东阁大学士，统督北圻军务。北圻督抚均受节制，年六十有奇，着金团窄袖朱衣。彼国大臣戎服也。侍从甚盛。国王赐以宿卫兵，号能战，曰京兵。越官仪陋。督抚四盖，布、按两盖，知府以次一盖。黑油长柄，鸣鼓行道，役挟漆匣盛槟榔、菸具②奔随之。督抚兵执刀。督抚入会客，兵侍立门外。烈日大雨不敢动。黄佐炎仪仗较赫，颇自尊大。冯萃亭③军门曾坐将台，令以三跪九叩见，渠衔之刺骨④。佐炎谓刘永福不受调度，请予筹驭之。盖是时，越难已深，国王阮福时愤极决战，责令黄佐炎督刘进剿，向疑佐炎尼刘战。窃幸今已不然。

是日，适接芷庵自保胜来书，述刘感极，递呈军册⑤，具禀甚恭，谓余行抵何处则来就见，毋劳远涉保胜。因语佐炎，姑缓之。

　　刘永福前营督带越南防御使黄守忠来见。守忠，广西思州人也，号芪臣，俗呼"北江黄"，二十六岁聚八百人出关。永福入越后，时有起蹶，得守忠，势渐壮，相随二十年。永福克自立，三分其军。守忠曰前营，吴左，杨右。守忠所部千二三百人，倍于左右两营。虽倚刘为帅而前营月饷仰给越官，岁时犒赏及军械守忠自筹，不请于刘也。今守忠新平十州回。十州者，越之羁縻州，属兴化，三猛在焉。猛者，如中国所称苗猛峝是也。其地纵横二十余里，与云南、南掌⑥接界，不读中国书，别有字母，近稍稍习汉文，五金、稻粱生焉。黄旗余党叶成林几全据其地。永福兵降成林及朱冰清，诛韦二、文三等，散党未靖，乃命守忠往，追入南掌界。南掌大惊，睹其军，华装也，曰："天兵自古不至此。"南掌有大王、二王、三王，诧守忠为神将，询生年月日，愿生祠之。守忠不肯，凯还。守忠艰⑦官语，见华官踟躇⑧不敢言。

【注释】

　　① 监生：明清国子监就读者，统称监生。清代监生有恩监、荫监、优监、例监之别。乾隆以后监生，多指由捐纳而得，并不入监就读。光绪三十一年立学部，废国子监，监生之名遂废。

　　② 菸具：烟具。

　　③ 冯萃亭：冯子材（1818—1903），字南幹，号萃亭，广西钦州人。清末将领。中法战争爆发后，经两广总督张之洞奏准帮办广西军务，率粤军援桂。1885 年任广西关外军务帮办，率王孝祺、王德榜、苏元春等部，在镇南关（今友谊关）、谅山大败法军。战后，督办钦廉防务，会办广西军务。后调任云南、贵州提督。1902 年因病去职。翌年病殁。

　　④ 衔之刺骨：怨恨极深。

　　⑤ 军册：军队中记录将士个人信息的册子。

　　⑥ 南掌：即今老挝。

⑦ 艰:难,不擅长。

⑧ 踧踖:局促不安貌。

请缨客曰:由十州走九龙江,过南掌、哀牢边境,可达西贡,计一月程。余曾与黄佐炎画策,令黄守忠带兵入十州,取道九龙江袭捣西贡,以解北圻危。佐炎是之,且愿自率守忠行,以所历境皆越边圻,佐炎权重,能檄供粮楫。而永福不愿守忠行,余亦虑守忠兵力不足,火器且乏,遂止。而实奇计,独唐薇生①中丞②函商及之。此黑旗既战河内以后事也。守忠言南掌人顶发一握,混沌③无机械,细螺为钱,金银积造佛塔,不用也。十州实十六州,保胜为水尾州,居其一。余界云境,互有出入。雍正、乾隆年间,越王迭奏争。刘永福虑保胜不可居,而中国又不能归也,法氛既动,于是阴有图十州之志。十州土酋亦颇畏威受约,咸属其子,父呼刘焉。十州久为粤人啸聚,山峻水纡,席此可成一小部落,然必吞南掌,达海滨,远通舟楫,局势始阔。界越一面,陆路易塞。后反复语刘,刘谢未能也。

二月十六日(1883.3.24)

接黄统领函,称奉倪豹帅④照会⑤钞寄总理各国事务衙门六百里函,称"唐景崧应迅往云南,不得在越留恋"等语。盖去腊法使有通商、分界之议,总署恐余挑逗刘永福,碍和议故也。维时法已增兵攻南定,料必背约而都下未知。本日黄佐炎浼予促吴凤典、杨著恩下击河内,解南定围。余以未晤刘为辞。而总署催行,姑置之。爵臣、芷庵至自保胜。

二月十七日（1883.3.25）

黄佐炎径遣黄守忠往扎丹凤县。丹凤在山西东路五十里，再下三十里即河内省。

【注释】

① 唐莪生：唐炯。清贵州人。光绪间四川道员，官至云南巡抚，开办滇省铜矿。

② 中丞：巡抚。

③ 混沌：天地未开辟以前之元气状态。

④ 倪豹帅：倪文蔚（1823—1890），字豹岑，安徽望江人。咸丰进士，以主事参曾国藩军幕，官至河南巡抚。光绪七年（1881）任广西布政使，光绪八年（1882）升任广西巡抚，光绪九年（1883）调任广东巡抚。光绪十年清政府向法国宣战后，与彭玉麟、张之洞、冯子材等率兵收复越南失地。光绪十三年（1887）任河南巡抚。

⑤ 照会：通知。

二月十八、十九等日（1883.3.26、27）

法兵攻南定，破之。南定在北圻最称富庶，为五大省之一。五大省者，河内、南定、北宁、海阳、山西是也。南定两海口：一巴辣口，一辽海口，皆宽于宁海汛。富良江由此两口出海，其通宁海汛乃支河也。巴辣、辽海两口，法未经营，不能停桤①。轮船皆自宁海汛入富良江。南定城面河为富良支河，轮船可达，独冬春水浅易塞。南定总督武师晏负能名，招华勇五百人并越兵万人守之。法人十八日攻，未下。十九日，破东门入，提督阵亡。武师晏遁务本县。至是，越南失两巨省矣。师晏号仲平，后晤于黄佐炎营，衰老已甚，而最廉。

富良江、洮江、洱江、红江皆一江而异名。

【注释】

① 停椗：即停船。椗，碇，系船的石墩。

二月二十日（1883.3.28）

越战法人于新河，越兵败绩。总督张登憻带兵号九千人，又募华勇五百人，头目为华人赵福星、黄福茂、黄云光，设防慈山府及新河。新河者，因富良江涨大，别开此河以杀水势者也。由北宁五十里渡新河为嘉林府，再渡富良江即河内省。法人攻所募华勇营，拒颇力。军火不继，弃垒遁。越南兵制度，临阵弹药必记数，杀敌少，责将士偿，故见敌不敢妄施，亦不肯丰给，其迂愚如此。

黄爵臣回广东，交呈沅帅函。芷庵暂留山西。

南定失，越事愈紧。黄佐炎前后六调刘永福，不至。至是，浼余促之。告以刘称探余抵某处即束装趋见，今驻山西，其来必矣。爰属吴凤典等羽书①飞催。

请缨客曰：余在谅山营，阅倪豹帅致黄统领书，悉所谓分界、通商者，分界以红江为界，中法分任保护。通商则在保胜，合肥相国②虑黑旗为梗，议编置其军移屯他所，即以保胜税关所入养之。今求如分护越圻而不可得。合肥原策不诚善欤。然当是时，法人料黑旗必不肯移，保胜必不可得，云南仍不可通，款议虽成，惧天下笑，故展转背约，而仍逞兵于南定、北宁，处心积虑，必捣保胜逐刘而后已。此黑旗兵扼一隅，法不得入云南之隐憾也。或曰，移刘则越祸立解，中国亦保全实多，何计不果出此？然而宝海飏③矣。中国不能牵其裾而从事盘敦④，其奈之何？且移刘而越难果能解耶？分护之说，姑以饴我而已。

【注释】

① 羽书：军事文书，插鸟羽以示紧急。
② 合肥相国：李鸿章。
③ 颭：指船离开。
④ 盘敦：使节交往，即外交协商。

二月二十一日（1883.3.29）

偕芷庵、煦斋、冰鉴游城外各寺。乞签关帝庙，签曰："尊前无事且高歌，时未来时奈若何。白马渡江虽日暮，虎头城里看巍峩。"前二语甚明，后二语不解。

接张登懂羽书，谓南定陷，北宁急，请余往北宁商办军事，并请黄统领进防北宁。旋接黄统领书，知已于十七日进驻谅江府，各营略有变置。先是有旨戒防军勿深入越境，故我军仅能至谅江，不敢驻北宁省也。旋奉敕下，防军固不可深入越境，亦不可退扎失势。疆臣奏称，救越则虞召衅，不救无以恤藩，事在两难。

二月二十二日（1883.3.30）后

在山西坐待刘永福。间与芷庵、煦斋作诗钟①，习越人投壶戏。日为人书联扇。夜谈辄至三鼓。侧身无着，警报日来，每有法轮至山西喝江口窥伺。按察阮文甲带兵出防，儿戏不可恃也。越南天热地湿，二月祖汗②，衾帐生苔，蜥蜴有声，蚊蚋攒集，无可奈何，抱膝长坐。

三月初八日（1883.4.14）

中国游击③衔捐二品封典越南三宣副提督刘永福率亲兵

队乘舟至山西,旗纯黑,有"三宣提督军务"旗、篆书"刘"字旗、七星旗、八卦旗,洋枪刀斧手,角声乌乌,马蹄蹴踏,不闻军哗。市人欢呼:"刘提督来!"旗牌官投帖报到,先遣随员韩再文探询进见仪节。即日来谒。执礼卑谨。初见,略示奖慰,未与深谈。永福号渊亭,广西上思州人。咸丰年间,粤西乱,渊亭率三百人出镇南关。时粤人何均昌据保胜,渊亭力战平之,遂有保胜,号黑旗。同治十二年④,法人破河内,夷酋安邺⑤勾结逆首黄崇英谋吞全越。黄崇英,黄旗也。拥众数万,势张甚。越官梁辉懿时为山西按察使⑥,国王敕赴保胜谕渊亭归诚。当是时,黄旗贼已盘踞山西、太原一带,保胜不得达河内。渊亭乃率队裹粮,蓦越宣光大岭,绕驰河内,一战而斩安邺。甫敛队,而富春议和,三使臣适至,为法所擒,闭置舟中。督师黄佐炎亟檄罢兵。旋就和,而授渊亭三宣副提督职,给敕印、冠服。三宣,即宣光也。其部众曰团练⑦,故称刘团。安邺死,而黄崇英之谋寝,焰亦衰,旋为提督冯萃亭剿灭。渊亭蒙滇抚给游击衔后,屡自备饷械除土匪。黄佐炎不上闻,廷臣亦窃多疑忌,以故渊亭尝积怨于黄佐炎,今日所以六调不至也。

【注释】

① 诗钟:一种文字游戏之作。其法:取意义绝不相同的两个词,或分咏,或嵌字。前者如以"尺"、"蜂"为题:"灯下量衣催五夜,房中酿蜜正三春。"前句咏"尺",后句咏"蜂"。后者如以"女"、"花"为题:"商女不知亡国恨,落花犹似堕楼人。"前句嵌"女"字,后句嵌"花"字。以凑合自然,对仗工整为上。相传拈题后,缀钱于缕,系香寸许,承以铜盘,香焚缕断,钱落盘鸣,其声铿然,以为构思之限,故名诗钟。

② 袒汗:脱去上衣,身体出汗。袒,去衣露上身。

③ 游击:官名。汉置游击将军,为杂号将军。后代沿置,为武散官。元废。明复置,为军营将官,省称游击。清代绿营兵设游击,职位次于参将。

④ 同治十二年：1873 年。

⑤ 安邺：法军主将。曾梦想建立"伟大的法兰西东方帝国"，把越南及中国西南各省作为殖民地。1873 年 12 月 21 日（同治十二年十一月初二）法军向越南北部的第一次进犯，被刘永福打败，安邺中弹阵亡。

⑥ 按察使：官名。唐景龙二年置十道按察使，分察各地。开元二十二年改称采访处置使，后又改为观察处置使。宋以诸路转运使兼按察，专主巡察，别有提点刑狱官。元置提刑按察使，后改为肃政廉访司。明仍建提刑按察使司，以按察使为一省司法长官。清因之。又名臬司，俗名臬台、廉访。清末改为提法使。

⑦ 团练：于正规军以外，就地选取丁壮加以军事训练的地主武装。

越南兵饷极微，每兵月给铅钱二贯，值银二钱，米一方，重四十五觔①。渊亭榷税②于保胜，借资军饷。其部卒皆内地杀人亡命，否亦跳荡③不羁之徒。渊亭驭下严，进见辄谩骂。将备短衣垂手长立阶下，命之入始敢入，侧坐不敢正言。渊亭不识字，典签者④跽（一）⑤榻前禀事，词不中意命之改，纤毫不敢违。事关钱币必反复推驳，手权锱铢，若不得已而后用。然所部必为之娶妻生子。将备分榷税关，走卒听其贸易，俾有所恋而不肯离，逸者必诛：用能颠倒枭悍⑥，牢笼无赖。

渊亭长身削立，高颧尖颏⑦，状类獐猿。唐莪帅诧其相，一见赏万金，边人皆呼刘二。新闻纸讹称刘义。本年癸未四十七岁，妻黄氏。先收养子名成良。黄氏生二子。吴凤典妻，黄氏女弟也，渊亭尤礼下之，今已殁。

【校勘】

（一）跽：1955 年本作"跪"。

【注释】

① 觔：借用为"斤"。

② 榷税：征税。榷，征收。

③ 跳荡：放纵不羁。

④ 典签者：负责文书工作的人员。签，题于简上的书札。

⑤ 跽：跪而耸身直腰。

⑥ 颠倒枭悍：倾覆。

⑦ 高颧尖颏：颧骨高，下巴尖。

三月初九日（1883.4.15）

答拜渊亭，入密室，细陈衷曲。渊亭悒悒①，为言黄佐炎。余曰："足下膺越职，佐炎外，越人待足下何如？"渊亭曰："越王待我厚，京外诸臣独梁辉懿善遇我，其余碌碌，皆忌我者也。"余曰："保胜紧界云南，云南如何视足下？"渊亭曰："独唐薆生方伯厚我耳。"余曰："足下少年冒不韪②之名，今处保胜弹丸之地，设一旦得罪于滇、越，进退无路，计将安出？况今且见逼于法兰西。"渊亭跽⁽一⁾曰："谨受教。"余曰："万里来兹，专为足下策不朽之勋，创不世③之业。古有不阶尺土，提一成一旅而成霸王者。夫今日越南乃法人刀砧之鱼脍也，狼藉不旋踵。足下诚能据保胜十州为老巢，守山西为门户，北宁、太原、谅山、高平、宣光、兴化，震以足下威名，不费兵力，传檄可定。足下诚能收关外之亡命，简越卒之精锐以为兵，就膏腴之地以为粮，榷七省之物税以为财，礼罗贤俊以为辅助，然后请命中国，假以名号，据北图南，事成则王，不成亦不失为捍卫华边之豪杰。功在中国，声施万世。此上策也。"渊亭瞠目久之。余曰："虽然，有天命④焉，请言其次。

【校勘】

（一）跽：1955 年本作"跪"。

【注释】

① 悒悒：忧闷，不舒畅。

② 不韪：不是，过错。

③ 不世：罕有，非常。

④ 天命：上天的意志和命令。能致命于人，决定人类的命运。

今者，法兰西欺我中国，剪我藩服，神人共愤，中国不肯因一隅而牵动天下。足下越官也，诚能提全师击河内，战胜则声名崛起，粮饷军装必有助者；不胜而忠义，人尤荣之。四海九州知有刘永福，谁肯不容？立名保身，无逾于此。此中策也。夫以今日揆敌势而建义旗。天人之机，似不至败。"渊亭曰："唐方伯尝曰：'汝其固守保胜，无妄动，敌至再战，不胜则卷旗入滇，吾能庇之。'"余曰："噫！功名者，有功而后有名。足下坐视国难，则无功无名，孰重黑旗刘永福者！事败而投中国，恐不受。且唐方伯又安能久宦滇中而庇子也。株守保胜，此下策也。"渊亭曰："微力不足当上策，且越或因此降法而击我，将奈何？"余曰："法人已不容汝，为之被击，不为亦击。越急亦必除汝以谢①法。豪杰毋为人所算。"渊亭狐疑。余曰："何如中策？"渊亭曰："中策勉为之。虽然，兵单军火绌，可守而不可战。"余曰："战必有助者。夫不可战，又焉能守？先发制人，足下毋怯！"渊亭曰："二者请筹诸杨著恩，再密复命。"

归寓，总督阮廷润来见，请余属渊亭往上协社见黄佐炎。社在东门外三十里，黄、刘积不睦，越官恐渊亭不往见，故浼予属之。渊亭不欲往，余曰："是奚宜者②？昔者，越南疑子甚于畏法人，今子亲予，而咫尺不谒主帅，适滋人惑。其往之便。"约定明日同行。

黄守忠旋自丹凤。

【注释】

① 谢:认错,道歉。
② 是奚宜者:这怎么合适?

三月初十日(1883.4.16)

偕渊亭赴上协见黄佐炎。渊亭谒佐炎,青帛裹首,窄袖短衣,越装也。佐炎并留饮。梁辉懿时在佐炎营中参赞军务,同席。席后,佐炎留余笔谈二十余纸,急催渊亭进兵。余谓渊亭兵单火缺,其不欲进亦自有故。佐炎拟奏为增千人。闻余应赴云南,乃与梁辉懿会奏其国王,咨呈广东,代奏留边。是时越将专恃渊亭,欲余在边左右之也。

次日(1883.4.17)

偕渊亭旋自上协。

三月十二日(1883.4.18)

梁辉懿来见,称奉佐炎令调刘团往上协。渊亭不奉调。余调停之,属渊亭以一营往上协,余军暂驻山西,并商守山西必出守河岸,立炮台。阮廷润谓夏涨未生,山西无虑,河不必守。余谓既不守山西,即当进规河内,无全军扎上协闲地之理。渊亭与余意同。越官必欲其全屯上协,渊亭怫然①,计终未决。

三月十三日(1883.4.19)

夜访渊亭。坐密室短榻,询前所陈第一策有意否。渊亭曰:"倘中国问罪,若何?"余曰:"中国知越祀②将绝,今日必不理蛮触③之事,且足下以保残越固华边为号召,义正名顺,中国无与为难也。"渊亭曰:"然则吾军且进屯丹凤,勿逆佐炎意,俾生疑。且请密商卉亭统领,如能助师数百人,假天兵之威,庶易举事。"余曰:"善!"乃定十五日拔队赴丹凤。余乃属芷庵先旋黄统领营,密商前事。渊亭曾造谒卉亭,执贽④门下,事必关白⑤。卉亭为代购军火、军装,谊极款洽⑥,亦渊亭平生一知己也。

【注释】

　① 怫然:忿怒的样子。

　② 越祀:越南王朝。

　③ 蛮触:蛮触交争。《庄子·则阳》:"有国于蜗之左角者,曰触氏;有国于蜗之右角者,曰蛮氏。时相与争地而战,伏尸数万,逐北,旬有五日而后反。"比喻细微事物。

　④ 执贽:古代礼制,宾主相见时要赠送礼物。

　⑤ 关白:禀报。

　⑥ 款洽:亲切,融洽。

十四日(1883.4.20)

虑渊亭有悔意,往坚其行。

三月十五日(1883.4.21)

渊亭来辞,率亲兵先往上协,左、右两营暂留山西。

三月十六日(1883.4.22)

渊亭书来,谓黄佐炎促其进兵怀德,请示进止,并谓进兵则左、右营当行,恐余无兵随护。复书:不必顾我。进兵怀德,计亦是。又命杨著恩谒商前策。余曰:"大事固不易为,而击虏为黑旗第一要义。"著恩下阶叩首,称进扎怀德必有恶战,成败均要乞恩。余定期十八日回黄统领营中,冰鉴先行。

三月十七日(1883.4.23)

黄守忠、吴凤典、杨著恩各馈象牙、犀角、熊胆、肉桂送行,情致殷然①。黑旗将士欲归中国,惟恐不容。至是忽见京员前来抚慰,俱各奋发,矢志杀贼,冀得锦旋②。

三月十八日(1883.4.24)

偕煦斋起程。黑旗将士、总督阮廷润送至渡口登船话别,请余早旋山西。

三月十九日(1883.4.25)

至北宁。张登恒留饮。席间,劝以兴利除弊数大端,如简军实③,购军火,开太原、高平、广安矿务,去虐民之政,实心向中国,以杜西人狡谋。登恒唯唯应之。

三月二十一日(1883.4.27)

至谅山府黄统领营。芷庵在焉。问所商事,卉亭谓已函告渊亭,如唐主政所言皆为刘氏子孙,计宜听之。助兵之说,固知卉亭不敢妄举也。

璧峰、琴石至龙州。

三月二十二日(1883.4.28)

接岑彦帅函,劝早赴云南,并谓挑刘召衅,祸谁当之,语甚挈。余复称有祸惟自当之。

渊亭函报本月十九日祭旗④,进兵怀德,盼余早返山西。怀德府属河内省,距省十里。

【注释】

① 情致殷然:情致,意趣风致;殷然,深厚。
② 锦旋:衣锦还乡。
③ 简军实:简,查检;军实,指器械、粮饷及作战俘获等军事物资。
④ 祭旗:祭祀旌旗。古代出师前举行的一种仪式。

此后数日(1883.4.29—1883.5.1)

在谅江小住。骄阳炽天,心绪恶劣。晚餐日落,与卉亭步憩荔支林下。每忆珠江荔支湾少年风景,如在天上。

三月二十六日(1883.5.2)

芷庵旋东,函呈沅帅,求济刘团军火也。煦斋、冰鉴均回广州,计总署催行日已久矣。卉亭谓刘团正一鼓进兵,恐隳①壮志,劝余暂缓入关。

三月二十七日(1883.5.3)

闻广西布政使徐延旭奉命出关筹办边防,专折奏事。徐方伯,山东人,庚申②进士,号晓山。由广西知县起家,负能吏名,曾至谅山剿匪,著有《越南纪略》。是时,中国犹沿宝海通商、分界之议,迄无成说,不知越南时局已有战而无和矣。余怀去志而不忍遽弃渊亭,强留而此身殊觉无谓。卉亭拟入关迎徐方伯,挽余暂驻其督带韦和礼营中。

越官剿抚使梁俊秀来见,号兰卿,原籍龙州,随父出关,在高平雄视乡里,人呼"梁三大",越人呼大,枭杰之谓也。近始蓄发就越职。

三月二十九日(1883.5.5)

由谅江至蓬村韦营。韦和礼,号修五,合肥人,官保记名提督,督带三营。文案③为欧阳萱,柳州府人。

四月初三日(1883.5.9)

黄统领入关。

初五日(1883.5.11)

接黄统领公文,准广西巡抚倪④恭录本年二月十二日上谕:

> 总理各国事务衙门代奏吏部主事唐景崧敬陈管见一折,唐景崧著懔遵前旨,迅即前往云南,听候差遣,毋稍逗留。钦此。

知照前来。并据倪抚行文黄统领,查取起程日期具报。闻命之下,敢不钦遵? 然此时性命功名已概付之度外,惟盼黑旗与法人一决雌雄。姑报初六日起程。

【注释】

①隳:毁坏。

②庚申:咸丰十年(1860)。

③ 文案：官府中草拟文稿和管理档案的人员。

④ 倪：倪文蔚(1823—1890)，字豹岑，安徽望江人。咸丰进士，以主事参曾国藩军幕，官至河南巡抚。光绪七年(1881)任广西布政使，光绪八年(1882)升任广西巡抚，光绪九年(1883)调任广东巡抚。光绪十年清政府向法国宣战后，与彭玉麟、张之洞、冯子材等率兵收复越南失地。

四月初六、初七、初八、初九等日(1883.5.12—1883.5.15)

仍在韦营，候黑旗消息。芝庵在龙州，来书劝余入关，语颇激切。适触愁怀，遂决于初十日起程。途中接广东督抚公文，恭录二月十二日谕旨，照会前来。又接黄统领书，仍劝暂留。时已就道，不复折回韦营，拟至谅山小住。沅帅致黄统领书，问余甚挚。是夕宿郎甲，据榻草上沅帅书，并致渊亭。

四月十三日(1883.5.19)

至谅山，巡抚吕春葳以次各官来见。十二日，布政、按察约游二青、三青洞。镌诗满壁，林壑宽幽。按察约饮，谈甚欢。询南交①古迹，谓广安有安子山，传为安期生②修道所，唐时有高僧卓锡于此，有诗刻石，今无存。问伏波铜柱，则越人早不知所在。曰谅山，曰义安，曰广东钦州，曰广西分茅岭，皆无的据。柱称有五，不仅新息所立也。

四月十五日(1883.5.21)

徐方伯抵龙州，书来慰问。连日破庵闷坐，岑寂无聊。渊亭连函催返山西，而余已有入关之志，诡辞③以对，战信④无闻。

【注释】

① 南交：指交趾，今河内一带。

②安期生：先秦时代方士。《史记·封禅书》记汉武帝以方士李少君言，遣使入海求蓬莱仙人安期生之属。又《乐毅传》称河上丈人以黄老教安期生。数传至盖公，为曹参之师。后代传说愈多，为道家仙人名。

③诡辞：诡辩不实之辞。

④战信：战争音信。

四月十六日^(一)（1883.5.22）

为渊亭作檄文布告天下。《讨法兰西文》曰：

越南三宣副提督刘永福为檄告法罪事。

溯①越南自秦汉以降，俱隶中华，至宋始沦为外域。前明犹改行省，逮大清朝，虽越主迭经易姓，而皆就列藩封，纳贡有期，载在册府②，四海五尺之童，谁不知为大清属国者？法兰西独不闻乎？既与中国和好，即不应欺其所属。用兵于越南，无异用兵于中国也。兵端开自法人。如中国大皇帝赫然震怒，声罪致讨，法兰西何说之辞？即不然，而遣师救护藩服，亦不得援两国相争，他国不得接济之公法相比。前者攘据西贡，遂使越南贫弱至今。同治十二年③，突攻北圻，议和通商，迄今十年，未尝稍得罪于法人也。去岁无故堕其河城，法使宝海，忽在天津有通商、分界之议。夫欲通商，云南则通之而已矣。欲往保胜，则往之而已矣。至越南土地，岂法人所得而分之？且久居大皇帝覆载之中。频年出师剿除土匪，未见法兰西有一矢之助，何所赖其保护？据人之城，戕人之官，掠人之仓库，犹向人自称保护，岂不汗颜？及至天津已约会议，请中国退师，而

宝海忽而西旋,增兵倏已南至,弃礼蔑信,一至于此,不独
虐越南,实欺中国也。请质之海外诸大邦,谁曲谁直,谁启
兵端,恐亦无辞为法兰西解也。本年二月十九日,击破我
南定。三月阻粮于富春,攻北宁之新河,窥山西之丹凤,志
在鲸吞,横暴已极。

【校勘】

(一)此篇底本位于"四月十九日"日记之后,据时序改。

【注释】

① 溯:本指逆流而上,此指往前推算。

② 册府:藏书的地方。此指典籍。

③ 同治十二年:1873 年。据郭以廷《近代中国史事日志》(上),1873 年 11
月 20 日,法将安邺攻占越南河内;12 月 4 日法将安邺攻占越南海阳;12 月 5 日,
法将安邺攻占越南宁平;12 月 10 日,安邺占越南南定;12 月 21 日,刘永福之黑
旗军败法军于河内,法将安邺战死。

永福,中国广西人也,当为中国捍蔽边疆;越南三宣副
提督也,当为越南削平敌寇。于是恭奉国命,督率全军逼
攻河内,慷慨誓师。四月初九夕,焚毁城内教堂。十三日,
身率劲兵与法人血战三时之久。炮声雷动,人肉星飞,我
军奋勇直前,无不一以当十。当经阵斩该兵头五画一名,
四画一名,三画至一画二十余名。法兵死伤无算。夺获军
械、马匹甚多。彼兵溃遁,追至城西,闭关不出。呜呼,法
人所为,神人共愤。今者受兹大创,天道①昭然。如其悔
过退师,仍申旧好,则永福为民惜命,抑又何求。傥犹怙过
不悛②,负固罔服,则永福誓不两立,定当力剪仇雠。设更

向我中国妄肆纠缠,则将延礼英才,纠集忠义,一檄之下,万众遂来,更举义旗,往夺西贡。

夫天下之积怨久矣。杀机隐伏,如火待然,有倡者必有和之。众愤激发,非条教所能禁。岂独不利于法兰西乎? 恐海邦之在中国者亦因越法交锋而受累。幸勿束手旁观至蹈城火殃鱼③之祸。何不发一言而辨曲直以解纷也。

至于我越教民,食毛践土④,受国深恩,乃甘为雠人役使。昔与法和,姑容尔辈。今与法战,则从教者即逆党也。痛杀无赦。如能改过自新,输我以敌情,结我以内应,则赏赉⑤仍有加焉。

再如西贡旧民,岂不怀思故国? 乃愿为彼前导,丧尽天良,阵前倒戈即贷⑥一死。若夫堂堂衣冠之族,矫矫草莽之雄,亦甘托足其中。阴谋诡计,窃已耳闻姓名而口不忍言,所望今日为汉奸,明日为义士。永福犹将礼之而敬之也。

永福僻处一隅,志虑短少,伏乞大贤硕彦、奇材异能济其力之未充,匡其术之不逮。谨愿匍匐而受教焉。越南幸甚! 天下幸甚! 特此布告四海知之。

【注释】

① 天道:古人认为天道是支配人类命运的天神意志。

② 怙过不悛:坚持错误,不肯改正。怙,依靠,倚仗;悛,悔改,停止。

③ 城火殃鱼:城门之火,殃及池鱼。比喻无端受牵连而遭祸害。相传春秋战国时,宋国池仲鱼所居近城门,有一次城门起火,延及其家,仲鱼烧死。一说,宋城门失火,为了取池水灌救,池中汲干,鱼皆枯死。

④ 食毛践土:《左传·昭公七年》:"封略之内何非君土? 食土之毛? 谁非君臣?"毛,谓土地生长的植物。后因以"食毛践土"为对君上感恩戴德之辞。

⑤ 赏赉:赏赐。

⑥ 贷：宽免。

请缨客曰：此我中国人人所欲言而无从言之者，余特借他人酒杯，浇自己块垒耳。此檄一出，而刘永福遂名震中外，控弦带刀之士跋涉来投，远近响应。越人向不义黑旗，至是奉箪壶①惟谨。余前奏"仗义执言，可补甲兵之不足"，知非尽书生迂语。自此捷后，其一军安详勇锐，傥乘是时厚其兵力，给以优奖，则余两次陈奏②庶可渐次举行。惜乎迁延至八月而军心一变。兵者，气也，相时而养之，及时而用之，万不可使其散，一散则陷，陷则不可再振矣。沪上迭刊刘檄，文皆假托，独此篇及后所载战书乃余在军中作也。

【注释】

① 箪壶：箪食壶浆。《孟子·梁惠王下》："箪食壶浆，以迎王师。"箪，盛饭竹器；言踊跃犒劳军队。

② 两次陈奏：指《卷一·七月十九日》所记唐景崧撰写的奏折及《卷二·三月初九日》所记唐景崧向刘永福所陈的中策。

四月十九日（1883.5.25）

申刻，接渊亭专足递书，知于本月十三日与法人接战于纸桥，大破之，阵斩创谋吞越之五画李威利，斩四画至一画兵头三十余人，斩法兵二百余人，伤者无算，夺获洋枪、马匹、刀剑、鼓角①、时辰表、千里镜不可胜计。右营管带杨著恩阵亡，左营管带吴凤典受伤，团丁死三十余人，欢动边关。一时谅营大小将弁、华商、越庶以及巡抚、布、按文武各官，齐来致贺。飞函黄统领报捷，而痛杨肫卿将星遽陨，喜极而悲。回忆别时，叩首之言,怆然②泪下。驰贺渊亭,存问死亡将士家属。

【注释】

① 鼓角:战鼓和号角,军中用以传号令壮军势。
② 怆然:悲伤的样子。

请缨客曰:是役也,后至纸桥详询战状,备录于篇。纸桥者,小桥涧水,桥东二里为河内城,桥西三里为刘营,中一大道,左右村田。四月初九夕,黄守忠袭入城外教堂,焚之,小有斩获。法兵坚守市栅,不得近。十一日,法兵出城,旋敛去。谍报必有大战。右营管带杨著恩请当前敌。渊亭戒曰:"战洋人不可急,急则损!"著恩曰:"见洋人而能忍者非人也!虽死愿任先锋!"十二夜五鼓,黄佐炎接城内越官密报,法兵准十三日平明倾城出战。著恩闻报,全营不造饭,骤率驰去。渊亭禁勿及,亟命吴凤典伏道左为奇兵,黄守忠扼大道迎敌为正兵,自率亲兵在后督阵。著恩驰至纸桥,兵分三队:头队据桥旁关帝庙,二队列庙后,自带亲兵为三队在大道。右队甫齐,而法兵已布满桥东,镜瞰庙中,枪炮齐举,瓦飞栋折,人语不闻,一四画巨酋怒马登桥,为右营火筒炮击落桥下,人马蔿粉。法队退转,席地吸酒,乘醉复起。十人一队,连环施枪,鱼贯过桥,前倒后进,尸不回顾。右营头队溃于庙,二队接战,力复不支。法兵一抄庙后,一走大道,夹击著恩。一弹洞著恩双股,左右尸叠,亲兵掖退不肯,强起,弹折右腕,坐地轮开十六响手枪,倒十数人。至十三响,飞弹洞胸,阵亡。右营全溃。法兵直驱大道。黄守忠头队接战,败。二队驰援,亦将不敌。方右营之初被挫也,报及

渊亭。渊亭驰至前营三队地,而著恩已亡。渊亭再进,而前营
头队又败,黄守忠死战不却。吴凤典道左伏起,横冲法兵,前营
乃直冲法兵。于是刘兵、法兵纷搅成团,队伍大乱。黑旗短刃
交下,法人枪不及施。右营溃兵折回愤战,法尸山积。一酋中
枪坐地,刘兵驰取首级,酋急脱帽摇手,而顷刻已被脔割,寸肤
不留,视其袪①,五画也。法众狂窜,甚有呆坐受戮不能行者。
刘已亡健将,吴凤典亦伤,遂不过桥穷追。未刻,整队凯还。次
日,法遣越官说黄佐炎,愿以二万金赎五画首级,而后知为李威
利,渊亭不与。黄佐炎红旗报捷,越王奖功,授渊亭三宣提督、
一等义良男爵,黄守忠以次进秩有差,赏斩五画首级兵银千两。
广西巡抚据报驰奏。著恩无子,有老祖母,家钦州。妻陆氏,守
节养子,十三龄殇。

【注释】

　　① 袪:袖口。

四月二十一日(1883.5.27)

　　接黄统领书,属余勿入关。

四月二十二日(1883.5.28)

　　徐方伯出关驻谅山,余往见,陈入关意,方伯留之。黄统领
暨右路统领赵庆池观察沃继至。方伯偕卉亭、庆池次日过寓,
商留余在边,先赴刘营照料,即附片奏请,又函请倪中丞并为奏
留。倪中丞奏有"该主事才识警敏,论事洞中机宜"之语。徐
方伯附片录后:

　　再,吏部主事唐景崧前因奉旨发往云南,假道越南,旋奉上谕,饬令该员迅即前往,毋稍逗留。当经抚臣转行遵照。

　　臣四月初途次正遇该员前往云南,与谈外域情形,颇为熟悉而于赞成刘永福立功报国一端,尤为难得。臣查刘永福原籍广西,流而为匪。自经越南招抚,积功擢至三宣副提督,其统领黄佐炎不善驾驭,转事苛求。刘永福积不相能,常存退志,故不敢擅离保胜,恐为人害。迨唐景崧亲见其人,知其可用,为之开诚劝勉,直以大义责①之,谓越南臣服我朝,近居粤徼,能为该国出力,即与内地出力无异。如其思归故乡,未尝不可偿诸异日。刘永福因而感悟,誓不与敌俱生。于是发愤自雄,累战皆捷,非唐景崧之力不至此。现在法越战和之局未定,若得该员留营商酌一切,实于防务有俾。云南藩司唐炯闻已出扎山西,如有应办事宜亦可就近兼顾,可否准令该员暂缓前赴滇省,留于防营,俾资臂助,出自圣慈。谨附片陈明。

【注释】

　　① 责:要求,督促。

四月二十五日(1883.5.31)

　　偕黄统领起程赴北宁。

二十九日(1883.6.4)

　　抵北宁。

五月初二日(1883.6.6)

徐方伯至北宁览地形,筹布置,于是北宁始有防军。

请缨客曰:北宁居四达之冲,守诚不易。然此次北宁设防自徐方伯始。远者仅及四十里之慈山府,而论者犹谓与刘团、越兵太近,恐法藉口,屡有戒书。由是北宁险要,我军不敢进扎,坐让他人先据之。然则北宁防守固疏,毋亦时论纷纭,遂至步步落人后耶?

五月初四日(1883.6.8)

起程赴刘营,仍带把总何有龙勇丁一哨,又由陈槐阶营中选七十人,以陈玉堂率之,随余启行。时渊亭禀求徐方伯助兵四百人,洋枪二百杆,故黄统领交余百余人。别由赵统领饬游击田福志募二百人,暗入刘营。此我军助刘团之始。而田福志二百人终未往也。棘门、霸上①,事同儿戏!前后济刘洋枪不过五百杆,皆天津解粤之笨枪,药弹多不着火。

五月初五日(1883.6.9,端午)

至山西,各官来见。云南新到两营。督带张永清、管带林大魁,皆同乡也。唐羲生方伯出驻蒙自县新安所,徐方伯回驻龙州。

五月初六日(1883.6.10)

至杨肫卿家致祭,存问孤寡,抚棺下泪。视吴凤典,伤在耳侧,不甚重。

五月初七日（1883.6.11）

至刘营驻卧龙村，奖渊亭战绩，慰将士伤亡。新带右营为南宁秀才韩再勋，号伯铭。唐方伯来书询北坼军情。

五月初八日（1883.6.12）

连璧峰、萧琴石由龙州来营。

五月十二日（1883.6.16）

渊亭率全队偕余至纸桥祭阵亡士卒，法冢亦累累在侧，破帽残襟，狼藉路隅。入关帝庙观右营接仗处，弹嵌欂柱②，密若蜂房。立肫卿殉难处，太息久之。渊亭亦泣，憩河干庙中，此地传为翁仲③故里，庙即翁仲祠，阅越人著作称李翁仲，不姓阮。

【注释】

① 棘门、霸上：均指纪律松弛的军队。《史记·绛侯周勃世家》载："（汉）文帝之后六年，匈奴大入边。乃以宗正刘礼为将军，军霸上；祝兹侯徐厉为将军，军棘门；以河内守亚夫为将军，军细柳，以备胡。上自劳军，至霸上及棘门，直驰入，将以下骑送迎。已而之细柳营，……不得入。……上乃使使持节诏将军，亚夫乃传言开壁门。壁门士吏谓从属车骑曰：'将军约，军中不得驱驰。'于是天子乃按辔徐行。至营，将军亚夫持兵揖曰：'介胄之士不拜，请以军礼见。'天子为动，改容式车。……成礼而去。既出军门，群臣皆惊。文帝曰：'嗟乎，此真将军矣！曩者霸上、棘门军，若儿戏耳。'"

② 欂柱：屋檐下支撑屋檐的柱子。

③ 翁仲：《淮南子·氾论训》高诱《注》载：传说秦始皇初兼天下，有长人见于临洮，其长五丈，足迹六尺。仿写其形，铸金人以象之，称为"翁仲"。

五月（1883.6）

在卧龙村与黄佐炎时过谈。渠有国王所赐剑，镂嵌精美，亦名尚方剑①,统督北圻军务之赐也。赠余一剑,质亦精良。佐炎姬妾数十人,子三十人,佃丁八百,富甲越官。

五月(1883.6)

徐方伯来书,议月致薪米银二百两,另给亲兵②三十名。时余留营之请尚不卜俞允③否也。

五月(1883.6)

法轮三艘由红江驶上山西,刘营距江干十里,而无扼击炮台。法船至喝江,渊亭扒船④管带贡生李唐率六板船截战三时,法炮三百响,板船无恙。一高一低,炮不能中故也。当是时,河内城虏夜辄自哗,惊呼黑旗来,敌胆已落,一鼓可克。每与渊亭商进取之策,皆云壁固沟深,城外之洋楼、江面之兵轮,相倚为守,万难仰攻。待敌出城再战,再捷,城始易克。实则军中苦无攻具,仅恃手枪且不精利,而粗笨者亦不可多得。以穷兵而制强敌,宜乎其难得力也。

【注释】

① 尚方剑:皇帝用的剑。

② 亲兵:随身护卫的士兵。

③ 俞允:《尚书·尧典》:"帝曰:'俞。'"后以"俞允"表示允诺。

④ 扒船:广东、广西的舢板船。木质结构,多在内陆地区用于水上交通或渔业养殖、捕捞。

五月(1883.6)

渊亭以叶成林、朱冰清、练忠和、刘光明等所部二百余人为予随护,即以连璧峰为营官,曰武炜营。广东人庞振云、胡昆山率三百人投渊亭,编为军,曰武烈营。徐方伯议月给渊亭五百两犒军。是时,广西所请协饷不过十万,方伯又苦心节饷,不肯增营。朝廷远虑兵单,命酌添募。徐方伯来书曰:

连读手示三函,从部中以及越南,自今日以及万世,洞若观火。留侯帷幄①,伏波米山②,不足以相喻也。

窃谓他族不逞兵于陆,自负水上伎俩,再来必多水战。渊亭船少而炮小,似亦须早为之备。近闻陈爵堂云,渊亭托其代募水勇,惜饷太轻,难有应募者,尚可少加之否?

近日因中丞奏请拨饷协济,业已奉旨拨广东、淮上二处。东省已许先解万金,淮上亦允先筹八万。得此二项,当可了此群鬼矣。快枪子药亦有信催善后局续解。沅帅所许二千杆,不知由何处解来,似亦以速为妙。

执事远居异域,心力交瘁,而旭安坐龙州,实有不安。自维马齿③虽增,尚能执刁斗④、扞牧圉⑤,拟再拜发奏折一次,即可亲聆大教。

昨于奏章之外禀政府一函,求不让保胜,不招各国入红江,不可骤许议和,言语少激,亦不知愿听与否。窃谓政府之所以异议者,不能实知情形,徒震而惊之耳。旭复将他族伎俩、刘团忠义、越南他日之怨、天下大局之危,剀切言之,计两千余字。适岑彦帅信来,旭又将葰生方伯营盘太少,俟他族到境而后击之,非计之得,反复言之,亦两千余字,皆不知俯纳否。惟有自尽其心力而已,咎戾耻笑,均不暇计也。

【注释】

①留侯帷幄：汉代张良的智谋。

②伏波米山：伏波将军马援的智谋。《后汉书·马援传》：汉伏波将军马援随光武帝远征隗嚣，说隗嚣将帅有土崩之势，兵进有必破之状。又于帝前聚米为山谷，指画形式，开示众军所从道径往来，分析曲折，昭然可晓。光武大喜，即按马援的筹划进军，果然大获全胜。米山指代智谋。

③马齿：马的牙齿。《穀梁传·僖公二年》："荀息牵马操璧而前曰：璧则犹是也，而马齿加长矣。"因马齿随年而增，故亦以喻人的年龄。

④刁斗：古代行军用具。

⑤扞牧圉：护卫边境。牧圉，养牛马的场所，引申为边境。

同日，接岑彦帅来书曰：

前由林游击处寄到复书，顷又由唐方伯递到四月、五月惠函两件，并获观手致唐方伯原信，捧读再三，足见苦心孤诣。阁下驰驱险阻，往返异域，仗义执言，能使刘团和衷，致有纸桥之捷。彼族受此惩创，亦知强不可恃。将来遇事收敛，就我范围，于中外大局所关非细。伟烈丰功，足以震耀华夷，诚足为桑梓光矣。刻下彼族新败，蓄谋报复，不言可知。刘永福兵单势薄，越人又不可恃，弟所深知。若非仍藉执事设法联络，鼓舞其间，诚恐各存意见，有误事机。昨接倪大公祖①钞咨②折片并徐方伯来函，知已借重大才，奏留粤营，如此布置，方能关照全局。鄙怀深为慰藉之至。

【注释】

①倪大公祖：倪文蔚。大公祖，明清时士绅对府以上官员的尊称。

②钞咨：抄送。

前派两营出关援应，不过能耐烟瘴，至于一切机宜，关系重大，缓急因应，岂该将所能深知？兹奉来信，深悉形势。山西既不易守，本拟退扎大滩，又恐与粤军离远，更难联络。而甫进即退，亦非援应刘营之意。现与唐方伯酌商，再择人地相宜、谙练事机之员，督带数营，另扎大滩，又为张、林两营后劲。傥山西实不可守，再并力拒守大滩，以免疏失。刘营得力将领，本不多人，前战颇有伤亡，弟所深虑。刻下要务，总以延募为先，至于炮械所需，唐方伯必能接济也。所有各营，均已函饬，一切就近请阁下指示机宜，幸勿谦让。

六月（1883.7）

闻都中有合泰西各国通商红江之议，乃上当轴①诸大臣书曰：

窃景崧留防营后，于五月初六日重至刘营，吊亡抚生，鼓励士气，所部极为欢慰，慨赋同仇。惟黄佐炎素与刘永福龃龉，吝赏忌功，诸多掣肘，近复有人挟嫌奏劾，永福心甚怏怏。越南仗此一军擎柱②全局，而犹刻待如此，甚哉其愦愦③也！永福尝言，非为景崧故，决不出赴山西，亦决不能力战。经景崧调和劝励，其气始平，其心尚壮，而部下尤人人思奋，极欲报效中国。揆厥军情，或不至有大挫。窃虑西夷狡狯，经此败后，必思变计，或再赴总署，请申前说。愚见似以缓议为宜。至合泰西各国通商红江藉以制法之策，似亦可不必亟行。窃维法使既已邀我调停，旋又背约而攻人国。今日之败乃由自取。我直可置之不理。若藉口于暗助,有何实据?更可无虞。

总之,保胜一方,刘永福决不肯让,而其所部室家党与几及万人,各有庐墓田园,一旦迁之,必致激变。去岁越南曾欲移永福于宣光,不愿;许以广安之福宁府世袭知府,亦不愿。若我授官而调回中国,事尚可行;傥移之而仍在越南,则失其负嵎之险,决不从也。且今日黑旗一军,拼命决战,而终归于通红江、让保胜,殊足寒天下忠臣义士之心。不如姑从缓议,待法刘再战二三次,胜负确有定状,人来寻我,始作转圜。不独于国体较宜,且秉轴④诸公亦省局外许多清议也。

山西为云南之门户,北宁之掎角⑤,刘军之归路,料为彼族之所必争。五月十六日,三轮来攻,施大炮三百余响,刘营以扒船截击于喝江口。夷船伤折遁回。夫西人以兵轮称雄海上,今乃不足当刘营薄脆之扒船,此其故何哉?盖兵者,气也。理直气盛则无往不宜。所谓"可使制梃以挞秦楚之坚甲利兵"也⑥。刘团今日之气正宜及时而培助之,毋使其簫⑦,必能屹立海疆,长称劲旅矣。冒昧谨上。

【注释】

① 当轴:比喻官居要职。指主持政事。

② 搘柱:支撑。

③ 愦愦:糊涂。

④ 秉轴:犹言秉钧。轴即车轴,以当车之重任,故以喻枢要的官职。

⑤ 掎角:《左传·襄公十四年》:"譬如捕鹿,晋人角之,诸戎掎之。"角,抓角;掎,拉腿。后因称分兵牵制或夹击敌人为掎角。

⑥ "可使制梃"句：《孟子·梁惠王上》："王如施仁政于民,省刑罚,薄税敛,深耕易耨;壮者以暇日修其孝悌忠信,入以事其父兄,出以事其长上,可使制梃以挞秦楚之坚甲利兵矣。"梃,木棒。

⑦ 箝：本意为镊子、用镊钳取,此处意为受到钳制。

六月（1883.7）

返北宁。倪、徐留营之奏先后奉旨允准。倪折奉批谕：

> 唐景崧准其留营。着令该主事妥慎办理,毋得轻率从事,致误大局。钦此。

徐奏出关布置并刘永福胜仗、唐景崧留营折片,奉批谕：

> 法人经此挫败,其添兵报复自在意中。越南孱弱之邦,势难持久。徐延旭于关外情形素所深悉,所奏布置各节,足以壮声援而资备御,颇合机宜。惟粮饷、军火深虑不继,必须源源接济。兹已拨给饷共二十万两,即着倪文蔚、徐延旭斟酌机宜,妥为筹办,以裨大局。唐景崧前已有旨,准其留营,倪文蔚等当令其妥慎办理,用资得力。钦此。

请缨客曰：是时,中旨尚不明言刘永福而以后迭谕接济者,盖令边臣默喻而行事耳。纸桥捷后,法兵甚单。该国是时用费无多,尚易收束。傥刘军乘此获饱腾之资,攻复河内,法人立可转圜,越圻犹幸图存,边事即不至大坏,乃计不出此,以致法兵渐增,日久费钜,该国遂苦于欲罢不能,而兵连祸结矣。

徐方伯本决意济刘,倪中丞亦云不为遥制,而论者辄戒不宜。又云万一不慎,被法人擒去生供,讯得接济铁据,敌必藉口索费,而徐亦自此徘徊缩手焉。夫枪炮非一铁一缕可藏诸身而密授诸人者也,教民且多,岂有不报彼族知之者? 在彼搅我而我不承认耳。且彼亦断不以助刘责我也。法为海外强国,竟屡败于黑旗一旅之手,彼且自愧而讳言挫衄①,岂肯向中国启齿訾②我助刘? 山西、北宁失后,所有密疏、密函以及督抚给刘批劄,俱落敌手,未闻挟之以为接济之铁据也。余尝启倪、徐曰:"译署③疆臣奉行法度,自不能不恪守范围;而应变出奇,则在关外之权宜行事。"惜乎余是时不操寸柄④,仅以虚言激励刘团,庸有济乎?

六月(1883.7)

在北宁。张登憻、裴文禩送花数盆。月夜同集黄统领营中,送曲妹唱曲。越官唤妓无禁。孙文靖之败,即以曲妹诱我军士,故曲妹价重至今。有阿五阿六者,东京人,蛇髻蟠首⑤,不饰金脆,耳垂琥珀珠,窄袖长裙,妆束如画中女子也。

越人贸易多赖巾帼⑥,大员妻女皆可坐肆中权子母⑦焉。宰相阮文祥之妻鬻油,巡抚梁辉懿之子妇鬻鸦片,皆致富。国俗罕治淫罪,治则以象鼻卷之,掷空堕死。

【注释】

① 挫衄:挫折,失败。多指作战。

② 訾:指责。

③ 译署:总理各国事务衙门。1861年初(清咸丰十年末)清政府为办理外交和洋务而设立的中央机构。初由恭亲王奕䜣主持。分设英国、法国、俄国、美国、海防(后改日本)五股。附设京师同文馆,并管辖海关总税务司署。所办事务涉及外交、通商、海关、海防、制造、路矿、新式学堂等。1901年(光绪二十七

年)按《辛丑条约》规定,改组为外务部,班列六部之首。

④ 柄:比喻权力。

⑤ 蛇髻蟠首:头发束成一股或两股的发髻,盘曲在头上。髻,发结;蟠,盘伏,屈曲。

⑥ 巾帼:妇女的头巾和发饰,代指妇女。《三国志·魏明帝纪》青龙二年四月"诸葛亮出斜谷"《注》引《魏氏春秋》:"亮既遣使交书,又致巾帼妇人之饰,以怒宣王(司马懿)。"后因以巾帼为妇女的代称。

⑦ 权子母:以资本经营。

六月(1883.7)

在北宁。接沅帅两书,夸奖逾分,淋漓千言,并函徐方伯、黄统领,谓余宜募数营,以壮声势而驭刘团。是时,关外已议由黄、赵增募八营,徐方伯属予募一营为亲兵,遂以叶成林等二百余人补足一营四百人。

六月(1883.7)

越南国王阮福时薨。王无子,过继三子以堂弟朗国公嗣位,宗室阮说辅政,太妃八旬有余。余与黄、赵两统领具羊、豕、酒醴往吊于总督署中。所设哀次,越官缟素①谒,华官仍照常便服。

渊亭屡书催返,并称越王赏长翅冠、圆领广袖蟒袍②、牙笏③、朝靴④等物。

【注释】

① 缟素:白色的丧服。

② 蟒袍:袍服名。衣上绣蟒,形与龙相似而少一爪。自公侯至七品官,凡遇典礼,皆穿蟒袍,地蓝色或石青,通身以金线绣蟒。蟒数八至五,按等级为差。

③ 牙笏:朝笏,为大臣朝见皇帝时所执用。

④ 朝靴:上朝穿的靴子。

七月初七日(1883.8,七夕)

渊亭来书,谓国丧旧君,人心惶惑,速余返营。

十二日(1883.8.14)

带韦和炳一哨旋卧龙村,陈玉堂一哨撤回。

七月十三日(1883.8.15)

黎明,法兵分五股由怀德府进扑刘营,四股分攻前营、左营、右营、武烈营。余与渊亭坐营在四营。后又一股盘踞大道,志窥坐营。盖欲我各营一齐受敌,不能互救。此法人陆路之兵也。又兵轮大小九艘攻河岸炮台之武炜营,兼以陆兵五百沿岸直上。此法人水陆并进之兵也。武炜营在坐营十里外,莫能往视。余与渊亭各率亲兵督阵于营门前大树下。敌枪如爆竹,连绵不绝。渊亭传令各军坚伏,不发一枪。敌轻武烈新军,逼攻极紧。右营韩再勋分兵救之,海防带水乔尔赤带领客匪助战。客匪者,广东嘉应州及惠州人,贪重募而来者也。法人见黑旗不动,未敢遽前。客匪白旗,忽进忽却。余归坐营,登楼望,两军全在目中。午刻,黑旗枪声始举,开壁驰出,敌乃合五股并攻大道。渊亭先于大道筑坚墙,右营奋力凭击。敌气夺,未刻退怀德府,乔尔赤重伤,斩馘十九级。而河干之武炜营鏖战未已,枪弹已竭,黄守忠带队往援,河涨骤发,漫及炮台,武炜营遂拔以行。

是役也,右营最勇,而武炜一营孤悬河岸,仅余所带把总何有龙一哨有后膛枪三十五枝,叶成林等皆寻常火枪,而能拒九艘战舰、五百陆兵,血战一日,殊不易得。

夜,大雷雨。报捷谅山、北宁及广西、云南督抚。渊亭恐法人大队再至,请余函两统领助兵。

七月十四日(1883.8.16)

大雨。陆房虽退而兵轮犹泊河干,炮声隆隆,不测何计。夜闻法人有决隄灌营之信。桂军黄云高、田福志四鼓带队冒雨前来,令扎坐营后。

七月十五日(1883.8.15)

大雨。越本泽国,夏秋涨发,城乡皆水,上与屋齐。人携米盐坐竹舟,遇陆则负舟以行。本日辰刻,村外水深尺许,差官李得发赴各营览望,回报右营被水,不知所之,前营亦将迁辎重①。倏报又深数寸,知法人已决隄矣。

先是渊亭问计将安出,余思拔营太骤,恐为敌乘,不拔则无术拒不情之水。惟调集竹舟数百,备乘以行。法人于浅水中当亦别无奇技。午刻,束装遣李得发往觅高阜,甫出,涨已入门,遂率队坐竹舟,出村一望滔滔,渺无道路。河干炮声不息,四面枪声又起,不知寇在何方,且不知避往何处,惟向山西大道进发。或遇田高水浅,舟不能行,则乘马涉流,高洼莫辨,泥泞裹身。琴石落后,不得舟,赤足冒水至。三十里抵丹凤,渊亭亦即拔营。法人之决隄也,幸其地在刘营下,浸灌犹迟,傥决上流,则全军不可问矣。

【注释】

① 辎重:军用物资。

七月十六日(1883.8.18)

抵山西,黄云高、田福志两营继至,并驻省城。水逼外城,不没者二尺许。北宁亦水,文报不通。天霁水减,与总督阮廷润巡视城厢及炮台、关卡。

唐方伯来书并致薪水银百两,云每月按寄。却之,谓无食两省薪水理,后乃更增百两,辞不获。

七月(1883.8)

唐方伯擢云南巡抚。岑、唐两公会奏,以予在山西居中调度,实则仍拥虚名,云军、桂军、刘军皆不属我也。

徐方伯奏拨黄统领四营归余节制,附片奏曰:

> 再,留营主事唐景崧,现因笼络刘团,留驻山西省城,所居距敌太近,经臣禀准,抚臣核示,会商两路统领,将先后拨出之防勇四营归其调遣,已属谆饬将弁约束勇丁,不得幸功①挑衅。该员胆识坚定,当能审度机宜,妥慎办理。谨附片陈明。

七月(1883.8)

在山西上徐方伯书曰:

> 十五日,避水仓皇而走,不及与渊亭一语,而代拟之捷报颇详,谅已禀陈钧座②,故不再述。
> 渊亭则谓右营最为得力,武烈营次之,伊亲兵队又次之。三营合力扼击大路,挫其凶锋。彼始败退,不然则径

扑大路,直至其营及崧所寓之村矣。此次彼知夺尸,故斩馘不多。闻斩者十九级,皆败后夺不及者也。昨据探报,敌轮两船载尸而下,则毙者诚不少矣。

又查是日卯刻,番船八九艘来至河干,悬炮轰武烈营。维时水已淹及炮台下,而敌兵数百又由下登岸逼攻。连美亲率弁勇截战于市,仅防营拨去何有龙一哨,有快枪三十五杆,崧前临去时遗与弹七百出。何有龙奋力抵御,而朱冰清从容接战,愈斗愈勇。未刻,连美遣人飞报逼码③将尽,立望接济。崧亟由亲兵队内拨与五百出,而往返卅余里,已接济不及。赖黄守忠率百人驰救,乃获解危。自卯至酉,鏖战七时。此处不守,则岸敌抄袭后路矣。该营死者仅四人,伤只八九人。据称,炮毙法兵数十名。该营能以孤军而抗九艘及陆路之敌,血战一日,已为难得,守即是功,况能胜乎?

【注释】

① 幸功:侥幸建立军功。

② 钧座:敬辞,此指徐延旭。

③ 逼码:子弹。

彼族连日并无动静,其船数只尚停端香社、上池一带,而不直上山西,亦料我军布满山城,黑旗又在丹凤,有警必援。经此挫折,其气愈馁,故迟迟不发也。

二十一日探报,彼于十六、七日运半月粮及军火下船,今将及旬,何未来也?已经函属渊亭,彼果以三千人绕陆而行,岂无影响? 务须确探,伏兵东南,敌至则要①而击之,可获全胜。盖丹凤至省正向东路行也。

崧十二日至怀德,十三日即遇战事,十四大雨,十五避水,仅与竹圃②恩恩一见,谓其国中宜急下哀痛复雠之诏,请亟请我朝册封,则彼不得以非我属国为辩。且谓该国于同治十二年③立约失辞,自外生成,授矛陷盾。此次请封,当悔过输诚,异常恭谨。并称与法誓成雠敌,不共戴天,我大皇帝必始终怜而保护之,所以隐寓不肯就和之意也。到喝江复以斯意函致罗洲④,至今寂寂。甚哉南国无人! 不胜浩叹!

窃谓请封一节,乃于大处落墨之文,胜于译署哓哓⑤辩论。一朝敕谕,万国观瞻,在小邦固遵行藩服之旧规,而天朝亦恪守祖宗之成法,何嫌何疑? 名分已定,援救有词,并可杜其藉口,岂不胜于十万甲兵乎? 惟公卓识,以为当否?

【注释】

① 要:拦截。
② 竹圃:谅山巡抚梁辉懿。
③ 同治十二年:1873 年。
④ 罗洲:黄佐炎。据本卷《二月十五日》:"号罗洲,越南驸马,东阁大学士,统督北圻军务。北圻督抚均受节制。"
⑤ 哓哓:争辩声。

崧今权寓山西,与诸将约定各守一方。守有定所,则责有攸归,请纾远注①,合并缕陈。

又书曰：

　　昨复寸笺，详陈一切。河内人来，报十三之战，伤其头目最要者二人，一即所谓总统②，第不知姓名，一为客勇头目黄四，皆受重伤。兹接黄统领函，谓黄四已毙。又武炜营十三击毙一乘马者，夺其鞭，今知此鞭乃三画官所执，是河内又毙一三画也。闻彼在河干载尸八十余具，则陆路伤毙者当更不少。闻河城水亦浸入。该头目日在船中相向而哭，无怪连日寂无动静。刘军现扎如常，时通音问，纷来索书，可见其暇豫从容之致矣。

　　滇中叠有函来，欲刘军移守山西。避水之初，未尝不有是议，而黄罗洲必不肯退扎。无可如何，而后退至丹凤。彼主我客，亦不能强而行之。且今丹凤立足已定，上可以顾山西，下可以窥河内，最为得势，无故又欲上移，转至骇人听闻，而军心又为一动，未知卓见以为何如？

七月（1883.8）

在山西派弁赍银五十两赏刘团十三日受伤战士，区区之费，聊示情谊。

七月（1883.8）

在山西患病。杨肫卿之妻馈肉桂一枝，价值钱六十贯。

七月（1883.8）

越南王遣员赍送象簕③、茄栯、肉桂、豆蔻，犹故王阮福时在日之所馈也。河内不通,使者绕道行两月始至。山西布政率文武官香亭彩仗陈礼于庭,余再辞始受之。

本月闻曾沅帅卸任北上,张振帅回两广总督之任。沅帅来书曰:

> 前日一缄,托黄军门转交,谅可先到。六月十五日接五月十七日手笺,并永福临河截击获胜原禀,敬悉一切,比已钞寄总署矣。

【注释】

① 请纾远注:书信用语,意为让此信提供一些信息,缓解贵处的关注。纾,舒缓。

② 总统:统领多个营的军官。

③ 象箸:象牙所制之箸。

此次法之援军近又将至,声言将大举以攻顺化,大约七月初可以到齐。若永福再相机多方挫之,以夺其气,使彼不敢妄逞,更为越南之福。且令十八省①官军闻知势均力敌,彼可胜我,我亦可胜彼,沿海各口之心神愈定,必有继永福而兴起之人。中华之强,更有几分把握矣。

永福为将,若无黄佐炎遏抑于上,越之君相掣肘于朝,则永福战功必大可观。得执事扶掖之,以后海内地球,不使异族立足于其上,则唐虞三代②,文武周孔③之威灵④更弥纶⑤于四大部洲⑥,实华人万万苍生之福。若不力争此关键,指日以夷变夏⑦,痛何如之!惟阁下至公血诚,能联络永福。惟永福能厚集关外奋勇,业已流落之十数万众悉为永福兵力。再加训练,多备军粮,因未失之越地及已失之区域以为粮,又因法所夺越之粮以为粮,所至之处,合长围以困法人,围一城聚而歼旃⑧,更用游击四出之师与之野战,则以外各城势同破竹,可望不战自退矣。然非永福之威声地位不能大举;非我公之义胆忠肝不足激发忠勇报国之气。时哉,弗可失也!

【注释】

① 十八省:清初对长城以南的明代故土,仍沿用明制分为十五省,改其中的北直隶为直隶省,南直隶为江南省。康熙初分陕西为陕西、甘肃两省,湖广分为湖北、湖南两省,江南分为江苏、安徽两省,共为十八省(边疆地区由将军、都统、参赞大臣、办事大臣、驻藏大臣等统辖,不置省)。清光绪年间,新疆、台湾、奉天、吉林、黑龙江陆续建省后,仍沿称这十八省为内地十八省。

② 唐虞三代:唐虞,古史言陶唐氏(尧)与有虞氏(舜),皆以揖让有天下,以唐虞时为太平盛世。三代,夏、商、周。

③ 文武周孔:文武,周文王、武王的合称。《尚书·洛诰》:"公称丕显德以予小子,扬文、武烈。"周,周公姬旦,周文王子,辅助武王灭纣,建周王朝,封于鲁。孔,孔子。

④ 威灵:尊严的神灵。

⑤ 弥纶:包罗,统括。

⑥ 四大部洲:四大洲。佛经称有四大洲,即东胜身洲(东毗提诃洲),南赡部洲(阎浮提洲),西牛货洲(瞿陀尼洲),北俱卢洲(郁单越洲)。此指世界。

⑦ 以夷变夏:用外来文化改变华夏民族。

⑧ 聚而歼旃:出自《左传·襄公二十八年》:"穆子曰:'善人富谓之赏,淫人富谓之殃。天其殃之也,其将聚而歼旃。'"旃,助词,相当于"之焉"。

方今任疆寄者不能不恪守范围从事,万难望为非常之策,以戡华夏、南交之乱,更难望出师以救属国将倾之危,除我公英雄外,尤难望有体越之国①,经越之野,以建不世之奇勋者。此鄙人阅历数十年所见所闻,足以实获我心之言,非虚语耳。万一刘永福灰心,不为进取之谋,而为退入十州足以自全之策,则一二年间越必变为卷发文身之地。越若倾覆,则滇南、粤西亦必沉湎不起,沦为异族,非第地球十八省之忧,实舜禹孔孟圣神明喆②之垂涕于在天,粤自上古,下至于永无纪极③之永患也。

临颖④黯然神往,睪然⑤高望。以存越社⑥,以固华围,崇力建白⑦,不尽缕缕。

【注释】

① “体越之国”句:本指治理越南,此引申为协助捍卫越南。

② 明喆:明哲,此指明哲的人。

③ 纪极:终极,限度。

④ 临颖:犹临笔。常用于书信。

⑤ 睪然:高高的样子。睪,通“皋”,高貌。

⑥ 越社:指越南。

⑦ 崇力建白:尽力陈述意见。

卷 三

八月初一日(1883.9.1)

法兵轮六艘围攻丹凤刘营,又陆路千人循隄而进。丹凤四面为喝江所环,轮船乘夏涨由红江入也。长隄直通河内,黄守忠据隄迎敌,亡三哨弁,勇丁死数十人。守忠握刀坐地不退。隄狭弹密,敌避隄下,黄军亦趋隄下。两军仅隔五尺隄,蹲伏对枪,昂头即死。而船炮俯击营中,开花如雨,水陆受敌。渊亭飞函乞兵,适兵轮一艘驶至山西下游二十里日昭社,咸谓省城吃紧,不宜分兵救刘。余曰:"此以孤轮掣我师,恐我救丹凤也。不救,中敌计矣!刘败,省城不保;刘胜,敌决不攻省城也。"乃遣黄云高、田福志往援,冒雨拔队,并借云军逼码一万,解赴刘营。

黄军、法军相持于隄下,露坐两昼夜,战场一线,无可用武。涨溢平地,又不能绕出奇师。渊亭料兵轮不退,围不解。黄佐炎营有神炮,事急,祷而后用。

初三日(1883.9.3)

六发中五轮,退堤下,法兵乘大雨骤奔。黄军追斩八十余级,而前营精锐实已损于此战矣。视其炮,三千勐之笨炮也。

是战也,三日不敛队,黑旗居陷阱中,不败有天幸焉。当危急时,黑旗稍稍有遁者,赖桂军二营至,得不溃。是时,官军威望固存也。

八月初九日（1883.9.9）

黄佐炎得富春警报，并接该国枢密院传国王退兵之谕。先是，法人于七月十三日怀德败后，遂于十六日驾兵轮至富春，攻顺化海口。宗室阮说督兵力战。十七日，海口不守，法入都城。维时，故王阮福时瘹①犹在宫，嗣君不贤，在位一月，阮说启太妃废之，改立阮福升。外寇内讧，至是乞降。法与立约二十七条，其第一条即言中国不得干豫②越事。此外，政权、利权均归法人，逼越君臣谕外省退兵，重在逐刘团也。

初，云南奏称山西紧靠红江，法船炮弹可及我军，驻防于此，抵敌与否，势在两难。廷旨着妥筹布置。于是唐我帅遂议撤军，月给刘团五千两，募营退守山西，以固门户。而是时，刘团屡捷有名，不肯后退。黄佐炎谓刘为全圻所系，不肯令专守一隅，我帅屡促渊亭退师，渊亭不应。我帅又函予劝退，答以难行。我帅不怿③，责余能驱遣黑旗下河内，独不能命其旋山西乎？正辩论间，富春警至。渊亭闻王谕退兵，大惑，遂偕黄佐炎于十一日率全队至山西，称遵我帅命，实就余商议机宜也。余劝其稳守山西，再议前进。渊亭见越事决裂，中国且多敷衍，欲以全军退据保胜十州。余力止之，而我帅撤军之檄适至。渊亭愈恐，言中国且撤兵，吾何为独守此？余苦语挽留，渊亭犹豫，黑旗将士俱慷慨攘袂④，不愿弃数月战名。黄守忠造渊亭，请曰："提督退保胜，则全军付末将代守山西。有功，提督居之，罪归末将。"

【注释】

① 殡：停柩。
② 干豫：同干与、干预，强行参与、过问别人的事情。
③ 不怿：不悦。
④ 攘袂：揎袖捋臂，奋起之状。攘，揎；捋；袂，袖口。

渊亭大惊，诘曰："谁为汝画此策者？得毋唐公言。"乃不敢再言退，然自是黑旗军心一懈矣。总兵陈德朝至山西，督带桂军三营，则黄云高、田福志两营，又黄中立一营也。云军张永清、林大魁拔退兴化。徐方伯奏报情形甚详，录后：

奏为法越和议，已见明文，法兵仍向刘团寻衅，粤军驻守如常，以维大局而固边防，随时会筹妥办，密陈实在情形，仰祈圣鉴事。

窃臣于本年八月十九日将法为越败、刘永福拟即乘胜移营、规复河内缘由具折，由驿驰奏，并附片陈明。法犯顺安，越与议和，不知确否，应候据实续报等情各在案。当法人之初至顺安也，越军悉力抵御、击毙其众一百五六十人，法仅攻破近岸一乡屯，胜负未分。忽闻仓卒议和，即臣亦深为不解。既而探悉，有谓该国因故君未葬，权顾目前者；有谓因废立之嫌，廷臣植党构祸者；有谓法使何罗桢诈谓刘永福业已阵亡，黄佐炎隐匿不报，逼胁西贡教民出具切结，特示越都，因而摇惑轻许者。

在外诸臣如统督军务黄佐炎、北宁总督张登恒、参赞裴文禩、山西总督阮廷润、参赞梁辉懿等先后接其枢院咨会①，奉有国论，并钞寄合约二十七款呈送我粤左右两路统领、提督黄桂兰、道员赵沃暨留营主事唐景崧阅看。

【注释】

① 咨会：咨文通知。

　　照钞函报到，臣阅之，不胜愤懑，信如所议，是越已举国授敌，甘为城下之盟，利尽属于他人，越诚无以保社稷，政不豫于中国，我又何以固藩篱？因此二端关系最重，一经迁就，后患无穷。越臣辄以俟葬故君，即须翻案，屡向黄桂兰等面恳，请将山北防军照常扼守，以资协助，并据黄佐炎八月十三日来禀，具述已调刘永福所部兵练于十一日回扎山西，复经奏明，固守山北以与法人拒战，仍乞我军照常住办等情。

　　臣即据情禀请抚臣示夺，一面函属两路统领及唐景崧察看情形，从长筹办。嗣接唐景崧函，称滇军助守山西两营叠奉滇抚严檄，调回边境，已于十九日撤队启行。

　　刘永福初志颇锐，后因时局变更，惟恐饷需无着，又见滇军已撤，粤军亦恐难久留，顾虑彷徨，进退不决，傥使退归保胜，山西即为法有。刘永福虽能自守保胜，法人且直达云南，滇省边防，势将吃紧。

　　唐景崧为之反复开导，不啻舌敝唇焦，许向两统领婉商留军协助，仍令率其所部扼扎山省城乡，其部众不下十营，军心不似从前之固结，幸其诸将弁同仇敌忾，仍复奋勇异常。

　　刘永福节据河内探报，法人添来马队三百，拟在本月底出。月初,水陆并进,力攻山西,决一死战,北宁探报相同。黄佐炎函属张登懂等,如果敌犯山西,应由北省拨军攻取河内,以分其势。

刘永福经唐景崧开导后,深知感悟,遂将各营逐一分屯,自郊外十余里以迄城下,当其来路。我军在内布置城防,俾其得以专心前敌。倘使敌来攻扑,我军助击,亦不至启衅端。盖各勇丁不着号衣,尽张黑帜,原与刘团无别也。

该统督黄佐炎先已遁往兴化,唐景崧不能不仍留山西,随时激励刘团,调和将士,并与两路统领广筹方略,冀保无虞。臣查越南国王阮福升嗣位以来,自知振作,赏功罚罪,尚见贤明。月前具禀告哀,拟请抚臣陈奏,准其遣使航海,由天津遵陆诣阙乞封,迄今未闻该使臣行抵何处。窃维越南局势变更,人心涣散,能否自立尚不可知,而我所设防之处,即我应保护之处。该国北宁一省,实为粤西边境藩篱,一撤藩篱,则寇已及于户庭之外,此时无论越事如何,我总不能弃北宁而不守。惟法人无餍,难保其不扰及北宁。我当先以理论之,即就分保南、北圻而论。北圻幅员正广,在昔被匪滋扰,到处蔓延。越南武备不修,讨击悉资于我。计自同治七年①命将出师,殄除群丑,糜饷千数百万,用兵十有六年,我为越之北圻,亦既不遗余力矣。久居藩服②,岂至此而不能绥辑③之?以语法人,能听固善,如其否也,惟口兴戎,设以兵来,是否与之对敌,臣通筹全局,寝馈④不安,诚知法人并未与我失和,何可轻言争战?所虑时危势迫,善处为难,让之不能,劝之不听,有不容置若罔闻,拔队而返者。

　　臣一介庸愚,智识短浅,商之黄桂兰、赵沃,意见相同,自应奏请圣裁,钦遵办理,合无⑤仰恳俯鉴微臣不得已之苦衷,饬下总理各国事务衙门先行知照各国咸晓。

　　然于中外是非得失之所在,臣为务筹妥办起见,是否有当? 勉献刍荛⑥,不胜激切屏营⑦待命之至。除将法越和约二十七款及越臣黄佐炎来禀一并钞录呈送军机处备查外,所有越与法和、法仍图攻山西、粤军照常扼扎北宁等处节次筹办缘由,理合恭折由驿具奏,请旨遵行。伏乞皇太后、皇上圣鉴训示。谨奏。

【注释】

① 同治七年:1868 年。

② 藩服:古代王畿以外之地分为九服,离王畿最远的地域称藩服。此指越南。

③ 绥辑:安抚亲睦。

④ 寝馌:寝食。馌,通"馈",进食。

⑤ 合无:何不。

⑥ 刍荛:浅陋的见解,谦辞。

⑦ 屏营:惶恐貌。古时上皇帝表文及报上司书笺多用"不胜屏营"或"屏营之至"。

恭闻七月上谕:

　　广西提督着黄桂兰补授。钦此。

驰书黄军门贺喜。

八月(1883.9)

　　在山西,黄佐炎时来问计,屡乞华兵助剿,告以中国不肯失和,且富春已举国降寇,奈何欲中国用兵? 佐炎谓富春因太妃在堂,故君未葬,见逼于寇,不得已而权和,非甘心也。余曰:"然则足下阃外①督师,何不举义讨贼? 俾我中国知小邦有人,不甘从逆,或许援手。若自弃而欲人争之,此必不可得。"反复数千言,佐炎委靡,卒不能听。余因说渊亭曰:"越南国破君降,社将屋②矣。足下宜乘是时倡举义旗,号召北圻七省,申请边疆督抚,谓越社再兴,仍归故主,不能则将率土来归,听候天朝部署而后求助军实③,事当有成。"渊亭曰:"前王待我厚,故吾愿效驰驱。今非其主矣!"余曰:"阮氏将不血食④,子能代兴,存亡继绝⑤,即所以报故主也。且阮福时薨而子无背主之嫌,富春降而子无窃国之诮,此天以美隙与足下,诚豪杰千载一时之会也。"渊亭谢不敏,卒不从。同时名公巨卿劝渊亭举大事者不一其人。黄军门遣守备⑥邱启标亲往谕意,亦谢绝之。余不时婉导之,渊亭意稍动,始有增募之举。此后,云南月助刘饷五千两。

【注释】

　　① 阃外:指统兵在外。

　　② 屋:动词,意为终止。

　　③ 军实:指器械、粮饷及作战俘获等军事物资。

　　④ 阮氏将不血食:指阮朝将要灭亡。

　　⑤ 存亡继绝:使将要灭亡之国得存,将要断绝之嗣得续。

　　⑥ 守备:清代绿营统兵官,位在都司之下,为五品武官,称营守备。漕运总督辖下各卫分设守备,统率运军领运漕粮,称卫守备。此外,四川、云南等省的土司中也有守备一职,称土守备。

九月初六日(1883.10.6)

起程返北宁,往接黄军门所拨四营也。前一日,宴陈德朝、阮廷润、渊亭于寓中。席间,接徐方伯钞寄八月初四日谕旨:

> 唐景崧往来边营,颇为出力,着赏给四品衔,以示鼓励。钦此。

此特恩,不由保荐也。

初七日(1883.10.7)

抵北宁。

九月(1883.10)

在北宁。唐芷庵仍来越南坐探。倪豹帅调任广东巡抚。徐方伯擢广西巡抚。阅两江总督①左侯相②奏疏,请以前任福建布政使王德榜③带八营赴桂边助防,并称傥军情紧急,即自请出关。语气甚壮。

九月(1883.10)

在北宁。徐晓帅钞寄奏稿,录后:

> 奏为越势难与图存,北圻必须力保,就地妥筹办法以固边防,恭折仰祈圣鉴事。
>
> 窃臣前因越与法和,法仍图攻山西,向刘永福决战。粤军照常扼守北宁等处,谨将节次筹办情形于本年九月初

一日恭折,由驿驰奏在案。甫经拜发,即日钦奉八月初四日上谕:"近闻法兵攻占顺化河岸炮台,现有停战议和之说,且值越南国王病故,情形岌岌可危,我军更宜加意严防。着倪文蔚、徐延旭督饬各营,联络声势,认真扼守北圻要区,并随时确探军情,迅速具奏等因。钦此。"续于九月初十日钦奉八月十四日上谕:"法越构兵一事,法人自攻占顺化河岸炮台后,迫胁越南议约十三条,该国情形岌岌可危,边事孔棘④,防务尤形吃紧。近闻越南黑旗各营复经接仗获胜,滇、粤防军皆须严密布置,联络声势,不可稍涉松劲。粤西各营相距较近,更宜加意豫备。所有粮饷,关系最要,军火器械,尤须择其精利者力筹接济,毋任缺乏,但能坚持日久,彼族不得逞志,或可徐就范围。该督抚、藩司⑤等务当悉心妥筹,相机办理,以维大局等因。钦此。"

【注释】

① 两江总督:清初设江南总督,治今江苏、安徽两省。后兼辖江西,改为两江总督。

② 左侯相:左宗棠(1812—1885),字季高,湖南湘阴人。湘军将领,洋务派首领。道光举人。中法战争时,督办福建军务。1885 年在福州病殁,卒谥文襄。有《左文襄公全集》。

③ 王德榜(1837—1893):字朗青,湖南江华人。清末湘军将领,从团练参加湘军,为左宗棠部将。光绪十年(1884),调赴广西,募新兵八营,号称定边军。次年,在谅山战役中,配合冯子材和陈嘉击败法军,攻克谅城、谷松。十五年(1889),升贵州布政使。

④ 孔棘:很是危急。孔,甚,很;棘,通"急",急忙。

⑤ 藩司:藩司,明、清时布政使(全称承宣布政使司布政使)的别称。在清代为督抚的僚属,或称藩台,主管一省人事与财政。康熙六年后,每省仅设布政

使一员,不分左、右,为从二品官。别称方伯。

又于九月十二日钦奉八月十七日上谕:"现闻法人欲以大队兵船至广东寻衅,法使脱利古于本月十三日由沪乘兵船来津。彼族诡计多端,恫喝要胁,意殊叵测。粤西防军仍当严密扼守,不可稍涉松劲。着倪文蔚、徐延旭督饬各营稳慎办理,并将近日顺化情形随时探明据实具奏等因。钦此。"跪诵之下,仰见圣谟广运,指示周详,所以固边围而恤藩封。敢不懔遵妥办。节经恭录,知会左、右两路统领提督黄桂兰、道员赵沃及留营主事唐景崧一体钦遵,查照去后。

臣维越南此次被法逼和,原非得已而其君臣庸懦,难望奋兴。我军相距甚遥,尤苦鞭长莫及。但就目前而论,自当首顾北圻。北圻为边境藩篱,形势最关紧要。藩篱不守,则寇及户庭,已于前折披沥上陈,知荷圣明洞鉴。犹幸越将刘永福矢志拒敌,气不少衰。唐景崧适蒙恩旨加衔,多方激劝所部,勇情较前踊跃。惟越藩力难自振,势必不能供给饷糈①。计其所部饷银,每月实需五千两。臣与黄桂兰等往反函商,禀经抚臣核准,此后月饷由臣行营②酌量发给,使无缺乏,照常扼扎山西,相机规复河内,仍用越南名目,法既藉口无从,似此变通办理,尚堪补救时艰。

【注释】

① 饷糈:军队的俸给及粮食。
② 行营:出征时使用的营幕。

刘永福前据探报，法人将与决战，水陆来攻，现已逾期，显见虚声恫喝。我军之在北宁者，悉经黄桂兰、赵沃严密布置，声势尚能联络。臣复寄书谆属。

近闻该国各处渐起义兵，宜令越臣妥为团合。北宁总督张登恒力任济粮，高谅剿抚使梁俊秀愿为统率，陆续聚集四五千人，定于本月中旬祭旗起义，先取海阳。刘永福亦拟两路进兵，直趋青威、伯阳，规复河内。

北宁参赞裴文禩于八月二十四日起程回都，闻法人留兵轮四艘在顺化监守，其国君臣商之张登恒等因。北圻各军远距国都，实有鞭长莫及之势，拟请越藩奉其太妃，挈同官眷迁避北圻之清化等省，以免投鼠忌器。

又据探报，广安省辖大黄村民集众千人，八月二十八日诱杀法兵数十。九月初一日，法往报复，又被设伏，歼毙其党百余。彼族仍拟力攻该村，知不能免，毁其茅屋，尽室以行。又闻越都遣其尚书阮仲合引带法目乘轮船同赴海防，约会各省大吏分饬府县官，胁民遵从，官多不至，大吏被其鞭辱，海阳布政仰药①自尽。有一县令佯与周旋，将三画兵头赚至船边，出其不意曳之同赴水死。张登恒面禀黄桂兰、赵沃，谓法目不久来宁，伊已派员往阻。以北宁民情顽愚，非比富春，设有吃亏，官不能管，措辞尚当。料其未必果来。如其来诘我军，仍以防边缉匪为名，向其解说。两路统领均经戒饬部将严束勇丁，不得幸功挑衅。设使法人不听理劝，一味恃强，先动干戈则我军亦岂能袖手。

臣查越南势成积弱，阮福升嗣位未几，举国授人，何能复振？惟当其初立，即具表遣使，首请册封。法人乘丧称兵,迫立和约,先以所议条款来告抚臣,是其始终服属我朝,固已彰明较著。和约不行该国各省及军次,而先呈报中国者,盖欲待我朝出面为之处置,其意若曰:能顾我,此是告急文;不能顾我,即是告绝文。用心亦良苦矣。今法约第一款即以一切事惟法主持,中国不得与闻为言。洱河②我之土地,独与越约通商,而我不能过问,何其蔑视中国一至于此。况犬羊③之性,诡计多端,诚如圣谕,欲以大队兵船至广东寻衅。法使脱利古由沪乘兵船来津,不知如何恫喝要挟,上烦宸虑④。臣通筹全局,深切杞忧⑤。惟当会督防军认真扼守,不敢稍涉松劲,尤不宜终任旷持。现在刘团锐志如前,各路义兵四起,与其虑人之藉口,何如先发以制人。拟请敕下总理各国事务衙门及北洋大臣,将法人先坏邦交,中国万难再让缘由布告各国,力争中国之不能不顾越南。如法人不忍凶终,幡然⑥就范,改订和约,自可中外相安;若犹固执不回,何堪再事容忍,惟有吁求明降谕旨,准臣会督各军,与之开仗。天下积愤久矣。人思敌忾⑦,恨不立挫凶锋。彼族恃其炮利船坚,横行海上。一经登陆,实无能为。若使重受痛创,庶可挽回大局。臣愚昧之见,未敢缄默不言。傥赐乾断⑧施行,中外臣民同深庆幸,除仍饬探续后情形,随时驰报外,所有力保北圻、就地筹办,并谨陈管见,请旨遵行缘由,理合恭折,由驿具奏。伏乞皇太后、皇上圣鉴训示。谨奏。

【注释】

① 仰药:服毒药自杀。

② 洱河：西洱河。源出云南省西部洱海，经大理市天生桥到平坡入漾濞江。下游切割成深峡，水流湍急。

③ 犬羊：旧时对外敌的蔑称。

④ 宸虑：帝王的筹谋策划。

⑤ 杞忧：杞人忧天的省略。

⑥ 幡然：翻然。改变貌。

⑦ 敌忾：抵抗其所恨怒者。

⑧ 乾断：帝王的裁决。

九月（1883.10）

在北宁。闻法人在富春嗾①奸党调张登憻入都，以阮仲合为北宁总督。仲合通款法人，即同治十二年②安邺授首后出而行成者也。此人果入北宁，则我防军消息悉为敌知，更不敢与刘军交通，敌计甚毒。乃语越人曰："仲合来，必刃之。"命贴示通衢。又启晓帅，径留张登憻，不得入都。北宁布、按亦云总督去则相率解官而去，合词请留。后阮竟不敢来，张仍督北宁。

请缨客曰：张登憻美风仪③，能诗，官北宁十二年，颇惬众望。去年春迭与法人小战于新河，而供我防军刍茭④，固未尝缺也。北宁吃紧之际，黄、赵谓其通款法人。二月十六日，前敌战急，涌球敌炮落弹城厢，登憻骤启关而去，于是归罪越官开城先遁，官军回顾不及。然张虽不遁，城岂竟能守耶？后闻流离于北宁之雅南。越官殉城者惟河内总督黄曜、海阳总督某、兴安巡抚某，不记姓名。此外，如黄佐炎、阮廷润、张登憻、阮光碧、梁辉懿、吕春葳、阮文甲、谢现虽不死，亦苟全性命于国破家亡之后，穷边荒岛之中而已，曰通敌，诬哉！

【注释】

　　① 嗾：教唆人做坏事。

　　② 同治十二年：1873 年。据郭以廷《近代中国史事日志》（上），该年十一月二日,刘永福之黑旗军败法军于河内,取得初次河内之捷,法将安邺战死。

　　③ 风仪：风度仪表。

　　④ 刍荛：干草。牛马的饲料。

九月（1883.10）

　　在北宁。接统四营,管带官黄云高卓轩、尚国瑞鼎臣、贾文贵彬臣、李应章文斋,曰新四营,并武炜一营,又命朱冰清成一营,曰武炜副营,共六营。

九月十四日（1883.10.14）

　　法人入宁平省据之。巡抚阮尉因有和议,遂迎降也。宁平接壤河内、山西、兴安等省,为南北圻往来要道。至是,富春消息不达北圻。恭读八月二十三日上谕：

　　　　法越构兵一事,法人自攻顺化河岸炮台,即迫胁越南议约十三条,该国情形危急。法使脱利古现乘兵船来津并有以六队兵船至广东寻衅之说,恫喝要求,诡计巨测。南北洋防务均关紧要,亟须实力筹办,以期有备无患。广东兵力单薄,守备尚虚,着派彭玉麟酌带旧部得力将弁,酌量招募勇营,迅速前往广东,会同张树声①、裕宽②妥筹布置。该尚书接奉此旨后,即行部署起程,毋稍延缓。南洋海防责成左宗棠悉心规画,妥慎办理。长江防务着责成左宗棠、李成谋③督饬各营认真筹备,均不得稍有疏懈。北洋

防务着李鸿章懔遵本月初九日旨,迅议覆奏。前据吴大
澂④奏"吉林所练防军堪以抽拨民勇三千听候征调"等语,
着该京卿即统率此项勇丁航海来津,以备调遣。现在事机
吃紧,该大臣等务当悉心经营,妥速办理,以裨大局。
钦此。

【注释】

① 张树声(1824—1884):字振轩,安徽合肥人。同治间领淮军从李鸿章。转战江苏、浙江屡有功。光绪间,官至直隶总督。法越之役,命赴广东治军防海,卒于军。谥靖达。树声善官文书,在军在官,决事有程,不废记览,于淮军中称儒将。

② 裕宽:满洲镶黄旗人。道光帝时孝慎成皇后之兄。1878 年 12 月—1879年 12 月任两广总督。

③ 李成谋(？—1892):字与吾,湖南芷江人。参与镇压太平天国运动。同治、光绪年间任长江水师提督。

④ 吴大澂(1835—1902):字清卿,号恒轩,又号愙斋,江苏吴县人。清末金石学家、文字学家。同治进士。曾任翰林院编修,官至湖南巡抚。中日甲午战争时,督湘军出关御敌,兵败革职。

九月十六日(1883.10.16)

上都中诸大臣书,曰:

关外一切情形,详见滇、粤奏报,不再赘陈。

惟刘永福因富春一变,滇军一撤,其人性本多疑,遂皇惧不知所出,势将瓦解。景崧再三固结,今幸帖然,决计广为招募,大举合围。惟新军尚未到齐,而人心涣散之余,不得不养精蓄锐,再图进取。

至于越南君臣,相率因循委靡,而海口为其所胁,实亦

难于翻案。外臣有移都之请,而内臣安土重迁,苟且以就和计。再迟数月,则阮氏政令殆不能行,即我军与刘军规复而挈还之,亦必不能自守。其病在本根先拨,不仅关乎犬羊之横肆也。

现有越官梁俊秀,原籍广西,将起义兵于北宁,其人梗概与刘永福略同,亦取其华人而为越官,我军允为接济。惟关外事权不一,窃疑其事之靡有成,但期山、北两省联络声援,则无论阮氏宗社之存亡,而北圻犹可保全残局,再议后图。否则,边隅之后患无穷。设一切客匪、散勇、教民为彼驱而用之,其祸殆甚于腥膻①之辈,真有不堪设想者矣。

景崧笼络刘团留驻山西,靡不小心将事。万一刘永福或不足恃,而其部下亦正继起有人,阴为要结②,皆愿受命,大抵关外及十州、三猛不患无枭杰之材,特患无驾驭枭杰之权耳。肃此上陈,谨备荩谋③采择。

【注释】

① 腥膻:入侵的外敌。

② 要结:要约,连结。

③ 荩谋:竭忠尽善的谋略。

九月十七日(1883.10.17)

寄家书:

春卿①、禹卿②两弟入览:

接西抚行知,恭悉蒙特旨加衔。当日招刘击法,论者皆为我危,今而知圣明之世固无晁错东市③之悖举也。滇奏有'唐景崧忠义愤发,不避艰险,已函属驻在刘营'之语。滇军退扎大滩,桂军尚有三营留驻山西。官军屡奉严谕,加意扼守,毋稍松劲。东、西督抚请明开仗,谓关外接济刘团军械、饷银。唐景崧拨调援兵络绎于道,事无可讳,不如先以理论,不从即用兵,尚未见谕旨如何,大约亦未必骤允也。

刘永福近日心志较定,倪中丞已于八月中旬举彼军将涣情形入告,而徐方伯七次之奏亦将续至,则知其涣而复聚矣。想都中亦必不能自已。迟日当奉谕旨,关外惟静候之。

现粤西亦愿助刘以饷。惟彼之招募颇难,而此子声名已立,实为敌畏。我千辛万苦扶掖之于前,今日不能不护惜于后。现滇、粤当道书来,皆望其乘时自立,将来计或出此,而局面之大小广狭,则不可知也。

我在北宁与黄、赵两统领商议戎机,所见多不相合。黄尚明白,而乃为赵所制;赵则畏事,先私后公。两雄同处北宁,而其左右又互相谗愿④,决非佳事也。

【注释】

① 春卿:唐景崇(1844—1914),字春卿,广西桂林灌阳县人。唐景崧大弟。同治十年(1871)进士。被选为翰林吉士,三年后任翰林院编修。历任兵部侍郎,礼部侍郎,左都御使,浙江、江苏学政,广东、江苏乡试主考,全国会试大总裁,殿试读卷大臣和留学生廷试大臣等职。喜好治史,著有《新唐书注》、《新唐书刊误》、《经筵讲义稿》等书。

② 禹卿:唐景崶(1855—1885),见前注。

③ 晁错东市：晁错(前200—前154)，汉颍川人。治申、商刑名之学。文帝时，从伏生受《尚书》。后为太子家令，称为"智囊"。屡上书言事，景帝即位，贵幸用事，迁为御史大夫，请削诸侯封地以尊京师。三年正月吴、楚七国藉口诛错起兵反，帝用袁盎言，斩错于东市。

④ 谇詈：恶言恶意。

九月二十三日(1883.10.23)

寄家书：

春卿、禹卿两弟入览：

恭读八月二十四日上谕："法越构兵以来，北圻越兵虽迭获胜，而河内未经克复。法人据此要害之区，北圻终难自固。现在法人直逼顺化，迫胁越南议约。法使脱利古已至天津，并有以兵船直至广东寻衅之说。无非意存恫喝，肆其要求。惟有坚持定见，以折①其谋。但彼族诡计多端，非空言所能折服，全视边防之能否得力以为操纵。近日河内一带军情若何？越军有无战事？着岑毓英②、倪文蔚、唐炯、徐延旭确探情形，督率在防各军，严密扼守，不可稍涉松劲。法人若以兵船驶赴广东，断不可听其进口。张树声、裕宽当速筹布置，以备不虞，并催调方曜③回省妥商筹办。钦此。"天威震赫，势将问罪枭徒，而视兵力以为操纵一言，尤为不刊之论④。

【注释】

① 折：挫败。

② 岑毓英(1829—1889)：字彦卿，号匡国，广西百色西林人。道光间以诸生从军，转战云贵，功甚伟。光绪时越南之役，创地营法，败法兵。官至云贵总

督,加太子太保。居官无声色之好,所至旁求民隐,滇人虽妇孺皆知之。卒谥襄勤。

③ 方曜(1834—1891):当作"方耀",字照轩,广东普宁人。参与镇压太平天国运动。光绪五年(1879 年)任潮州总兵,光绪九年(1883 年)中法战争爆发,调赴钦川驻防。

④ 不刊之论:无须修改,不可磨灭之论。

现刘军尚守山西,近已四出招募。我拟日内即转山西,因滇、粤均以留驻山西入奏也。此地义民尚众,即来投我者正复不少。乃越官有捉挐义民者矣。

北宁总督张登憻三疏请战,富春恐其有妨和局,两次严调回都矣。黄佐炎具禀有借银十万、快枪二千杆始能举事之说。借此要求,以为不允则按兵不动矣。越使阮仲合通饬一纸,极背慢之词矣。此不能全归咎于法人之胁制也,彼都人士之心渐多趋附法人,其不愿从者,又皆庸懦不足任事。即我军志在奋兴,与法为敌,岂不与越人心事相刺谬(一)①乎。彼主我客,夫役、刍茭将有呼应不灵之日。故今日关外诸臣,非准其便宜从事不可。据徐公来书,亦谓一切不管越南,只论我当如何行事。顷与黄统领沥陈②于倪中丞,请嗣后关外应便宜行事,然终究未闻于朝。该国伎俩,拒法人则不足,难华人则有余。保无③在外偶轶范围,而该国一纸咨文④已随其后。朝廷循例问罪,岂不冤乎?

总之,越国君臣无可扶持。为今之计,只能顾南交之土地人民,而不能顾阮氏之社稷,舍此不足定非常之变也。

彦帅来书,切属我始终其事,扶小邦而维边围。又致同乡陈雪香太守八纸。雪香钞寄前来,书中皆言我事,称为"边围栋梁,赖此一人"。阅之,殊增愧赧⑤。犹忆今春省中营务处蒋燕斋观察与卉亭书,谓"唐吏部才望震著中外,仁仲亲炙仪容,近闻谠论⑥,所谓名下无虚,一柱擎天,两粤之福,天下之幸也"。语虽过当,然燕斋素不相识,其书并非与我,乃致卉亭,尚非谀我之词。有人知我苦心即足自慰矣。

【校勘】

(一)刺谬:底本作"刺谬",据1955年本、中华书局本改。

【注释】

① 刺谬:违异相背。
② 沥陈:竭诚陈述。
③ 保无:谁敢保证没有。
④ 咨文:旧时公文。用于平行的官署或平行的官阶间。
⑤ 愧赧:因羞愧而面红耳赤。
⑥ 谠论:正直之论。

九月(1883.10)

徐晓帅患病危重,自此精神愈颓,屡欲出关而不果行。

九月(1883.10)

在北宁阅张振帅奏请决战疏,内称"曾纪泽舌敝于法廷,李鸿章力争于脱使,不战决不能和",并请的饷三十万,募勇亲率出关。旋有旨,命带兵轮赴富春,以查看越都乱党为辞。盖是时海内传闻越王被戕,欲仿上年高丽办法①也。振帅复奏,广东无轮可出大洋。

九月(1883.10)

在北宁。各省义士远道来见,愿助击法。惜余无权、无饷械,勉以忠义,结团自卫而已。越南义民范必达、范伯维选战法人于宁江府、嘉林府,小捷。法人虑客勇作奸,散之。队目李全忠、方金安率五百人来投,黄、赵付越官梁俊秀领之。

余拟十月初往山西带两营。赵庆池尼[②]之,谓山西乃云南门户,桂军宜驻北宁。黄军门亦悔拨余四营,议以两营归余发饷,而四营仍受渠节制。然渊亭屡求助兵,今自统四营全不往,将疑我。不得已,带贾文贵半营、李应章半营、差官数人,龙州秀才赵汉甫办文案,芷庵、琴石同行。

【注释】

① 上年高丽办法:指出兵属邦平定乱党。据郭以廷《近代中国史事日志》(上),光绪八年六月九日(1882.7.23),朝鲜京城兵变,攻占王宫,杀兴宣君李最应及日人七名,大院君李昰应称国太公,自行专政。日本要求朝鲜谢罪惩凶、赔款、通商、不许中国干预日韩交涉,并派兵船到朝鲜。总理衙门函张树声选派将弁率兵赴韩处理。广东水师提督吴长庆、统领北洋水师记名提督丁汝昌,道员马建忠率兵赴韩,执大院君李昰应并送天津。吴长庆剿捕乱党,擒百余人,戮十人。

② 尼:阻止。

十月初六日(1883.11.5)

起程。大雨。次日至山西,驻按察使阮文甲署中。此余带兵之始也,实则权仍不属,勇且不足,军火不备。固书生阅历未多,亦当时诸公之不能实心协力欤?

左侯相遣副将吴春魁来探军情,同行。桂军驻山西三营撤回北宁。

十月(1883.11)

在山西。与渊亭筹守城堵河之策。八月,渊亭欲退保胜也,都中颇惊。余苦留之,始驻山西。晓帅奏刘团兵单饷绌,于是九月二十二日旨称:"刘永福矢志效忠,奋勇可嘉,着赏银十万两以助兵饷。唐景崧多方激励,亦甚得力,如能将河内攻拔,保全北圻门户,定当破格施恩,以奖劳勤①。"此谕旨奖刘永福之始。后复有旨,饬广西新旧抚臣"令唐景崧设法激励刘永福,不可因该国议和稍形退沮(一)"。至是,余之招刘始见明文。乃催刘团进攻河内,岑、徐、黄、赵并催渊亭进兵。时渊亭已遣员入关募勇,请募足再行。又言谁守山西?而云军业已拔退,北宁军又无应者。

十月(1883.11)

在山西。渊亭急盼十万赏银募勇。谕旨恐协饷迟缓,令先由广西藩库提给。而晓帅不肯遽付,赵庆池又忌余与渊亭独蒙奖谕,遂不肯接济军火。凡晓帅由谅山解往山西者,皆为北宁截留。

请缨客曰:晓帅未显时,与赵庆池交好。至是,北宁军事独倚庆池,与党敏宣肆行蒙蔽。卉亭尝向余太息。余曰:"公膺专阃②,位尊责重,事不可当力争,不能则退,岂可依违两端,同归于败哉?"又言:"两统同驻北宁,事无专责,不如一在前敌,一守省城。"又为卉亭画策,请统八营赴山西,会合刘团,下击河内。而庆池不肯独守北宁,计亦不行。

【校勘】

(一)退沮:底本作"退阻",据1955年本改。

【注释】

① 劳勚:劳苦。勚,劳苦。

② 专阃:专主阃外的事权。阃外,郭门之外。《史记·冯唐传》:"阃以内者,寡人制之;阃以外者,将军制之。"《集解》引韦昭:"此郭门之阃也。门中橛曰阃。"后称将帅在外统兵为专阃。

十月(1883.11)

在山西。时桂边陆续增营,并调各府防军出关。余启晓帅,谓军情日紧,勇营亟宜认真。桂军口粮太薄,营哨各官太苦,不能申明纪律,请增饷。晓帅从之。初,桂军营制,一营四百人,勇丁月饷二两四钱,仅给一两六钱八分,存饷七钱二分,皆散营时归诸统领也。营官月费仅三十余两。今议增勇丁,月饷实给二两九钱,营官加给四十两。

唐莪帅擢巡抚后,不请命,遽自回省,又撤山西军。廷旨责之,仍令赴边督师进扎。莪帅定本月十四日由省起程。岑彦帅奏请自行带营出关,以抚臣回省筹饷。并称刘永福兵单将寡,瞻前顾后,唐景崧亦颇费调停。

十月(1883.11)

黄军门派提督陈朝纲带三营,赵统领派副将党敏宣带四营,以梁俊秀带新募义兵五营,进规海阳。本月十三夜五鼓,袭入城,旋为法兵击退。

十月十八日(1883.11.17)

法轮一艘至山西,刘团出队即退。

二十二日(1883.11.21)

又至两艘,泊城十里下。

二十四日(1883.11.23)

五艘至山西,泊城北对岸。刘团扒船迎击,各施炮,无损。又东路来法兵千余,驻离城十里得所舍,探知黑旗密布东路,旋退。又探报法兵千余扎丹凤县,盖志在必吞山西也。余屡属渊亭当分兵扼扎城外数十里,不可使敌逼城。渊亭谓纵敌入我重地,始能痛歼。屡胜则骄,固兵家之所忌欤?

十月(1883.11)

在山西。徐晓帅钞寄九月三十日上谕:

法人既与越南立约,必将以驱逐刘团为名,专力于北圻。滇、粤门户岂可任令侵逼?现经总理各国事务衙门照会法使,告以"越南就列藩封,历经中国用兵剿匪,力为保护,为天下各国所共知。今乃侵陵无已,岂能受此蔑视。倘竟侵及我军驻扎之地,惟有开仗,不能坐视"等语。如此后法人仍欲逞兵于北圻,则我之用兵固属名正言顺。刘团素称奋勇,现在退扎山西,距河内稍远,着徐延旭饬令刘永福整军进扎,相机规复河内省城,不可稍有退沮。但北宁为吾军驻扎之所,如果法人前来攻逼,即着督饬官军竭力捍御,毋稍松劲。前据左宗棠奏,"拟饬王德榜募广勇数营,驻扎滇、粤边界,并在广东捐轮筹饷"等语,当经谕令候旨遵行。现在广东边防紧要,诚恐兵力尚单,闻王德榜现在永州,已招募营勇听调。傥已成军,着左宗棠即饬该藩司迅速带赴广西边外扼扎,归徐延旭节制。所需饷项,若待广东捐输缓不济急,着左宗棠豫为筹定,仍由江南竭力筹拨,俾无缺乏。岑毓英等前奏,滇军驻扎山西,轮船炮弹可及,城中防守不易。惟该城与北宁相距较近,必应固守以成掎角之势。唐炯现驻防所,自应随时相机调度,乃该抚并未奉有谕旨,率行回省,致边防松懈,咎实难辞,着摘去顶戴,革职留任,以观后效。如再退缩不前,定行从重治罪。滇省防营无多,难支策应,着岑毓英、唐炯添募数营,以厚兵力。此举系专为法人侵我藩国,逼近边境,不得不力筹防御。至内地各国通商地方及法之商人,仍当随时保护,免致别滋口实。傥法人竟以兵船来华寻衅,必应先自戒备。着李鸿章、左宗棠、张树声、倪文蔚、裕宽迅筹布置,不可视为缓图。天津密迩京师,关系尤重。李鸿章筹办海防有年,为朝廷所倚赖,为天下所责备,尤应勉力图维,不得意存诿卸。钦此。

十月二十日(1883.11.19)

上都中诸大臣书,曰:

    窃越事自刘军接仗以来,屡战皆捷。不意法人以兵恫喝,顺化君臣遽定和约。越王屡促黄佐炎撤兵,复派使臣阮仲合至河内与法人议改和约，索还河内、海阳、南定三省。而法人遂谓撤退黑旗即交三城，越人信之，故迭有撤兵之论。阮仲合受法指使，通饬北圻各省，谓已与法和好，意在驱逐黑旗，并于我军隐加慢侮之词。海阳巡抚阮文风、河内提督邓在，竟代法人捕诛义民，其他府州县官似此者尤众，越人之不可问如此！法兵增来二千人，刘永福、黄守忠四出招募，不日可集。俟队伍编齐，永福即率全军进规河内，景崧仍驻山西。永福诸事尚知请示而行。景崧前据西抚录示钦奉谕旨，激励永福，谨当尽力图维。

　　惟统筹北圻全局，河内未复，则山西实系滇、桂两军往来之要路，不独为滇省门户，亦且为北宁声援。现滇、桂之军驻山西者陆续撤去，永福进兵河内，势难再守山西。前由桂军分拨四营归崧统带，曾入奏报，今尚在欲拨不拨之间，即有可调不可调之势。现仅交一营带往山城，未免过形单薄。近法人屡遣兵轮上犯山西之日昭社，又由河内筑石路运炮直达山西之丹凤县，其窥伺该省，志在必得。景崧本系奏留桂营，第欲力顾大局，则山西较北宁尤为吃紧。倘失山西，则北宁亦断难孤存。兹者，商于桂营，则曰顾桂难并顾滇；商于刘营，则曰任战难兼任守；乞滇军仍扎山城，不卜允否，殊属左右为难。

　　至越南君臣，昏愚悖谬，实万无可扶持。若我不见机早图，于北圻沿边各省，收其土地人民，势必全委于法人。即不问越社之存亡，当顾我边隅之要害。比①屡陈于滇、粤督抚，而疆吏未敢擅行。朝廷或碍于义有未宜，莫若听永福自为，犹较越人为足恃。滇中所奏，如收其租赋以充军实,招集十州、三猛枭徒据山西为老营各节,即景崧前奏据北图南之计。奈永福终拘泥身系越官,不肯稍轶范围。眼见南交二千年来同轨同文之土地,阮氏不能有,刘氏不能有,中国亦不能有,终归于非我族类之人而已矣! 伤心痛恨,曷有既极!

黄守忠朴诚勇敢,颇明大义,士卒归心,其统刘军过半,此人亦甚有用。第永福战绩实不可没,又不得不权为迁就之也。朝廷奖赍优隆,饱腾有助,庶几从此益奋兴乎?

谨将近日边事详实函陈,以备老成谋国之擘画②。伏冀鉴察。

【注释】

① 比:副词,近来。

② 擘画:筹谋,处理。

十一月初二日(**1883.12.1**)

法人破兴安省,拘巡抚、布按至河内,枪击巡抚,死之。

渊亭见山西吃紧,请调兴化滇军,函约不至。

十一月(**1883.12**)

法兵分窥北宁之仙游县、芹驿关,兵轮日夜往来新河。

徐晓帅、黄、赵两统领迭促渊亭进攻河内。而渊亭以战河内则不能顾山西,滇军未至,山西谁守? 唐羲帅复至蒙自新安所。岑彦帅得旨带勇出关。

十一月（1883.12）

李应章带两哨来至山西,合成一营。李应章之由芜封抵北宁也,黄统领留之。余曰:"营已拨我,营官何可不来?"函催乃至。

十一月（1883.12）

渊亭造竹筏拦江,于河岸筑炮台截船。城北有河隄,又于隄上密排笨炮,击船上驶。北门外有市,五里达河干,筑栅五重。新勇到千余人,因议饷数,迄未成军。屡劝渊亭勿惜财,速编伍,渊亭不决。而十万赏银分毫未解,新军无械。渊亭购粤商运到洋枪四百杆,价至九千两,乃属粤商赴龙州领价。

十一月初九日（1883.12.8）

山西军情日紧,余揣北宁军请必不来,乃函滇军督带张永清,恳其进援,一面飞启岑、唐两帅勿罪该督带擅移之咎。

十一日（1883.12）

张永清率张世和、莫矜智,共三营抵山西,扎西关外。法骑已游弋[1]城下。余命李应章、贾文贵两营张旗着号衣列队三日,以示为我军驻扎之地,犯必开伙。初,滇、粤军驻山西者皆黑旗,无号衣,假称刘团。官军明目张胆,自今日始。惟刘军新卒不习战,枪且少,滇军多病弱。余一营有半,不及五百人,更不足数矣。

十一月十二日（1883.12.11）

法兵轮十二艘,民船四十艘,载一月粮、陆兵三千余人、弹药车五百辆,进薄②山西。

【注释】

① 游弋:巡逻。

② 进薄:前进迫近。薄,逼近,靠近。

渊亭重扼陆路,派黄守忠全部暨吴凤典左营扎东门外,派连美、朱冰清带武炜正副两营扎东门口为先锋营,派韩再勋右营、胡昆山武烈营、刘荣珺七星四营,并余李应章一营,共七营扎北门外。南门外则李唐一营及余部贾文贵半营。西门外则滇军新到三营也。余带亲兵八十人驻内城,渊亭驻外城。外城筑土为墙,周二十里,廛市在焉。

外城无兵,乃请张永清以小队分布城门。黄佐炎、梁辉懿带兵二千驻南门外村中,不谈布置。渊亭疑总督阮廷润通寇,禁其出入,并不准越兵入城。余察其情似诬,而黑旗皆称可疑。

十一月十三日(1883.12.12)

接黄统领信,据张登憻探报,河内法兵倾巢齐赴山西。余亟复书,请北宁速会同越兵乘河内空虚进捣,即不然而耀兵于新河、嘉林,以掣山西敌兵,并乞军火。

十一月十四日(1883.12.13)

传见各将备于渊亭寓所,勉以黑旗已见廷旨,各宜奋勇立功,并与渊亭酌悬赏格。巡视河隄炮台,台上无兵,仅有炮手,即以隄外七营护之也。炮皆笨铁,大者不过八百觔。前后巡视三次,窃疑无用。

十一月十五日(1883.12.14)

　　法兵由东北角陆路击北门营,七营迎敌。余与渊亭观战于东城堞下,法船桅炮悬击城中,炸弹屡过左右,下巡廛市,谕民无惊。旋内城,与芷庵、汉甫、琴石登台观战,历历在目。法兵已却,退据一村。七星营搴旗直进,法枪自村击出,烟焰漫空。李应章军在敌所据村对面一庙,滚枪环击。我军大势得手。方余之在东城也,渊亭传令黄守忠、吴凤典、朱冰清由东抄入北门敌后。至是凝望抄兵,不见旗影,而李应章遣弁至,献馘七级。甫降望台,忽报黑旗兵败入城,城未闭,法兵已夺头栅。余急徒步至北门押队复战,并调贾文贵带队过北助李应章。滇军在西列队,未战已退,亟以契箭①调扼北门,夺回头栅,军心略定,而七营之地均为敌有,并夺据河隄炮台。

　　渊亭詈将士不已。询其所以致挫,渊亭则詈官军先遁,官军则咎刘荣珊之七星营。实则隄下炮台先为敌碎,一弹入炮口,炮裂,军声一哗,各仓皇走,敌遂乘之而据我军垒,抢登河隄矣。河隄高与城齐,又紧接北门市栅,我军不得出路。渊亭责守忠包抄何以不至,则称溪阻绕行,及闻我军败遂折回耳。渊亭怒不可遏,独命右营出扼市栅,枪声断续,若缓若紧。

　　二鼓,余坐城下,召李应章、贾文贵、张永清,曰:"刘提督此际难与言,我等何计夺回此隄?"三将曰:"惟再战耳!"余曰:"浪战无益,宜出敌不意袭夺之。"众曰:"诺!"乃悬重赏,挑死士,首登者准保守备②花翎,约定四鼓进兵。旋内城,命亲兵具粥食士。坐不安席,入市巡视居民。四鼓,张永清带队直冲,李应章、贾文贵带队横冲,隁虏乱枪齐举。我军三进三却,越南稀见月色,是夜独明如昼,照见须眉,不能暗袭。张永清部下死六七十人,终不能夺隁。

五鼓,渊亭入内城问计,商乞北宁军,并议分守四城。

【注释】

① 契箭: 作符契用的箭。符契,符节,古代朝廷用作凭证的信物。

② 守备: 清代绿营统兵官,位在都司之下,为五品武官,称营守备。漕运总督辖下各卫分设守备,统率运军领运漕粮,称卫守备。此外,四川、云南等省的土司中也有守备一职,称土守备。

十一月十六日(1883.12.15)

辰刻,参赞梁辉懿来见,议恳援于北宁。余知北宁必不来援,而不得不徇其请,飞函黄、赵,仅调余所部黄云高、尚国瑞两营而已。

下令闭外四城,禁民外徙,恐乱军心。无如越主我客,条令格格不入,教民混杂其中,无从辨其良莠。

渊亭调全军入城,独七星营在东门外。滇军及余所部纷请恤赏,倾囊付之。余是时无权、无饷、无兵、无军火,而众军仰于一人;拥虚名而无实际,身处危城,真无可奈何也。

三鼓,巡阅四城,城薄不能支帐,堞多兵少,罅漏特多。环城植竹,视外不能明。闻风声,疑寇在左右,乃知竹林不可为城也。至北门,与渊亭坐堞下窥,法兵露坐隁上,悄寂无声。

五鼓,归寓,不眠者两夕矣。明知城万难守,援必不来,而不敢稍露去志,惟暗检日记信札付僮密藏。

十一月十七日（1883.12.16）

黎明，法兵攻北门。我军力拒，轰毙无数。火包下掷，竹根为焚，敌尸纵横城下，稍却。辰刻，又攻，而轮椗击炮，碎铁满城，妇稚惊哭。敌又悬巨炮于西门古刹，更番①轰击。巳刻，枪炮略息。黄佐炎由南门入见，忧惧无人色。午刻，枪炮复震，细弹雨落，洒遍内城。余寓左右炮弹着地开花，不知所避。厨下盂②盘粉碎，满空鸥鸣。派差官持令箭③督战。芷庵、琴石走探消息。未刻，攻愈紧，贾文贵在北门告弹竭，瞠视无以继之。莫矜智守西门，炮最烈，城崩楼毁，军无立地，驰骑请派锄夫四十人筑地营。仓皇得十六人，负锄往。阮廷润邀余坐城根避弹。申刻，西门急甚，再派差官督战。忽报黑旗俱下城，寇已入城。急旋寓，戒左右勿动。亲立南门，问刘提督何在。无应者，惟见兵民蚁窜。而枪声已息，南城越兵骤然④大炮，改着白衣。

【注释】

① 更番：轮班调换。

② 盂：盛汤浆或食物之器。

③ 令箭：旧时军队里发令所用的小旗，竿上加箭头，叫令箭。

④ 然："燃"的本字。燃烧。

知事不可为，乃乘马率亲兵八十人、差官数人、赵汉甫、赖子容、农耀霖走东城，越濠而出。独不见芷庵、琴石。立桥头鸣号齐队。坐马旋逸，左右以无缰马进，狂驰不可勒，乘而颠者再。差官黄某易以己马，乃整队行。天暝不知所之。欲走黄佐炎营，而南门火起，不敢行。欲取道北宁，而敌轮据红河，莫能渡。欲绕上三十里，由屯鹤渡江，而仓皇无识途者，且不忍舍渊亭。当是时,东西北三面皆寇,退路独兴化,乃南向绕西以行。回望山城,火光烛天,兵民男女以万计,纷走田野,大呼"随我纛来",而云阴蔽月,沟桥莫辨,更无一识往兴化路者,以所行非大道也。

夜约三鼓,暂憩岭坡,亲兵失散,仅四十二人矣。闻鼓角声,料离城未远,再率众行。过村,不启栅,然枪鸣鼓如抗敌者。农耀霖解越语,告以官军大队且至,乃放行。折旋几五十里而尚在山城三十里内。各军将领不见一人,忽遇黄守忠部将邓遇霖带残队至,询渊亭,不知下落,问渠何往,曰:"随大人纛行耳!"席地顷刻,众忽奔旋,失邓遇霖所在。命差官王得标带亲兵探路,为乱民挽拥①,又散去二十余兵,王得标亦迷失不归。再行,为横潦②所截,盘旋不得出。遇莫矜智,琴石亦至,乃知先偕芷庵出城,途半相失。已足痛莫能步矣,假坐差官无鞍马,同出横潦中稍息,借草坐。拟投不拔县待会渊亭,意不欲遽渡沱江③也。而无人识县所在,觅乡导辄逸去。遇张永清,始知渊亭、芷庵已驰在前,并云渊亭初出南门,闻余未出,痛不欲生。问有人能入城护出者,赏银二万,芷庵继赏五万,应者六人,临桥而返。张永清继出,遥见唐字旗,始知余幸无恙也。闻渊亭已赴不拔县,乃与张永清、莫矜智及左右觅入民家。小憩竹楼,倦极且馁,襟袜透湿,假寐须臾而天曙矣。

【注释】

　　① 挽拥:搀扶围着。
　　② 横潦:横陈的沟中积水。
　　③ 沱江:又作陀水、沱水、沲江。在今越南西北部。

十一月十八日(1883.12.17)

黎明,行。马上沉思,潜然泪下。申刻,抵枚支关,吴凤典榷税处也。关人刲豕款餐,不食盖二日矣。宿此,函报谅山、北宁、云南,知渊亭、芷庵、佐炎均在不拔县。

十一月十九日(1883.12.18)

李应章、贾文贵及黑旗将备各率所部陆续来会,相见跪哭。芷庵袜行至,因涉水履湿,脱系于鞍,马逸遂失履也,不禁失笑。

十一月二十日(1883.12.19)

渡沱江,入兴化城,寓按察署中。巡抚阮光碧曾晤于山西,老成可谈。刘团溃后,半入十州,半入兴化。渊亭在后收集溃队,余急权出示,许照官军给饷,以固众心。刘军、桂军、云军彼此失马失眷属,互讼抢夺,终日不遑①理处。其携掠越人子女者,余赎付越官,男六两,女三两。第走卒仅负五百银,出两营勇饷皆赖此,北宁不通,甚忧不给矣。

十一月二十一日(1883.12.20)

渊亭来见,急与商整顿溃卒。兴化地极贫,无布缕制衣衾,强忍夜寒。仓米不多,军苦乏食,而去寇仅七十里,军火且荡然矣。闻彦帅定本月二十五日由省启节②赴边。

十一月二十四日(1883.12.13)

云军统领总兵丁槐衡三带亲兵数十至兴化。裁帅付银四千两,慰给溃军,约余赴保胜晤商军情。观丁统领掘地营。其制：掘地作方阬，深六尺，大小度地势为之。阬内四围密竖大木，出地尺许，开枪眼，上铺大木，覆土，取其低不受炮，遥见不知有营。阬背开地槽（向敌为阬面）通入阬，阬口有栅，一人闭栅坐，则阬内数十人皆不得出，既可避炮，且免溃走。此当日滇匪避礴炮③之法，以守地方，诚善也。或回环掘数营，皆于地下开槽，营营可通，互相策应，水米药弹均储其中。又于地营外开曲折明槽，人顶齐地，宽仅尺五，长至一丈即转，太宽弹易落入，一丈即转，弹虽落亦仅击及一丈也。明槽所以护地营，恐军全在暗阬不明敌情也。地营三丈外，用槎丫④树枝，以藤缠之，密排三层，是谓鹿角架，防敌冲突。再于四角埋置地雷，尤为有备，但须离本营二十丈远，始不自轰。

【注释】

① 不遑：来不及，没有空闲。

② 启节：古代使臣出行，执节以示信。后因谓侍从引路或高级官吏起程为"启节"。

③ 礴炮：大炮。

④ 槎丫：树木枝杈歧出貌。

十一月（1883.12）

在兴化。日与渊亭议复山西之策。苦无枪弹，刘军所用枪与桂军同，而云军之枪不类，弹难通用，足见枪式不可太杂也。渊亭遣韩再勋、刘肇经带队二百绕道太原赴北宁请领枪弹，并所赏银。北宁仅付二万粒，不值一战，赏银全无。

十一月二十六日（1883.12.25）

访阮廷润于临洮府乡中，拒不见，以病辞。强入，见实卧在床,慰语而去。

　　莪帅据营报奏山西失守,由总督、布按开门延寇,然阮廷润、阮文甲辈虽无御敌之力、殉城之节,而平日供给各营,城陷同走,尚无通敌之事。余深知之。

　　闻越改立之嗣君于十一月初二日暴卒。或云畏法逼自尽,或云奸党进毒。国人立阮福时所继第三子,或云即阮说之子。

　　芷庵、琴石间道①回北宁。琴石入关。

十二月初四日(1884.1.1)

　　黄军门函调李应章、贾文贵率队回北宁,并不函余,可异之至! 左右俱不平。但两营在此,饷银无出,即听其去。

十二月初六日(1884.1.3)

　　起程赴保胜。陆行三日至馆司,乘船逆流行。船甚小,兼坐竹舟,倍程以进。每三更始泊,登岸造饭。朔风峭寒,仅着单布衣一袭。一路穷山恶水,过大滩,一名莲花滩,又曰佛殿滩,白云翕岸,浪声雷鸣,荒渺苍幽,如有魑魅往来情状,疑非人世也。过文盘州,水面火光若远若近,夜照舟行。人谓江上最灵祠神佑,俗呼婆婆庙,祀最虔,荒诞无稽。

十二月十五日(1884.1.12)

　　抵保胜。莪帅已于前一日启行,不及见。彦帅适于昨日临此,谒于关帝庙,慰劳甚至。为制绵袍、衾蓐,赠靴冠绸料②,补送薪水四百两又别馈银两备用。余诉黄军门所拨四营有名无实之故。彦帅勖以忍耐待时。阅历之言,受益无限。与营务处汤幼庵观察同居竹屋中,渊亭养子成良照料极周。

十二月(1884.1)

在保胜。欲旋兴化。彦帅留待同行。连日召饮接谈,备承关爱。

阅徐晓帅奏报,山西失守,称北宁断无他虞。廷旨责其语涉夸张,是否确有把握。盖已料北宁之不足恃。而是时,晓帅尚在前敌欺蔽中也。

先是,滇、粤驿奏山西不守,疏未到京,而都中已阅洋电,有旨询刘团下落,并问唐景崧是否亦在北宁。疏逖③小臣,上系宸廑④,伏感增愧。又莪帅先据兴化营报入奏,称刘永福、唐景崧不知下落,廷旨着速查二人踪迹报闻。至是彦帅复奏"唐景崧现抵保胜,臣留在营,俟各营到齐,同赴前敌"。

【注释】

① 间道:微路,小道。此作动词,表示走小道。

② 绅料:粗绸布料。用废茧残丝纺成粗丝织成的平纹织物布料。

③ 疏逖:疏远。

④ 宸廑:皇上殷切注念。宸,北极星所在为宸,后借用为帝王所居,又引申为王位、帝王的代称。廑,廑注,殷切注念。

十二月除夕(1884.1.27)

与汤幼庵畅谈甚洽。惟念此身本留桂营,今羁滞滇边,形殊不类,怅然饮泣。闻晓帅出驻谅山,即夕上都中诸大臣书曰:

法人据山西后,日修守御,滇、桂两军偶通文报,为日甚迟,声势实不易联络。窃维今日兵事为中外大局所关。外之高丽①、缅甸,内之台湾、琼州皆视越南一隅之存亡以为安危。诚不可不用全力以图挽救。今者,法人固与我为敌,越人亦将与我为难。该国半载之内,三易嗣君,臣庶皇皇②,类于无主,教民、土匪乘衅称戈,适足以助敌氛而棘我手。窃谓越事冀有转机,固赖边军得力。而欲培其根本,以靖乱源,则莫要于遣师直入顺化,扶翼其君,俾政令得行北圻,以定人心而清匪党,则敌焰自必稍戢③,军事庶易措手。

　　恭读谕旨,饬令疆臣前往顺化安戢乱民,诚为大处经营之策。粤督谓海口为法人所据,我船不能前进;滇督谓云南门户为重,出关伊始,军心未定,未便舍近图远:自均系实在情形。第此举实属至奇,既不专予法人以保护之名,即可以坚越人臣服之心,而为北圻戡乱之一助。惟不必封疆重臣崎岖前往耳。

　　去秋,越都内乱,景崧尝函商徐中丞,谓宜派兵驰赴顺化,声言查勘情形,即借以驻守海口,庶免法人乘机占据。越官并愿景崧前去,因其曾至顺化,熟识枢院诸臣,可以商办一切。惜不果行,遂致法人有胁顺化撤黑旗之事。国中震惊,阃外惶惑,而黑旗气焰顿潜消暗沮于冥冥④之中,以至于失事。及今为之,犹有补益。国都,首也;外疆,四支也。未有不扶其首,而能救其四支者也。

　　夫至今谋越南者,惟两策耳。若不为藩服⑤计,则北圻沿边各省我不妨明言直取,以免坐失于人。若仍顾藩服名义,重在图存,则应有官军直入顺都,假天子威灵,正其根本,疏其血脉,俾内外臣庶知国有君,然后民志定而奸萌亦戢。即我关外防军亦因此而名正言顺,旗鼓堂皇⑥。士心为之一壮。否则,首鼠两端,未有不归于败者也。查北圻可由陆路绕赴顺化,虽云转运艰难,而昔商之黄佐炎,谓其都中犹可支应粮饷,官军不经海口,即不虑其扼截。远献刍荛,以备采用。

【注释】

①“外之高丽”句:指缅甸与朝鲜一样,也属于清朝的藩国。高丽,朝鲜。

②皇皇:心不安貌。同“惶惶”。

③戢:收敛。

④冥冥:玄远。

⑤藩服:古代王畿以外之地分为九服,离王畿最远的地域称藩服。此指越南。

⑥堂皇:气势宏大。

卷　四

光绪十年甲申正月初十日（1884.2.6）

随彦帅①乘舟东下，军约万人。

十五日（1884.2.11，元宵）

抵家喻关，距兴化三十里。彦帅驻此，余回兴化。

彦帅奉派兵入富春之命，奏称道远不便行师，此旨乃在山西未失之前也。

至是，廷旨屡责滇、粤联络声势，固守北宁，然自山西失后，道路中梗，文报且阻，遑论军声。

黄佐炎、梁辉懿、阮廷润均出办粮。渊亭谒彦帅，极荷②优礼，其将备均蒙赏有差，编其军为十二营。

【注释】

① 彦帅：即岑毓英。见前注。
② 荷：承受。

敌踪时至三江口。为渊亭拟约法人会战书，书曰：

越南三宣提督义良男刘致书法国兵头为约战事。

窃闻法兰西，海外最强之国也。本提督于十年前与尔兵头安邺接仗,一战斩之。窃笑强国之将,不过如此!而李威利尤尔国所共称良将者,本提督又一战斩之,其余阵毙大小兵头不堪悉数计。

计自去年四月以后,尔兵一败于纸桥,再败于怀德,三败于丹凤矣。君子不欲多上人,本提督因休息全军,退驻兴化,意谓尔兵头必知愧悔,不复寻衅。乃近日以来,又时以兵窥伺沱江,徘徊而不敢渡,可笑可怜,无赖已极。本提督细推其故,尔国所以屡寻我战者,实欲一胜而全据北圻耳。

大丈夫作事磊磊落落,以法兰西海外最强之国,而尔兵头率兵数千人鼠伏江干,施放枪炮,胆小气馁,不值一笑。何妨堂堂正正渡江而来,决一胜负。尔胜则本提督即解师而去,让尔全据北圻。则以尔国所最忌者,独本提督耳。我去则无人与尔为难,一战成功,岂不甚便?如尔不胜,谅亦无颜在此,势必卷甲而归,无劳本提督之驱逐矣。两国成败在此一举,何必多苦生灵,致负天地好生之德乎?今与尔兵头约,三日不至,期以五日,五日不至,期以十日,十日不至,则本提督即当布告中外四海九州,必群起而非笑之。法兰西其何以为国耶?夫本提督不过此数千人耳,尔有坚船而我无之,尔有利炮而我无之。战具万不及尔,邀约而来,有何不敢?窃料尔兵头必不肯忍气吞声,犹顾后瞻前而不敢至也。且胜负亦兵家之常耳,何必畏之过甚。尔畏不来,其耻更甚于败,深望尔兵头之熟思而审处也。翘盼旌旗切切。此约。

正月(1884.2)

在兴化。数晤渊亭,痛哭而数其非,且以利害激劝之。渊亭流涕无辞,传其将备同坐一堂,责以大家改悔,奋图恢复。渊亭谓:"此际无论何处,协饷均置不言,且俟一二胜仗后,道路既通,再议请饷;并愿自当一路,不求人助。"

正月二十四日(1884.2.20)

上晓帅书曰:

恭请叠次谕旨,饬防军固守北宁,而圣意又似不仅以守了事者,且时局亦实非一守所能了事也。前闻北宁军请任河内之役,时不可失,若必待滇军、刘军三面合图,不卜能否有此快举,不如先尽其在我者。今日桂军亦聊厚不为薄矣,似不必以山西未复,缓图河内。但攻河内,我当先据嘉林,方有进步。嘉林既有敌垒,我军诚不易扎。此际司兵柄①者,当于万难中做事,舍功名、性命而图之。

景崧固无能为役,而拨领四营,在断而不断之间,威令不专,难期得力。拟请另行指拨四营,专归节制,即当亲率驰往,进据嘉林,仿造滇军地营,立定脚跟,再筑炮台,攻其敌垒。嘉林占定,大军继集,始有进图河内之方。惟乞饬备大炮十位,火药二万觔,锄、锹五百具。木料北宁甚便,地营一夕可成,胜于垛墙,军心较固。如蒙允准,景崧即间道驰赴北宁,乞勿为群议所挠,谣言所惑。

窃念中丞以经世之才,怀灭贼之志而前敌未能迅起图功。自读去腊二十三日谕旨,在事诸臣不得不愈加奋勉,敢以书生微命鼓舞群才。兵无万全,时当速战,不必分别明仗、暗仗,且混战数次则各路之军皆奋起矣。伏候钧示。

【注释】

　　① 兵柄：兵权。

正月二十六日（1884.2.22）

　　彦帅进驻兴化。渊亭请示机宜，并言进兵不可过迟，当速渡江。彦帅谓朝廷仍责刘团战而官军守，欲刘为前驱而滇军为接应。

　　渊亭愿自为一路，请云军以一枝出屯鹤，一枝逼广威，黑旗独渡河，傍山而下。计终不决。

　　彦帅连日开导渊亭及各将备，义盛情深，而渊亭仍不免有径行其意之处，渐与丁军不睦。故彦帅主合，渊亭主分。

正月三十日（1884.2.26）

　　接北宁警报，法兵将攻北宁。彦帅商遣渊亭驰援北宁。渊亭念北宁不救之怨，不欲往，请击山西。余曰："人不救我，而我救人，此大丈夫豪杰之所为也。且能救北宁即可盖山西之耻。今复山西万难，何如救北宁便？"渊亭请偕往，允之。

二月初一日（1884.2.27）

　　彦帅入奏，遣唐景崧率刘永福全军星夜驰救北宁。即日偕渊亭拔十二营起程。

初二日（1884.2.28）

　　渡屯鹤，在山西上三十里，即三江口，承平时商贾辐辏，今就萧索。法兵咫尺，竟稳渡而过。

二月初五日(1884.3.2)

抵北宁。余入城见黄、赵两统领。渊亭驻兵安丰县,距城七里。

初七日(1884.3.4)

渊亭轻骑入城。时法踪尝游弋北宁五十里外芹驿关者,又名普济屯,北宁水陆之要口也。上年我军犹不敢深扎越境,此地早为法据之。今黄、赵始谋夺之。赵拣卒三队进攻,邃为教民截回,法遂轻我,而北宁祸速矣。

王朗青①方伯定边楚军八营、方棣生观察②威远东军五营,陆续将抵龙州。

彦帅奉节制广西各军之命,旋奏辞。

二月初八日(1884.3.5)

晤黄、赵,问战守之策。赵称体羸多病,将士骄蹇③,愿乞休让贤。黄称布置尚密,城坚可守,俟王方伯楚军出关,再议进取。余曰:"寇氛速矣!楚军恐不遽来。窃经山西之失,横览北宁城,战守两不可恃:备多力分,扎营太散,呼应不灵,不能战也,城虽坚而无藏身避炮之地,不能守也。应速于城外十里要隘处所,开掘地营,以守野为守城。"黄曰:"城有四营,吾誓负城而守,敌其如我何?"

余即日上晓帅书曰:

初五日,偕刘永福率其全军抵北宁,驻扎城外。目前虽无战事,仍属该军暂留。

晤及左、右路统领,右军拟击芹驿关,左军拟俟楚军到齐,再商进取。语各有理,景崧莫能赞一词也。

【注释】

① 王朗青:即王德榜,见前注。
② 观察:清代道员的俗称。
③ 骄蹇:傲慢不顺。

至于嘉林之役,则较芹驿为尤难。攻芹驿尚以为不可,则攻嘉林愈以为不可矣。而察北宁,实乏大炮,无具攻。人往嘉林,必需是物,故前有十位之请。战具、攻具,亟宜请求。彼有船而我无船,已输一着。我并制船之具而无有。彼族料我不能渡江,愈肆骄横。北宁军壁虽厚,实不足当一巨炮,亟应仿滇军开掘地营。窃经山西一番阅历,粗知兵法。但仅能献言于两统,而事莫能自主。目睹焦急,日复一日,月复一月矣。拨领四营,已成虚设,且又未并扎一处,不然亦可尽我四营之所为,奈何并此而不能也!

本拟即赴谅山,亲承教诲,因欲踏勘四处防所,稍迟就道。

二月初九日(1884.3.6)

晓帅来书,欲以刘军攻嘉林;彦帅来书,欲以刘军扎永祥、安朗一带。即日复彦帅书曰:

初五日,行抵北宁,恭上禀函,谅邀垂鉴。刘军初驻安丰县,县官不能供米,现已拔近省城,仰给于张登恒。

北宁敌未来攻。据报,法人取有民船数十艘,截去首尾及舱端横板,扣以铁钉,不知何用。

晓帅拟以防军攻芹驿关,以刘军攻嘉林府,即可扼阻敌船入谅江、涌球之道,所以固北宁后路也。嘉林之钵场,敌有炮台,为轮船入河内必经之路。我军夺据钵场,即紧扼敌人之咽喉,河内、山西不战自困。惜此等绝好地势,我不早据,坐让与人,事急始争,恐费尽移山倒海之力,亦未必能得手。中国自误往往如此,可叹可叹!且北宁炮位甚少,大炮尤少,其何以攻?即攻而得之,其何以守?景崧会商黄、赵,谓以购求大炮为第一要著。刘军拟暂屯慈山,以备策应,时闻警报,未便即旋。来示,该军将来可屯永祥、安朗一带,以便桂边接济,且可乘衅而袭山西,诚为稳策,届时相机导办。

二月初十日(1884.3.7)

带亲兵二十人、差官四人赴谅山,留亲兵六十人暨赖子容左右人等寓北宁。

十二日(1884.3.9)

抵谅山。谒晓帅。晓帅曰:"北宁不可保,两统领误我深矣!"

十三日(1884.3.10)

辰刻,赵统领报十一日失扶良。扶良距北宁省六十里,陈得贵、李极光、翟世祥、覃东义各带一营扼守处也。据报,是日陈得贵力战半日,驰骑乞援。黄统领久之始遣韦和礼带守城三营驰往,半途闻扶良已溃,乃折回。余曰:"殆矣!北宁已矣!"

晓帅惊询。余曰:"岂有以守城之军而往救前敌者? 一败即不归城,孰与守城?"赵又言渊亭不肯用命。晓帅属营务处黄子寿商余能往北宁督刘战否。余曰:"事急矣。请立行。"即走辞晓帅。晓帅俯思曰:"北宁危地,汝不入亦宜。"余请试进,立驰马行。

十五日(1884.3.12)

抵郎甲。距北宁已近,尚隔谅江、涌球两河。二鼓,闻法人已据涌球山顶,犹冀不确。策马夜进,尽夕奔行。

二月十六日(1884.3.13)

黎明,渡谅江,入谅江府署。芷庵及张幼亦大令在焉。两君于十四日出北宁,坐此探危城消息也。

余将渡涌球,幼亦止之。自顾亲兵太少,遂奔浪山绥南军提督王洪顺子钧营,连璧峰时为彼营官,欲假亲兵渡涌球入北宁。子钧止之,曰:"似有凶耗。姑留一夕,探确再行。"

十七日(1884.3.14)

在绥南营。闻北宁已于十五日戌刻不守。法人据涌球,故我败军一人不得后退。次日犹无消息也。黄、赵不知所往。余亟返郎甲,心如死灰。有自危城逸出者,询知确耗。十一日之失扶良也,十二、十三、十四等日未接仗。时守城外者仅黄统领所部韦和礼、黄玉贤、李逢桢、尚国瑞、黄云高、贾文贵六营。守城内者仅参将蒋大彰一营、千总黄效贤两哨。余俱分屯榄山、慈山、桂阳、新河、左河、六头江、三江口等处。赵统领所部之副将党敏宣八营远避六头江外,屡调不至。总兵陈德朝六营扎新河,法人故作攻势以掣之,赵不敢调。北宁四十余营,四面散扎,不能援应。十五日,法大队由扶良进犯北宁,黄、赵各率亲兵督韦和礼、尚国瑞、黄云高、贾文贵四营拒战于十里外,皆左路军也。韦和礼腕中枪伤,尚国瑞、贾文贵俱微伤,苦战不能撤。黄统领呼渊亭黑旗一展,敌少却。而渊亭不欲战。持契箭束手行间。黄守忠搴旗进,渊亭喝止之。黄统领示赏二万金,渊亭终不令黑旗驰前一步。正相持间,法轮突驶入涌球,而守涌球之提督陈朝纲两营闻炮顿溃,周炳林营在附近,亦溃。敌夺涌球,曳炮阜顶,俯击北宁城。弹三落,城市哗奔,越官张登懂等开城遁。黄、赵犹在阵前。惊闻后路失,亟撤队回城。乱军苍黄①,势不能守。黄统领闭户将自缢,周炳林、陈朝纲、尚国瑞携提督印强掖以行,遂与赵统领并奔太原。勇营四溃。渊亭次日亦全师退太原,旋回兴化。彦帅闻十一日扶良警报,再遣提督吴永安带兵二千驰救,至太原,闻城陷,折回。

　　请缨客曰:北宁陷,而越南愈不可为矣。徐中丞志在决战,初视敌太轻,又虑都中之畏战而就和也,故屡奏敌不足平以坚战志。事虽败,而其心固可谅也。特年衰多病,而又为人所欺蔽耳。

　　陈得贵失扶良,陈朝纲失涌球,罪固难辞。然扶良炮台无利炮,涌球亦小炮。守扶良不止得贵一营,而得贵独苦战半日,他营则壁上观也。得贵为提督冯萃亭旧部,冯曾劾徐,得贵实结怨于徐。及徐擢巡抚,遂撤萃亭之犹子兆金带左路营者,并撤得贵。得贵重瞳②,素骁勇,黄军门保留前敌。扶良败,徐劾得贵首失炮台,得旨与党敏宣俱正法。党敏宣军中积猾③也。

赵沃庸懦,其作奸肆欺,皆敏宣居间画策,故为其所挟,不遵调度,率八营逍遥河上。及北宁陷,敌犯谅江,敏宣适以未战,全师过谅江遇敌,诡称觅统领,驰去不顾,其巧猾多类此。

【注释】

① 苍黄:急遽貌。

② 重瞳:眼中有两个瞳孔。

③ 积猾:犹宿猾。

陈朝纲有口辩,与周炳林同综理黄军门营务。十四日,议以刘军千人守涌球。渊亭办地营十座。翌晨,忽变计不守涌球。或曰周炳林轻视之,故怒。然渊亭自是矫矫①难合也。渊亭十五日之不助战也,初不料官军一败遂至失城,意待危极而后救,以显其能。然束手不战,其于黄军门旧情,岂能稍无遗憾哉?

徐中丞有家丁把总韩姓者,负宠干政,时以意毁誉诸将,辄见听。扶良报至,中丞命与关姓千总②赍契箭③一、公牍一、亲兵四人、马六匹,驰赴北宁,促渊亭战。十五日辰刻,抵谅江。韩把总闻炮声,止不渡。关千总曰:“汝以牍箭付我,我入北宁。”韩不与,遂返报中丞曰:“及谅江,思所赍文或④有斥刘语,触所怒不敢投。”中丞顿足曰:“噫!吾文乃赏二万金,何不投?汝误矣!”韩缴⑤契箭,昂然去。

【注释】

① 矫矫:出众之貌。

② 千总:官名。明初京军三大营置把总,嘉靖中增置千总,都右功臣担任。

以后职权日轻,至清成为武职中的下级,位次于守备。

③ 契箭:作符契用的箭。符契,符节,古代朝廷用作凭证的信物。

④ 或:也许。

⑤ 缴:缴纳。

二月十八日(1884.3.15)

在郎甲。赖子容等自危城逸出,失去日记。是日,法攻谅江府。我军于德富、甘乃斌、李定胜、晋文治等营败绩,李定胜并帮办郭涌泉俱受伤。王提督绥南四营由浪山退扎郎甲前二十里之左溪,黄军门率残营至桃观总,距郎甲三十里。

二月十九日(1884.3.16)

由郎甲回屯梅。法攻左溪,绥南营败绩,退屯梅。法兵至郎甲。我军火器全储于郎甲,至是尽失。于德富等营俱退屯梅。

二月二十日(1884.3.17)

返谅山。谒晓帅。晓帅方寸已乱,调度仓皇。忽欲更营制,忽议撤营官,或互换驻扎之所,号令纷歧,左右淆惑。橄楚军驻前敌,而王朗青见事败不肯前。余力陈此时寇在咫尺,宜先收溃卒,定人心,备糗粮,集军械,扼险堵御,勿令残军散处,致敌踪再入屯梅,则谅山不可保。晓帅曰:"前敌孰当此任者?吾营务处乃文案,不可行,奈何?惟足下敢任事,可帮办营务,为我一行。"余慨然许诺。即日橄下,人皆曰:"愚哉,维卿也!此何时而受乱军之任乎?强寇在百里,地无宿粮,兵无斗志,必败之道。奈何以身入虎口也?"余曰:"中丞待我厚,自入刘营有微劳必奏达。今事急,不为分忧,非所以劝①忠义,且乡关②

之难,乌可坐视?"明日遂行。

【注释】

　　① 劝:勉励。
　　② 乡关:故乡。此指同乡。

二月二十一日(1884.3.18)

　　轻骑抵屯梅,寓长庆府署。黄军门适至。短衣黧面,相见
黯然。阅晓帅奏报,北宁失守,疏有"黄桂兰、赵沃弃地先逃"
语。军门曰:"吾其死乎!"

　　王子钧以绥南四营驻府城外,并立一大营。晓帅檄回谅山
候撤,余力止之,函称四营虽非劲军,然已部署整齐,不宜骤动。
并议以于德富、甘乃斌两营扎宫馆,在长庆府前;以李应章、王
正明、黄忠立各营守观音桥,以扼大路,在宫馆之前;以党敏
宣、谢洲、陈天宋、党英华守谷松。谷松在屯梅之左二十里,
隔一岭。由谷松走那阳、牛墟可入谅山。谷松下九十里即船
头,轮船可达。明知党敏宣无能,而其军未战,尚完整。布置
略定。

　　时同寓有提督康得胜,招集溃军,州同耿在田为营务委员。
康暴而耿奸,难与共事。黄军门既来,统领未卸,军事犹应与
商,甚忧掣肘。

二月二十二日(1884.3.19)

　　晓帅调王正明、黄忠立往守谷松。犹未接余昨夕书,且欲
以右路军并为一路也。李应章、黄云高、尚国瑞、贾文贵四营仍

拨隶于我,遂以李、黄、贾并陈得贵营守观音桥,尚国瑞守巴坛岭。是日,法兵破太原。

二月二十三日(1884.3.20)

恭阅总署电:

> 本月十九日旨:"据李鸿章电报,北宁已失。官军退至太原,曷胜愤懑!着岑毓英激励诸军设法进取。徐延旭株守谅山,毫无布置,殊堪痛恨,着收集败军,尽力抵御。已有旨将该抚先行摘去顶戴,革职留任。如再退缩不前,从重治罪。琼防愈急,若有疏虞,办理更形棘手。彭玉麟、张树声等务当认真筹备。惠州会匪迅即扑灭,以清内患。钦此。"

二月二十四日(1884.3.21)

记名提督韦和礼伤殁于军,修五朴诚,勇敢为诸将冠。黄军门哭曰:"汝得死所矣!"

晓帅撤调各营之檄朝夕纷下。余向黄军门筹商布置,军门无语,不胜焦急。

二月二十六日(1884.3.23)

上晓帅书,陈前敌筹措情形,书曰:

> 本日接读谕函,王、方两军如肯扎屯梅,此生力军尤为得力,当扎观音桥为第一重隘口。然崧窃料未必肯来也。

现饬于德富在宫馆土岭筑垒开濠,当由左军添派两营为第二重隘口。绥南四营并甘乃斌一营现已扎定屯梅,此处不必多营。其余左军残破之营,当一概退扎后路有粮之地,及时整顿。润、良、应、岳四营,即在中路作为游军。如此,庶眉目清朗,各专责成;不然,则乱杂无章,米粮且乏,势将不戢自焚①矣。今日之黄军门,虽以军事就商而默然,无所可否。渠兵权未卸,岂能入壁而夺其符? 至康提督,或饬其往加关督束党营,此地亦关紧要,恐党敏宣仍视为儿戏,然不敢谓该提督遂能得力也。

顷据润、良、应、岳四营会禀,自去年十二月初八日成军后,至今应字营借领到银九百八十两,良字营借领到银九百八十两,岳字营借领到银九百九十两,润字营借领到银七百六十两。有由黄给,有由赵给,每营每月究竟应领若干,未奉明文,号衣、帐篷并未领过,乞将旧饷给清等情。查该四营尚能打仗,既不愿旧统之含糊,又不愿连美之督带。此等悍卒傥不示之恩信,必难为用。应请饬收放局查明四营饷项前议章程,算清起迄数目,按数给付,以固众心。

又闻李应光招来三百余人,而赵道分为两营,派李福良管带一营,一为良字营,一为应字营。实则李福良仅带二三十人,余仍归李应光管理;而李福良领饷,李应光代养其人,因此不平。亟应撤去李福良虚营,查明该三营实勇若干,照数给饷。此后军事,总宜条理分明,黄、赵两统事多徇情②迁就,截此搭彼,以致混淆而恩威人俱不受。惟此四营,究应附于何军? 抑听自成一旅? 是否仍用连美督带? 伏候钧裁。

【注释】

① 不戢自焚：不控制犹如自焚。《左传·隐公四年》："夫兵犹火也，弗戢，将自焚也"。戢，控制。

② 徇情：顺从、曲从人情。

二月二十七日（1884.3.24）

上晓帅书曰：

现饬李应章一营在观音桥挖濠筑垒，粗具规模，再当逐加整饬。景崧能驱动一营则尽一营之力。今无余力扼清花江，仅能以观音桥为第一重门户。昨请黄军门移驻官馆，则前敌得有统率，军门徘徊犹未决也。

惟是左军已齐，亟应及时整顿。若不退扎后路，则方道①威远军不必进驻屯梅。营多而杂，且难办粮。屯梅之东有土岭数重，越岭行五十里即船头，岭端宜扎兵以截贼路。此处近绥南营，屡商于王提督拨军往屯，祈饬下赶紧办理。长庆市口以一二营驻守可矣。润、良、应、岳四营仍以连美徐为约束之，或就范围，不必纷更尤妙。景崧明日再往官馆、观音桥督工，拟俟濠垒粗成，再造地营。缘此际兵勇伤亡劳苦，督之过急，转致畏难潜逸；诱掖②行之，则较善。至招集溃勇，系康提督③一手经理，当必禀闻。

【注释】

① 方道：威远东军统领方棣生观察。

② 诱掖：引导和扶助。

③ 康提督：康得胜。

二月二十八日(1884.3.25)

上晓帅书曰:

　　本日奉到札谕各件,当即会商黄军门,遵照办理。前敌扎定多营,则退扎者次第开行。琼人心不至惊疑。今日往宫馆、观音桥等处督修营垒。前派李应章扎观音桥者,因其锄铲尚全,续经黄军门派陈得贵并驻于此。现已开濠筑垒,各勇躬操土木,尚耐辛勤。从此督励习劳,粤军非不可用。于德富在宫馆,亦于土岭动工,惟嫌不甚合式。俟其规模粗定,再议增修。于德富自愿约李极光同扎宫馆。此观音桥、宫馆驻扎之大略也。

　　至清花江⁽一⁾及观音桥之东,当以何营驻扎,仍由黄军门自行酌派。王提督返屯梅后,当促其以二、三营移屯土岭,防船头之来路。府城不必多营,市阛①清净而后百姓安闲,贸易自来,米粮易办。此际极宜以静制动,不可张皇,否则不独闻警仍奔,即敌不来亦将自乱。

　　现在前敌各营皆经切谕,不准再占民房或布棚、草篷,务要联络一处。盖兵住民房,匪独②虑其骚扰,且一闻敌至,勇丁非避匿村中,即逃逸村后,营哨官各不谋面,此即致败之由。联络立营,则耳目不至隔阂。此为整顿粤军第一要义。

　　屯梅布置略备,则方道之军不来亦可。惟谷松一路亦最紧要,景崧无力兼营。康提督在此专收溃勇,他无所事。若往党营,则留养三百余人,难于位置。此皆右路之军,不肯另编为营,愿归旧伍,则以旧饷未领起见,亦属人情。康提督必欲编营自带，岂非武断？且以一衙一市之逼狭，相聚易嚣，诚有未便。并有全哨之人待觅旧主，既系相依不散，即不得以溃勇论，均宜遣归后路就粮，以待本营营哨各官，然康提督意气用事，难以理论。是否调往党营，伏候钧裁。

【校勘】

（一）清花江：底本作"清化江"，底本二月二十七日（1884.3.24）日记作"清花江"，1955年本作"清花江"，据改。

【注释】

① 市阛：市场、市区。

② 匪独：非独，不独，不仅。

二月二十九日（1884.3.26）

接晓帅书，议以余总理前敌营务，节制诸军。公牍继至。复幕府王子寿太守、王芝山大令书曰：

> 一昨接奉复函，备聆种切①。前书所谓抚绥②、约束，自有精意者，大致不外人情、物理而已，即军令亦在人情、物理之中也。今日之败，实由于平日备御无方，不能专恶勇丁。

> 鄙意挫衄之后，军无长物，伤病交加，仍当以恩惠为主，而后严申纪律。如粤营本系防戍，为日已久，故有眷属，积习相沿已二十年。今有携带妇女之禁，畏法者匿置乡村，临阵则仍多顾恋；玩法③者偷渡关卡，拏获又类于生离。愚莽之夫，不无异议，难免生心。不如传饬各营，自营

官以至勇丁,凡有家室者,准其开呈清单,给以护票,派人送置关内;其新掠者未改装服,一望即知,概付越官收回,似为情法两得。自此以后,再有军中携带妇女者,即按军法从事。务请两公先以此意陈诸大帅,期见施行。

同心同德之士,一时实无其人,逸少、对山皆非其选,不可任以大事。陈朝纲、周炳林皆滑懦无能,党敏宣、陈朝纲尤左右两军之罪魁,黄军门悔之已无及矣。

【注释】

① 种切:犹种种。
② 抚绥:安抚,安定。
③ 玩法:枉法,玩忽法令。

三月初一日(1884.3.27)

晓帅函请黄军门退谅山养病,檄余总理前敌营务。所有长庆前敌及分防陆岸各营概归节制调遣。黄军门即日启行,余适往观音桥,未得晤商。途遇陈朝纲、周炳林,谓军门属留某营,退某营。余姑应之,而点验军实之委员唐继淙适至,拟点名后再定各军去留。

营官李润缚送索饷什长二名营门正法。

三月初二日(1884.3.28)

各营将备来见。黄军门既回谅山,余稍有权,于是另筹布置。本日与唐继淙点验陈朝纲、周炳林、叶逢春、李逢桢四营。陈、周、叶皆不可用,周营尤多老弱。李逢桢一营差可,人少不留,四营均饬退阮排。

初三日(1884.3.29)

点验黄玉贤、韦和炳、窦奇勋三营。留窦营,黄、韦退扎叩波。继点绥南四营及甘乃斌一营。

初四日(1884.3.30)

点验贾文贵、尚国瑞、于德富及李应光、高岳嵩、李润、李福良等营,所谓应、岳、润、良四营是也。四营乃九头山之党,归连美督带。

初五日(1884.3.31)

点验李应章、陈得贵、李极光、黄云高、陈世华五营,议以陈得贵、李应章、窦奇勋守观音桥,以黄云高、贾文贵、陈世华守和乐社。社在桥东,可由清花江走小路经此至宫馆也。以于德富、李极光守宫馆,以应、岳、润、良千人为游军,在观音桥、宫馆上下,以尚国瑞扎宫馆后,以王提督绥南四营、甘乃斌一营守长庆府,又分扎土岭防谷松。此由长庆府至观音桥正路之防军,共十八营,皆残破,不满五千人。长庆之左是谓陆岸,仍以党敏宣八营驻扎。自此以后无甚变置矣。

晓帅时闻谣诼,余概请勿纷更,俾各营得以尽心壁垒。惟锄斧不全,艰于兴筑。军火一弃于北宁,再弃于郎甲,后路存者无几。关外向无粮台[1],谅山地瘠粮少,各军百计搜罗,数米而炊[2],朝餐夕断。余每日巡行二三十里,冒暑周流,且无参佐,函檄皆手办,苦不可言。芷庵采米于五台,差费甚薄,只手理事,亦极艰窘。

【注释】

① 粮台：军行时调发粮饷的机关。

② 数米而炊：典出《庄子·庚桑楚》："简发而栉，数米而炊，窃窃乎又何足以济世哉？"本指处理事情方法琐碎，多劳而少益。此形容军队生活困穷。

初三、初四、初五等日（1884.3.29,30,31）

上晓帅书曰：

昨奉钧札，委总理前敌营务，才疏责重，无任悚惶！黄军门得信，未晤已行。据陈朝纲、周炳林转述，以黄玉贤、韦和炳、窦奇勋三营调回后路。朝纲所部之陈得贵、炳林所部之李逢桢并撤那阮，仅留拨与崧之四营及李极光一营、陈世华半营，驻守观音桥、宫馆等处。不知系黄军门之意，抑朝纲等之计也。

崧谬承重付，责有专归，大局所关，不敢稍避嫌怨，但未经点验，究不知何营可用，亦未便骤决去留。适唐令继淙到来，本日约同王、康两提督先点陈朝纲、周炳林、叶逢春、李逢桢四营。炳林之前军中营，人最不堪，形同乞丐，而军装甚足，似无接仗被挫之形。叶逢春一营全无号衣，队伍杂乱。李逢桢仅百余人，情形尚无作伪。陈朝纲一营略整，然守涌球要地，而伤亡仅二十人，是其未败先逃之明验。俟事稍定必治陈、周以重法，始能作士气而儆人心。

至诸将优劣，更有不得不密陈者。陈得贵败军之将，本不可用，况已撤管带，自应即饬退回。惟既在此经营，请俟工毕，再酌去留。陈朝纲、周炳林、叶逢春、李逢桢四营，即令退扎；黄玉贤、韦和炳、窦奇勋，虽黄军门意欲遣退，而

亦未便遽从。如察其可用,拟即酌留一二营。贾文贵、尚
国瑞非尽得力,姑取其相随较熟;然察其不可用,亦必去
之。总之,实无一可恃之营也。李应章少年不轨,曾为十
万人长,身经百战,不得以山西一败贬其将材,且带一营,
亦不足展其所长,容俟再衡其分量。此外,将材甚难,而志
趣之正、血气之侠者,尤为罕覯①,是在随材节取而已。楚
军拟扎何处? 鄙意谷松一带,远可以袭谅山,近可以抄长
庆。党军驻此,时虑疏防。或请楚军移扎谷松,即后来大
举进兵,而由船头以趋北宁,亦是正路,最属相宜。或方道
一军扎此亦好。党敏宣最善逢迎,探报绝不足据。俟明后
日点毕各军,即亲赴谷松查阅,以慰荩怀②。

【注释】

① 罕覯:很少遇见。覯,通"觏"。
② 荩怀:忠诚之怀。荩,通"进",进用。后引申为忠诚。

又书曰:

顷据越南右陇县知县黄廷金面称,探得桃观总杨领兵
将引法人由正路来攻观音桥;阮教化率教匪由观音桥之
东小路抄截观音桥之后。不知确否。然寇来必由此两
路,早在意中。现饬前敌勤探严扼。惟军火甚形不足,旗
帜尤属无用,拟专挑快枪截击隘口,虚设旗帜于深林曲
涧间,以为疑兵,而壮声势。后路能济逼码,则甚善。若
无有,则锄铲、斧锯、帐棚是为最要,非斧、锯不能取坚实

材料作地营也。火药乞解三千觔应用。

又书曰：

> 昨夕四鼓，接奉两次谕函及札一道，知陈得贵已蒙恩准暂留，当令力图振奋，以赎前愆。现前敌营官之可用者，惟李应章、黄云高、陈世华尚属足恃。于德富，人颇诚实，与李极光合手。周炳林、叶逢春、李逢桢已往那墟、阮排，陈朝纲已回谅山。以上各营退扎处所皆距谅城不远，请一律调至谅山整顿。现留长庆各营各守要地，军心甫定。若往后移，诚恐不无惊疑，似应就在防所整顿。伏候钧裁。

三月初六日(1884.4.1)

致王子寿书曰：

> 日来军务纷纭，致疏笺候。前敌之事，几类于巧妇之炊。锄铲、帐棚、军火在所必需，迭陈大帅，尚祈关照，俾得应手。前途措置，无不竭尽心力。敌至必有一番抵御。千祈大帅及执事教诲频颁，而尤切祷者，幸毋为蜚语摇惑，致事靡定。人言孔多，或目有未及，或虑有未周，时有后先，事有缓急，有旁观不知而当局独默喻之者，概不得执人言以为据；其谗忌者，更无论矣。营制不可不更，营官不可不换。然此中煞费斟酌，非一变即能得力。而旧日营官、哨长亦非尽不可用，在用之如何。将来亦应去四存六，不宜纷更太甚，恐新手于地势、人情有不熟悉、不相浃洽①者，

皆足偾事②。现留前敌诸营，营官有应易者，有营官自愿更哨长者，配合得宜，则一营抵数营之用，不知目前即更易耶？抑俟新章定后始并换耶？

右陇县官黄廷金人本不驯，而颇得众心，北宁陷后，越民纷纷往投。其山寨紧傍观音桥，我军驻扎之地在其肘腋，诚宜善为驾驭。彼与黄云高、李应章、陈得贵、陈世华相得，而与陈世华之弟陈福森尤密，此留陈世华半营之意也。法人谓此人降则谅山不攻自得。福森谓其近得法人书，意尚徘徊，欲观我军能否，以决向背。现属其趋谒大帅，渠意欲招一营，微嫌前许三百两之数不敷支用，思得千金任剿抚教民之责。即祈密陈帅座。此等人非除去则用之，而用之必满其意方能为我尽力。卓见当以为然。

【注释】

① 浃洽：融洽、和洽。
② 偾事：败事。

三月初七日（1884.4.2）

亲至谷松查勘党营。由长庆至谷松逾一岭二十里，陡狭难行。晤党敏宣，壁垒潦草，面加责备。敏宣驻军地传为伏波旧营，微有墙基，不知何代营垒。关外古迹无不附会称新息①也。其地有城基，依岭蜿蜒，由鬼门关至此，直达关内之思陵土州，计长数百里，亦传为伏波旧城，远不可考。或谓当日以此城为中外分界，下多大砖，必前人用兵故迹也。

李全忠勇丁拆（一）毁民房，立即正法。

【校勘】

（一）拆：底本作"折"，据 1955 年本、中华书局本改。

【注释】

① 新息：指东汉名将马援,曾因功封新息侯。

三月初八日(1884.4.3)

传黄廷金往谒晓帅。晓帅先有书来,许以月给六百金,养兵协守。

王朗青楚军八营,又新增粤勇二营,以六营扎南关,四营扎驱驴,后移驻谅山。方棣生五营至龙州。晓帅询宜扎屯梅何处,余覆谓客军听其自择。后王军、方军俱分营往扎谷松,而撤党敏宣。

三月初九日(1884.4.4,清明)

上晓帅书曰：

昨奉手谕,垂问将弁中有可用不可用者。查现在可用营官除带伤之李定胜、翟世祥、郭涌泉不计外,陈德朝、黄才贵、陈天宋、黄云高、李应章、陈得贵、田福志、王正明、黄忠立、李逢桢均尚可用,李极光、连美虽非杰材,俱尚稳当,于德富、甘乃斌诚实少锐气,绥南四营营官皆极平常,雷永贞尤不可用,尚国瑞、贾文贵皆不得力；哨长中则左军右营右哨长都司①李士纯、左营前哨长都司卢贵、右路桂字营右哨长游击②陈毓永、桂字营前哨长都司杨国安、右路小队哨长参将③林祖德、管驾右路水师千总彭文澜、新左营

左哨长陈福森、已故韦和礼之文案文童欧阳萱,皆称一时
翘楚;此外,哨弁中不无人材,容俟续访再陈。武将与文吏
不同,用其寸长,即不必计其尺短,而巧滑者最不可用。总
之,驭将之道全在平日情义相孚④,尝有前勇后怯、前怯后
勇,有勇于此部而怯于彼部者,不可概论。一路中有数营,
必期营哨各官互相投合,有一不睦即足偾事。此则赖统将
随事调停,倾诚教育。此中具有精义存焉。至于大帅用人
似不宜苛察琐责,伏乞台端⑤勿亲细务,专挈大纲,日惟与
幕府诸贤从容筹画,静以制动,一以制纷,自能清明在躬,
志气如神,在事文武,谁不慑伏⑥。刍荛之献,切冀察纳。

【注释】

① 都司:都指挥使司。掌一方之军政。在清代为四品武职,次于游击。

② 游击:官名。清代绿营设游击,从三品,职位次于参将。

③ 参将:官名,位次于副将。正三品。

④ 相孚:犹相符。

⑤ 台端:唐代御史台有侍御史六人,以久次者一人主台内之事,号为台端。
徐延旭时任广西巡抚,因明、清两代巡抚例兼都御史或副都御史衔,故有此称。

⑥ 慑伏:亦作"慑服"。因畏惧而屈服。

三月初十日(1884.4.5)

上晓帅书曰:

顷奉谕函,垂询李应章、黄云高、尚国瑞三营,有云"勇
丁衰弱不振"等语。查前点验各军,惟李应章、黄云高勇最
精壮,有唐令继淙亲同眼见,请询唐令便知。至尚国瑞之
勇丁尚健,前已密禀尚国瑞不能得力,亦未敢稍存袒护。

现在前敌惟赖李应章、黄云高、陈得贵三营。现李应章、陈得贵、窦奇勋联扎观音桥，相去仅一箭之地。桥东小路，是为和乐社，黄云高、贾文贵、陈世华亦近在一处，距观音桥二里许，隔一小溪，彼此可期照应。此际兵力甚单，不敢散扎，故并清花江暂置不守也。黄廷金必设法联络，以释厪注①。

三月初十日，琼山闻法人将攻观音桥。黄军门仍调退扎后路各营齐赴屯梅应援。人多粮少，飞函晓帅以为不可，书曰：

> 本日周炳林、叶逢春、李逢桢各挑队二百人，共六百人，又先锋营张金泰率七十余人，来自阮排，黄玉贤挑六成队来自叩波，韦和炳亦将续至，据称奉黄军门令来屯梅助战。窃维由长庆以至观音桥，兵力虽不甚足，如果同心据险，非不足资抵御；如再不下死力，虽多何益！此地办米极难，罗掘将罄，今忽来此多营，军食愈形支绌②。且各营已移出民居，无帐棚者俱建草屋。黄廷金请张告示，招民回耕，诸事办有头绪，间阎亦渐安谧。兹周炳林等仓卒蠲至，势必仍住民房，是旬日严禁之功，废于一旦。景崧孤军前敌，警报频来，岂不欲将卒多多益善？实有留之不如不留者，不敢不据实直陈。祈即语黄军门，速速调回原所为要。

【注释】

① 厪注：殷切注念。也作“厪念”。旧时书札多用之。
② 支绌：不足，不够。

三月十一日（1884.4.6）

连日赴观音桥查看营垒,颇有规模。给黄廷金告示,招民回耕,派总兵徐章发巡查街市。

三月十二日（1884.4.7）

闻署湖南巡抚潘琴帅①奉命办广西关外军务。恭阅二月二十一日上谕：

　　现在广西防务紧要,着潘鼎新克期起程,驰赴广西,俟到该省后即速知照张树声②,由该督电报奏闻,听候谕旨。湖南巡抚着庞际云③暂行护理,将此六百里谕令知之。钦此。

潘琴帅旋报三月十五日由湖南起程。

【注释】

① 潘琴帅：潘鼎新,见前注。
② 张树声（1824—1884）：字振轩,安徽合肥人。同治间领淮军从李鸿章。转战江苏、浙江屡有功。光绪间,官至直隶总督。法越之役,命赴广东治军防海,卒于军。谥靖达。
③ 庞际云（? —1884）：字省三,山东宁津县人。道光二十三年举人,咸丰二年进士,被选为庶吉士。参与镇压太平天国,历任江宁盐巡道、两淮盐运使、淮阳道加湖北按察使衔。光绪八年（1884）署湖南布政使、湖南巡抚,旋调任云南布政使。

三月十四日（1884.4.9）

接渊亭自太原来信,谓"从此隔绝,再见不知何日",语甚凄切。旋回兴化。岑彦帅因北宁、太原相继沦陷,兴化孤立无粮,遂拔全军退守文盘一带。刘团归保胜。廷旨责未请命遽行退师,敕部议处。

法兵退出太原,赵沃报克复,法旋仍据之。

三月十五日（1884.4.10）

坐营进扎巴坛岭,在长庆府前二十里,去观音桥十里。

晓帅来书,有令黄军门仍赴屯梅,归并各营之语。复书曰:

> 奉到谕函,并桂军新章一本,敬悉以黄军门仍赴屯梅归并各军等因。窃于归并一事,再四思维,颇属不易,而前敌各营尤关紧要,诚恐一动或至惊惶。但不亟为归并,而各营不敢领饷,勇丁啧有怨言。查正、二两月饷项俱未奉发,甚有上年冬腊未领到者,营官难于支撑。又窃闻士卒之言,疑已停饷,设遇战事,必不齐心。现正、二两月之饷,黄军门已领来龙,可否即照目前点验清册,按数先给?抑或权提数成,俾各营官先行散放以固众志,后再核算实数补清?景崧一月以来,忝①受乱军之任,从未见一两饷银,殊无以对士卒,用敢②迫切上陈。至归并之法,请令黄军门择定可留之营,一面饬其遵照新章开招补数,一面将后路可撤之营给饷裁撤,则所招者即是所撤之人,无异归并,亦不至流而为匪。营哨官有可用者,再为酌留。若显然以两营并为一营,气谊必难浃洽,物理人情如是如是,此等处固不可专以威令行也。伏候钧裁。

【注释】

① 忝：有愧于。《诗经·小雅·小宛》："夙兴夜寐，无忝尔所生。"后多用作自谦之词。

② 用敢：因此敢于。

又书曰：

　　裁并一事，顷已肃①复，而军中弁勇情形有不得不再沥陈者。北宁失后，各军因点名查数，故正、二月饷项俱未奉发，甚有冬腊犹未领者，有甫领未发弃于北宁者。勇丁百日不见饷即有违言，去一营官犹群起遮留，索取经手未给之饷，而新接营官，又往往不管旧欠，以致勇丁愈疑旧饷之无着。田福志在山西，于各营挑取奋勇，而勇丁离其旧主，必索清旧饷而后肯行，以致两月不能成军。韦和炳本系新副营哨官，今代理韦和礼之营，而原哨遂聚而索饷。应、良、润、岳四营改派连美督带，即向党敏宣索问旧饷，经黄军门与崧极力担承，数日而后就范，犹闻时有烦言。在平日无事时，营官新旧替接，原有调停，不过迟以时日。今敌氛伊迩②，傥正在交替之际，警报忽来，勇丁不知旧饷问谁，心必不固，恐偾事机。夫在上者，操去取之权，岂能因此而姑容劣弁？而在下有此种情弊，当兹万分紧迫之际，不得不曲体军情，妥筹善术。愚见当于营官中默度其某某应撤者，先将经手饷项查清该营实发至何日止，是否未领，抑或领而未发，或发而未足，必使其撤手可行，则一动如扫落叶，无虑跋前疐后③。盖军旅本长枪大戟，实则细针密缕。凡统帅为将领计，为勇丁计，必切切焉如家人父子，筹画备至,毋使稍有疑难,而后可责其用命。事关前敌,不惮琐陈。

【注释】

① 肃:恭敬。

② 伊迩:近,不远。伊,助词,无义。

③ 跋前疐后:同"跋前踬后"。喻进退维谷。《诗经·豳风·狼跋》:"狼跋其胡,载疐其尾。"《传》:"跋,躐。疐,跲也。老狼有胡,进则躐其胡,退则跲其尾,进退有难。"

三月十六日(1884.4.11)

率亲兵队在巴坛岭端建立营房。岭势雄峻,可观四面,以便照料前敌也。上晓帅书曰:

> 昨日已移坐营驻巴坛岭,距观音桥十里,以便就近督修濠垒,一旦有警,万不使诸军退过巴坛一步;前敌傥或失事,则巴坛之下即是此身葬骨之区!祈将后路屯梅各营严饬王提督加意扼守。今日绥南布置颇有规模,虽未见其人临阵何如,而扎营尚系老手。人有微长,断不敢没。
>
> 奉发赏格①十纸,内斩教匪一条,似当注明以临阵斩获为凭。阵后献级不赏,无故往村中捕获,虽有习教实据亦不赏。盖防弁勇妄杀越民,冒称教匪请赏,故以临阵为凭。至教民诛不胜诛,不出拒我,即可宽其生路,免招困兽之斗而蹈畋爵②之讥。伏冀采纳。

三月十七日(1884.4.12)

闻黄军门于十五日夜半服毒,十六日午刻卒于谅山。服毒之夕，手书致余。家人递到拆^(一)视，曰："弟与兄台交际似有天缘，以后之事诸祈照拂。至于饷银数目，自能算得明白，不必挂怀③。"寥寥数语，不胜凄愕。

请缨客曰：卉亭虽短于将才而读书知大义，待士有恩，承关外防营积弊之后，值中国徘徊和战之时，又为赵沃挟徐中丞之势事事掣肘，以至布置不能尽如己意，失地罪无可逭④，而其心未尝不以负国恩、负知己为大愧恨也。北宁之失也，诸将跽请⑤得以不死。及抵长庆，尝称"淮人必唾骂我，我将死"。余婉慰之。

【校勘】

（一）拆：底本作"折"，据1955年本、中华书局本改。

【注释】

① 赏格：悬赏所定的等差、标准。

② 驱爵：为丛驱雀。比喻为政不善，无异把人民赶到敌人方面去。《孟子·离娄上》"故为渊驱鱼者，獭也；为丛驱爵者，鹯也。"驱，同"驱"；爵，雀。

③ 挂怀：挂怀。

④ 罪无可逭：罪过无法逃避。逭，逃避。

⑤ 跽请：耸身直腰地跪下请求。古人席地而坐，以两膝着地，两股贴于两脚跟上。股不着脚跟为跪，跪而耸身直腰为跽。

洎①回谅山，意稍稍解，拟本月十七日仍赴屯梅整军。十五日遍辞僚友。是日，张振轩②制府③适有书来，责其丧师失律，为淮人羞。军门焚其书，不以示人。及夕三鼓手写家书，遂服洋药就卧。时赵沃在谅山同寓，家人惊唤赵沃。赵沃曰："军门约我死，我写家书不能死。军门志在必死也，虽救无益。"左右以汤进，卉亭慷慨拒曰："吾岂可再活人世哉！"十六日午刻卒。

【注释】

　　① 洎：及,到达。
　　② 张振轩：张树声,见前注。
　　③ 制府：总督。官名。在清代,为地方最高长官,综管一省或二、三省的军事和政治,例兼兵部尚书衔。别称制府、制军、制台。

　　余与卉亭初交而情最厚。虽因拨营稍有不合,而未尝见于词色;亦由于左右之趋承谗忌而吾两人固无芥蒂也。临终诀别之书,从容简当,亦可谓天良不泯,视死如归者矣。惜之! 痛之! 晓帅奏称"黄桂兰伤发病卒"。余亟致书其族叔黄玉贤,曰:"军门一死,足以感动中外,不独为大局起见,且为鼓励后来之将士起见。使将士知专阃元戎败犹必死,何况其下焉者乎? 其关系诚非浅鲜。乃昨闻中丞入告之辞,谓系伤发身故,不禁骇异。夫服毒自尽,其中有委曲深意存焉,死虽稍迟,而军门尚有足重者。在今日伤发身故,是伤不发即不死矣。耿耿苦衷,莫之能白,其何能瞑目于地下乎? 若曰自尽则近于畏罪,而问罪之旨犹未下也。总之,军门之死,由于愧耻,而羞恶之心即忠义之本,实非畏罪而戕生也。兄台当日想必在侧,何以不据实报呈? 即曰中丞之意,执事亦当力争。若奏疏尚未拜发,尚望率贵族人及所部将备力恳中丞据实奏报,以慰幽灵而存公论。"书入关,而奏已发。

　　后都中有言军门死事者,敕下潘中丞察奏。中丞据实直陈,语甚允当。

　　余挽以联云:

　　　　　公岂无雄心,试看洒血军前伤亡将士;
　　　　　臣自有死地,不肯遗尸贼手亏损朝廷。

三月十八日（1884.4.13）

晓帅檄以陈得贵、窦奇勋拨隶于我，而撤周炳林、叶逢春、贾文贵、张金泰、陈世华各营，官勇俱销。余再请留陈世华半营。

闻敌将攻观音桥，军适缺粮，四处搜罗，殊不济事；后路有粮，又无夫运，焦急万分。晓帅于点验各军后，扣饷太甚，众论哗然，亟上晓帅书曰：

> 昨日各营接奉钧札，一时不免彷徨。谓出差实不止十名，抬一伤者少需四人，领饷亦需十余人或二十人不等。至于无号衣者，李极光则称"由冯兆金交来，实不足数，而各营亦谓勇丁在营常脱号衣，北宁陷后，仓皇出走，间有遗亡。札示出差仅准十人，无号衣者概扣，固不敢不遵，而实难垫给"等语。当经面加责备，继以开导，诸将尚面无违辞，而退后不无异议。人心惶惑，日夕嚣然，而勇丁亦疑有给饷有不给饷者，顿生懈志。此前敌实在情形，有关大局，不得不飞请台辕从宽办理。

> 昨传黄军门恶耗，前敌各营多有经手未清之款，愈觉张皇。总之，寇在咫尺，诸军残破，首以镇定人心为要义。故崧屡言前敌归并甚难。盖势位去留之际，贤者亦不免动心，何况无识之武夫、走卒。平日原可我行我法；而处此危局，实有不能不委屈行权者矣。伏乞察纳，妥酌施行。

是日，告示各营文附录：

为严切晓谕事：

照得越南多难，二十年来皆我粤西戍卒次第剿除。法酋安邺肆虐越南，刘永福一战斩之，法人乃就和议。近年复逞志于河内、南定等省。维时法寇一败于纸桥，再败于怀德，三败于丹凤，折将百余员，损兵数千众，四海九州共见共闻。惟山西不幸沦陷，而论者皆知为兵单无救之故，固未尝不血战三昼夜而后去也。刘永福所部皆两广之人也，自中外交涉以来，尚未闻他省之师与岛夷接过一仗，而挫西人自刘军始，谁谓粤军皆不能战耶？乃自北宁失后，辄归咎于我粤军概不中用，诟病难堪。本营务处籍隶广西，粤军将士皆我乡人，闻之殊深扼腕！合行①严切出示晓谕。为此晓谕，粤军将士人等知悉：本营务处万里请缨，不惮艰险，所期我两粤将备及从征子弟戮力同心，复仇雪耻，幸勿再为人笑，谓我粤军不能打仗，则本营务处虽捐糜顶踵②，亦愿与诸将同甘苦而共死生。设负此誓，明神殛③之！其各懔遵，共图奋举，切切勿违！特示。

【注释】

　① 合行：应当。

　② 捐糜顶踵：捐糜，弃食，指牺牲；顶踵，意为不顾身体，不畏劳苦，尽力报效。典出《孟子·尽心上》："墨子兼爱，摩顶放踵利天下，为之。"

　③ 殛：杀。

三月十九日（1884.4.14）

上晓帅书曰：

　　黄廷金自赴屯牙后，尚无信至，谢现亦往屯牙。查谢现亦颇多事，凡营勇、游勇眷属在乡，伊皆一一搜出，以致冤雠愈结，恐将来彼此残杀不止。屯牙左右，游勇出没无常，谢现皆欲得而甘心，而力又不逮，徒惹祸乱。黄廷金犹知分寸，此人当无可虞也。

又书曰：

　　本日接奉钧札，专以陈得贵、李应章、黄云高、窦奇勋四营归景崧节制调遣，并准补足原额。感激鼓舞，人心为之一定。惟札饬内开迅将伤亡缺额克日归并足数，听候点验等因，所谓归并者是否以他营之勇丁补该营之缺额？抑令该四营自行添招以足原数？伏候明示遵行。

　　再四营补足原额，有人则当有械。外省军装未到，应即取用于裁撤之营，请留快枪三百杆以资备用。

　　黄廷金率小队在屯牙，昼出晚归，敌人无甚动静。闻有土匪在新省夺获法人银两十余箱，黄廷金欲招之，以其非教民且能与法战也。此等事由伊作主，谅能妥贴。

三月二十日 (1884.4.15)

　　在巴坛岭。夜立营门俯视诸军，旗鼓整肃。窃念一月以来独搘①危局，幸获无恙。晓帅虽政令纷更，而于余言听计从，故得稍稍展布。今者新来督师必别有一番位置，不如早自卸肩，遂上晓帅书曰：

景崧以一介儒生,谬蒙知遇,奏留边营,一载相依,愧无报称。前值乱军之际,不敢不勉效驰驱者,亦念士为知己者用之义云尔。窃闻新简督师,时局又将一变。自顾庸才,无能为役,侧身四顾,百感交萦,旬日以来,忽忽若失。意欲请给病假入关就医,退辞营务。如节麾②仍开府③敝乡,则相随回籍读书,尚在骈幪④之下,倚赖方长;不然,则乞附奏,仍归滇省当差,以为退步。然几经金戈铁马,瘴雨蛮烟,吊僚友之死亡,感盛衰之异致,万里来兹,如作一场春梦,业已无志前程。本不愿远道奔驰,再游宦海。惟已打扮登场,未睹如何结局,终不免热血难消。而二者兼权,究以先行请假为是。如蒙曰可,再谨具公牍上陈,前敌营务祈即派员接办,俾得及早抽身。不胜彷徨待命之至。

晓帅覆书,慰藉备至,请稍迟再度情形。

【注释】

① 搘:支撑,拄持。
② 节麾:古代朝廷授予大将的符节和令旗。亦用为对执掌兵权者的敬称。
③ 开府:开建府署,辟置僚属。汉制,惟三公可开府。及汉末,李傕、张杨、董承等以将军开府,开府之名始此。后世称督抚为开府。
④ 骈幪:帷幄,帐幕。在旁曰骈,在上曰幪。

三月二十一日(1884.4.16)

三上晓帅书:

昨夕三鼓,接奉谕函,至以军粮上廑系念。现各营就近采买，或领于屯梅及五台。惟此间米本无多，已食一月，势将告竭。采之他处，则负运艰难。今承示，议定运脚，事或可行；但脚费不扣饷，方能行耳。当即传知各营，先赴谅山请领米银二百两。

至前次颁来告示，因各营文案俱不肯冒险在此，武将不解文义，往往误会。凡有禀覆，皆系崧代各营拟稿，而崧处亦无文士肯来，函牍均手自办理。昨将钧示宣解明白，众始释然。拨隶四营如何补足原额，前请示去后，旋奉裁撤周、叶、张、贾之文，则是裁者自裁，补者自补，即暗为归并之意。但勇丁未领旧饷，多不肯离本营而遽入他营，事极掣肘。陈世华半营实不可撤。贾营欠饷太多，冬腊犹未领到，今闻撤销，群起索饷，未便仍留前敌，恐致惶乱。饬其拨退谅山，再缴军装，核清欠饷，以便遣撤。

又书曰：

顷据守备何荣春密禀，与黄廷金同往屯牙，探得郎甲一带，日内常有番人二三十人小住旋去。在郎甲制面包已满两屋，闻将攻屯梅。而教匪有称"麻疯头"者，谓观音桥至屯梅山多树密，濠垒回环，势难进攻，不如由船头取谷松为便。不知确否。但既在郎甲制办军食，又似攻打正路，或并谷松两路而来欤？

观音桥新得锄铲五十具，赶造地营，克日可成。一面飞檄党敏宣加意严防。

顷接函称，新左、新后、新中、锐字、忠字等营，均已开办长濠,并于濠外再开地营,祈再饬下党敏宣认真办理。嵩处远隔重山,势难兼顾,明日即派员往勘情形。

贾文贵之营,昨饬其将快枪、逼码缴留前敌备用,即速拔队赴谅候撤,告知饷项自有着落。

兹闻贾文贵已独赴谅,诚恐一朝有警,该营乃待销之勇,在此必是一走,岂不牵动他营?祈饬贾文贵星夜驰回,带队赴谅候饷散勇。连美昨亦赴谅,并请饬回。

前敌诸营,如陈、李、黄、窦拨隶已定,军心渐安。惟连美时有更动之信,该四营弁勇亦疑,不知究属何人。窃以为吃紧之秋,艰险之地,用人宜专而节取其所长。若偏听后路安坐之谈,必堕前敌奋勇之气。连美能早储谷数万觔,不至皇皇觅食,即为他人所不能,固不必问原募者何人,原辖者何人,此皆小人巧思攘夺,军事无此办法也。总以得力为主,以定人心为主。

此间米粮日少,甚至食粥。窦营昨觅米阮排,亦不能得。五台米本无多,而往运千觔,辄用二十人,不过两日之食。寇信甚紧,勇丁又不敢远离屯梅,则时有时无,半负空囊而返。今惟赶紧搜罗,并饬各营先领米银,以备采买。

又书曰:

顷奉本日辰刻手谕,敬悉壹是。所有裁撤一事,向不敢稍露风声,凡在前敌者皆稳其心,告知虽大帅见责,亦必一力担承,所以望其勤修守具也。惟昨贾文贵已奉裁撤明文,则是掩无可掩。来示谓撤营之事虽有公牍,而此时则未便即撤,窃疑而未解。夫公牍显言裁,则当办裁撤之事。若曰虽撤而并非不用,则慰藉之虚辞,不如裁撤之公文信而有征,不待言矣。

然则究撤与否祈速明示,以定从违。寇远不及百里,岂可令欲散不散之军彷徨要地? 敌至责其死乎? 听其逃乎? 紧要关头,千祈垂察。

三月二十四日(1884.4.19)

连日大雨,溪涧涨发,各军断粮,焦切万状。上晓帅书曰:

昨奉手谕一件,另函二件,均读悉。陈世华半营仰荷准留。贾文贵尚未回营,其勇非不可用,已慰谕之,再酌办理。

前敌需米甚殷,左右乡村罗掘已空,连日又大雨,山溪涨发,深至一丈,有不能搭桥者,有旧桥冲去者,路不能行,无法向远处觅采。即至五台领米,亦为水阻折回。且以闻警严备,不敢多派勇出。雨后修整濠垒亦正需人,如驮马能径送巴坛岭甚善;否则,祈饬送屯梅粮局接收。若仅至五台,则委员难遣其前运,驮夫甚倔强也。

天霁即往谷松,并闻。

三月二十五日(1884.4.20)

周竹卿自龙州来营。上晓帅书曰:

顷奉札谕各件,均敬悉。各营归并本属难事,自以另募足额为是。总之,凭大帅权衡,桂军当用若干营,每营议定若干勇,如是而已矣。其如何补足原额,不必问其所从来,最为简当易行。

　　贾文贵回营,称奉面饬,照常办事;惟昨奉谕函,有由崧处另派营官之语。窃思目前实无惬心之将,与其更新,未必与勇丁浃洽,不如用旧,勉励将来。但用人不用则已,既用则宜使其安心,方能责其任事。祈勿倏留倏撤,无所遵循。

三月二十六日(1884.4.21)

　　与竹卿往看观音桥濠垒。竹卿议虽高,而格①于时事不能行;并劝余不宜驻此危局。岂知余固苦心孤诣而为之者欤! 赠百金,旋龙州。

　　家人聂升回京。老张去岁已死山西。

三月二十七、八、九等日(1884.4.22—1884.4.24等日)

　　往观音桥查造地营,与将士谈战守之策,情谊日亲。

四月初五、初六等日(1884.4.29—1884.4.30等日)

　　迭与晓帅商用黄廷金事。余之欲用越中豪杰也,意与众殊,非仅望其纠集越民能打仗也,望其能自立,为南交别开境界耳。始欲用刘渊亭而不行,继欲用梁俊秀而亦无用,至是欲用黄廷金,奈大人先生往往循涂守辙,不能破格作非常之事。晓帅给黄廷金关防②,文曰:"襄赞③越南军务,统带义勇关防",仍归谅山巡抚吕春葳节制,是仅以一营官视之而已,乌能助其飙举④哉?

【注释】

① 格：被阻遏。

② 关防：官印的一种，长方形。关防之制，起于明初。添设之官不给印，只给关防。清制，各省总督、巡抚、钦差、参赞、盐政、学政、总兵、副将、参将、游击、守备、都司皆用关防；总理衙门及各部院掌理文书银粮科、料物之官厅，亦皆用关防。

③ 襄赞：辅佐、帮助。

④ 飙举：亦作"飚举"。形容才情风发超逸。

四月初七日（1884.5.1）

晓帅醉笔书来，谈及时事，欲拼一死，殊可嗟叹。

四月初八日（1884.5.2）

晓帅至五台。

初九日（1884.5.3）

至长庆府，余往谒。

初十日（1884.5.4）

晓帅历览公馆、巴坛岭、观音桥营垒，即日回长庆府，驻绥南营中。余随往见，留饮，座有黄廷金。晓帅闻铜号声曰："此商声①也。闻之心悲。"形容惨恻，军事不甚谈。畅饮，慰余甚至，曰："早知足下如此，惜当日不在，我前为黄、赵所误，不然事不至此！"余面请给病假，并恳具奏。

四月初十日（1884.5.4）

晓帅旋谅山，路过五台。把总石中玉请谒，痛数北宁防营之误。晓帅曰:"汝胡不早言?"石曰:"吾请见,而左右狐狗阻拦不得见。"是夕,石寓晓帅行馆侧,大骂晓帅左右弄权蒙蔽,至五鼓不已。晓帅从容呼曰:"石中玉怒气何太盛耶! 休矣! 吾知之矣。"

四月十一日(1884.5.5)

具公牍请给病假入关。晓帅批回:"该员久在军营料理前敌,因劳致疾,自是实情,本应俯如所请,借资调养;惟现值事机吃紧,一时难得替人综理前敌一应营务,仰②仍安心在营调理,俟军务稍松,派员接办,再为给假入关。该员抱负长才,素怀壮志,知必不肯置大局于不顾也。幸谅苦心,是为至盼!"

【注释】

①　商声:凄怆的声音。

②　仰:旧时公文用语,下行文表示命令。上行文用在"恳"、"请"字之前,表示恭敬。

四月十六日(1884.5.10)

闻潘中丞已调任广西巡抚,定本月二十六日在贵县接印,促晓帅派员赍送巡抚关防入关。晓帅乃以营务处关防代印。

余往谅山面商军事,是日住五台,与芷庵夜谈。

四月十七日(1884.5.11)

抵谅山谒晓帅,知已奉革职逮问之旨,黄桂兰、赵沃罪同。后因黄故,赵沃交潘中丞察讯。有旨,以王德榜署广西提督，并接统左右两路军。王辞不拜命。同时追论云南唐中丞之罪，亦有旨革职逮问。又闻军机处王、大臣自恭亲王^①以次具敕退枢垣^②，新入者为礼亲王世铎^③、尚书额勒和布^④、阎敬铭^⑤、张之万^⑥、侍郎孙毓汶^⑦，大事请示于醇邸^⑧。朝局一变矣。

余前三日启晓帅，谓^(一)探得法人在北宁不甚设备，可挑精锐走僻径先袭新省。该处有山可据，有粮可食，距北宁城仅七十里，可就近图之，再以楚军出扎船头，进规三江口，两面夹攻，北宁易复。晓帅韪^⑨其计，而以交替在即，不思再举。方棣生观察亟欲行之，约明日同往南关会商于王方伯。

【校勘】

（一）谓：1955年本、中华书局本作"请"。

【注释】

① 恭亲王：奕䜣（1833—1898），爱新觉罗氏，满族，道光帝第六子，咸丰帝之弟，封恭亲王。

② 枢垣：政权的中枢，指军机处。

③ 礼亲王世铎：世铎（1843—1914），爱新觉罗氏，满族，皇室宗室。光绪十年（1884）三月至光绪二十七年七月（1901）任军机大臣。

④ 额勒和布（？—1900）：字筱山，满族镶蓝旗人。咸丰二年翻译进士，改庶吉士，用户部主事，累官理藩院侍郎。光绪十年（1884）三月至光绪二十年（1894）十月任军机大臣。

⑤ 阎敬铭（1817—1892）：字丹初，号约盦，清朝邑（今陕西大荔县朝邑镇）人。道光进士，授户部主事，迁员外郎，乞病归。胡林翼抚鄂，令总管军需。时政府方疑湘军，敬铭说林翼交欢官文，用成平皖赣功，林翼奇其才，疏荐之。四迁为山东巡抚，以嫉恶甚严，所用多酷吏，时有讥其过于杀戮者，乞归。光绪间复起用，官至东阁大学士，光绪十年（1884）三月至光绪十二年（1886）九月任军机大臣。诸阉嫉其持正，潜于孝钦后，遂罢归，卒谥文介。

⑥ 张之万（1811—1897）：见前注。

⑦ 孙毓汶(1833—1899)：字莱山,山东济宁人。咸丰进士。权奇饶智略。
光绪十年(1884)三月至光绪光绪二十一年(1895)六月任军机大臣。兵部尚书
致仕。卒谥文恪。

⑧ 醇邸：醇亲王奕譞。见前注。

⑨ 韪：善,觉得好。

请缨客曰：论徐公罪者,在失北宁;论唐公罪者,在撤山西
之防也。然山西即不撤防,恐亦难保不失。及其陷也,滇军何
尝不在其中耶? 总之,用刘既不得法,而当日防营又未能精整,
战事且落人后,岂有不败? 后之办防务者,宜援此次狃于①不
战以为戒,亦不必遽夸炮台、铁舰之雄,止求陆军真能打仗,西
人即无如我何。傥我能做到者尚无把握,我之不能做到者务博
求高,恐未必有济也。

四月十八日(1884.5.12)

往南关晤王方伯,留便饭。同往谅山。

四月十九日(1884.5.13)

会王方伯于方观察营中。棣生商余往规北宁之计,朗青言
且稳扎,俟潘琴帅到关再议,即日回。五台、屯梅一带瘟疫甚
厉,死亡满道。

二十日(1884.5.14)

回巴坛岭,闻十八夜有虎入营,在月下巡营一过,并未伤
人,爪迹径圆②七寸。

【注释】

① 狃于：习惯于。

② 径圆：此指虎爪印的直径。

四月二十一日(1884.5.15)

各营官来见。营官李定胜伤愈来见,本带窦奇勋之营也。尚国瑞告假入关。

四月二十二日(1884.5.16)

黄廷金报获奸细教匪四名,诛之。

黑旗哨长曾、黄二姓带队百余人来至屯牙。是时久不得云南消息,详询情形,知渊亭在保胜,黄守忠在河阳。

四月二十五日(1884.5.19)

游击谈敬德带克字营扎观音桥。陈得贵营调赴谅山。是夕体觉不适。

四月二十六日(1884.5.20)

至观音桥,与李应章、谈敬德议扎营事。午刻回营,马上热极,体愈不适。王子钧来见。

四月二十七日(1884.5.21)

闻潘琴帅抵龙州。余起程入关,至王子钧营小坐,午饭即行。大风,二鼓至五台,宿芷庵寓所,体极不适。两腿掣筋,痛甚,竟夜不卧。

四月二十八、二十九日(1884.5.22—1884.5.23)

疾甚不能行。又无医药,苦甚。

五月初一日(1884.5.25)

疾甚,强起入关就医。

初二日(1884.5.26)

抵谅山寓民舍,甚狭,足痛不能坐卧,心热如焚,狂行屋中。谅抚吕春葳赠肉桂服之,不效。

是夕,陈得贵、党敏宣遵旨正法于谅市。

五月初三日(1884.5.27)

抵文渊,寓药店。大雨,疾甚。身热足痛,坐卧不得,以盂接雨吸之,呻吟竟夕,不成寐。

五月初四日(1884.5.28)

入镇南关,抵凭祥。琴石来迎,疾甚。服熊胆,热稍减,就寐半夕。

五月初五日(1884.5.29,端午)

抵龙州。周竹卿偕梧州李杏农观察来见,疾甚,不能卧。

五月初六日(1884.5.30)

强起谒潘琴帅,略问边事。余即称病请假调理,琴帅允之。移寓对门梁宅。竹卿荐佛山李友泉来视疾。琴帅营务处李兰

生名必昌、龙州同知蔡仲岐名希邠、晓帅幕友华小览名本松均
来见。小览能诗,有稿,昔游广州尝晤于倪云癯野水间鸥馆,曾
寄《题万里请缨图》七古一章,惜弃关外。

五月初七日以后日(1884.5.31以后)

服李友泉方药。竹卿早来晚归。晓帅起程,由省赴京。琴
帅于十六日赴谅山,回驻关内之幕府。闻法使在天津复申和
议。阅李傅相奏疏及中法简明条约五条。录后:

> 奏为遵旨筹办法越交涉,与法人讲解、议定简明条约,画
> 押竣事,恭折仰祈圣鉴事。
>
> 窃臣钦奉十年四月初十日上谕:"目前最要者约有数
> 端:越南世修职贡,为我藩属,断不能因与法人立约致更
> 成宪,必与之切实辨明。通商一节,若在越南地面互市,尚
> 无不可。如深入云南内地,处处通行,将来流弊必多,亟应
> 预为杜绝。刘永福黑旗一军屡挫法兵,为彼所深恨,蓄志
> 驱除,自在意中,岂可遂其所欲?此次法人侵占越南,衅自
> 彼开,我无失和之意。若再索偿兵费,不特情理所必无,亦
> 与各国公法显背。以上各节均与大局极有关系。李鸿章
> 膺此重任,宜如何竭力图维,预筹辩论等因。钦此。"仰蒙
> 圣明指授机宜,训戒精切,感悚莫名。又钦奉四月十四日
> 谕旨,钞示廷臣议覆各折,令臣迅速覆奏等因。法国水师
> 总兵福禄诺到津于十二日来见,所有辩论各节及商订简明
> 条款,臣因缮折覆陈不及,先详细函致总理各国事务衙门,
> 请其恭代进呈御览。

十五夜接准该衙门电称,奉旨:"详加披阅,均尚无伤国体,事可允行。该大臣即照所拟办理。嗣后详细条目务当悉心筹画,毋滋流弊。钦此。"

先是,福禄诺与臣议订条款,即电请该国外部示遵。十五日午刻,该总兵接其外部大臣费理是日辰时覆电,云"奉国旨,予汝全权,无须提督利士比来津。汝即与李大臣押定"等语。彼以条款已就,无可改易,叠催画押定议。适臣亦钦奉电旨,准照所拟办理,复将原议五条逐加讨论、酌改,前后款式并按照洋文约款,内字句有略宜增损之处,与福禄诺详确核定,缮写成帙①,遂于十七日申时齐集臣行馆校对,中法文义无讹,公同画押盖印,各执一本为据。谨将约本封送军机处备查,仍照录清折,恭呈鉴核。

窃维法越之事,自光绪七年②以后,曾纪泽与法外部沙美拉古、费理等,总理衙门暨臣与法使宝海、脱利古等往复辩论,案卷盈帙,均无成议,愈变愈坏。迨山西、北宁失陷,法焰大张,越南臣民望风降顺,事势已无可为,和局几不能保。兹幸圣明德威远被,由法人自请讲解,其始愿望未尝不奢,要求未尝不力,经臣反覆辩析,迎机劝导,彼亦渐就范围。

如谕旨所云"职贡一节,今约内第四款,法国约明,现与越南议改条约,决不插入伤碍中国威望体面字样,并将以前与越南所立各约关涉东京者尽行销废"。盖因臣指明,法越甲戌约内③不论何国皆无统属。去年新约有"大清国不得预及南国之政"等语,显与中国属藩体制有碍,必须删改。据福禄诺面称,已电告外部,令现往越南改约之巴德诺照议删除。彼虽不明认为我属邦,但无此等违悖语意,越王岂敢借词背衅耶?

【注释】

① 帙:卷册。

② 光绪七年:1881 年。

③ 法越甲戌约内:据郭以廷的《近代中国史事日志》(上),同治十三年甲戌(1874),越南与法国于西贡订立和平及同盟条约(第二次《西贡条约》),越南受法国保护。

又谕旨所云通商一节,今约内第三款,许以毗连北圻边界,法越与内地货物听凭运销,并约明日后另遣使臣议定详细商约、税则。其云北圻边界,必不准深入云南内地明矣。查向来红江上游中外商人运销货物出入滇境,往来不绝,本未苛禁,将来互市,自可在北圻边界择要设关收税,妥立章程,似觉无甚流弊。

又谕旨所云兵费宜拒一节,该国上下处心积虑,本欲讹索兵费六百万磅,即各国新报私议皆为是言。臣豫属税务司德璀琳、道员马建忠等多方开导,复当面严词厉色,力与驳斥。今约内载明情愿不向中国索偿,尚属恭顺得体,足以风示①各国。中国许以北圻边界运销货物,为有益法国商务,俾该外部得有词以谢议绅,亦为中法和好互让之据。

至刘永福黑旗一军,从前乘法兵单寡之时屡歼法将,法人恨之切齿,必欲报复。上年曾纪泽迭与该外部商论,由中国设法解散约束,而法廷添兵攻取,意不稍回。去冬克山西,黑旗精锐伤亡甚多,已受大创。今春,刘永福募四千人援北宁,亦不战而溃,其御大敌何怙也。华人专采虚声,佥②欲倚以制法。法人固深知其无能为役。此时福禄诺绝未提及,我自不便深论,将来该国另派使臣,若议及此,当由岑毓英、潘鼎新酌定安置之法。

【注释】

① 风示:告诫,训示。

② 佥:皆。

惟目下和议已成,法人必无翻覆。法兵必渐减撤,滇、桂边防各军亦宜及早切实整练。凡不得力之勇营应逐渐裁遣,汰无用而留有用。刘永福所部冗杂骚扰,与越民为仇,实为边境后患,拟请旨密饬云南、广西督抚臣严明约束,酌加减汰,豫筹安置妥策,俾无生事滋扰,则保全者多矣。据福禄诺云,此约将欲消释中法将开之衅端,为救急止兵起见,其余详细节目,应俟该国另派大臣前来会商该外部。初次电覆,此约应由议院批准。本日续电又云,押定条款无须议院覆核。福禄诺均经呈阅,是两国既皆定议,以后商界事宜尽可从容筹度,此皆由皇太后、皇上宵旰焦劳①、怀柔②大度,于以感召远人,效忠孚信③,前后在事诸王、大臣等和衷匡弼,赞襄大计,得以定艰危于俄顷,使数年来法越辴辐④不定之议得一结束之方,从此保境息民,练兵简器,徐图自强,天下幸甚。微臣躬亲是役懔懔焉,若朽索之驭六马,迭经局外责望,圣谕提撕,惟以不克称塞⑤明诏是惧。今虽妥速成议,非初料所能及。其有思虑所不到、力量所不及之处,尚祈曲鉴愚诚,勿为浮议所惑,庶法越之事由此而定,中外邦交从此益固矣。

【注释】

① 宵旰焦劳:形容勤于政事。宵旰,宵衣旰食,指天不亮就穿衣起身,天黑了才吃饭。

② 怀柔:招来安抚。

③ 孚信:信用、信誉。

④ 缪辐:纵横交杂貌。

⑤ 称塞:称职尽责。

所有遵旨讲解议定简明条约,画押竣事各缘由,谨缮折,由驿六百里驰奏,仰慰圣怀。伏乞皇太后、皇上圣览训示施行。谨奏。

中法简明条约(按:又称天津专约)

兹际人心摇惑,事故纷纭,大清国大皇帝、大法民主国,切愿两国彼此相安,永敦和好,因即议立简明条款,以为日后再立详细条约张本①。大清国大皇帝特派钦差全权大臣太子太傅前文华殿②大学士③署直隶总督北洋通商大臣一等肃毅伯李,大法民主国特派钦差全权大臣哇尔大前锋师舰水师总兵佩带威显宝星福,彼此将所有全权字样较阅妥善,议定条款,胪列④于后:

【注释】

① 张本:为事态的发展预先做出安排。

② 文华殿:明、清宫殿名。在北京旧紫禁城东华门内。规模与式样比较其

他宫殿稍小,但极精工。明、清两代皇帝均在此殿听讲官讲解经史。内阁设有文华殿大学士,为文职之高级官员。

③ 大学士:官名。唐、宋、明、清皆设,职权不一。清设殿(保和、文华、武英)阁(体仁、文渊、东阁)大学士四人,协办大学士二人,秩皆正一品;赞理机务,表率百僚,遂为宰相之职。

④ 胪列:罗列、列举。

第一款

中国南界毗连北圻,法国约明,无论遇何机会并或有他人侵犯情事,均应保全助护。

第二款

中国南界既经法国与以实在凭据,不虞有侵占滋扰之事,中国约明,将所驻北圻各防营即行调回边界,并于法、越所有已定与未定各条约均置不理。

第三款

法国既感中国和商之意,并敬李大臣力顾大局之诚,情愿不向中国索偿赔费。中国亦宜许以毗连越南北圻之边界所有法、越与内地货物,听凭运销;并约明,日后遣其使臣议定详细商约税则,务须格外和衷,期于法国商务极为有益。

第四款

法国约明,现与越南议改条约之内,决不插入伤碍中国威望体面字样,并将以前与越南所立各条约关涉东京①

者,尽行销废。

第五款

此约既经彼此签押,两国即派全权大臣,限三月后悉照以上所定各节会议详细条款。再,此约缮写中、法文各两分,在天津签押盖印,各执一分为据,应按公法通例,以法文为正。

光绪十年四月十七日

西历一千八百八十四年五月十一日

大清国全权大臣李　　押

大法国全权大臣福　　押

五月二十六日后(1884.6.19后)

病略平,犹日服药,困恋床蓐。竹卿、友泉回乡。时关外前敌营务,琴帅派提督万重暄代办,左右两军纷纷撤散,欠饷多不给清,前敌统领一月七换。琴帅带来将领则有提督苏元春子熙[②]、杨玉科云阶[③]为最著者,余不悉记。所带兵勇,则有湖南抚标[④]及续调淮军多营。余亲兵二百人为参将熊得胜管带,犹驻巴坛岭。

本月二十四日有旨,津约议定,三月后撤兵。琴帅因和议已成,故于军事不甚措意。盖至是而中外兵氛若有结束焉。

【注释】

① 东京: 19 世纪阮朝时的北圻,约今越南横山以北的地区。

② 苏元春子熙: 苏元春(1844—1908),字子熙,广西郁林人。以绿营千总

从征粤桂两省匪。擢至提督,光绪初授广西提督。安南之役,谅山失守,元春与冯子材肃清关内法军,出镇南关,败敌于陆岸。和议成,调湖北提督。以所部溃乱,仍任广西提督。元春统军桂边三十余年,善夤缘,通声气,军律废弛,以致兵匪合一。遍地皆匪,被劾夺职遣戍,寻释归卒。

③ 杨玉科(1838—1885):字云阶,湖南善化(在今长沙市)人。光绪间官至云南提督。法越之役,在谅山战死。谥武愍。玉科性好勇而嗜杀,岑毓英尝戒以勿暴虐勿妄杀,授以《春秋》,遂成名将。

④ 抚标:清制,巡抚直辖的军队,称抚标。

卷　五

闰五月初一、初二等日（1884.6.23—1884.6.24）

桂军战法人于观音桥，大胜之。时和议已成，法人欲巡视谅山。

五月二十九日带队抵观音桥。琴帅饬前敌不可拒杀。黄玉贤接统前敌各营，隔桥与法酋语，止勿入谅。法酋语无状，各军忍怒半日，至是彼此开枪。

初一日，阵斩法兵数十人，生擒数人，夺获辎重甚夥①。

初二日，法兵再败，斩其四十余人，生擒一人，夺获马匹、器械极多。我军最出力者，则黄云高、李应章、陈世华也。同时，督队则有王子钧，助运军火则有余亲兵管带熊得胜。诸军因军火不济，且畏碍和局，不敢穷追。北宁失后，粤军负无用名。至是，琴帅始给饷，得不裁撤。

请缨客曰：余入越以来，愧无补救，虽激劝刘团屡捷，不敢自以为功也。惟北宁陷后，全军败溃，谅山震惊，以楚、粤新来生力军，尚不肯居前敌。余以赤手，受任于乱军之际，无饷、无粮、无战守具，出万死不顾一生之计，殚力②支持，联络士心，揩拄危局，寇在百里，而两月有余，幸不敢犯前敌。此一捷也，未尝非数十旬③鼓舞抚循④之所致。而当时因病未在行间。后来者，其到防所不过旬日，乃侈然⑤各据以为功，不亦异乎！

【注释】

① 夥：盛多。
② 殚力：尽力。
③ 十旬：一百天。
④ 抚循：安抚。同"拊循"。
⑤ 侈然：夸诞貌。

闰五月初四、初五日（1884.6.26—1884.6.27）

前敌黄、李、陈诸营迭驰书请军火、请粮。是时，前敌有万提督、方观察照料。黄副将玉贤为统领，而诸军犹远吁旧主，不能惄然①，乃函商于营务处。据李兰生复称，龙州有粮、弹，惟雇夫运费必请命大帅而后敢行，属自为请。余亟启琴帅，乃批称"多事"，两请不允。

闰五月初十日（1884.7.2）

慨然有归田之志，牍陈琴帅，请给病假，并请撤销亲兵营。截至本月十五日止，允之。

亲兵两月欠饷，幸蒙全给，他营所未有也。办公薪水亦停于是。差官、亲兵、仆从一概裁遣，左右萧然，仍还我书生面目。养病移居江西会馆。芷庵亦因病入关，同寓。山东庞宜甫自京来。

闰五月（一）十五日（1884.7.7）

念余系奏请留营之员，今将告归，应请琴帅附奏，琴帅批回："病愈，仍可销差趋公。"而余已不思再出。

闰五月十五日以后（1884.7.7 以后）

病体略平，而头昏耳鸣，身热不止，筋骨痛楚。强扶而行，不断服药，继变为痢，犹是恹恹一息②人也。囊金不及千两，拟俟琴帅入奏，即归桂林。

六月（1884.7）

病渐愈，能强起坐。蔡仲岐诊脉，谓体大虚，宜服补剂，乃停攻伐之品，改用参耆③。发箧陈书④，消遣长夏，并检阅汉魏六朝碑拓，顿觉古香古色，心旷神怡。至是，病七八十日，渐进饮食，尚畏风，不出门闼⑤，日坐室中。觅厨下佳味，食客满堂，谈笑宴饮，则有俸祝卿、易岱峰、唐芷庵、郁聘之、萧琴石、庞宜甫也。

山西巡抚张香涛中丞调任两广总督，张振帅仍留办海防。香帅为仲弟景崇师，入都造宅⑥，殷勤问余，有奏调意。余乃致书陈养疴⑦状。

【校勘】

（一）闰五月：底本作"四月"，据前后日期及上下文改。

【注释】

① 恝然：无动于衷的样子。

② 恹恹一息：精神不振，气息微弱。

③ 参耆：人参和黄耆。主治诸虚不足，盗汗。

④ 发箧陈书：打开小箱子拿出里面陈列的书籍。

⑤ 门闼：门。

⑥ 造宅：造访宅邸。

⑦ 养疴：养病。

六月(1884.7)

法人以观音桥之战索中国偿费,廷旨不允。闻前直隶提督一等男刘省三①军门加巡抚衔督办台湾防务,台湾镇道②以下各官均归节制。闰五月二十四日旨也。

本月十五日,法攻基隆炮台,省帅击却之。奉懿旨赏内帑银三千两,奖励将士。又闻旨,以内阁学士③陈宝琛④会办南洋⑤事务,通政使⑥吴大澂⑦会办北洋事务,侍讲学士⑧张佩纶⑨会办⑩福建海疆事务。

琴帅旋龙州,余缴销前敌营务关防。

【注释】

① 刘省三:刘铭传(1836—1895),字省三,安徽合肥人。清末将领。1884年,以巡抚衔督办台湾军务,抗击法军。后授福建巡抚。1885年台湾建省,旋改台湾巡抚,筹建基隆至新竹铁路,增筑炮台。1890年加兵部尚书衔兼海军衙门帮办。次年因病去职。1895年病逝。

② 镇道:总兵及道员。镇,清末新军编制单位,一镇一万二千余人。镇由总兵统辖,故亦称总兵为镇。

③ 内阁学士:清初以国史院、秘书院、弘文院内三院为内阁,设大学士,参与军政机密。雍正时设军机处,掌军政要务,后来内阁便徒有虚名。内阁学士,从二品,满六人,汉四人。

④ 陈宝琛(1848—1935):原字长庵,改字伯潜,号弢庵、陶庵,福建闽县(今福州市)螺洲人。同治戊辰(1868)进士,授翰林院庶吉士,又三年在翰林院侍讲,充日讲起居注官、内阁学士兼礼部侍郎。中法战争后因参与褒举唐炯、徐延旭统办军务失当事,遭部议连降九级,从此居家赋闲二十五年。1909年复调京充礼学馆总裁,辛亥革命期间出任山西巡抚,辛亥革命后仍为溥仪之师,1935年卒于京寓,得逊清"文忠"特谥及"太师"觐赠。

⑤ 南洋:我国沿海地区,自江苏以南浙、闽、两广沿海及长江各地,谓之南洋。

⑥ 通政使:通政使司的长官。通政使司,明代始设,简称通政司,掌内外章奏、封驳和臣民密封申诉之件。清代相沿,权力较小,职掌收受各省题本,送内

阁办理。

⑦ 吴大澂(1835—1902)：字止静，号清卿、恒轩，江苏吴县人。同治进士，累官湖南巡抚，尝勘界吉林，立铜柱于中俄交界之地，自以大篆勒铭其上。光绪甲午中日之战，督师出山海关，兵败革职。

⑧ 侍讲学士：官名。唐始设，初属集贤殿书院，职司撰集文章、校理经籍。宋时由他官之有文学者兼任，如邢昺以国子祭酒为侍讲学士。属翰林学士院。元、明、清翰林院均置此职，讲论文史，甚为清显。

⑨ 张佩纶(1848—1903)：字幼樵，号绳庵、蒉斋，直隶丰润人。同治进士，光绪间累官侍读学士，署左副都御史，以敢言称。法越事作，会办福建军务。法入攻马江，佩纶狃于和议，应敌无方，致军舰、炮台及船厂均被摧毁。佩纶仓促遁走，发军台效力。后释回，以四品京卿用，旋卒。

⑩ 会办：会同办理。

七月初一日(1884.8.21)

谒琴帅，劝销假办事，谓请病恐朝廷见疑。邀办章奏，以学荒①辞。

七月初二日(1884.8.22)

接张香帅来书，曰：

比年来请缨绝域，间关②瘴海，既佩忠壮，亦稔③忧劳，曷胜驰仰！顷披惠书，具悉入关乞假，沆④可小休，为慰。

弟迂钝不才，猝忝边寄，甫经受事，即值海警纷纭，渴望海内高贤以启愚陋。阁下夙有伟抱，身在行间，前托令弟代致拳拳⑤，即请直来广州，俾承雅教，幸甚。

六月二十日

七月初三日(1884.8.23)

香帅电龙州电局,询余在何处,并云已派官轮在梧州候接。拟三日内起程。

琴帅来谈良久,云赠盘费百金。时方棣生与琴帅龃龉⑥,撤销威远军。香帅议以该军枪炮运济刘团,继拟以我接统此军。

【注释】

① 学荒:学问不精。
② 间关:道路难行,崎岖辗转而进。
③ 稔:惯于。
④ 汔:庶几,差不多。
⑤ 拳拳:恳切、忠谨貌。此作名词,意为恳切邀请之意。
⑥ 龃龉:齿参差不齐。喻抵触,不合。

初四日(1884.8.24)

来电:

> 阁下既能率军助刘图越,请募四营,当将方军军火、军装全数奉赠,内有开花、田鸡等炮十五尊,甚佳。此项军火本拟送刘,今改为助刘饷二万,阁下带去。贵军饷,东省供,饷照东章。贵饷、刘饷迅即饬解,请妥筹。如能速进,即不必来东;如必须来东面议机宜,且整队候饷。不能即行,请一面选定营哨,部署训练,约会永福;一面迅速东来。务望即日电复,以便入奏。

余旋电复,不往东,一月成军出关。

七月初四日(1884.8.24)

香帅电奏:

　　牵敌以战越为上策,图越以用刘为实济。兹奉旨筹牵制之策,粤军应有奇兵一枝,惟钦、廉非进兵之路。查主事唐景崧与刘永福相得,久在越地前敌,熟悉地势军情,乞假在龙州,现闻病愈。洞已电致唐,令速募四营出关与刘会合掎角。一面赶筹饷项、军火济之,饷械到即可进兵,并助永福饷二万,交唐带往,传述天恩,激励力战,此枝似较生将生兵为便。请代奏。之洞。肃。支。

七月初八日(1884.8.28)

香帅电琴帅:

　　总署七月初六日来电,本日奉旨:"据张之洞电称,牵敌以图越为上策。现令唐景崧募勇出关,与刘永福合力掎角,赶筹饷项、军火,所办甚是。前有旨,令云、桂两军进发。本日有旨,赏刘永福记名提督,赏戴花翎,令将法人侵占地方,力图恢复矣。唐景崧着赏加五品卿衔,即着张之洞传旨,令其激励刘永福,奋勇进剿,饷银、军火仍着妥筹接济,并准于粤海关酌拨饷项。岑毓英、潘鼎新务即督率所部星驰前进,相机筹办。俟各军齐抵前敌,迅速奏闻,再行降旨宣示。张树声即遵前旨,酌带兵勇,驰赴粤西关外,毋庸迟延。现在闽口接战,马厂被焚,所有赴越各军,均当尽力攻剿,宣示国威,各膺懋赏①。张之洞即转电潘鼎新,由该抚速咨岑毓英，一体遵照。钦此。"即转电潘、知照岑等因。洞谨转达。

【注释】

① 懋赏：赏赐以示勉励。懋，勉励。

七月初九日（1884.8.29）

电报：

初三日，法轮攻福建马江，我兵船十一号被毁九号，炮台多毁。初四日，毁我船厂，法轮亦被我击损三艘，伤一巨酋。会办大臣张佩纶退鼓山，船政大臣①何如璋②避入省，法轮退出长门，为穆将军③截击，破其二艘。

是时，闽浙总督为何小宋璟④，福建巡抚为张友山兆栋⑤，同守省城，会办⑥张幼樵自任守前敌马江，穆将军守长门。初三日，法人甫递战书，旋即开炮。我船扬武先沉，须臾九艘并碎。惟艺新、伏波两轮受损稍轻，亦沉水底。此非地利之不足守也，由先泥于不战之说，纵法轮入口，炮台竟成虚设，兵船又未备敌，仓卒间遂致大挫。战事委曲，侯官⑦张茂才记载甚详，证以人言亦合，而死事者姓名更不可没也。节录于后。

天下滨海诸省独福州海口奇险天生，当事者苟未雨绸缪，虽铁胁⑧亦难飞渡，何至令人直捣而入哉！

越南之役中外构衅⑨，识者咸知法必移祸中国。广东筹备严密而福州独疏。迨张幼樵卿使来闽始稍整顿。

【注释】

① 船政大臣：全称福建船政大臣。负责主持福建船政局，可专折奏事。同治五年(1866)始设，光绪十年(1890)起，福建船政大臣一般由闽浙总督或福州将军兼任。

② 何如璋(1838—1891)：字子莪，广东大埔县人。光绪间以侍读出使日本，累官少詹事，督办福建船政。马江之役，法军炮毁船厂，坐夺职。

③ 穆将军：穆图善(？—1886)，姓那哈塔氏，隶满洲镶黄旗，吉林人。福州将军。咸丰间，从攻太平军，转战直隶、山东、湖北、安徽诸省，所在有功。光绪间，官至福州将军。法人内犯，穆图善扼之于长门，伏兵败之。卒谥果勇。

④ 何小宋璟：何璟(1817—1888)，号小宋，广东香山县(今中山市)人。道光进士，授编修，擢御史。光绪间官至闽浙总督。法越之役，璟与张佩纶同任防守，大败于马江，坐夺职。

⑤ 张友山兆栋：张兆栋(1821—1887)，字伯隆，号友山，山东潍县(今潍坊市)人。道光进士，由主事累擢凤翔府知府。值回乱，困守十有六月，援师至而围解。光绪间，官至福建巡抚，马江之败，坐夺职。

⑥ 会办：清末新设的官署或办事机构，常设会办、襄办、帮办等职，一般是总办的副职。

⑦ 侯官：县名。在今福建福州市。1913年与闽县合并为闽侯县。

⑧ 铁胁：钢板制成的船壳。

⑨ 构衅：结怨。

闰五月中，法兵船直抵马江，督、抚、卿使共议添勇，而增募粤勇最多。二十四、五、六等日，均有法轮进口，有请照万国公法，"兵船入口不得逾两艘，停泊不得逾两礼拜，违者即行开仗"。穆将军欲行是说，何制军深恐开衅，不从。因此穆将军出守长门，张卿使亦出驻马尾。扬武管驾①游击张成有口才，张卿使喜之，遂劾闽安副将蔡根业，而以成署之，仍令管驾扬武，统带兵船，一切水师听其调度。陆续调回大小轮船十一号驻泊一处，则扬武、济安、飞云、伏波、福星、振威、艺新、永保、琛航、福胜、建胜是也。

六月十五日，法船在台湾购炭启衅，攻夺基隆炮台，被刘省帅夺回。法既先行击我，我即可乘机攻之。彼时法船在马江不过三四艘，若以基隆之役责彼甘为戎首，开炮先击，势必得手。乃坐失此机会。岂以基隆非中国之地耶？非福建所属耶？二何②尝严谕水师不准先行开炮，违者虽胜亦斩。必让敌炮先开，我方还击，以故各管驾不敢妄动。我船所泊地方皆由张成派定。福州各管驾尝面请于张成，谓我船与法船并在一处，倘法先开炮恐致全陷，须与蛋船③疏密相间，首尾数里，以便救应。万一前船有失，后船亦可接战，而张成不之听。张卿使又受其先入之言，遂谓闽人胆怯，不如粤人，不从各管驾之请。且将战之船宜早起椗④，便于转动，张成身为统带并此不知，抛锚⑤如故。

七月初一日，法通知英、美兵船将战，是晚，英领事飞信督署。初三日辰刻又确接法人战书。乃不通谕水陆各军知悉。午刻，法果举炮。何船政闻炮先行，张卿使继避于彭田。扬武首被轰击，张成令水手起碇不及，凫水⑥而遁。福星水缸、火药等舱被炮轰毁，管驾陈英与三副王涟同时殒命。振威管驾许寿山与大副梁祖勋立望台督战，被弹轰飞，其死最惨。建胜全船击破，管驾林森林亦死。福胜管驾叶琛左喉受弹犹忍痛力呼"开炮"，复中炮仆。管驾十一人，闽人五死其四。伏波、艺新幸免，逃至濂浦。蛋船十九艘尽被击沉。是时官眷纷行，民间遂无固志。城外南台十徙八九，城内十去六七，大局几不可问。

【注释】

① 管驾：清末对水师军官的称呼。
② 二何：船政大臣何如璋及闽浙总督何璟。
③ 蜑船：南方水上居民用以为家的船。蜑,同"蜑",旧时南方的水上居民。
④ 起碇：拔锚启航。碇,系船的铁锚。
⑤ 抛锚：下锚于水中使船停稳。
⑥ 凫水：游水。

初五日,法船二艘冒美旗进口,穆将军察其伪,攻毁其一。

初七、初八两日,法攻长门,昼夜不息,我军又毁其一艘。

初九日,法六艘拼力突出长门,攻毁金牌而去。海防仅长门一所幸完,其余皆残破不堪问矣。

请缨客曰：闽口之挫,闽人归咎于何制府平日不修武备,而于何船政尤为切齿,致有盗帑通款①之谣。于张会办则言其意气自矜,并极诋其败后之状。夫胜败何常之有?岂能以一败遂概其人之生平?惟事前未能谦抑,事败便授人口实,声名太盛,责备益严,则不能不为丰润惜矣。

七月初六日(1884.8.26)

决战旨下,恭录于左：

光绪十年七月初六日,内阁奉上谕：

越南为我大清封贡之国二百余年,载在典册,中外咸知。法人狡焉思逞,肆其鲸吞,先据南圻各省,旋又进据河内等处,戕其民人,利其土地,夺其赋税。越南君臣暗懦②苟安,私与立约,并未奏闻,法固无理,越亦与有罪焉。是以姑与包涵,不加诘问。

光绪八年③冬间,法使宝海在天津与李鸿章议约三条,正饬总理各国事务衙门会商妥筹,法又撤使翻议。我存宽大,彼益骄贪。越之山西、北宁等省为我军驻扎之地,清查越匪,保护屏藩,与法国绝不相涉。本年二月间法兵竟来扑犯防营,当经降旨宣示,正拟派兵进取,力为镇抚,忽据该国总兵福禄诺先向中国议和。其实该国因埃及之事岌岌可危,中国明知其势处迫蹙,本可峻词拒绝,而仍示以大度,许其行成,特命李鸿章与议简明条约五款,互相画押。谅山、保胜等军应照议于定约三月后调回。迭经谕饬各该防军扼扎原处,不准轻动生衅,带兵各官奉令维谨。乃该国不遵定约,忽于闰五月初一、初二等日以巡边为名,在谅山地方直扑防营,先行开炮轰击我军,始与接仗,互有杀伤。法人违背条约,无端开衅,伤我官军,本应以干戈从事,因念订约和好二十余年,亦不必因此尽弃前盟,仍准总理各国事务衙门与在京法使往返照会④,情喻理晓至再至三。

【注释】

① 通款:降服,与敌方通好言和。
② 暗懦:昏昧懦弱。
③ 光绪八年:1882 年。
④ 照会:通知。

闰五月二十四日,复明降谕旨,照约撤兵,昭示大信,所以保全和局者,实已仁至义尽。如果法人稍知礼义,自当翻然改悔,乃竟始终怙过饰词,狡赖横索无名兵费,恣意要求。辄于六月十五日占据台北基隆山炮台,经刘铭传迎剿获胜,立即击退。

本月初三日,何璟等甫接法领事照会开战,而法兵已在马尾先期攻击,伤坏兵商各船,轰毁船厂。虽经官军焚毁法船二只,击坏雷船一只,并阵毙法国兵官,尚未大加惩创。该国专行诡计,反覆无常,先启兵端。若再曲予含容,何以伸公论而顺人心?用特揭其无理情节,布告天下,俾晓然于法人有意废约,衅自彼开。各路统兵大臣暨各该督抚整军经武,备御有年,沿海各口如有法国兵轮驶入,着即督率防军合力攻击,悉数驱除。其陆路各军有应行进兵之处亦即迅速前进。刘永福虽抱忠怀,而越南昧于知人,未加拔擢。该员本系中国之人,即可收为我用,着以提督记名简放,并赏戴花翎,统率所部出奇制胜,将法人侵占越南各城迅图恢复。凡我将士奋勇立功者破格施恩,并特颁内帑①奖赏。退缩贻误者立即军前正法。朝廷于此事审慎权衡,总因动众兴师,难免震惊百姓,故不轻于一发。

此次法人背约失信,众怒难平,不得已而用兵,各省团练众志成城,定能同仇敌忾,并着各该督抚督率战守,共建殊勋,同膺懋赏。此事系法人渝盟肇衅②,至此外通商各国与中国订约已久,毫无嫌隙,断不可因法人之事有伤和好,着沿海各督抚严饬地方官及各营统领,将各国商民一律保护,即法国官商教民,有愿留内地、安分守业者亦当一律保卫。倘有干豫军事等情,察出即照公例惩治。各该督抚即晓谕军民人等知悉,倘有借端滋扰情事,则是故违诏旨,妄生事端,我忠义兵民必不出此。此等匪徒即着严拏正法,毋稍宽贷,用示朝廷保全大局至意。将此通谕知之。钦此。

【注释】

① 内帑:指国库里的钱财。

② 肇衅:开启战端。

七月初九日(1884.8.29)

派总兵张盛高仰山为前营管带,游击谈敬德克昌为右营管带,参将张金泰锡三为后营管带,自带左营,以文童欧阳萱椿庭为帮带,以外委曹继彬带亲兵小队,以副将魏云胜庆廷管理龙州后路军装局,以唐芷庵总理后路事宜。向琴帅借饷五千两。

七月十五日(1884.9.4)

琴帅出幕府,先因和议,各军俱撤近关前,兹仍陆续进扎。

七月十六日(1884.9.5)

四营募成,曰广东景字营,待饷未行。函琴帅借士乃打枪五百杆。恭录本月初九日懿旨:

发去内帑银十万两,着交穆图善①领四万两,何璟、张兆栋领三万两,张佩纶领三万两,豫备赏给出力将士。该船著名头目着重赏,悬购兵民中有能擒斩法兵、焚毁法船者,即破格给赏。内帑未到以前,如有立功之人,即须颁给者,不拘借拨何款应用,朝廷不惜巨帑,激励将弁,尤赖该将军等坚持定志,出奇制胜。省防紧要,该督抚督同文武各员严密防守。如有心存畏怯,借词出城,定即从重治罪。钦此。

七月十九日(1884.9.8)

电报,十八日上谕:

　　大学士左宗棠着授为钦差大臣,督办福建军务。福州将军②穆图善、漕运总督③杨昌濬④均着帮办军务。三品卿衔翰林院侍讲学士张佩纶着以会办大臣兼署船政大臣。钦此。

【注释】

　　① 穆图善(?—1886):姓那哈塔氏,隶满洲镶黄旗,吉林人。福州将军。咸丰间,从攻太平军,转战直隶、山东、湖北、安徽诸省,所在有功。光绪间,官至福州将军。法人内犯,穆图善扼之于长门,伏兵败之。卒谥果勇。

　　② 福州将军:驻福州的八旗最高长官,掌驻防军事及旗籍民事。

　　③ 漕运总督:正二品,兼尚书衔从一品,驻淮安。漕运,专指中国政府将所征粮食解往京师及其他指定地点的运输,主要是水运,间或有部分陆运。辛亥革命后,漕运废除。

　　④ 杨昌濬(1826—1897):字石泉,湖南湘阴人。与左宗棠为布衣交。累擢浙江巡抚,坐事去官。光绪间,宗棠平甘回,复请起用昌濬。官至陕甘总督,在任七年,加太子太保。坐甘肃教回复乱,褫职。

七月二十六日（1884.9.15）

接岑彦帅自云南八寨来书，属余走归顺小镇安，入云南土富州、开化府而至保胜，会刘渊亭，谓易采粮。窃计不如出牧马，取道苏街，直逼宣光，约渊亭来宣光会合。若绕走云境，则以有用之军行无用之地。复彦帅并禀香帅。

得王佑遐江西来书、秦受之梧州来书。

七月二十七日（1884.9.16）

用船运军火出越南牧马省。

七月二十八日（1884.9.17）

点验前左两营。

二十九日（1884.9.18）

点验右后两营。

八月初二日（1884.9.20）

琴帅出关，驻谅山。

八月十三日（1884.10.1）

辰刻，率各营祭旗。亲兵队黄旗，前营红旗，左营蓝旗，右营白旗，后营黑旗，然炮升帐，赞礼①拜旗。礼毕，营官以次贺。

八月十四日（1884.10.2）

前右两营拔队出关

十六日(1884.10.4)

后营拨行。广东解到饷银二万五千两。委县丞②俸之祺祝卿管理牧马转运局,委户部郎中③陈文史子麟司赏恤事务。

八月十九日(1884.10.7)

以前与香帅往来电信甚多,未备载。

二十日(1884.10.8)

由龙州带左营及亲兵队起程。出关四十五里至下冻,宿关帝庙。哨官都司邹培护送渊亭银二万。

恭阅邸钞七月二十八日上谕:

> 穆图善等及张佩纶、何如璋先后具奏,法兵攻击船厂炮台,官军接仗情形,自请议处治罪各折片。法人乘上海议和之际,潜驶兵船入泊福建马尾等处。中国素重诚信,并未即行驱逐,乃该国包藏祸心,不顾信义。七月初三日何璟等甫接法领事照会开战,而马尾法船乘我猝不及防,先后开炮攻击。我军合力抵敌,兵商各船多被击毁。各军于濒危之际犹复奋力接战,击坏该国兵船、雷船三只。
>
> 初四等日法兵猛攻登岸,经提督④黄超群、道员⑤方勋、都司⑥陆桂山督队击退。法兵旋攻馆头、田螺湾、闽安等处,希图上岸踞扰,经张世兴、蔡康业、刘光明督军击却。穆图善驻守长门等处,督饬总兵张得胜、副将⑦洪永安、守备康长庆等率队截剿,毙敌甚多,击翻敌船二只。以炮台门皆外向,敌由内击,致为所毁。

【注释】

① 赞礼：祭祀、典礼时，司仪唱读仪式叫人行礼。

② 县丞：始于战国，秦汉沿置，典文书及仓狱，为县令佐官。清代县丞为正八品。

③ 郎中：官名。秦始置为官，与侍郎同隶郎中令，以其为郎居中，故称。隋、唐以后，六部皆置郎中，遂为诸司之长。

④ 提督：武职官名。职掌军政，统辖诸镇，为地方武职最高长官。

⑤ 道员：古鸿廷的《清代官制研究》称："道员是在督抚及藩臬两司下、府州县之上的一个中级地方官员。"据《清史稿·职官制》，其职责是"弹压地方"、"核官吏，课农桑，兴贤能、厉风俗，简军实，固封守，以倡所属而廉察其政治"。

⑥ 都司：都指挥使司。掌一方之军政。在清代为四品武职，次于游击。

⑦ 副将：清代从二品武官。隶属于总兵，统辖一协（相当于旅）的军务，又称协镇。

此次因议和之际，未便阻击，致法人得遂狡谋。各营将士仓卒抵御，犹能殄毙敌人多名，并伤其统帅，其同心效命之忱，实堪嘉悯。

所有击退上岸法兵，出奇制胜之提督黄超群，着以提督遇缺题奏，并赏穿黄马褂①；道员方勋，着以道员遇缺题奏，并赏给达春巴图鲁名号；都司陆桂山，着以游击②尽先③升用，并赏给捷勇巴图鲁名号；击翻敌船，夺器之副将洪永安，着以总兵记名简放，并赏给铿升额巴图鲁名号。其余出力之水陆将弁，着穆图善、张佩纶先行传旨嘉奖，并从优保奏，候旨施恩；力剿受伤之都司孙思敬，着以游击补用；阵亡之高胜云及受伤之宋锦元、冼懿林及其余阵亡受伤各将弁均着查明，分别奏请奖恤，并着穆图善、张佩纶于前颁内帑备赏项下，择其打仗尤为出力兵勇及阵亡之官兵弁勇家属,分别核实奖给,毋稍疏漏。

闽浙总督何璟在任最久,平日于防守事宜漫无布置,临事又未能速筹援救,着即行革职。福建巡抚张兆栋株守省城一筹莫展,着交部严加议处。船政大臣詹事府少詹事④何如璋守厂是其专责,乃接仗吃紧之际,遽行回省,实属畏葸无能,着交部严加议处。翰林院侍讲学士张佩纶统率兵船与敌相持,于议和时屡请先发,及奉有允战之旨,又未能力践前言。朝廷前拨援兵,张佩纶辄以援兵敷用为词,迫省城戒严徒事张皇,毫无定见,实属措置无方,意气用事,本应从严惩办,姑念其力守船厂尚属勇于任事,从宽革去三品卿衔,仍交部议处,以示薄惩。福州将军穆图善驻守长门,因敌船内外夹攻,未能堵其出口,而督军力战,尚能轰船杀敌,功过尚足相抵,着加恩免其置议。

嗣后闽省防务左宗棠未到以前,着责成穆图善、杨昌濬、张佩纶和衷商办,务臻周密,毋稍疏虞。至沿海战守事宜,各该督抚务当懔遵迭次谕旨,督饬各营认真戒备,不得稍涉大意,致干重咎。钦此。

【注释】

① 黄马褂:马褂为骑马穿的短外衣。清制,凡领侍卫内大臣,护军统领等,皆服黄马褂。巡幸时,扈从乘舆,以壮观瞻。也赐给有军功的臣下,称为赏穿黄马褂。

② 游击:官名。清代绿营设游击,从三品,职位次于参将。

③ 尽先:表示放在优先地位。

④ 詹事府少詹事:詹事府,唐建詹事府,设太子詹事一人,少詹事一人,总

东宫内外庶务。历朝因之。清不设太子,詹事班次在通政使大理卿之下,作为翰林官迁转职阶。光绪时废。少詹事,清代满、汉各一人,正三品。汉詹事兼侍读学士衔。

八月二十一日(1884.10.9)

行三十里至咘局隘,再四十里至那兰。

八月二十二日(1884.10.10)

行七十里至摊班,土岭崎岖,步行数处。

八月二十三日(1884.10.11)

涉山溪二十余处,草木蔽亏,路略平。四十里至淰瀼,再五十里抵牧马省城,各营列队迎,寓关帝庙。祝卿转运局在此,总兵徐章发司军装在庙侧。太原巡抚梁俊秀、牧马按察使①严袭香来见,商议办米雇夫前进之法。布政范诚缘病未至。

八月二十四日(1884.10.12)

接西抚营务处李兰生信,谓"苏军在船头连日接仗,法兵未退。中路郎甲之师已退扎观音桥,左路兵单,调右路六营之在新街者往扎谷松。琴帅虑牧马空虚,请景军暂留以顾后路,俟楚军开队有期,再为进发"等语。来函未云胜负,谅必吃紧,只合暂留。

电报香帅:

　　新街距太原二百里,统领为副将马盛治仲平,即当日右路陈德朝守新河军也。新街毗连牧马,此军调往谷松,则牧马无兵,故琴帅迟我之行。

恭阅上谕:

此次法人肆意要挟,先开兵衅,中国屡予优容,已属仁至义尽。现在战局已成,倘再有以赔偿等词进者,即交刑部治罪。钦此。

八月二十七日(1884.10.15)

芷庵函报:

本月十八日,法人水陆并进,攻扑船头。苏军千总[②]李群突前,为枪击回。子熙[③]军门搴旗督队,沉鬼艇一,毙十余人,夺开花炮一尊。督带陈嘉最勇,李应章、陈世华战亦得力。我军伤亡颇多,管带邱柄阵亡,管带李逢桢伤重身亡,毙法酋尼立意,法兵毙亦不少。

二十二日,李应章、黄云高、陈世华再捷。连战五日。潘帅奏入,得旨,有"苏元春以孤军当劲敌"之语,将备蒙赏赉有差。香帅电称"可敬之至",提东饷赏弁勇二万两。又言王朗青糜饷五十余万,未接一战,且屡调迟迟其行,再不振刷精神,不能相容。

【注释】

① 按察使:官名。唐景龙二年(708)置十道按察使,分察各地。开元二十二年(734)改称采访处置使,后又改为观察处置使。宋以诸路转运使兼按察,专

主巡察,别有提点刑狱官。元置提刑按察使,后改为肃政廉访司。明仍建提刑按察使司,以按察使为一省司法长官。清因之。又名臬司,俗名臬台、廉访。清末改为提法使。

②千总:官名。明初京军三大营置把总,嘉靖中增置千总,都右功臣担任。以后职权日轻,至清成为武职中的下级,位次于守备。

③子熙:苏元春,见前注。

芷庵又报:

本月十九日郎甲之战,提督方友升在前,总兵周寿昌居后,邓提督为接应。法驱教匪四塞而至,方受困暂却,邓军驰前,方军已溃,友升受伤,冲围出。周、邓军亦多损,赖李定胜、韦和炳力拒岭口,救出数十人,几覆全军。文员半无下落,市贾多为寇掳。此教民引法人由山路袭入郎甲,我军晨饮正酣,敌入市始觉,故一败至此。

子熙,广西人,所部皆粤军。

八月二十九日(1884.10.17)

梁俊秀来见,谓已饬原平县金马总办米三万觔,另饬周廷礼办米三万觔。俊秀谓北宁以下义民甚多,有寡妇武根散家财养千人,又有新安巡抚阮文达之妻养数百人,待大兵至,举义报雠。

接渊亭书,云派黄守忠、吴凤典进规宣光。黄守忠已在苏街以前修道候我。

函李兰生,谓右路之军未移,牧马无虑,我军应进发,请转禀琴帅。

九月初一日（1884.10.19）

派游击陈毓永赴保乐办粮。保乐一名襄安府，世袭知府农宏义，侬智高①后也。与小镇安接界，距宣光十日程。布政使范诚来见，商雇夫运粮。范诚以民少为辞，许给价，犹有难色。

九月初四日（1884.10.22）

派左营右哨邱启标带勇分屯坤谷、北斌、大厂、那油等处，编筏济师，护送粮械。

电报八月二十三日旨：

法兵现占基隆，台北府城万紧，着杨岳斌②帮办左宗棠军务，即带湖南现有八营迅赴福建，驻扎漳泉一带，联络该处士绅土勇，设计渡台，暗结台民，速图逐法之策。此旨着分寄左宗棠、穆图善、杨昌濬等知悉。钦此。

【注释】

① 侬智高：北宋广源州（旧隶属邕州，治所在今越南高平省广渊县）人。侬氏自唐初即雄于西原。世为州首领，唐末知傥犹州侬全福，为交人所杀，其妻改适商人，生智高。冒姓侬，交人使知广源州，智高遂袭安德州，据广南，攻邕州，建国曰南天国。僭号仁惠皇帝，年号启历、景瑞、端懿、大历。北宋皇祐中狄青夜度昆仑关，大败之于邕州。智高走大理死。广南平。

② 杨岳斌（1822—1890）：初名载福，字厚庵，善书，湖南善化（在今长沙市）人。湘军将领。官至陕甘总督，引疾归。光绪间，法人肇衅，起岳斌帮办军务，渡台湾，与刘铭传筹战守，和议成，还湘。卒谥勇悫。

九月初五日（1884.10.23）

琴帅书来，谓"接彦帅函，急盼我军往会，属我军即发"等语。接香帅初一日两电：

唐主政：

　　总署二十日来电，本日奉旨："岑毓英电称，饬令刘永福进兵，有借词求缓语⁽⁻⁾。现在进规北圻，全在用人得宜。着岑毓英激励该提督奋勉立功，并妥为笼络，务令感恩畏威，毫无猜疑；傥驾驭失宜，惟该督是问！前令酌保黄守忠等，并饬速行奏请，候旨施恩。潘鼎新染瘴支持，殊深廑念。该督抚务当同心协力，以奏肤功①。此旨着张之洞译知潘鼎新转咨岑毓英遵照。钦此。"并闻。洞。朔。

【校勘】

　　（一）语：底本"语"后有"乎"字，据1955年本、中华书局本删。

又电：

唐主政：

　　密。东、迥电悉。贵部以会刘为主，牧马不宜久留，仍须速进。西军尚多，岂在此四营？若顿兵不进，设有梗阻，于会刘本意全失。且刘盼饷甚急，已电琴帅催他军往扎。刘此次授官，并敕保所部，乃洞疏请，非敢居功，欲励之耳。顷接刘禀，沥诉艰难屈抑，饷械缺乏，战功未达。请告刘，如竭力报国，洞必能代达圣聪，奖其功，恤其困；军火粤当力继。现有旨催前进，毋逗留。省帅电：二十日，淡水陆战获胜,杀敌二百,逐之归船。据西报所言情形,敌颇夺气。
洞。东。

请缨客曰:法人之攻台湾也,刘省帅守基隆,署福建陆路
提督孙开华守沪尾。八月十三日,法攻基隆,省帅御之,法未得
手。是夜,省帅闻沪尾警报,恐失台北府,立即撤师回救沪尾。
论者咸归咎于知府李彤恩三次飞书乞省帅弃基隆而保沪尾也。
李彤恩刊防沪尾留牍辨冤。兹将省帅奏退基隆及左侯相劾李
彤恩、省帅奏辨、杨厚庵②宫保③察奏各疏备录于后。

【注释】
　　① 肤功:又作"肤公",大功。《诗经·小雅·六月》:"薄伐猃狁,以奏肤
公。"毛传:"肤,大;公,功也。"
　　② 杨厚庵:即杨岳斌。太子少保。
　　③ 宫保:清制不立太子,但有太子傅保之名,专为大臣及有功者之加衔,无
职掌官属,也无员额。太子称东宫,故名宫衔。如太子少保称宫保。

刘省帅奏疏:

　　奏为法船并犯,台北、基隆、沪尾同时危急,移师保顾
后路并接仗情形,恭折仰祈圣鉴事。窃奴才前将法人拟调
陆兵攻扰台北各情于七月二十八日附片驰陈在案。奴才
拜折后,敌人逐日以一两艘拦泊沪尾口门,遇有商船即搜,
以阻援应。商船多日不来,音问不通,折件无从赍递,焦灼
万分。

　　八月初二日,大雨,飓风之中,上海所雇汇利、万利两

船装载江阴刘朝祐勇六百人驶到,赶用剥船接卸百余人,而风势紧急,两船皆避风入海。汇利仍将原勇装回上海,万利仅装五十人于次日先回,卸兵甫毕,而敌人已上船搜查,见无军装始去。当即将前缮折件由万利赍赴上海呈递。

初九日,龚照瑗所雇华安轮船装勇三百余人,甫抵达沪口,即遇法船追回,于初十日由新竹上岸,至今未到。在基隆法船三只时行开炮,至十二日突来敌船八只,连前泊者共计十一艘。

十三日黎明,敌兵千人于口门外之西山登岸,恪靖营营官陈永隆、武毅右军营官毕长和各带勇百余名接战,往复冲荡,相持两时之久。敌军复从山头抄击,章高元、陈永隆等退出山口,拼命抵御,直至酉刻敌人猛扑我队,复经陈永隆等击退,斩法酋一名,我勇伤亡百余人。奈将士防守两月之久,各勇日在灾瘴溽湿之中,将士多病,八营之众能战者仅千余人。曹志忠、章高元、苏得胜等督率将士身自搏战,毫无退心。正在全力相持之际,沪尾忽报,同日来敌船五支,直犯口门。该处炮台尚未完工,只安炮三尊,以保沉船塞口之处。敌炮如雨,孙开华、刘朝祐等饬张邦才用炮还击。炮台皆系新用泥土装堆,不能坚固,被炮即毁,阵亡炮勇十余名。张邦才亦受重伤,飞书至基隆告急。奴才闻信,当以基隆前敌正在万分危急,沪尾又被急攻,基隆绝无兵力可分,而沪尾为基隆后路,离府城只三十里,仅恃一线之口,借商船稍通声问,军装、粮饷尽在府城,傥根本有失,则前军不战立溃,必至全局瓦解,不可收拾。不得已,止有先其所急,移师顾守后路。当即连夜率曹志忠、章高元各营由基隆拔营赴回淡水,立派曹志忠、章高元、苏得胜共率奋勇数百名驰救沪尾,军装、队伍毫未遗弃。刘朝祐所带百余人到后,本在沪尾协同孙开华防守,敌船连攻两日,孙开华、刘朝祐伏军海边,敌人未得上岸。曹志忠等现已驰抵该处,如敌不添兵添船,暂可支持。奴才惟有勉循病伤,竭力防守,危急情形,想在圣明洞鉴之中。此法船并犯台北,两处接仗,并拔队回援后路之情形也。

伏念此次奴才以疲病之卒支持两月,情见势绌,已成坐困。敌人自出闽口即声言必攻台北,稔知①我兵单援绝,全力相犯。奴才怜士卒之疮痍,虑全局之败覆,仅能拔之出险,先顾后路。限于兵力太单,智力俱困,未能力保基隆海口,咎无可逃,相应请旨将奴才从重治罪,以示严惩。惟法既以全力注台,台局危如累棋,伏求圣明迅施方略,以救险危,无任激切待命之至。除接仗情形电报南北洋转达总署外,所有阵亡将士,容俟查明具奏请恤。谨将基隆、沪尾接仗并拔队回援各缘由,恭折由驿六百里加紧驰奏,伏乞皇太后、皇上圣鉴训示。谨奏。

【注释】

① 稔知:熟知。

左侯相奏疏:

奏为微臣抵闽详察台湾现在情形,妥筹赴援,恭折仰祈圣鉴事。窃臣于十月十四日行抵延平，暂劄齐队，业经电请总理衙门代奏在案。二十二日接奉二十日电旨："南北洋援台八轮克日进发等因。钦此。"仰见朝廷垂念海隅至意。现在臣所调江南各营业已取齐，惟江南三营未到。臣于二十四日起程赴福州，二十七日进省，与将军、督抚臣面商进兵事宜，不敢迟回致误。惟以臣所闻台湾近日军情，证以台湾道府及印委各员禀报，则办理实有未尽合，有不敢不陈于圣主之前者。

伏查法夷犯台，兵不过四五千，船不过二十艘，我兵之驻基隆、沪尾者数且盈万，虽水战无具，而陆战则倍之。抚臣刘铭传系老于军旅之人，何以一失基隆，遂至困守台北，日久无所设施？臣接见闽中官绅，逐加询访，并据台湾道刘璈钞呈台北府知府陈星聚所禀刘铭传禀批，始知八月十三日基隆之战，官军已获胜仗。因刘铭传营务处知府李彤恩带兵驻扎沪尾，平日以提督孙开华诸军为不能战，是夕三次飞书告急，坚称法人明日来攻沪尾，兵单将弱，万不可靠。刘铭传为其所动，遂拔大队往援，而基隆遂不可复问。其实，二十日沪尾之捷仍系孙开华诸营之功，即无大队往援，亦未必失沪尾也。沪尾距台北府城仅三十里，如果岌岌可危，地方官有守土之责，其慎重有过于他人者。而知府陈星聚屡次禀请进攻基隆，刘铭传竟以无此胆识、无此兵力谢之。狮球岭为台北要隘，所驻法兵不过三百，曹志忠所部土勇各军驻扎水返脚一路者不下八九营，因刘铭传有"不许孟浪进兵"之语，即亦不敢仰攻。且闻台北各营将领及土著之人尚有愿告奋勇往攻基隆者，刘铭传始则为

李彤恩所误，继又坐守台北，不图进取，皆机宜之坐失者
也。恭译电旨，刘铭传仍应激励兵勇，收复基隆，不得懦怯
株守，致敌滋扰等因。仰见圣明洞烛，不稍宽贷。臣思刘
铭传之懦怯株守，或一时任用非人，运筹未协所致。李彤
恩不审敌情，虚词惑众，基隆久陷，厥惟罪魁。拟请旨将知
府李彤恩即行革职，递解回籍，不准逗留台湾，以肃军政。
并密饬刘铭传速督所部克日进兵，规复基隆，毋任该夷久
于盘踞。又法夷自九月初五日封禁全台海口，由南、西、
北、东至外国名普安得岛麦地方为止。查《万国公法》，虽
有战国封堵敌国海口之例外，如系不义之战，诸国例得辩
论向公法。所战城池地方被战者围困，局外者不得与之贸
易固也。若台湾仅失基隆偏隅，旦夕可以收复，岂得以围
困论？乃仅凭法夷一纸空文，遽准堵扎，在我固多不便，而
于各国商务尤有窒碍。据台湾道刘璈呈请奏咨前来，理合
请旨饬下总理各国事务衙门照会各国驻京公使，据理辩
论，立开台湾海口，以保商局而重邦交。臣现派已革总兵
杨在元密赴厦门一带确探情形，设法雇船暗渡营勇援台。
一俟南洋兵轮赴闽有期，再行调兵分击马祖澳、芭蕉山等
处，以图首尾牵制，不任其肆意久踞。至一切应办事宜，臣
既有见闻，尤不敢缄默不言，仍当与将军臣穆图善、督臣杨
昌濬等妥商筹办，以维大局。所有详察台湾情形、现筹进
兵赴援各缘由，谨缮折由驿驰奏皇太后、皇上圣鉴训示施
行。谨奏。

刘省帅奏疏：

　　奏为左宗棠奏报台北情形奉旨查办知府李彤恩一案，详细具陈，以明是非，恭折仰祈圣鉴事。窃臣于正月初二日接准大学士左宗棠来咨，具奏抵闽详察台湾现在情形一折，恭录十年①十一月十八日上谕："左宗棠奏详查台湾情形，妥筹赴援一折。据称，八月十三日，基隆之战，官军已获胜仗。因刘铭传营务处知府李彤恩驻兵沪尾，以孙开华诸军为不能战，三次飞书告急，坚称沪尾兵单将弱，万不可靠。刘铭传为其所动，遽拔大队往援，基隆遂不可复问。李彤恩不审敌情，虚词摇惑，请即行革职，递解回籍，不准逗留台湾等情。前敌军情关系极重，必须确切查办，不得含糊了事。李彤恩所禀刘铭传各情，人言藉藉，果系因此贻误，厥咎甚重，非递籍所能蔽辜。前谕杨岳斌迅速赴闽援台，即着该前督于到台后详确查办，据实奏参。李彤恩着即行革职，听候查办等因。钦此。"知照前来，伏查基隆退守情形已于上年八月十四日奏明在案，无用渎陈。谨将左宗棠所参各节为我皇太后、皇上陈之。

　　臣渡台时随带亲兵一百二十名，其次提臣孙开华三营，曹志忠六营，每营精壮只三百余人，当由台南调来章高元淮勇两营。其时，台南疫厉盛行，兵丁多病，仅来五百人，嗣又添调巡缉营一营，合之刘朝祐百余人，张李成土勇一营，统计基隆、沪尾两处共只四千余人。左宗棠疏称基隆各营数且盈万，不知何所见闻。

　　自七月杪②，基隆疫作，将士十病六七，不能成军。八月十三日之战，九营仅挑选一千二百人，内中尚有抱病勉强应敌者。当孤拔未来之先，初九、初十两日，臣接香港、上海电报,知其全股犯台。其时,沪尾孙开华三营、刘朝祐一百余人并张李成新募土勇一营甫经到防,炮台尚未完工,又无营垒,地势平坦,无险可扼,危迫情形,不待旁言,臣早已忧虑及之。曾函致孙开华、李彤恩,如果敌犯沪尾,臣即撤基隆之守来援,属令坚守以待。一面派员赴下游赶雇船只将军火笨重之物先运下船。十二日,孤拔率大帮兵船进口,臣料敌兵必由仙洞登岸,同曹志忠等密商,如敌兵明日战后即扎仙洞,则不至遽攻沪尾;如战后全数下船,即须豫备回援沪尾,以保后路。十三日酉刻,敌军收队全行下船,当接孙开华、李彤恩、刘朝祐先后来信,俱称法船五只直犯口门,升旗开炮。臣同孙开华、李彤恩已有成约,无用李彤恩虚词摇惑。左宗棠疏称李彤恩三次飞书告急即系孙开华、李彤恩、刘朝祐三人三次之书,非李彤恩一人之书也。臣当即拔队,惟四十磅大炮二尊不能运,埋于山下,其余军装、锅、帐以及伤病勇丁毫无遗弃。若果因李彤恩三次飞书告急,仓猝拔队退回,军装焉能毫无遗失。基隆退后,敌兵上岸住营,兵势已分,往攻沪尾,不足千人。若不撤基隆之守,敌必全队攻犯,沪尾无兵往援,虽提臣孙开华骁勇敢战,器械不敌,众寡悬殊,何能保其不失二十日之捷。左宗棠前据刘璈禀报,奏称孙开华所部并淮军、土勇三路迎战获胜,此次又奏孙开华数营战胜,不独于台事未加访察,即奏报中亦相矛盾,不加斟酌。所陈"台北距沪尾三十里,如果危急,地方官当慎重过于他人"等语,查基隆至沪尾水程止八十余里,顷刻可到。臣五里安设一站,来往通信,尚恐闻警报援应不及。若俟地方官禀报,必至沪尾失后,敌至台北城下方能回援。

【注释】

① 十年:光绪十年(1884)。
② 杪:末尾,末端。

　　台北府知府陈星聚屡次禀请进攻基隆,并有土著之人愿告奋勇,往攻基隆者,皆有其事。自沪尾捷后,俱以李彤恩所募张李成土勇得力,提臣孙开华、曹志忠、苏得胜、柳泰和各请添募千人,台北府陈星聚等联名禀请基隆通判①梁纯夫招募土勇一千,候补知县周有基禀请募一千,俱各奋勇进攻。其时记名道朱守谟请假尚未销差,倡言多招土勇,迅攻基隆。至于饷项、军械之有无不计也。忽有台北府书识②陈华声称,愿招土勇一千五百名,自备枪械,包取基隆,每月每勇需洋银十二元,托亲兵哨官奚松林来说,当经臣申饬不许多事。朱守谟闻有包取基隆之说,即私许陈华招募,及臣知之,业已成军。臣以淮、楚营制每营只月饷四两二钱,陈华大言轻敌,不知能否得力。即给如此重饷,何以服老勇之心,坚执不许添增口粮。该勇俱知台北府无兵,止臣亲兵数十名,即聚众呐喊鼓噪③。臣派弁往看,陈华所募皆城外艋舺④市井之徒⑤,器械毫无。当传来见谕,以军饷不能加增,如果能克基隆,立给犒赏银二万两,先发十日口粮,令其带赴水返脚,听候曹志忠调遣。朱守谟经臣严加申饬,含愤而去。陈华至水返脚后,曹志忠见其勇多滋扰,器械毫无,不能见敌,不肯节制。臣令苏得胜亲至曹志忠营与之密商,将陈华土勇先行挟以兵威,裁去五百名,复调三百名至观音山归柳泰和裁并,其余随即一并裁撤,费饷一万余两。周有基募勇尚未成军,即闹饷鼓噪。经臣将已募四百余人派归柳泰和节制。梁纯夫见土勇不遵约束,屡次滋事,不敢招募。此即左宗棠疏中所称各将领及土著之人愿告奋勇,往攻基隆者,系九月初旬事也。

【注释】

① 通判:清于府设通判,为辅佐之官。
② 书识:清代正额书吏之外的临时性书吏。在经制出缺之后,可补其缺。
③ 鼓噪:喧闹。
④ 艋舺:旧地名,在今台湾台北市。当淡水河沿岸,清嘉庆末至同治年间,为台湾对大陆贸易的重要港口。道光时最繁荣,有"一府(台南)、二鹿(鹿港)、三艋"之称。同治末年以后,因河床淤塞逐渐衰落,港市移向下游近邻大稻埕一带。
⑤ 市井之徒:市井中人,商贩。

绅士陈霞林等屡言内山御番土勇,常行见伏,可以招募。臣告知各军前往内山选募。一面令工匠连夜修理各营所缴旧枪,分拨应用,搜查饷项,仅敷月余。各军招募有尚未成军者,亦有成军尚无器械者。时疫厉气染至台北府沪尾一带,军民俱病。提臣孙开华、署台湾总兵章高元、总兵刘泰和等俱抱重病。曹志忠六营营官无不病者,臣随从文武员弁日殁数人。自封口后,内地音信不通,兵单援绝,土匪四起。臣日夜忧急,无所措手。台北府陈星聚每见必催进攻基隆。臣因其年近七旬,不谙①军务,详细告以不能进兵之故,奈该府随言随忘。绅士陈霞林并署淡水县知县刘勋皆明白晓畅,见将士多病,土勇尚未募齐,器械缺乏,俱知不能前进。陈星聚除面催进攻外,复禀请进攻。臣手批百余言,告以不能遽进之道。该府复怂恿曹志忠进攻,并危言激之。曹志忠一时愤急,遂有九月十四日之挫。幸伤人不多,未损军锐。敌于十五日即渡河,耀兵七堵。陈星聚妄听谣言,谓基隆法兵病死将尽,又谓业已退走上船,故日催进攻。自十五日以后,始自言不谙军事,不再妄言。此即左宗棠参臣坐守台北,不图进攻,机宜坐失。臣曾将兵单器乏,不能进攻情形叠奏在案。

【注释】

① 不谙:不熟悉。

基隆近靠海岸,敌船入口即不为我有,故于六月十六日之捷并未奏报克复。曹志忠所守营垒逼近海边,如法人添兵添船,即须退守山后,亦经臣附片陈明。我之所恃者,山险;敌之所恃者,器利。彼来攻我,我得其长;我往攻彼,彼得其长。且敌营据山傍海,兵船往泊其下,若不能逐其兵轮出口,纵穷陆兵之力攻亦徒攻,克犹不克。如果易攻,现在两军俱在疲乏之际,王诗正统带劲旅三千,不日当可奏功,以免臣抱懦怯株守之咎。臣治军十余年,于战守机宜稍有阅历,惟事事求实,不惯铺张粉饰。若空言大话纵可欺罔于一时,能不遗笑于中外? 臣实耻之。臣渡台时,军务废弛已极,军装、器械全不能用,炮台、营垒毫无布置,接战于仓猝之间,所部多疲病之卒。历尽艰难,支持半载,临敌应变大小十余战,幸无挫失。若听局外大言,轻敌浪进,上月初十日,孤拔添兵大举,战无策应之师,守无可据之险,必至一败不能立脚。军事瞬息千变,其中动止机宜,固非旁观所能尽知,亦非隔海所能臆度也。

至浙江候补知府李彤恩,本系沪尾通商委员。臣到台北,提臣孙开华称其办事勤能,熟悉洋务。现因身弱多病,决意乞退。臣商之提臣,台北现在用人之际,不可任其乞退,托其致书慰留。

六月十二日,臣同提臣并台湾道刘璈至沪尾察看炮台地基,李彤恩扶病出见,瘦弱不堪,臣令其赶紧调养,不必请假,当委沪尾兼办营务。

六月十五四基隆开仗之后,李彤恩禀请买船填石塞口。时值秋茶上市,英商阻挠,李彤恩同英领事往复辩论,始将口门堵塞。隔日,法船即至,英兵船告以口门封塞,随即驶回。七月二十日,臣至沪尾查看炮台。孤拔亲坐三号兵轮亦至沪尾查探水道,并托英兵轮代觅引港之人。若非李彤恩先期塞口,法船混入一只,台北已不堪问。绅士陈霞林等每晤谈时,辄称其功。

臣到台北,有招募土勇者,臣因其所用土枪不能御敌,不肯操练,未曾招募。李彤恩力保张李成打仗奋勇,请募五百名,发给后门枪二百杆,令其操练助防。八月二十日之捷张李成包抄得力,官绅共见共闻。

十月初,臣因饷项支绌,札令李彤恩来城同福建候补知县郑建中会同官绅办理筹饷捐借事宜。该守到后,即同陈霞林等议向城乡殷户借用银票二十余万元,毫无勉强,现已办成。如果李彤恩有贻误大局之处,绅民当共切齿,曷有听其分派捐借者？该守不领薪水，未邀保奖，究其所办数事，有裨于大局皆非浅鲜。左宗棠甫到闽一日，不加访察，遂以刘璈之禀并朱守谟挟嫌倾陷颠倒是非之言，率行参奏。臣若缄默不言，使出力有功之人忽遭不白之冤，当此孤岛危险之地，军务万紧之时，臣何以用人办事？应恳天恩将已革浙江补用知府李彤恩开复原官，并请免查办。一俟军事稍定，请旨饬令杨岳斌或专派大员渡台逐细访查。如果左宗棠所参情事属实，臣妄用匪人，办理不善，贻误事机，应请将臣一并从严治罪，以昭公允。诚如圣谕，关系极重，非李彤恩革职递籍所能蔽辜，事愈久则是非愈明。臣无任惶恐待命之至。除记名道朱守谟规避钻营，业已具折严参外，所有左宗棠奏参台北情形，据实详陈各缘由，谨恭折由驿驰陈。伏乞皇太后、皇上圣鉴训示。谨奏。

杨厚庵宫保奏疏：

奏为微臣遵旨确查，据实覆陈，仰祈圣鉴事。

窃臣于光绪十年十二月初五日在福建崇安县行次①，准军机大臣字寄十一月十八日奉上谕："左宗棠奏详察台湾情形，妥筹赴援一折。据称八月十三日基隆之战，官军已获胜仗。因刘铭传营务处李彤恩驻兵沪尾，以孙开华诸军为不能战，三次飞书告急，坚称沪尾兵单将弱，万不可靠，刘铭传为其所动，遽拔大队往援，基隆遂不可复问。李彤恩不审敌情，虚词摇惑，拟请即行革职，递解回籍，不准逗留台湾等语。前敌军情关系极重，必应确切查办，不得含糊了事。李彤恩所禀刘铭传各情,人言藉藉,果系因此贻误,厥罪甚重,非递籍所能蔽辜。前谕杨岳斌迅速赴闽援台,即着该前督于到台后详确查明,据实参奏。李彤恩着即行革职,听候查办,将此由驿五百里谕令知之。钦此。"旋于光绪十一年三月初一日在台湾府行次,准军机臣字寄二月初七日奉上谕:"前据左宗棠奏参知府李彤恩不审敌情,虚词摇惑,以致基隆被踞,当降旨将该员革职交杨岳斌查办。兹据刘铭传奏道员朱守谟规避钻营,造言倾陷各情,与左宗棠前奏大相迳庭,必须彻底查明,以昭是非之公。道员朱守谟于军务吃紧之时,辄敢擅请公款,乞假规避,殊属荒谬,着即行革职。至所参该员招摇播弄及倾陷李彤恩各节,如果属实,厥咎更重,非永不叙用所能微辜。着杨岳斌即将朱守谟饬提赴台,归入前案,秉公研究,孰是孰非,务得确情奏明,严行惩办,不准稍涉偏私。原折片均着钞给阅看,将此由驿五百里谕令知之。钦此。"跪读之下,理应钦遵。臣三月二十日抵台北府城,时值防务尚未解严,当于二十八日恭折,陈请另派大员查办在案。兹复于五月二十一日接总理衙门十七日电寄本日奉旨:"杨岳斌着将派查事件赶紧查覆。钦此。"恭读再三,曷胜悚惕。

伏查原参李彤恩一案,光绪十年八月十三日,李彤恩以当前敌营务处差使驻防沪尾。是日法人攻基隆甚急,另驶五船赴泊沪尾洋面,声言十四日开仗。李彤恩不审敌情,遽尔两次飞书告急,抚臣刘铭传当函知提臣孙开华与李彤恩,请坚忍为一二日之守。尔时本无退基隆意。是夜

戌刻,李彤恩飞书又至,遂致刘铭传拔队往援。李彤恩
第②知沪尾兵单,而不知孙开华诸将领之足恃;第知台北
为重,而不知基隆一失难以速收,未免贻误戎机。然其三
次飞书告急,实由平日未闻军旅,临事即仓皇失措,似与捏
造虚词,意图摇惑者有别,应请准照原拟,将知府李彤恩革
职回籍,不准逗留台湾。逭③其余罪,出自天恩。

【注释】

① 行次:旅途暂居的处所。
② 第:表示转折,但,且。
③ 逭:逃避。

又查原参朱守谟一案,臣由台湾赴台北,经过沿途各
县,已访明该革员上年八月底乞假离营。因沪尾已封,绕
道台南内渡,所过新竹、彰化、嘉义等县应需夫马自行给
价,地方官间有酒食酬应,亦属情理之常。惟新竹县代给
轿钱五百二十文,此外实无招摇劣迹。臣上年冬督兵过福
州省城,接见朱守谟,详询台湾情形,仅述及李彤恩人小有
才,难与为伍,实无播弄是非之事,亦未闻有基隆系李彤恩
得银数十万两卖与洋人之说。而台北人言藉藉者,因李彤
恩在沪局办通商有年,中外交涉之事多,往来之人杂,又恰
值基隆难守、台北已危、沪尾吃紧,遂不免商民疑谤。原非
朱守谟之造言倾陷也。

至擅请公款,查系台北知府陈星聚在清赋分治项下动
支修理向有行台,用洋银二百二十九元四角,又自行台至
新建军装局修铺石路用洋银五十八元五角,均由台北城工

委员方学李承修造报,档案现存府署。其时朱守谟暂寓行台,致有盛修公馆之嫌。惟朱守谟身任营务处,当基隆军情万紧之际,自应力疾①从公,而辄乞假内渡就医,规避之咎实无可辞,但该员业经奉旨革职,拟恳恩施格外,免置严议。是否有当,伏候圣裁。所有微臣遵旨确查,据实覆陈缘由,理合恭折具陈,伏乞皇太后、皇上圣鉴训示。谨奏。

官军退基隆后,八月二十日,法八轮攻沪尾,孙军门督战大胜,刘省帅捷奏录后:

奏为敌军登岸攻扑沪尾,我军血战情形,恭折仰祈圣鉴事。

窃奴才前将法船分攻沪尾,拔队回援,实力守御等情恭折驰报在案。自十六日法船又添三艘,连前共计八艘,日以大炮向沪尾炮台猛轰,不少间断。兵勇无驻足之地,孙开华与章高元、刘朝祐等惟以勇队昼夜分伏海岸林内,露宿以伺,不敢少事休息。

二十日卯刻,敌船倏忽分散,孙开华知其势必登岸,督令擢胜右营营官龚占鳌伏于假港,擢胜中营营官李定明带勇伏于油车口,以后营营官范惠意为后应。章高元、刘朝祐各带武毅、铭中两营营官朱焕明等伏于大炮台山后北路,防敌包抄。李彤恩所募土勇、军功②张李成一营伏于北路山涧。部署甫定,敌兵一面以排炮轰击,不下数百响,烟焰涨天,炸子如雨;一面以洋划小轮船多只装兵约近千余人,分三路上岸,直扑入小炮台,势甚凶猛。孙开华见敌兵逼近,立率李定明、范惠意分头拦击,章高元等由北路迎击。敌兵各执利枪以相犯,自晨至午,枪声不息,挫而复进者数四。我勇短兵相接,奋力击杀。张李成领队旁抄,孙开华亲率卫队奋勇直前,阵斩执旗法酋一名,并夺其旗。我军见敌旗被获,士气益奋。各路齐进,馘首级二十五颗,内有兵酋二名,枪毙约三百名。敌势不支,纷纷逃退。追至海边,敌兵争渡,覆溺海中者约七八十人。敌船因救护败兵,开炮乱击,自行击伤小轮船一只。其所遗格林炮一尊,亦为我军所获。

孙开华部下中、后两营首迎其锋,鏖战最久,战士多伤,阵亡哨官三员,伤亡勇丁百人,其余各营弁勇俱有伤亡。由孙开华将战胜情形具报前来。

伏查此次敌兵猛扑沪尾海口,蓄锐登岸,意在必得。当敌划③送兵上岸,各划皆开入海中,自断后路,以示死战。而我军自炮台被毁,无炮守御,全恃士卒肉薄相拼。虽枪炮如雨,士气毫无畏避,竟能斩将夺旗,遏其狂逞,实属异常奋勇。所有统领擢胜等军署福建陆路提督、记名提督、漳州镇总兵孙开华身先士卒,忠勇善战,力支危局,厥功尤伟。查该提督历著战绩,已经蒙恩赏穿黄马褂并赏给勇号,现署福建陆路提督,官职较大,奴才未敢为之先行。拟请可否仰恳天恩,俯赐破格加恩,以奖战功之处,恭候圣裁。记名提督、绰勇巴图鲁龚占鳌陷阵冲锋,杀贼最众,可否仰恳天恩赏穿黄马褂,以示优异?伏候钦定。其尤为出力之提督衔记名总兵、健勇巴图鲁李定明,记名提督朱焕明二员均拟请交军机处存记,遇有各省总兵缺出,先行请旨简放。李定明并请以提督记名,仍赏给清字勇号。副将衔闽浙补用游击范惠意、尽先游击孔光治二员,均拟请免补游击参将,以副将留于闽浙,尽先补用,并加总兵衔。范惠意仍拟请赏给清字勇号。尽先副将毕长和、陈永隆二员,均拟请以总兵记名简放。记名总兵梁秉成拟请赏给巴图鲁名号,并加提督衔。蓝翎尽先都司、沪尾营守备萧定邦,拟请以游击尽先补用,并赏换花翎。五品军功张李成拟请以守备尽先补用,赏换花翎,并加都司衔。军功陈振泰、黄国添、蔡国梁三员,均拟请以千总尽先拔补,并赏给五品蓝翎。江苏候补从九品刘恕拟请免补从九品县丞,以知县留闽补用。以示鼓励之处出自逾格鸿慈。其余出力员弁,应请汇入前次保案,择尤请奖。阵亡弁勇亦俟查明汇奏请恤。所有敌军攻扑沪尾、我军获胜各缘由,谨恭折由驿具陈。伏乞皇太后、皇上圣鉴训示。谨奏。

【注释】

① 力疾:动作有力而迅速。

② 军功:以军事有功得官者。

③ 划:划子,小船。

请缨客曰:闻是战张李成独骁勇,所部土勇亦最得力。张李成,台北人,出身微贱,何地无才,人可以根源论哉!是捷奉懿旨赏内帑银一万两,孙军门旋于十一月初八日奉帮办台湾军务之命。

卷 六

九月初六日(1884.10.24)

闻同乡钟德祥西耘编修①于七月十七日奉旨赏加侍读②衔,着往潘鼎新营中随同办事。又恭阅本月初四日电旨:

> 闻刘永福军缺饷,加恩赏银五万两,着张之洞,无论何款,即行解交岑毓英,传旨赏给。钦此。

九月初七日(1884.10.25)

得夫四十名,运逼码二十箱前进。闻王方伯军定初十日出关,扎那阳,谅山之东也。

有旨,苏、方、周③皆战,王④素奋勇,何以未闻苏军由船头拔退谷松。

【注释】

① 编修:官名。宋代有史馆编修,明代属翰林院,职位次于修撰,与修撰、检讨同谓之史官,掌修国史。清承此称。

② 侍读:官名,职务是给皇帝讲学。清翰林院、内阁,并有侍读学士及侍读。

③ 苏、方、周:提督苏元春、提督方友升、总兵周寿昌。

④ 王:王德榜。

九月初八日(1884.10.26)

派右后营先行。

九月十三日(1884.10.31)

带亲兵队及左营前哨、左哨由牧马起程,雇夫一百三十八名,三十里至那里,又三十里至坤谷,仅竹屋数间。

九月十四日(1884.11.1)

行六十里至原平县,俗呼北扪,县官阮柄来见,并呈诗。县尉张其琛及该总里长商民来迎。县官办米数千觔,运往苏街。此六十里,路平,间有山溪。遇山人挈女子行,花布蒙首,红布结小毡十数粒垂两肩,窄袖长衣,装束与越人殊。

九月十五日(1884.11.2)

行四十五里至天笃,路陡狭,人马数步一停。山产金,天笃锡尤佳。市廛①十余间。

九月十六日(1884.11.3)

行三十五里至送星厂,俗呼大厂,民居数间,山路极陡。出关至此皆深林密箐,羊肠一线。每遇丛阴,不见天日。过陬②必下舆,土岭自巅而下,人马汗喘。阴雨,则叶上飞蛭簌簌啮人,两头能跃,细如发,入肉壮如筯,流血被体,俗呼山马蝗,春夏尤多。

九月十七日(1884.11.4)

行五十里至那油。

九月十八日（1884.11.5）

行三十里抵苏街，路平。闻苏子熙军门奉帮办广西军务之命，杨云阶军门专统观音桥一路之师。犹养病驱驴。是时，郎甲、船头俱为法据。

九月十九日（1884.11.6）

在苏街。饬右后两营拔进左大，函祝卿催解军火；札沾化州知州麻允栋办粮、调夫；札襄安府知府办粮运左大。

九月二十日（1884.11.7）

在苏街。派左营前哨龚士珩往扎左舍，帮带欧阳萱进扎那阮，又分勇两棚扎响水。此去响水一日程，小船可行。响水至左社二十里，左社至那阮九十里，节节扎兵，递送军火。

黄守忠来书，云已扎近宣城十里，连日攻袭，俱未得手。给谕白通州上教总③该总黄德馨、副总杨有马、下教总该总韦文功、副总杨文鹤、广溪总该总闭文裕、柔远总该总麻廷仁、副总农延询、野市堡目农宏武、苏街客长④梅盛，办运米粮，递解军装。

九月二十一日（1884.11.8）

在苏街。接芷庵书，报香帅派司⑤景军后路转运局。

【注释】

① 市廛：商店集中的处所。

② 隩：水岸内曲处。

③ 总：首领。
④ 客长：客籍居民的首领。
⑤ 司：主持，掌管。

香帅录寄报景军出关日期奏稿。彦帅来书，谓亲至文盘州，督饬提督吴永安、邹复胜，总兵覃修纲由保胜分起南下，径扎馆司、夏和一带，俟何秀林兵到，即分扎临洮、端雄两府。时彦帅在马白关、八寨一带也。

接香帅本月十五日电：

> 密。咸、佳电悉。闻黄守忠与刘分，刘饷尚肯济黄否？欲济以饷械，如何办法？在刘内乎，外乎？请告守忠，若力战有功，当奏闻。洞。咸。

九月二十二日(1884.11.9)

在苏街。前营开行。上香帅书曰：

> 窃景崧于前月二十日出关，于本月十四日行抵苏街。一因琴帅之留，再因子药、米粮之繁重，运解艰难，致稽①时日，而前、右、后三营则已先发左大，再行一日即沾化州，距宣光八十里。黄守忠一军现在宣光八里外。景崧闻越官言，宣光向称天险，城内一山耸峙，悬炮可击外军，城外植竹五六重，兵难破入。经饬管带张盛高等不可轻敌骤进，当待景崧到后，详度机宜。盖地非亲历，行军终无把握也。

> 景崧留滞苏街，则以布置后路之故。牧马至宣光千

里,山路蚕丛②,林箐③蓊郁,尝行数十里,不见一人,不睹一舍。军行须节节备粮,采之数百里外,又苦难于运到,且须节节留兵以资护解。奈仅此四营,不留则后路空虚,留之则前敌单薄。然行军固重前敌,而后路尤不可不慎。北宁之败,军装糗粮数月不集,则以后路之布置疏也。现拟于后路择要屯储粮械,酌抽勇丁驻护。其不留兵之处,则用越官、华商以及社总、里长,按月给赏,饬其沿途照料。幸此次出关,越官与民尚称踊跃,荒山僻壤之头目人等咸集而听指挥,或亦乱极思治之时欤?摒挡④就绪,即赴沾化。

【注释】

① 稽:停,留止。
② 蚕丛:崎岖。
③ 林箐:树林及山间竹林。
④ 摒挡:收拾,料理。

又书曰:

昨奉咸电,示欲济黄守忠饷械,垂询办法,具见筹边用人之至意。刘、黄颠末,用敢缕陈。

初,刘永福之就抚于越南也,得黄守忠率旅来归,军势益壮,二人遂成患难之交。而黄才不及刘,其心较刘为诚,故甘处其下,为刘之前营,其士卒一千有奇,自取粮饷于越官,军装亦系自制。维时,刘永福所部仅左右两营,约七八百人,较黄为少。黄虽依刘,已有独树一帜之势。永福倚赖之，牢笼之，守忠无路可归，遂相与安之。而越饷最薄，不足以养所部。永福征保胜税厘①，守忠则在宣光之河阳取利于盐，各就所入添补军需。此刘团一军向来之情形也。

去岁，山西不守，越饷遂无，永福月得滇饷五千两，聊足支持。守忠因家资荡散于山西城内，河阳盐利因下游船阻，所入已微，其一军遂皇皇觅食。嗣岑宫保出关，为刘团编立十二营，并黄军在内，以守忠督带四营，乃力辞乞解兵柄，并欲率小队依景崧。左右再三劝慰，且穷诘其所以然，则云，该军粮饷向皆取给越官，为数甚薄，即有不足，力能赔垫。今改照滇军营制，其数已钜，又须仰给于刘提督。设提督不能如数以给，而营制昭然②，士卒按章索饷，己又无力赔垫，岂非贻累③无穷？景崧知其意而勉留之。

本年，北宁失守，刘团折归兴化，继返保胜，守忠乃率其所部分往河阳，觅食民间，其情形不问可悉。而永福当是时之不能兼顾守忠，亦限于力之无可如何，盖有不得不分之势。现在时事复振，永福渥荷④天恩，或肯济黄以饷，亦未可知，未晓则不得其详矣。

惟永福为人，其长在于敢战，于边围未尝无功。且越难削平，我岂能常翼越以兵？终赖此军以为镇慑，且能耐烟瘴、悉风土，俾兹劲旅，作越长城，乃将来固围绥藩长久之至计。大奏所谓图越以用刘为实际，仰见宏谟卓识，迥越寻常。而论者或谓中华之大，岂无良将精兵，何必注意于一刘永福？盖亦未尝反复深思其故者矣。

第永福多疑善忌，驾驭殊难，财入彼手，欲其分济守忠,万不能期其痛快。若我另济守忠,彼必又生疑忌,守忠转皇然不安。此今年彦帅弹章之所由来也。

兹者,刘、黄似分而未分,请俟晤守忠后查其饷项如何。若永福尚能拨济,足以支持,则我不必另济;万不得已,而后别筹济法。若即于济刘五万内拨付,必应派员提出,径解守忠;傥命永福就所收项内分之,必不能沾实惠。且我一济守忠,永福必不再顾其饷,又当为守忠筹长久之方。委曲为难,独崧知之最悉。在永福隐衷,决不肯舍守忠而令其分,更不愿守忠之别开门面。枭雄器识,固不能以圣贤之道义相绳⑤矣。至济守忠军火,尚属无妨。

谨此详复。

【注释】

① 税厘:海关税及厘金税的合称。厘金,清末于水陆关卡征收的货物通过税。大抵就货物原价抽收几厘,故名。厘,小数名,单位之百分之一。

② 昭然:明白貌。

③ 贻累:招致祸害。

④ 渥荷:沾润、承受。

⑤ 绳:衡量。

九月二十三日(1884.11.10)

收到牧马解来军火。闻张振帅于本月十六日病故。

恭阅七月二十日谕旨:

潘鼎新奏遵旨越南北宁失守情形,将各将弁分别拟办各折片。本年二月十一、十五等日,法兵至越南扶良江登岸,扑犯防营,陈得贵首先溃败,法兵分犯慈山、新河、三江口等处,黄桂兰、赵沃分路迎敌,迨陈朝纲、周炳林等营败后,黄桂兰闻警回城。越南官已开城逃遁。黄桂兰、赵沃即往太原,一路营勇亦溃,各将弁防御不力,实堪痛恨。除黄桂兰畏罪自尽,应毋庸议外,已革道员赵沃、已革提督陈朝纲,本应军前正法,惟念北宁被陷,系越官开门迎敌,该革员等回救不及,尚有一线可原。所请发往黑龙江充当苦差之已革道员赵沃、已革提督陈朝纲,着改为斩监候,秋后处决,即解交刑部监禁。已革副将周炳林不能联络刘团,以致偾事;军功覃志成所部骚扰地方,情节较重,均着发往黑龙江效力赎罪。并请革职之游击谢洲、田福志、参将蒋大彰、守备贾文贵、副将李石秀,改为发往军台效力赎罪。所请以都司降调之陈德朝、副将黄才贵,均着改为革职。所请咨革之千总李应光等十名,均着斥革不准留营。余着照议办理。该部知道。此次潘鼎新酌拟惩办失事员弁,多轻纵,军政首在赏罚严明,何得轻率瞻徇?着传旨申饬,嗣后有统兵驭将之责者,务当一秉至公,信赏必罚,俾各将踊跃用命,同奏肤功。钦此。

九月二十六日(1884.11.13)

由苏街乘船起程。刳①木为船,宽尺许,长丈有奇,无篷,容三四人。顺流西南行,夹岸峻山。四十里至通鲁岩,河道穿岩过,约三百步,土匪旧薮②也。再二十里至板千,无民居。豫遣人建茅屋一间,宿此。队伍山行,极陡狭,攀藤循石而进。

九月二十七日(1884.11.14)

乘船二十里至响水河之左为水岩,一名者岩,贼匪陆之平、李扬才昔据此。河至此为山隔,入地伏流。登陆行二十里至左社,宣光属地也。札帮办沾化州事务阮文历接运粮械。右营谈敬德、后营张金泰会报,拔进沾化,黄守忠派弁来迎,并报彦帅委参将③张世荣带队千人赴宣光助剿。

九月二十八日(1884.11.15)

行六十里至北深,沿路竹木交加,阴晦可怖,溪流活活,涉过十数重。北深无民居,仅盖蕉屋为余宿所。四面林箐不能支军帐,将士宿草中,虎噬两卒。

九月二十九日(1884.11.16)

行四十里至那阮,一名那香。沾化土牧麻允栋候接,少年韶秀④,备办行馆颇洁。此处有船通沾化。

【注释】

① 剔:挖空。
② 旧薮:以前聚集的地方。
③ 参将:官名,位次于副将。正三品。
④ 韶秀:美好秀丽。

九月三十日(1884.11.17)

给谕永安总该总吴文声在那香接运军装,札陈毓永催办保乐粮。

十月初一日(1884.11.18)

乘船抵沿化州,一名左禄,坐营驻此。闻黄守忠、吴凤典在宣光下游,于九月二十三日至二十七日迭与法船接战,夺获番艇七^(一)只,斩擒二十余名,得洋枪、逼码颇多,二十七日尚未收队。拟派前、右、后三营进扎三江口,距宣省三十里,为黄、吴掎角。惟沿化无粮,保乐采办未到。飞函黄守忠拨米接济,报彦帅、香帅及彭雪帅、倪豹帅景军到防日期。密电香帅,另有函曰:

窃景崧于本日行抵沿化,当即飞电具报情形。现派所部各营,准于初三日进扎三江口,会合刘团。惟就近无粮,景崧俟后路办米到来,亦即躬赴前敌。

【校勘】

(一)七:1955年本作"八"。

查宣光本属瘠区,兵燹^①之后,境益荒凉。现采米于八百里外,如内地之小镇安、关外之保乐州,尚能应手。无如云军、刘军皆取给于此,而解运极属艰难。自出关后,至高平之牧马,经太原之苏街,虽曰难行,第崎岖耳。由苏街至那香,此三百里间,虽有水道而峰截滩阻,晨舟而午陆,午陆而夕舟。陆路则岩谷一线,蕉竹弥满,藤萝^②纠纷,不睹天日,阴魅^③逼人。足涉溪泉一二尺,深浅不等,豺虎队出,夜噬人马,山蛭啮肤,野蜂成阵。其陡狭处,匪独舆马难行,即徒步亦必蛇行始免颠仆,遇雨尤苦,洵^④人世罕有之境。夫役肩担背负,难更可知。保乐至沿化,虽可通舟,而中隔一滩,又须舍舟登陆,始再乘舟,极费周折。处处派弁,节节留兵,甚有不敷分布之势。

　　顷接唐镜沅来函,谓恩及黄守忠,济饷五千两。当即飞函刘永福,称我制府虑若饷不敷,所部未能饱腾,黄守忠正在临敌,军饷尤不可缺济。偏裨⑤之饷即所以纾统将之忧,逾格恩施,不可多得。并函饬守忠知悉,激其用命。一面责成吴凤典等力截下游,我军专攻宣省。虽未能操必胜之权,然必殚竭全力,以副廑望⑥。

【注释】

① 兵燹:因战争所遭受的焚烧破坏。
② 藤萝:有葡萄茎及攀援茎的蔓生植物。
③ 阴魅:阴暗中的木石之怪。
④ 洵:诚然,实在。
⑤ 偏裨:偏将与裨将。将佐的通称。
⑥ 廑望:殷勤盼望。

十月初二日(1884.11.19)

札前、右、后三营准初三日挑队进扎三江口,各仅带米六百觔。

十月初三日(1884.11.20)

三营挑队开赴三江口。札催后路军火、保乐军粮。

十月初四日(1884.11.21)

寄呈香帅宣光地图。运米一千五百觔、逼码三十五箱,派

差官杨利元解往三江口。陈玉典自三江口回报,初二日,法轮
驶来五艘,云军安边五营与黄守忠、吴凤典等截战于下游,自卯
至午①,抵敌不住,却避于山,营官朱冰清受伤。

十月初五日(1884.11.22)

派农德魁解米一千五百觔赴三江口。阅吴鼎卿钞载刘敬
亭先生绝命词:

> 父教我尽心,君教我尽力。
> 心力俱已竭,此躯何足惜。
> 投塘苦被拯,绝粒已遂志。
> 城破身犹存,何以对天地?
> 七日赴幽冥,自恨犹濡滞②。
> 但得民人安,妻孥③甘并弃。
> 绝命质④古人,乾坤留正气。

先生名作肃,任宁明州知州,摄⑤太平府知府,咸丰十年⑥
六月城陷,先生自经,全家殉难。

【注释】

① 自卯至午:自早晨至中午。
② 濡滞:停留,迟滞。
③ 妻孥:也作“妻帑”,妻与子的合称。
④ 质:对。
⑤ 摄:代理。
⑥ 咸丰十年:1860 年。

又载许叔文年丈留别桂林诗,喜其名贵录之:

八载西游宦辙①疲,庸驽今甫脱尘靰②。
千金瓣纩③方无用,三宿浮屠④去已迟。
绕郭看山皆独秀,寻源问水是相离。
南华⑤再读休言悔,毕竟蒙庄⑥绝妙词。

【注释】

① 宦辙:作官的经历。
② 尘靰:尘事的牵累。
③ 千金瓣纩:重金所买的药方。
④ 浮屠:塔。最初为供奉佛骨之用,后来也用于供奉佛像、收藏佛经或保存僧人遗体。
⑤ 南华:《南华真经》,即《庄子》。唐天宝元年(742)二月,号庄子为南华真人,始称他所著书为《南华真经》。
⑥ 蒙庄:即庄子。因庄子为战国宋国蒙人,故称。

邕梧陈迹溯泥鸿①,白石澄波一水通。
恤纬寒闺宜继粟②,横经黉舍喜櫜弓③。
刍茭未足输刘晏④,桴鼓犹闻愧李崇⑤。
百事无成双鬓改,青毡惟是旧家风⑥。

【注释】

① 泥鸿:雪泥鸿爪,比喻往事遗留的痕迹。出自苏轼的《和子由渑池怀旧》:“人生到处知何似,应似飞鸿踏雪泥。雪上偶然留指爪,鸿飞那复计东西。”
② “恤纬寒闺”句:恤纬,《左传·昭公二十四年》:“抑人有言曰:嫠不恤其纬,而忧宗国之陨。”谓寡妇不忧其织事,而忧国家之危亡。后因以“恤纬”指忧虑国事。寒闺,冷清的闺房。继粟,出自《孟子·万章下》:“以君命将之,再拜稽

首而受。其后廪人继粟，庖人继肉，不以君命将之。"本义为给君子送来谷米，此处引申表示尊敬贤才。

③"横经黉舍"句：横经，听讲时横陈经书。黉舍，校舍，亦指学校；橐弓，收藏弓矢等武器。

④"刍茭未足"句：刍茭，干草。牛马的饲料。《尚书·费誓》："鲁人三郊三遂，峙乃刍茭。"孔颖达疏："郑云：'茭，乾刍也。'"刘晏（715—780），唐曹州南华人，字子安。玄宗天宝中举贤良方正制科，肃宗、代宗时历任京兆尹、户部侍郎、吏部尚书同中书门下平章事及度支、盐铁、转运、铸钱等使，管理财政达二十年。实行一系列改革，改进南北水运方法，整理盐法、稳定物价，改善了安史之乱后唐朝政权经济上的困难和财政的紊乱。德宗初，被杨炎诬陷，诛死。

⑤李崇：北魏李绩之子。仕冯跋为吏部尚书，石城太守。太武帝至和龙，崇率十余郡归降。帝礼遇之，呼曰李公。

⑥"青毡惟是"句：青毡，《晋书·王羲之传》附王献之："夜卧斋中，而有人入其室，盗物都尽。献之徐曰：'偷儿，青毡我家旧物，可特置之。'群偷惊走。"后以青毡为士人故家旧物之代词。此指诗书传家。

五马叨荣况屡迁①，脩羊糜费大官钱②。

淹留未必因鸾庑③，归去何劳问鹤田④。

偶触虚舟聊莞尔⑤，便题凡鸟亦欣然⑥。

叮盘未得南屏鲫⑦，孤负⑧西湖二月天。

【注释】

①"五马叨荣"句：五马，太守的代称。太守称"五马"的来历，说法不一：宋程大昌《演繁露》二《五马》认为可能出于《诗经·鄘风·干旄》："良马五之"。又据汉郑玄《周礼》注，认为汉太守相当于旧时州长，出则御五马。宋彭乘《墨客挥犀》四认为古代一乘有四马，按《汉官仪》汉时太守出行增加一马，为五马。后即以五马为太守的代称。叨荣，承受恩荣。

②"脩羊糜费"句：糜费，浪费。大官钱，大量官府的钱币。

③鸾庑：雕刻有鸾鸟的走廊、廊屋。此代指华美的居室。

④鹤田：仙鹤、芝田（古代汉族传说仙人种灵芝的地方），此指成仙之事。唐天峤游人《题邓仙客墓》："鹤老芝田鸡在笼，上清哪与俗尘同。既言白日升

仙去,何事人间有殡宫。"

⑤ 莞尔:微笑貌。

⑥ "便题凡鸟"句:凡鸟,庸才。题凡鸟,题凤,凤由凡鸟二字所成,指贵客造访。南朝宋刘义庆《世说新语·简傲》:"嵇康与吕安善,每一相思,千里命驾。安后来,值康不在。喜出户延之,不入,题门上作'凤'字而去。喜不觉,犹以为欣故作。'凤'字,凡鸟也。"吕安以凡鸟讽嵇喜为庸才。嵇喜,嵇康之兄。后遂以题凤比喻高贵者的造访。

⑦ "饤盘未得"句:饤盘,堆叠果蔬的盘。南屏,南屏山,位于杭州西湖南岸,处于杭州之南及有石壁如屏障故名南屏山。

⑧ 孤负:亏负。

两粤由来鲁卫亲①,更从离合见天真。

绨袍范叔原寒士②,布被公孙有故人③。

当道似闻兴义举④,归途犹幸及阳春⑤。

多情象鼻⑥滩前水,拂拭征袍未染尘。

【注释】

① "两粤由来"句:两粤,广东、广西,古属百粤地,称为两粤。鲁卫亲,兄弟般亲近。鲁卫,语本《论语·子路》:"鲁卫之政,兄弟也。"鲁是周朝周公的封国,卫是周公之弟康叔的封国。两国的政治情况也像兄弟一样差不多。后以鲁卫代称兄弟。

② "绨袍范叔"句:绨袍,战国范雎事魏中大夫须贾,为贾毁谤,笞辱几死。逃至秦国,更名张禄,仕为秦相。后须贾出使入秦,范雎故着蔽衣往见。贾怜其寒,取一绨袍为赠,旋知雎为秦相,大惊请罪。雎以贾曾赠绨袍,有眷恋故人之意,故释之。见《史记·范雎列传》。范叔,范雎,字叔。战国魏人。初事魏中大夫须贾,从贾使齐,以有通齐之嫌,魏相魏齐使舍人笞击雎,佯死得免。因随秦使王稽入秦,说秦王远交近攻,加强王权之策。昭王既废太后,逐舅穰侯(魏冉),以雎为相,封于应,号应侯。屡败韩、赵之师。后以任郑安平、王稽,皆负重罪于秦,秦王信用渐衰,因从蔡泽言,谢病归相印。

③ "布被公孙"句:布被,布制的被子,指生活俭朴。《史记·平准书》:"公孙弘以汉相,布被,食不重味,为天下先。"公孙,公孙弘(前200—前121),字

季,菑川薛人。狱吏出身,学《春秋》杂说。汉武帝初征为博士,出使匈奴,不合帝意,免归。后再拜博士。元朔中,由御史大夫升任丞相,封平津侯。弘熟习文法史事,用儒家学说解释法令,不肯犯颜强谏。又外宽内深,对与己有私怨者表面交好而暗中报复。有故人,指公孙弘把自己的俸禄供养故人宾客,家无所余。

④ "当道似闻"句:当道,当权的人。兴,发动。义举,正义的举动。

⑤ "阳春":温暖的春天。

⑥ 象鼻:桂林象鼻山。

先生名其光,番禺人,道光庚戌①以一甲第二人及第,大考②一等擢侍讲③,旋授广西浔州府④知府,失意长官,捐升道员。首章末句盖有所指⑤,而身分固高出飞卿⑥一等矣。

【注释】

① 道光庚戌:1850 年。

② 大考:清制翰林、詹事的升职考试。参加者有翰林院讲读学士至编修、检讨,詹事府少詹事至中允、赞善。乾隆后规定:考试结果分四等,一等予以超擢,二等酌量升阶或遇缺题奏,三等降级录用或分别罚俸,四等降调休致,不入等者革职。

③ 侍讲:官名。汉有侍讲的称号,但未设官。三国魏明帝景初二年,以曹爽弟彦为散骑常侍、侍讲。唐始设侍讲学士,以讲论文史。宋沿置,并设侍讲、侍读,都由懂文学的官员兼任。元、明、清翰林院有侍讲学士、侍讲。南北朝、唐、宋诸王府,也有侍讲。

④ 浔州府:唐贞观七年置浔州,以浔江而名。元改路,明改为府,清因之。1913 年废。州治在广西桂平县(今桂平市)。

⑤ "首章末句"句:首章末句,即"南华再读休言悔,毕竟蒙庄绝妙词。"盖有所指,首章末句指温庭筠忤逆时相令狐绹一事。温庭筠以《南华经》中的"玉条脱"对出唐宣宗不能对的"金步摇",并作诗"中书省内坐将军"讽刺时相令狐绹读书少,不知"玉条脱"出自《南华经》。

⑥ 飞卿:温庭筠(约812—870),原名岐,字飞卿,唐太原人。太中初,应进士。官国子助教,尝作诗忤时相令狐绹,故不得大用。诗词与李商隐齐名,时称温李。作赋八叉手而成,时称温八叉。诗词风格浓艳,多写闺情。著有《汉南真

稿》、《金荃集》、《乾巽子》等。

十月初六日 (1884.11.23)

寄家信,复都中各友信,并拟上吉林、高阳两相①,枢垣张、孙两公②,曾宫保③、彭宫保④,张幼樵⑤学士各函稿。札催后路粮弹。

十月初七日 (1884.11.24)

解米前敌。三营带来函,谓我军扎隆安村,在三江口二十里上。因闻初二日云军、刘军俱在下游失利,不通消息,未敢深入。致张世荣、黄守忠、吴凤典各一函,商联络之策。午刻,谢炳安遣弁走报,守忠已率所部扎三江口,与我军会合。函三营管带询晤守忠否。又寄洋布一疋⑥、针六十枚、线十籽,鞭炮千头,备作火药包。

【注释】

① 吉林、高阳两相:即宝鋆与李鸿藻。见前注。

② 枢垣张、孙两公:枢垣,政权的中枢,指军机处。张、孙两公,张之万(光绪十年三月入军机处)、孙毓汶(光绪十年三月入军机处)。张之万(1811—1897),字子青,号銮坡、重侯,直隶南皮(今属河北)人。张之洞兄。道光进士。官至东阁大学士,光绪十年(1884)三月至光绪二十年(1894)十月任军机大臣。卒赠太保。谥文达;孙毓汶(1833—1899),字莱山,山东济宁人。咸丰进士。光绪十年(1884)三月至光绪二十一年(1895)六月任军机大臣。兵部尚书致仕。卒谥文恪。

③ 曾宫保:曾国荃,官至两江总督,太子太保,故有此称。

④ 彭宫保:彭玉麟(1816—1890),字雪琴,湖南衡阳人,自号退省庵主人,湘军将领。因其兼太子太保衔,故称彭宫保。官至兵部尚书,卒谥刚直,追赠太子太保衔。

⑤ 张幼樵：张佩纶(1848—1903)，字幼樵，号绳庵、蒉斋，直隶丰润人。同治进士，光绪间累官侍读学士，署左副都御史，以敢言称。法越事作，会办福建军务。法人攻马江，佩纶狃于和议，应敌无方，致军舰、炮台及船厂均被摧毁。佩纶仓促遁走，发军台效力。后释回，以四品京卿用，旋卒。

⑥ 疋：量词，通"匹"。

十月初八日(1884.11.25)

三营管带飞禀乞米，札催后路粮弹。

十月初九日(1884.11.26)

解米一千五百觔赴前敌。札委千总高十二办米，并借船五艘。高十二，张永清之叔父也。因其身长，故呼高十二。

十月初十日(1884.11.27)

接渊亭初五日来函，深以初二日之战为愤，谓张世荣、吴凤典等现在连山总，请我军挑队由左玉至连山会合。查左玉在宣省下游，我军粮械来路在宣省上游，不能越省下扎，此揆度①地势万不可造次②者也。

守忠来函，谓拟进扎中门总，黄宝珠本驻此，初二日弃去。余函渊亭应饬守忠扎定中门，不可东挪西移，并饬我三营管带各挑队二百人，往助守忠，同扎中门，则可通张、吴消息。中门距宣省十里，催提后路饷银、粮弹。

十月十三日(1884.11.30)

函三管带，谓进扎中门亦是暂局，利在速战。香帅电，解刘军逼码一百万到龙川③。函商芷庵排置驿站。保乐米闻已解牧马,军火亦陆续到来。

十月十七日(1884.12.4)

由沾化乘舟进驻隆安村,文案仍留沾化。接三营管带函,云十四日带队进探宣省形势,法兵据陴④守,彼此不施枪炮,收队回。

【注释】

① 揆度:揣度、估量。

② 造次:轻率、随便。

③ 龙川:县名。清属广东省惠州府。秦置,属南海郡。本博罗东乡,相传有龙穿地而出,即穿穴流泉,因以得名。秦末尉佗为龙川令,即此。唐天授初改置雷乡县,属循州。五代南汉改曰龙川县。

④ 陴:城上女墙,上有孔穴,可以窥外。

十月十八日(1884.12.5)

往中门总巡看三营壁垒。宣光水土恶毒,军中患病将四百人,又无医药,左右呻吟不绝。手复蔡冰鉴、谢春池、张毅斋、龙雨三、邓柱臣、秦寿芝、李小南各友信。寄三十金与冰鉴。

十月二十日(1884.12.7)

接香帅电:"九月二十六日上谕:刘永福所部奖恤均准照岑奏。皇太后发内帑五千赏刘部出力兵勇,见邸钞,望先告刘、黄"等语。查原奏黄守忠、吴凤典均保游击,其余递保有差,黑旗一军至是同沾恩泽。飞函刘、黄贺喜。

时香帅除广东办防外,又为云南、广西、台湾筹济饷械。广东无利不搜,不恤人言①,不待邻恳②,入款不足,乃借洋债以百万,分给云、桂各四十万,刘军二十万,台湾未悉其详。大气包举,直以夷务全局为己任。于广西不独济饷,且议济兵。于是有冯、王出关之师。冯萃亭,名子材,广东钦州人,三出南关,督师平匪,以广西提督告病家居。香帅延而用之,先募十营,继增八营,是为萃军。广西右江镇王孝祺,号福臣,安徽人,统八营,是为勤军。同赴龙州出关助剿。

十月二十三日(1884.12.10)

午刻,庞宜甫病故于沾化州。宜甫诚朴,工楷书,万里来投,殁于异域,不胜哀悼!路险难运枢,暂厝沾化。

十月二十四日(1884.12.11)

接芝庵信,知杨石帅③授闽浙总督,刘省帅④授福建巡抚,仍督办台湾防务,九月谕旨也。苏军门⑤授广西提督。

【注释】

① 不恤人言:不顾虑别人的议论。

② 不待邻恳:不等云南、广西、刘永福、台湾等处恳请接济。

③ 杨石帅:杨昌濬(1826—1897),字石泉,湖南湘阴人。与左宗棠为布衣交。累擢浙江巡抚,官至陕甘总督,在任七年,加太子太保。坐甘肃教回复乱,褫职。

④ 刘省帅:刘铭传(1836—1895),字省三,安徽合肥人。清末将领。1884年,以巡抚衔督办台湾军务,抗击法军。后授福建巡抚。1885年台湾建省,旋改台湾巡抚,筹建基隆至新竹铁路,增筑炮台。1890年加兵部尚书衔兼海军衙门帮办。次年因病去职。1895年病死。

⑤ 苏军门:即苏元春,见前注。

十月二十五日(1884.12.12)

黄守忠来函。先是,十七日,张盛高等偕守忠往见渊亭于连山总,渊亭席上责守忠初二日之战不力,守忠负气出,渊亭喝亲兵捉之,经张盛高等劝止。守忠回营,愤欲卸甲。余函责之,兼函劝渊亭。今接守忠书,悔罪语切,尚可嘉也。时距寇踪咫尺,各不敢离营,故刘、黄隔数十里未能会晤。

十一月初一日(1884.12.17)

接彦帅书,云派丁衡三①带十三小营出马白关,由河阳赴宣光助剿。衡三与渊亭前在兴化不睦,属余调停。

十一月初二日(1884.12.18)

接彦帅书,谓飞催丁衡三一军迅赴宣光,并饬张世荣等截左育河道,悬赏万金。又言德璀琳②进京议和,或言赔法兵费,或言借法台湾收税二十年。计不如饵德结俄③为我助,则法虏可平。请香帅奏闻。

余函香帅曰:

本日奉彦帅书,谨录呈览。饵德结俄之议,窃疑俄似不宜挑逗,愚昧之见,或不周知世务,敬祈酌复彦帅。

夫中国与西人战,兵轮固患不敌,然只患无饷,有饷则百事可为。中国海口不敢妄议,至越南傍水诸省终是河道,非如海上之难制其船也。无如关外各军均有皇皇不给之势,米粮、军火未有则忧无,既有则忧解。曰饷不足,夫何尝不糜巨饷欤?岂以疆臣督师之力,不能宏建粮台,厚养夫役欤？关外大炮绝少,攻城攻船均无其具。即偶有数位,又未专开炮营,不过抽勇丁数十护之。兵力既单,则进退运动为难。又不厚养精于施放之人,此炮位之不能得力也。统将因道路、夫役种种艰窘,多不肯承领炮位,又皇皇自觅军粮,绝无好整以暇④之情。所以敌未来,则苟且相安;敌一至,则张皇失措。各军同病,宜乎日延一日,不能收复寸土也。

【注释】

① 丁衡三：云军统领总兵丁槐。

② 德璀琳：德国人,时任广东海关税务司。在斡旋、撮合李鸿章与法国水师总兵福禄诺签订《中法简明条款》方面出力甚多。

③ 饵德结俄：利诱德国结交俄国。

④ 好整以暇：《左传·成公十六年》："臣之使于楚地也,子重问晋国之勇,臣对曰：'好以众整。'曰：'又何如？'臣对曰：'好以暇。'"后因用以形容从容不迫。

谅山之师,为虏扼守郎甲、船头等处,我一步不能前进。太原之新街仅马盛治六营,进兵北宁不知何日。彦帅拟克宣光后继取太原,分扰山西则兴化不攻自破,诚为老计深谋。但目前景军与刘军致力宣光,所望云军击兴化,桂军击郎甲、船头,进逼北宁,分取太原,令彼四顾不遑。无论何军,必有一处得手。不然,我独一军致力于此,彼亦用全副精神抗护于此,未免毒聚一处,极难收效。景崧岂不知仅有四营,何可冒险逼虏城下？然关外皆待虏击我而后回拒,今我试往击人,拼此微命,为诸军先。仰仗威福,不敢望必克,但求不被挫,则诸军咸知我往击人之不足惧,而有相率齐进之一日。区区愚忱,伏乞垂鉴!

十一月初四日(1884.12.20)

芷庵报,苏军于十月二十九日捷于阮下,斩法首十五级,内一三画官。琴帅奏调广西按察使①李秉衡赴龙州坐办后路。闻香帅捐三千两,豹帅捐二千两助刘军饷。广东在籍督办团练翰林院侍读学士②李文田在省设立义捐局,集洋银九千元,并助刘饷。

十一月初五日(1884.12.21,冬至)

黎明,法兵出城扑同安总吴凤典营,渊亭由连山总赶至,敌已紧逼。吴营新壁未坚,正在危急。我军相距九里,右营谈敬德闻警,亟率百余人并押令黄守忠哨官带队同行。时守忠扎我军侧,恐敌来攻,不敢离营。敬德过后营呼张金泰带队继往,前营张盛高守本营。城敌开炮遥击我营,阻我驰救。敌见敬德军即弃吴营而战我军,相隔一田,枪弹雨密。战三时,敬德奋进,敌乃却。渊亭壁上观,曰:“此白旗何军?”左右曰:“此唐统领景字右营谈游击军也。”云军亦遥为助击。未刻,敌遁,敬德追五里,遇竹岭恐有伏,敛队回。探闻法兵伤亡颇众。此为景军第一战。谈敬德独救吴营,可嘉之至!赏百金,椎牛享士③。查我军伤亡四十余人。报彦帅、琴帅、雪帅,电报香帅。是战,彦帅、香帅电奏及奉谕旨录后:

　　十一月初五日,宣光法虏大股出城扑吴凤典营,刘永福督凤典奋击,唐景崧督部将谈敬德助之。寇转向敬德,

城上密施开花炮,云军安边营出队夹击,敬德战愈勇,率亲
兵陷阵④,敌中枪纷倒。三路合击,自辰至未,毙敌甚众,
乘胜逐至城下,始收队。各军阵亡二十三,伤七十。初九
日总兵丁槐率队至宣光中门总,与唐、刘会商。唐、丁任攻
城,刘任堵河下游截援寇。法重兵在端雄,添兵聚船欲抄
官军后路,饬严防。请代奏。毓英、之洞同肃。

再,顷接岑咨⑤:以后前敌战事,令永福、丁槐报景崧
电致洞,先行电奏,以期捷速。详细由岑驿奏。请代奏明。
之洞又肃。

【注释】

① 按察使:官名。唐景龙二年(708)置十道按察使,分察各地。开元二十
二年(734)改称采访处置使,后又改为观察处置使。宋以诸路转运使兼按察,专
主巡察,别有提点刑狱官。元置提刑按察使,后改为肃政廉访司。明仍建提刑
按察使司,以按察使为一省司法长官。清因之。又名臬司,俗名臬台、廉访。清
末改为提法使。

② 侍读学士:官名。职务是给皇帝讲学。清翰林院、内阁,并有侍读学士
及侍读。

③ 椎牛享士:杀牛犒劳将士。

④ 陷阵:攻破敌阵。陷,攻破。

⑤ 咨:公文。用于平行的官署或官阶间。

十二月十一日奉电旨:

岑毓英、张之洞电已悉。刘永福等督军接仗获胜,毙
敌甚众,着传旨嘉奖。岑毓英督饬该提督等合力进剿,攻
复宣光,法添兵聚船,欲抄官军后路,严密防范,毋为所乘。

潘鼎新遵旨妥筹防剿,勿稍疏懈。钦此。

旋奉上谕:

　　岑毓英奏,宣光法兵出犯,经官军截剿获胜,并先后收复各地方一折。本年十一月初五日,宣光法兵乘雾大股出城,直扑刘永福部将吴凤典营盘,经该提督等督队迎敌,主事唐景崧等分路进剿,三面夹攻,毙敌甚众,剿办尚为得手。现在宣光省属之安平府、陆安州、沽化州及宣光城外之连山、同安、中门、安岭各总,兴化省属之镇安、文振、安定各县,山西省属之夏和、清波两县地方均已收复,百姓安堵如常。仍着岑毓秀英督饬官军迅图进取,力挫敌锋,所有出力各员弁,即着该督查明保奏,候旨施恩。钦奉慈禧端佑康颐昭豫庄诚皇太后懿旨:着发去内帑银五千两,赏给此次尤为出力兵勇。钦此。该督务当激励将士同心敌忾①,共奏肤功,渥膺②懋赏。钦此。

此本年十二月十四日谕旨也。见邸钞。
请缨客曰:黑旗自与法人迭次交锋皆大战,未有借助于他军者。两载以来,虽曰助刘,何尝有同泽同袍③之义哉? 独此次为我景军切实援应耳。渊亭所部,始终不过四千,而与法人相持,或数里之近,每战必一日、三日之久。虽胜负互见,以视坐拥二三万人,去敌数百里外,如北宁、谅山诸军,一击即溃者,得不为刘所夷视④哉? 然则黑旗以孤军而屡抗强敌,其负盛名固有由来⑤也。

彭雪帅来书,有关夷务,摘录:

> 再,日本兵之在朝鲜者,近月滋事,句通⑥前岁大院君
> 之坏党,围彼王宫,杀戮大臣。幸吴筱轩⑦军门尚留三营
> 华兵在彼,出队救护之。有旨饬吴清卿⑧京卿前去办理,
> 不卜能解说以理了结否?该倭夷显助法鬼,故多事,可
> 憾⑨也!

【注释】

① 同心敌忾:齐心抵抗其所恨怒者。

② 渥膺:沾润、承受。

③ 同泽同袍:指甘苦相共。

④ 夷视:蔑视,藐视。

⑤ 由来:出处、来源。

⑥ 句通:勾结,联合。

⑦ 吴筱轩:吴长庆(1829—1884),字筱轩,安徽庐江人。同治间以守备从李鸿章援江苏。积功官至广东水师提督。光绪中,朝鲜内乱,日本使馆被焚,长庆率师定乱。执李昰应送天津。因驻师朝鲜。纪律严明,韩人德之。卒谥武壮。

⑧ 吴清卿:吴大澂,见前注。

⑨ 可憾:可恨。

十一月初七日(1884.12.23)

渊亭来见。

十一月初八日(1884.12.24)

由中门回隆安坐营。

十一日(1884.12.27)

拔营亲驻中门总。

十一月十二日(1884.12.28)

接香帅电,准添两营。乃增一中营,增一炮军营。以都司卢贵为左营管带,文童欧阳萱为中营管带,都司邹培为炮军营管带,都司龚士珩为炮军营副带。即遣欧阳萱、龚士珩率哨官等入关招募。函芷庵先运开花炮出关。

丁统领衡三初九日已到中门总,本日来晤,营未到齐。法人于城外西南角筑一大营,设炮台城内,山巅添建洋楼。

十一月十八日(1885.1.3)

与丁统领往会渊亭商议军事。丁颇折节①渊亭,而渊亭冷落不为礼。彦帅屡属余与丁统领会合刘军,并扎左育截河,不必攻城。无如丁、刘实有不能并处之势,乃陈彦帅有六不可,书曰:

> 叠奉谕函,并读疏稿,谬蒙推奖,感愧交并! 至并扎左育一议,屡廑宸虑②,窃抱不安。然景崧与丁镇,初并不愿刘提督独往截河,专任其难也,曾约其合力同逼宣城;而刘提督谓,奉有明谕,派伊堵河,以崧与丁镇攻城,理应遵办。数日后,刘提督忽然变计,乃有三军并扎左育之谋。而崧体察情形,再四筹画,不可有六,前函未尽,再缕陈之。
>
> 初谓丁与刘尚可调停也。继察刘之于丁,怨毒若不可解,逼处则祸立生。丁镇纵能含容,而部卒岂尽能忍让? 一朝激斗,必有伤折,官保何以处之? 其不可一也。刘军

人心不固,迥异曩时③,一溃则各军胆寒,相率而败,无可救药。其不可二也。功不可争,而过不可诿。十月初二日小挫,滇将、刘将彼此交推,罚既难施,而不和之机愈甚。其不可三也。堵河无炮,无论铁轮上驶矣,即民船亦非手枪所能击毁。堵河之说有名无实。其不可四也。助人者必先自立于不败之地,崧部与丁军粮道皆在三江口,距敌巢近,而距左育转远,不顾根本,致败可虞。其不可五也。若分军半扎中门,半扎左育,接递粮饷、弹药,而首尾隔五十里,敌巢居我首尾之中,恐被阻遏,且兵分则两处皆单。其不可六也。崧军尚可依刘,曾与之商,如景军往扎左育,后路粮难,彼能调动越民,倘肯代雇夫役或代办糇粮,即可合扎,据覆不能。崧求之且不能,何论于丁? 崧不可往,丁更何术可往? 崧与刘交深,而与丁交浅。夫岂有左右之见存而公道在人,不得论交情之厚薄? 窃以为宫保此际惟责令崧与丁镇誓取宣光,不必问其为堵为攻,自力筹所以取之之法。若虑刘军独处兵单,不如令其稳扎连山遥为掎角,置彼于不败之地,尤为稳着。伏候钧裁。

【注释】

① 折节:屈己下人,降低身份。
② 屡厪荩虑:殷勤地为国忠心谋划。
③ 曩时:昔时。

十一月二十三日(1885.1.8)

彦帅钞寄奏稿,内言"提督冯子材久在关外,深得民心;提督苏元春轻财好义,驭兵有术;主事唐景崧奋不顾身,有胆有识,可否邀恩令其多募勇营,可久与敌支持,将不耐烟瘴之勇撤换入关"等语。盖是时,滇军多病,春夏尤甚,其所以迟迟不进者,未尝不因此。

十一月二十四日(1885.1.9)

令四营挑队夜往袭城,未得手。

二十五日(1885.1.10)

传檄各营管带,申饬无能。谈敬德愧甚,不敢谒见。

十一月二十七日(1885.1.12)

为余四十四岁初度①,各营官自二十五日斥责后垂首嗫②默。恐堕锐气,厨下适烹熊掌,乃召营官开筵畅饮,谈笑尽欢。

十一月二十八日(1885.1.13)

彦帅来文,以同知潘德继新募三营归我兼统。德继父曰其泰,南宁人,向带果勇,打仗有声,德继固无能也。勇尚未到。

十一月三十日(1885.1.15)

俸祝卿来营,余亲往城北勘地势,因营在中门总,距城尚七里,拟移垒城下二里,以便攻袭。彦帅进驻馆司。

十二月初一日(1885.1.16)

饬各管带往城下踏勘,立营地。张盛高懦怯撤退,以参将王宝华接带前营。

十二月初二日(1885.1.17)

接香帅十一月十七日电：

> 歌、蒸两电、两手书悉。谈敬德力战捍敌，奋勇可嘉，传语奖勉，当存记，俟再捷从优奏奖。系何官阶？并示攻城损卒。水当已消，以塞下游为上策。闻夷四轮已退至端雄，确否？能用地雷否？刘饷前赏五万已由百色解云，今又有数万，定计仍从牧马一路解，属刘派队迎提，须劳贵部协护方妥。运费准另销。刘屡有禀来，甚亲切。阁下调护，深悉刘之功即君之功。此不可以常格③绳也。岑军所购后门枪五千杆，陆续过粤运往，年底可到行营④，可属刘俟枪到乞之。贵军幕中部下多病，甚念。才宜多储，勿惜费。贵体安善。洞。霰。

【注释】

① 初度：人的生日。《楚辞》屈原《离骚》："皇览揆余初度兮，肇锡余以嘉名。"《注》："言父伯庸观我始生年时。"本指出生地年时，后称人的生日。

② 噤：闭口沉默。

③ 常格：固定的格式。

④ 行营：出征时使用的营幕。

十二月初三日(1885.1.18)

芷庵报十一月十八日王朗青军败于丰谷。时楚军扎丰谷，在谅山之左，与谷松为一路。朗青约谷松苏军往攻船头。苏云,俟募到黔勇再进。朗青乃于十七日派两营独逼法垒,战三时,胜负未分,各收队。十八日黎明,法大队骤攻楚营,据山击炮,营毁勇溃。朗青驰前督战,枪中左右,死数人,不肯退,实不支乃退。十营全弃,大败,丧军火无算。退扎车里,苏军未往援。

十二月初四日(1885.1.19)

四营移垒北城下,去城二里,坐营仍在中门总。丁营到齐,扎城南,距城亦仅二里。彦帅派何秀林云楼带三千六百人往扎左育,以助渊亭。渊亭曾执贽①云楼门下,取其谊相孚②也。云楼乃扎清水沟,在左育、宣城之中。

十二月初五日(1885.1.20)

接芷庵信,香帅在龙州设冯、王、唐、刘转运局,以知府张赓云为总办③,芷庵为帮办④。继又设广、桂、滇、越局。于是广东有局,司道⑤主之,曰东转运局;龙州有局,以李臬司⑥主之,曰西转运局;又在南宁设七军转运局,造扒船⑦六十艘,备运饷械。规模宏达⑧,不遗余力矣。

【注释】

① 执贽:也作"执挚",持带礼物。古代礼制,宾主相见时要赠送礼物。

② 相孚:相互信任。

③ 总办:旧时官职名称。清末新设置的官署或办事机构的主管人员称督办或总办,副职称会办,资格比会办略次的称帮办。如清季之保甲局、厘捐局,皆置总办、会办。

④ 帮办:主管人员的助手。

⑤ 司道：清朝时期隶属于巡抚的专设机构。

⑥ 臬司：明、清时置提刑按察司，主管一省刑名按劾之事，亦称臬司。清代俗称臬台，又称廉访。

⑦ 扒船：广东、广西的舢板船。木质结构，多在内陆地区用于水上交通或渔业养殖、捕捞。

⑧ 宏达：功业的宏伟。

十二月初六日（1885.1.21）

刘军往扎左育，截堵河干。

十二月初八日（1885.1.23）

各营移扎，壁垒已齐，丁营亦已扎定。余乃约衡三设法攻城。衡三谓城南有寨，客匪、教民居之，以护西南角炮台，须克此寨而后炮台势孤易夺，城乃可攻。余韪其计。丁营近城南，任攻寨，恐敌由东出救，属我军攻东门，并攻西南炮台，以掣①敌兵。余概应之。

十二月初九日（1885.1.24）

传各管带密商攻策。谈敬德任攻东门当头敌，以王宝华为接应；派左营卢贵、后营张金泰攻炮台。饬各营带探明进兵之路。

十二月初十日（1885.1.25）

往丁统领营商明日攻策。何云楼在坐，谓彼营尚未扎定，商缓之，余不可。归营，函衡三，引曹孟德"天下英雄惟使君与操"之语以激衡三。是夕四鼓，左营卢贵、后营张金泰带队潜进炮台后,伏土阜下。东门外有庙,驻法兵、客匪数百人,河干有小兵轮载炮驻护。是时,西、南、北三面皆闭城,独东未闭。我营在北,由北过东不敢傍城下行。谈敬德、王宝华五鼓带队披荆斩草绕别道赴东门。谈敬德与士卒沥血饮酒。余在中门总坐营,传令亲兵五鼓②造饭。饭毕亲往督阵。

【注释】

① 掣:牵制。

② 五鼓:五更。凌晨三时至五时。

十二月十一日(1885.1.26)

五鼓后,丁军袭南寨,乘敌不觉入据之,纵火,敌开东门往救。谈敬德带亲兵甫至城下,后队未齐,见南门火,曰:"丁军得手矣!"鸣角骤进。敌恐我军遂薄其城也,乃不救南门,专击敬德军。城上、山巅、城外、船中枪炮齐举。我军三面受敌。王宝华继至,与敬德伏岸力战。正酣斗间,余与文案吴鼎卿至前营。甫下马,左营哨官邱启标报管带卢贵攻炮台中枪,腿折扛回,续报王宝华伤扛回,血如注,臀腿两伤。宝华呼曰:"谈管带亦伤矣!"当是时,枪炮震天,我军不退,敌亦未却,死亡相当。旋报敬德阵亡。丁统领遣弁驰请我军切不可退,因已得南寨,立掘地营,恐我军撤则敌必救南门,丁军据寨不住。而我军四将已亡一人,重伤二人。后营张金泰在炮台后,为敌枪截击,不能撤。东门两营无主将,哨官邹全鸿、刘泰清亦受伤扶回。乃躬自督战三时许。天雨,将士饥乏,稍退三百步,坐林下小憩。时敌犹未入城,不敢骤撤,恐其突前扑我营垒也。法兵、教民、客匪见我军四面围攻,有仓皇乘竹舟遁者,多为我军击沉。未刻,敌入城,城仍不闭。我军即列队林下,由营送饭,不敢收队。余回右营痛哭敬德,亲视棺殓。是日,阵前面谕参将刘九如接带右营,以帮带前营萧彤筹代理前营,副将魏云胜代理左营。我军伤亡百余人,敌亦大挫夺气。何云楼亦带队来焉。余约衡三勒兵准备夜攻。报彦帅、琴帅、雪帅,电香帅。

请缨客曰:谈克昌,湖南沅江县人,年甫三十,由军功擢参将衔游击,英挺好胜,投徐中丞麾下,带克字营。潘中丞撤之,依方棣生,闲居郁郁。时余养疴龙州,已卸兵柄①,克昌曰:"公必再起任边事,如用末将愿效死力!"景军立,遂委为右营营官。粤兵楚将成军之始,颇患凿枘②,克昌气豪迈,议屯议战辄请当先,忌者拾其短訾③之。余坚谓此人必不负我。愈毁而优礼愈有加焉,克昌亦愈感奋。

【注释】

① 兵柄:兵权。
② 凿枘:圆凿方枘的省语。圆孔方榫,彼此不合。比喻格格不入。
③ 訾:诋毁。

十月初五日,诸军蹵伏①营门,克昌独以百余人击挫劲敌,景军遂名震关外。后挑战必先诸将,又辄单骑驰城下相度战场,炮弹拂马头而扬鞭顾盼自若也。余屡戒之,克昌又坚请攻城。余曰:"肉薄攻坚,非计也。必诱敌出,挫而困之,而后城可得。"奈敌终不出,于是有十一日与云军合攻之计。战前二日,坐诸将于军帐下,克昌曰:"末将愿首扑东门。"次日,传诸将密授方略,戒克昌曰:"东门三歧埔,地狭近城,又紧邻大河,不易进兵。汝进毋猛；伏队半里外，俟丁军起击南寨，敌必启东门往援，大队过尽，汝始尾击；已命谢澧国夜渡河，立山巅瞰，敌出即麾旗，汝不见旗不可进也。"座上睨克昌，视其神若不在舍。退语吴鼎卿曰："此子太锐，恐终不利。虽然，猛将不当前敌，何爱之为？"克昌退，自秣马②于军壁下。呼其哨官文蔚林曰："来，吾语汝，明日战必恶，吾当效命报统领。不幸死。汝乡人也，其负吾骨归。吾无妻子，死不足忧！"饮酒至五鼓，率亲兵五人策马先行，抵东城下，见南门火发，疑云军已得城，骤鸣号招队进。而是时，敌正齐队，犹未出城，睹我军有夺城势，乃启门以大队迎击，猛不可当。战三刻，克昌腿中弹坐地。前营王定庵曰："汝退！吾兼押汝队接战！"克昌曰："统领亲督阵，何敢退！汝其力战！"定庵本克昌哨官，敌枪正紧，不敢稍却，挥刀奋进，弹穿腿过，再扑又伤，痛不可支，亲兵曳回，而克昌旋被炸弹轰裂胯下，殁于阵。亡我健将，痛不可言，泣涕三日。奏入，谕旨轸惜③，敕部优恤。香涛尚书与余均有赙④。克昌聘石氏，未娶，无子。余檄沅江县徐令商诸族人，立其犹子⑤谈国琳为嗣，恤项并军中公费集一千四百金，扶柩以归。石氏守贞不嫁，有禀来营，亦奇女子也。

【注释】

① 跧伏：蜷伏。

② 秣马：喂饱马匹。

③ 轸惜：痛心惋惜。

④ 赙：以财物助助丧事。

⑤ 犹子：《礼记·檀弓上》："丧服，兄弟之子，犹子也，盖引而进之也。"本指丧服而言，谓己之子期，兄弟之子亦为期。后来因称兄弟之子为犹子。

十二月十二日(1885.1.27)

我军仍列队东门挑战。法虏据城头,枪炮环击。令邹培立小地营于西城下,离城极近,兼制炮台,借云军小炮架击堞虏,堞毁,虏多伤,不敢立堞。

十二月十三日(1885.1.28)

我军仍列队诱敌,枪炮对击,互有伤亡。赴丁统领营,商必先夺炮台始能攻城。丁统领议用"滚草法",度离炮台数百丈,潜掘土为垛,可蔽数人,即伏垛下开濠,掘濠渐长,容人遂多,人行濠中,可避枪炮。乃缚草把长三尺,计数万束,滚掷而进,草把墙立,人不受枪,草压炮台即可立破,滇人谓之"滚草龙"。于是丁、何两军任挖濠,我军任缚草。三鼓与吴鼎卿单骑走西城下,往会丁统领,噤声坐地,离炮台二百丈,督队开濠,送草。五鼓,濠成,长二百丈。我军负草濠行,敌悄无声。天明回营,调队备攻。电香帅连日战情。彦帅、香帅会衔电奏及奉上谕并电旨录后:

　　十二月十一日彦帅、香帅会衔电奏:
　　　　十二月十一日,粤军唐景崧与云军总兵丁槐谋攻宣光南门外贼寨,寨为贼要路。是日五鼓,槐分军两路攻寨。黎明毁墙而进,云军别营左右抄击。贼开东门大队出扑,粤军当之。景崧身督战,以两营迎击,以两营击南门炮台之贼。敌于山巅、城上、船中三面环施枪炮。云、粤两军无一稍却。丁军夺得贼寨,贼多乘竹舟遁,复被粤军击沉,溺毙无算。云军提督何秀林率营合击,血战一日,杀贼甚多。

粤军营官游击谈敬德猛进,炮伤犹不肯却,复中飞炮阵亡。营官卢贵重伤,王宝华受两伤,哨官刘泰清、邹全鸿俱受伤。云军哨官马联桂阵亡,营官谢有功、杨春标俱受伤。两军亡卒百余。刘永福、黄守忠沿河截援贼,得竹舟二、板船一。十二日,粤军复攻其东门。十三日,云、粤两军滚草进攻。三日内昼夜苦斗,未收队,兵少不能更番休息,实为恶战。击毙甚多,偷渡溺河尤众。敌受此大创,两军俱逼城口,樵汲①已断,敌势蹙。惜南门炮台为梗,军无利炮等语。谈敬德最锐勇,极可惜。现饬焚毁城边贼垒,重赏优保,以期速克。请代奏。毓英、之洞同肃。马。

【注释】

① 樵汲：薪柴用水。

十二月二十四日内阁奉上谕：

岑毓英等奏"官军进攻宣光大获胜仗"等语。本月十一日,主事唐景崧、总兵丁槐分攻宣光南门敌寨,敌兵大队出城援应。唐景崧督兵迎击,敌兵枪炮三面环施,我军进攻益力。丁槐率军力夺敌寨。敌人乘舟逃遁,复被粤军击沉,溺毙无算。提督何秀林合军助战,毙敌甚多。刘永福督同黄守忠沿河截击敌援,夺其竹舟、板船。十二日,粤军复攻东门。十三日,滇、粤两军会合猛攻,迄未休息。血战三日,勇气百倍。现在宣光门外一律肃清,即着岑毓英激励将士,乘此声威,规复北圻各城,同膺懋赏。此次出力兵

弁,着查明存记,俟宣光克复,即具奏候旨施恩。其阵亡兵
弁,着先行奏请优恤。钦此。

又同日电旨:

　　岑毓英、张之洞电陈十一至十三胜仗,已悉。本日已
将战状降旨宣示。谈敬德阵亡,深堪轸惜,候奏到优恤。
唐景崧、丁槐、刘永福等奋勇可嘉,传旨奖励,俟宣光克复
奏到,给予优奖。现据龙州电报,宣光城隅山上炮台已得,
是否确实?即电闻。并着迅图进取,规复各城。钦此。

十二月十四日(1885.1.29)
滚草,日夕不绝。

十五日(1885.1.30)
　　继滚。辰刻,积草离炮台数丈,将及矣。余伏兵东门,防虏
出援。又伏兵炮台侧。午刻,台内法兵骤出,飞奔东门,城上枪
炮齐下。丁军哨官都司何天发搴旗抢登台上,中炮,血肉腾空。
两军追击逸虏,枯草为红。有自东门乘小舟遁者,均为我景军
击沉。生擒法人、西贡鬼、教匪、客匪二百余人,释去教民数十
人,令数人入城招降,散其党羽,余二百人缚跪诛之,祭我死士。
天容惨淡,地血横流,客、教各匪屡招不出,助虏为虐,死固有余
辜也。讯贼,供十一日之战,毙法酋五画一名,四画一名,一画
二名,散虏五百人,城中需粮望救维殷。此次夺台,云军开濠最
苦,余报捷,称丁统领首功。城外敌垒至是一律荡平。寇负孤

城,外援不至,各营俱逼扎城根,开濠伏处,可与城上人对语。客匪多嘉应人,命邱启标、李文忠以乡谈招之,射书入城约为内应。夜约丁军用梯攻城。彦帅、香帅会衔奏捷,赏我军攻夺炮台将士银一千两。

十二月十六日(1885.1.31)

令将士稍息。后营管带张金泰患病,左营哨官邱启标、后营哨官李文忠各扎小垒,紧逼西北城下,三五丈不等。一垒赏银三百两。右营管带刘九如据东北角一寺,高与堞齐,日夜枪击城中。代理左营魏云胜与邹培并扎,丁军亦紧逼城下。是时,城之西、南、北三面华兵逼困,仅东门一面临河,未能合围。河为刘军所据,舟楫不通。法人用玻璃匣藏求救洋文,上插小旗,写"拾送端雄法国大营者赏二十元"。以数匣付水流行,为防河刘军拾得,寄递粤东译出,皆乞救词。香帅来文,谓洋书与军报情形相符,后将译文入奏。盖西人与中国构兵以来,未有窘困如此次者也。

十二月十七日(1885.2.1)

后滇、粤两军均据城外土岭,用枪俯击,城中毙敌极众,瘗①东门外。我军被城枪还击,日有伤亡。勇伏地营,开濠送饭。派参将刘仁柏为总查,督开地堑。掘濠必于深夜,乘敌不见始不受枪,然亦时被击伤。丁军议用地雷,遂暂停攻。余每日赴前敌,短衣匹马,行雨弹中,野象极多,蹄陷田,圆径②尺,甚碍马足。近城即舍骑步行。敌见马上人必击,知为头目也。

【注释】

　　① 瘗：埋葬。
　　② 圆径：直径。

十二月二十五日 (1885.2.9)

　　接芷庵报，本月二十日，法人攻谷松，苏军刘荣琚、梁兰泉失先锋营，陈嘉夺回复失。二十一日，总兵董履高率龙字五营助战，营官刘士和阵亡。二十三日，法人据山开炮，龙营溃，董统领伤，苏军败退威埔，距谅山五十里。王朗青军驻车里，杨云阶军驻观音桥，未往援。王怨苏军不救丰谷之败，杨亦忌苏，故皆坐视。广东萃军十营，勤军八营，甫抵龙州，琴帅俱调赴谅山，冯、王不行。琴帅又调朗青、云阶军齐赴谅山。芷庵电香帅，谓自撤藩篱，谅山愈不可守。香帅电朗青、云阶，谓"贵军不撤敌疑且缓，必不敢深入。且缓退，选精锐千人夜袭之，败可逾山而归，胜则赏士卒二万，大胜倍赏。务望支此危局！洞九顿首"等语。景军将士家室多在龙州，闻信忧惶。彦帅函余与衡三、渊亭，谓我军进退，视谅山存亡，不可泥攻宣光。芷庵旋函报本月二十七日电旨：

　　　　潘鼎新电称"苏元春退回山庄，谅防吃紧"等语。法人纠众扑犯，意存狡逞，必须痛加剿办。潘鼎新当力守谅山，严加备御，并饬各军奋勇进剿，不准稍有退缩。冯子材、王孝祺两军，着迅赴前敌接应。王德榜前经挫损，未加谴责，傥仍不奋勇图功，定即严行究办。刻下关外兵力已厚，潘鼎新务宜妥筹调度，严明赏罚，使各营踊跃尽力，不得以时势难支等辞,豫为地步;倘有贻误,恐该抚不得当此重咎!现云军进攻宣光得手,着岑毓英督军克期应援,牵制敌势,庶滇、粤声气联络,速扫敌氛。钦此。

十二月二十六日(1885.2.10)

我军尽拔东城下竹栅、木^(一)桩①,夜薄其城,伤亡十余人,卒不得手。

【校勘】

(一) 木:底本作"本",据 1955 年本改。

十二月二十八日(1885.2.12)

云军地道成。黎明,发一雷,城未动。景军用竹梯草捆攻北城,自寅至辰②,伤亡三十余人。云军游击何天祥、守备王世兴亦攻城阵亡。连日寒雨,苦甚。敌于城市土岭,掘窟树栅,为城破死拒计;客匪调离,不近我营,防句结也。我军攻城必于黑夜往伏城下,天明攻,不入即不能撤回,仍伏城根,而以城外据岭之兵然枪击堞,使虏不得凭堞俯击城下,兵待夜始撤回。盖白昼虏能见我大队开行,则山岭枪炮齐下矣。战士伏城下送饭尝被击,每以布裹饭递掷而前。后因粮少食粥,不能掷,辄饿竟日③。

接香帅本月二十一日电:

真、文、元三电悉。三日苦战,阁下勇略,将士劳苦,佩甚念甚!敬德骁猛遽殁,痛惜不已^(一)。贼虽蹙,城甚坚,可下令招降。十日不下,城破痛剿,此为要策。并宣示各将,无论云军、粤军,克宣光日,赏银三万,保三提督、五总兵、十副参游④、十勇号,请商彦帅,即复。洞。马。并转岑宫保。

【注释】

① 木桩:木头桩子。

② 自寅至辰:寅,寅时,天亮前三时至五时。辰,辰时,上午七时至九时。

③ 竟日:终日,自朝至暮。

④ 副参游:副将、参将、游击。副将,清代从二品武官。隶属于总兵,统辖一协(相当于旅)的军务,又称协镇。参将,官名,位次于副将。正三品。游击,官名。清代绿营设游击,从三品,职位次于参将。

十二月二十九日(1885.2.13)

丁军又发地雷,城崩数丈,虏死拒。丁军遂跨缺口,掘地据之。我军攻北城,颇损士卒。丁军发地雷在西南,每约我军于雷发时攻其北城以制敌救缺口,惟发雷须待天明方窥见缺口所在,以便扑攻。我军竹梯、草捆攻城,利在黑夜,使敌莫测。故待雷发始肉薄奋攻,伤亡辄众。探报,敌援三千将到。是时,谅山信警,军心惶惑,粮且不继,数米而炊。云军、刘军俱乏粮,食粥。雨露迷蒙,余与衡三督攻及议事,日坐泥潦中,憔悴无人形。辞去潘德继三营。

恭阅本月初二日电旨:

张之洞电奏已悉。冯子材、王孝祺两军,该督策励进发,应需饷械,设法协济。岑毓英、潘鼎新遵迭谕悉力进剿,勿少迁延。闻法用越南本国兵共六千人,该督抚设法解散,或晓谕招徕,以孤其势。越南外列藩封,现在大兵助剿,该国君臣自当督兵民助顺敌忾。着彭玉麟、张之洞会商岑毓英、潘鼎新,传旨切问,责以大义,令其覆陈。钦此。

十二月香帅、雪帅、豹帅三衔会奏录后:

奏为分遣广军四枝大举规越,以缓台围而振全局,仰祈圣鉴事。

窃惟法人犯顺扰闽以后,围禁台湾,朝廷指授机宜,保全南峤①,各省疆臣渡兵济饷,百计俱施。然以阻隔重洋,艰难殊甚。粤东迭济饷械,派兵往助,俱已陈明。熟筹今日敌情事势,我不能遽逐法虏以去基隆,法亦不能尽破我军而踞台地。惟有力争越南,攻所必救,庶不致率其丑类肆毒孤台。越圻渐恢,台围自解。屡奉谕旨进兵越南,牵制敌势,明见万里,胜算无遗。前经臣之洞电奏,争越南以振全局。复蒙谕旨,饬办钦遵在案。自十月以来,法屡添兵来华,大率赴越者三之二,赴台者三之一。复据西电,法人决意并力,先逐桂军出越,再图上犯滇军。诚以桂近滇远,为彼北宁、河内等处目睫之患②。此时滇军及提督刘永福方攻宣光,未能即时东下。桂军扼守观音桥、谷松、那阳三路,虽获胜两次,为敌所阻,兵力尚薄,必须由东路进兵,使敌首尾兼急,捣虚而入。

【注释】

① 南峤:南边的山岭。此指越南。

② 目睫之患：近处之灾祸。目睫，眼睛和睫毛，两者距离极近，因喻近处。

　　查前广西提督冯子材现在钦廉本籍，奏办团练。该提督老成宿将，久官粤西，曾征越匪，威望在人，罢兵未久，旧部尚众，派令募勇十营。继因该提督力陈出疆征讨，兵力须厚，又准续募八营。计冯子材共统十八营，由钦州、上思州出边入越，趋那阳一路。据报于十二月初五日到龙州，先遣八营扎思陵隘口之外，惟续运八营军械须中旬始到。

　　又查右江镇总兵王孝祺现在粤省防营。该总兵戎行稳练，派令带本部四营，抽拨省防粤军四营归其并统。计王孝祺共统八营，由梧、浔溯江至龙州出关入越，趋谅山一路。据报于十二月十五日到龙州。军装、器械二十二日到龙州。

　　又查钦州参将莫善喜素号能军，自请率师图越，意以法虏来窥伺钦境口岸，不如先发制人。因饬就原部二营增募三营，以为冯子材后路策应。

　　又据参将陈荣辉迭次上禀，请出奇兵袭越。因饬率新募习于越情水陆勇一营，并由署雷琼道王之春拨所部两营助之，会合莫善喜并进。由臣玉麟抽省防湘军一营填扎琼防。俟明正①冯军深入，相机进兵。计莫善喜共五营，陈荣辉等共三营，由钦州、东兴出边趋海阳一路。

　　又查五品卿衔吏部主事唐景崧，前经臣之洞奏派统四营入越，会合刘永福攻剿。嗣于十一月内宣光攻剿吃紧，准添二营。该主事由桂入越，缒幽逾险千二百里，非复人行之境。到防以来，勇略殊常，屡挫强敌。阅岑毓英奏稿，亦赞其奋不顾身,有胆有识。将滇军潘德继三营归其兼统,自宜厚其兵力,以资展布。已饬俟宣光克复,添足十营。计唐景崧现有六营,正攻宣光,攻克后即下趋端雄一路。

通计广军规越者冯子材十八营,王孝祺八营,莫善喜、陈荣辉等并琼军共八营,唐景崧现有六营,共四十营,分为四枝,分道进攻,遥相呼应。会合滇军、桂军、刘军,互为奇正,优悬赏格,申严军律,教民固不可滥诛,法人亦许其归命,断不准骚扰妄杀,驱众资敌。现因琼山各路告警,已电饬冯子材、王孝祺飞速分道往援。俟明年正月以后,各军俱齐,械到饷足,事机当可渐顺。惟军资浩繁,饷固不赀②,械尤难购,内防外协,日不暇给。即使有饷有械,而上水转运甚迟,关外办粮甚苦。特是权衡时势之缓急,上体宵旰③之忧劳,不得不勉为其难。现将藩运④各库之存储、军火各局之造办⑤搜罗殆馨,应付边军。幸蒙圣恩,准借商款。已奉电旨,俟陆续提到,当可支持。

自十月以来,七接密报,法虏将窥伺广东,曾纪泽自英来电亦同。盖深恶广东为台、越各军饷械之所资,力欲犯扰,以图牵制,然制敌机要所在,断不能为之动摇。

以上各节,均经随时择要电奏。除本省防务随时竭力筹办外,所有广军大举规越缘由,谨合词缮折,由驿驰奏。伏祈皇太后、皇上圣鉴。谨奏。

【注释】

① 明正:明年正月。

② 不赀：不可计量。表示多。

③ 宵旰：借指帝王。

④ 藩运：藩司漕运。藩司，明、清时布政使（全称承宣布政使司布政使）的别称。在清代为督抚的僚属，或称藩台，主管一省人事与财政。康熙六年后，每省仅设布政使一员，不分左、右，为从二品官。别称方伯。漕运，专指中国政府将所征粮食解往京师及其他指定地点的运输，主要是水运，间或有部分陆运。辛亥革命后，漕运废除。

⑤ 造办：制造采办的军火。

香帅电：

十二月十四日，总署来电，本日奉旨："昨据潘鼎新电称，孤拔抵越，调兵由船头进攻。刻下以歼除该酋为第一要义。着岑毓英、潘鼎新一体通饬各营，有能擒斩孤拔者，朝廷破格恩施，优予爵赏，使渠魁授首，以振军威。钦此。"

后闻孤拔实于攻闽时受伤毙命，未至越也。

十二月除夕（1885.2.14）

停攻。

卷 七

光绪十一年乙酉正月初一日（1885.2.15）

丁统领短衣泥履来营贺年；景军将弁俱来贺，枯槁无人色。枪炮之声犹不绝于耳。市商渐集，而价极翔贵：银二十两买米百觔，银七钱换豚肉一觔，鲜蔬绝少，日食盐菜而已。骨痛喉肿，勉起巡营。

正月初二、初三日（1885.2.16—1885.2.17）

我军滚草攻城，不克。

正月初四日（1885.2.18）

文童蒋兰誉扶谈克昌柩启行，带队哭送之。至右营所扎寺中，窥城内甚悉。土山对峙，杀气云腾，枪弹拂拂左右。

正月初七日（1885.2.21）

接芷庵信，报谅山于十二月二十九日为法所据，琴帅先于二十八日退驻南关，各军俱调入关。法兵至文渊州筑炮台。文渊距南关八里。琴帅继退幕，龙州大震。我军饷械交琴石走南宁运往百色。

恭录正月初三日电旨：

李鸿章转电,潘鼎新电称"法众上犯,日夜鏖战"等语。谅山军情紧要,潘鼎新身临前敌,王德榜、王孝祺等军均听候调遣,以一事权。冯子材着帮办广西关外军务,所统各营亦归潘鼎新调派。该抚暨该帮办等务当和衷,切切力办,迅速图功。倘各军不遵调度,即严参治罪。陈嘉受伤曾否平复?殊深廑系①。宣光业已得手,着岑毓英严饬丁槐、唐景崧、刘永福等军指日攻克,毋稍松劲。钦此。

【注释】

① 廑系:殷切系念。

又初五日电旨:

闻谅山失事,曷胜愤懑! 着潘鼎新将情形迅即电奏。该抚与苏元春、冯子材当督军择要稳扎,激励将士,迅速进取。倘不能振奋图功,贻误大局。自问当得何罪! 王德榜军曾否接仗? 严饬实力会剿。王孝祺率队赴谅,现抵何处? 着催令进兵。前据岑毓英电称,宣光旦夕可拔。近日战事若何? 未见电奏。法逆如盘踞谅山,计必分兵救宣,云军垂成之功,恐将掣动。着饬各军急将该城攻克,扫荡而前,以分敌势。一面即行电闻。云、粤各军饷械,张之洞力筹接济,毋任缺乏。钦此。

正月初八日(1885.2.22)

辰刻,丁军又轰地雷,城崩丈许,法兵奔救。景军据岭上然枪截击,倒毙无数。丁军再发一雷,去初轰之地不远,城再崩。砖石乱飞,压毙法虏十余人。景军先于五鼓积草北城下,至是众军践草而上。法兵拼死力拒,枪炮齐发,杀声震山。余与丁统领押队督攻,誓不准退,而伤卒纷纷曳下,惨不可言,不得已撤兵。此次系右营哨官赖朝荣、邹全鸿自请奋攻,不克,摘去顶戴。

谅山既失,又闻敌援将至,急欲攻拔,以致损我多士。归坐帐中,叹息不已。

本日令赖朝荣、邹全鸿在城之西北角土阜扎一小垒,距城二丈,赏银四百两。垒在阜背,掘堑伏兵以避敌枪,准备我军进攻缺口,即据阜巅用枪截击奔救之敌兵。盖此时与敌虽隔一城,竟可交枪而战。彦帅派弁运到大开花炮二尊,轰毁洋楼数座。赏云军四千两,景军二千两犒师。

正月初九日(1885.2.23)

赖朝荣、邹全鸿被谴愧奋,相约往观雷轰之缺口,请挑队奋攻。余乃约丁统领行地道中往窥缺口,商进兵之路。每于濠浅处,必鞠躬以行,昂首即受枪;然地道中亦有中弹者,听命而已。赖、邹就本哨拣得头等先锋三十人,二等先锋五十人,署状,首夺缺口得城,头等一人赏三百两,二等一人赏二百两,豫给印票,各先赏番银一元,刑牲煮酒,然炮祭旗。又派右营管带刘九如、前营帮带刘仁柏带队接应。左、后营攻北城,以掣敌势。景军为一路,攻一缺口;丁军为一路,攻一缺口。

三鼓,余与丁统领坐所夺南门炮台下。四鼓,齐队,传令。五鼓,乘暗进攻。

而头等勇丁请于赖、邹曰:"我等死勇愿一见统领,且各乞十金。"余笑问:"打仗携银何为?"众叩首曰:"先登必凶,愿一见白镪①而死。"奖慰再四,立遣差官回坐营,飞取三百两金。往旋十里,适遇野兽,绕道行,银至而东方渐白。三十人裹银负枪,骤驰去,奔缺口大呼,跃登城,赖朝荣、邹全鸿督二队五十人继上。敌枪已密,不能衡进,大队更不能前。先是,丁军约我军齐伏城下,发号一鼓并进。而我头队不及待发号,猛抢登城,死二十四人,生还六人,邹全鸿两伤。余闻信,神魂沮丧,问尸何在。众曰不见尸,当死城中矣。

初十日(1885.2.24)

　　辰刻,徒步走五里回营。竟夕未卧,惫甚。而龙州飞报,法兵已及艽封窥牧马,我军后路将断。彦帅函令相机撤师,勿拼孤注。适奉廷旨,严饬攻拔,且不肯功弃垂成。于是函约丁、何,本夕②再攻,传令奋勇者报名,勇丁敢带队押队者给军功牌。差官伍义廷愿带队,亲兵什长姚纪昌、覃启发愿押队,尚少一人带队,乃再派赖朝荣选得头队先锋五十人,二队先锋一百五十人,大队五百人在后接应。赏格如前,仍各先赏酒肉银一元,带队押队官八元。列队营门,面加奖励。语队长曰:"不得城,毋见我!"约定,我军攻一缺口,何军发地雷亦任攻一缺口。俟雷发,三路齐进。我军分攻西北门。部署毕,而营哨官密禀,本日无粮。亟搜厨下,得米二百觔,益以渊亭所馈糯米百觔,给战士晚餐;大队令自觅粮。

　　三鼓,余至丁统领营,仍与坐炮台下。云楼四鼓至,各军齐队。五鼓,地雷发声殷殷,而城未动。三路兵奔缺口,城中枪炮齐鸣。余与衡三、云楼督队于炮台下。法虏死拒缺口,我军再进再却,有已登城而坠隝者,有喋血于城下者,后队人密,城枪乱下,被伤尤众。赖朝荣、伍义廷、姚纪昌俱阵亡,覃启发受伤。丁、何两军亦多伤亡。此十一日卯刻攻缺口之情形也。队长四人,亡三伤一,勇丁更不计数。顿足痛憾,洒泪归营。赖朝荣尸夺回,伍义廷、姚纪昌不得尸。夜遣人觅骸城下,获十二具,终不见二人尸。

【注释】

① 白镪:银的别名。

② 本夕:本日傍晚。

请缨客曰:明知攻坚兵家下策也,而事急,不得不攻,且城垂拔,亦不肯松劲。

赖朝荣,福建人,与邹全鸿同籍。二人皆好大言,又性暴,故不肯委为营官,而是时,军中猛锐无逾二将者。赖朝荣初十日战归,十一日不欲往,众激之行。知必死,托子于我差官赖姓亦名朝荣者,从容慷慨,与谈克昌皆有烈士风焉。奏入,蒙敕部优恤,家桂林,其族弟某来见,赠金养其家。香涛尚书①亦捐廉恤赏②。殁后无棺,殓以桥板,缝不掩骸,竟莫能运,兼以仓卒拔归,夫难道险,遂与庞宜甫柩并厝于沾化州城,拟事稍定移归。不料此地转眼为狐兔场③矣。疚心至今,负我友将。

伍义廷,云南人,本右营勇丁。十二月十一日之战,赏其勇,拔为差官。即夕命带队赴东城下寻死士骸,获一具,赏二十金,伍义廷冒险获五具。后屡傍城下探事。是日慷慨请行,竟死。其家不知有何人也。

姚纪昌,广西人,充亲兵最久,行必扶舆。是日,事不济,同党劝其退,纪昌曰:"统领有言,城不克,毋来见,何敢归营!"中枪堕濠死。

正月十二日(1885.2.26)

挑队再攻。参将邓有忠、什长汪鼎臣带队,什长覃启发、赵全红押队。置酒营门,延之上坐,勉以此次志在必克,以李文忠、刘仁柏、刘玉贵带领大队在后接应。丁、何新得赏项,所挑奋勇俱界现银,朱额④为志,退后者斩。余三鼓至丁营。何军再发地雷,四鼓齐队。地雷发,城微崩,飞石毙我军数人。赵全红腰伤,仍分三路扑攻缺口,城枪络绎,忽远忽近。我军兼攻北门,呼声震天。丁军后队以为得手,亟呼守营军齐进,而头队在前,力攻不入。战至十三日卯刻,不得不退。大队拥挤地道中,余令箭不得前。邓有忠、刘玉贵、汪鼎臣、覃启发均已伤,不敢退。立久,伤人愈多,邓、覃伤尤重,辰刻始撤下。至是连攻三日矣,折将损兵计已不少。三人议曰:敌援且至,宜少休息,以防敌人生力军。云楼乃命参将马维骐带三营助刘军截河。维时城中粮弹将尽,且夕可拔,每闻哭声;而城虏终不张皇,更柝⑤寂然,夜以电气灯巡堞数周而已,洵劲敌哉。

【注释】

① 香涛尚书:张之洞(1837—1909),字孝达,号香涛,直隶南皮(今属河北)人。同治进士,屡督学典试,所至提倡经史实学。外任督抚垂三十年,在两湖最久。京汉铁道,汉阳铁厂、萍乡煤矿,皆其所创办。光绪末为军机大臣,官至体仁阁大学士。卒谥文襄。有《广雅堂集》。

② 捐廉恤赏:捐出正俸以外的养廉金用于抚恤和赏赐。

③ 狐兔场：狐狸兔子出没的场所，意为荒凉之地。
④ 朱额：在额头印上红色的标记。
⑤ 更柝：打更用的梆子。

正月十三日（1885.2.27）

电旨：

> 　　岑毓英、张之洞电称"云、粤各军力攻宣光，苦战不退"等语。官军奋勇进攻，深堪嘉尚！着岑毓英激励各将领，将宣光克日攻拔，迅奏肤功。据探，援敌将到，并闻有太原法兵图犯宣光后路之说，着督军扼扎，严密防范，毋为所乘。前据鲍超奏报，于十二月初二日自川启行，刻下行抵何处？着迅速电闻。钦此。

又旨：

> 　　李鸿章转电，岑毓英电奏，宣光军情已悉。丁槐、唐景崧等督队猛攻，均属奋勇，仍须稳慎进攻，相机克复，庶不至多伤精锐；至力扼寇援，尤关紧要。着岑毓英督饬刘永福严扼端雄、钜岭一带要路，认真截击，使彼族不能联为一气，攻剿自易得手。钦此。

此正月二十一日电旨也。

正月十四日（1885.2.28）

接芷庵报，本月初五、初六等日，萃军战法于文渊，苏军、勤军继至,无胜负。又报初九日杨云阶军门阵亡于文渊,苏军退守关前隘,法兵入镇南关,轰毁关门旋去。琴帅退驻海村扒船中。苏军退扎幕府。湖北新到六营,道员魏纲统之,名衡胜军。

请缨客曰:杨云阶爵军门在滇平回匪起家,决荡^(一)纵横①,独当一面。潘中丞视若裨将,仅畀以广武军数千。南皮谓其愤郁以死,有以②夫!虽然,云阶死天下遂无訾云阶短者,竟以一死成勋业完人,岂非奇幸哉!其少妾牛氏亦殉节死。云阶草菅③粉黛④,乃获此烈女报,更奇。

正月十五日(1885.3.1,元宵)

闻法援兵至端雄。端雄距左育约百里,水路入宣光必由之道,驻有法营。余屡请云军击端雄,则敌援可截。彦帅云,檄总兵覃修纲兵进端雄,尚未拔队。

【校勘】

(一)决荡:1955 年本、中华书局本作"荡决"。

【注释】

① 决荡纵横:不受拘束地冲杀。

② 有以:有原因。

③ 草菅:本指草茅,喻轻贱。此指轻易杀戮。《汉书·贾谊传》陈政事疏:"其视杀人若艾草菅然。"

④ 粉黛:借喻美女。

恭录正月十三日电旨:

潘鼎新迭次电奏"谅山失守,并法众犯镇南关"等语。

所请治罪之处，着潘鼎新将详细情形具折驰奏，再降谕旨，并着该抚戴罪图功，督饬各军择要扼扎，实力守御。倘该抚及各统将不能妥筹防剿，再有退挫，致敌踪阑入①边境，定即从重法治罪！苏元春连日鏖战获胜，现虽退扎幕府，军势尚可复振，当与潘鼎新扼险驻军，力图堵剿。李秉衡近在龙州，着随同该抚筹办军事。冯子材、王德榜经潘鼎新飞催不至，可憾已极！着张之洞、潘鼎新传旨严饬援剿，倘再玩延，即照军法从事。潘鼎新前电称马盛治克多福府，续电又称马盛治未克多福府，两歧，着查明电奏。钦此。

请缨客曰：谅山失后，苏军溃卒未集，潘督师乃无故奏有巴平之捷。旨称苏元春连日战胜，当据所奏而云然也。谅山吃紧，萃军甫到十营，军装未备，继募八营未齐，势难骤进。勤军八营东来，途次斩一索饷勇丁，众乃哗溃，抵龙州不及二千人，赶募亦不能赴援。王朗青治军严整，而性情骄愎，自负湘中老将，每与督师龃龉。据云，事急时，督师一日间檄五六下，调其所部，倏东倏西，无所适从，并非抗调。朗青初不遵署广西提督之旨，继又败于丰谷，至是被催援不至之劾，遂褫职②候察办，所部归苏接统，正在谅山大捷报未入都之际。当是时，主、客各军不能共缓急，图奋取，督师又意气自用，且迹近偏袒苏军，故谷松一败，众军袖手，坐视颠覆而不救，岂真法人之猛悍不可制哉？盖亦我将帅不和之所致也。滇军虽恢复无闻，而将领皆西林旧部，号令专严，稳扎未曾一挫。其攻宣光也，如我景营，无不让丁镇、护刘提，故有七十余日合力同心之苦战。城虽未克，虏受奇窘,《传》曰:"师克在和"③,非千古兵法之要义欤?

【注释】

① 阑入:擅入。
② 褫职:革去官职。
③ "《传》曰"句:《左传·桓公十一年》:"师克在和,不在众。"

正月十六日(1885.3.2)

丁统领来营借粮,无以应之,皇然①去。申刻,忽报法兵大队援宣光,犯左育,已与刘军接仗。刘军地雷轰毙百余人,枪毙百余人,敌犹未退,亟派差官谢湤国走探,又令魏云胜带队四百人驰助。未行,旋报刘军已溃,渊亭走浪泊②。谢湤国半途折回,探闻法兵冲破吴凤典、李唐营,黄守忠扎对岸,为法兵大队所隔,不能抄救,左育已失。云军尚有在地营者。先是彦帅屡函余与丁统领,谓"法援将至,我军零布城下,苦战力疲,腹背受敌,不能当新寇,宜退扎深山老林,相机而动"等语。余心韪之,犹冀渊亭全师扼左育,养锐未战。左育扼定,则宣光坐困可克,未肯遽退。今左育失,则疲军诚不能御生敌,且军中苦粮不继,而龙州、牧马后路岌岌可危,饷械运往百色,又遥遥莫能接应,实有不得不退之势矣。乃函丁、何,询进止,未复。黎明李文忠报丁军城下各营已撤,请示退否。始令先锋营一律撤退,并归大营。先载伤卒走三江口,回沾化。

【注释】

① 皇然:惶然,不安貌。
② 浪泊:在今越南北部,指东英县西南面的西湖。

十七日（1885.3.3）

午刻，自率亲兵陆行，令四营从容拔退。

十八日（1885.3.4）

遇丁统领于道，席地欷歔。宿北埔。

十九日（1885.3.5）

抵沽化。各营续至，仍扎沽化。丁军初扎寒猛，继回中门总。何军在清水沟，尚不得刘军消息。禀彦帅、电香帅，请示进止，云牧马吃紧，与其再攻难得之宣光，不如退保未失之牧马，以捍归顺。渊亭回驻同安总，信来，怨黄守忠包抄不力，坐视不救，禀请彦帅参劾，守忠因是革职。

十八日过寒猛，晤守忠。知渊亭此败必归罪守忠，约其同出牧马。守忠深感愿行。余并约渊亭赴桂边就饷械，整军雪耻。渊亭复书曰然，又以重迁为忧。景军新募中营护饷未到，炮营取道保乐抵那香，仅运到小开花炮二尊，然已费尽气力矣。

正月二十五日（1885.3.11）

电香帅：

闻南关不驻营，甚骇。中外知有镇南关而不守，可乎？崧请往扎南关，再议后图，何如？祈示。崧。宥。

又电香帅：

十九电调黄归崧,兹再详陈。黄守忠泣诉左育之役,非不顾主将,亦非彼军先失营垒包抄不到,乃为敌后队截住。刘挟嫌诬罪,捏禀彦帅参劾。官不足惜,劣名可羞,誓死依崧,图功赎罪;不允则入山去矣。其死士二百人,俱愿为主雪耻。依刘则散,泣涕求收。查刘、黄久不睦,今不可再合。黄去而之他,恐其党为乱。使功不如使过,乘其急而救之,不敢谓必奏功,决必能苦战。惟用黄当径与刘分,询尚有八百人,月给五千足养之。如蒙曰可,乞檄黄依崧为选锋①,径调出,不必防刘怨。崧。宥。

正月二十九日(1885.3.15)

接彦帅来书,极以我军退保牧马为宜,并已据情入奏。本日先开两营,所有退宣光、旋牧马,香帅电报、电奏及电旨录后:

香帅正月二十六日电:

唐主政:

十九电悉。顿足叹恨,天不殄②夷,夫复何言! 贵部自以保牧马为是,可与桂军联络,且饷械后路较便,再图后举。惟以后云军、刘军信息均难通,能改筹一路设站否? 但更纡远,奈何! 黄守忠能招之来牧马尤好,速图之。不知彼须候刘檄否? 贵军一切可便宜从事。洞。宥。

又正月二十七日电:

唐州判飞递唐主政,转岑宫保:

　　援至刘挫,宣围竟解,顿足叹恨!不审尊意如何布置?或再进,或缓攻。云军今扎何处?连日龙电,寇将攻芜封,图牧马。唐军粮弹俱乏,维卿恐后路断,请示防牧马,徐图共举。所虑自是实情。惟前敌洞未深悉,已属请公示。祈飞速酌定,饬遵即复。洞。沁。

【注释】

① 选锋:从士卒中选拔组成的突击队。此指突击队。
② 殄:消灭。

又二月初一日电:

岑宫保、唐主政:

　　正月二十九日电奏,云"叠据唐景崧报,饷弹缺乏,牧马局徙避铁厂,后路阻绝,请回防牧马"等语。查宣光势难再攻,牧马寇所必争。接潘抚电,"芜封已有敌踪。前因南关被扰,龙局将唐军饷弹改解百色。此时唐军孤悬沾化,无益后路。饷断弹乏,其军必溃。惟有速回牧马,助桂为妥。已饬速商岑督,但左育既扰,道路难达,并令酌量情形,若事急即速拔回牧马。冯既援廉,唐回助桂,先议守,徐图攻,似为稳便。请代奏。之洞肃。艳"等语。钞稿寄维卿转彦帅。洞。朔。

正月二十九日电旨:

　　彭玉麟等电奏"钦廉防务紧要,请急调冯子材率十营回援,钦廉以八营扎上思州隘段,相机策应"等语。又据李鸿章电称,"接龙州电,闻法进扎扣波,由艽封进窥牧马,欲尽取越境"等语。敌势凶狡,粤西兵单,冯子材一军能否调回,着彭玉麟等与潘鼎新会商妥办。前有旨,令鲍超①迅由开化便趋保乐,力顾牧马一路,着岑毓英飞咨该提督兼程前进,择要扼防,毋稍延缓。闻法救宣光,刘永福军溃退,丁槐等亦退扎,尚未据岑毓英电报,殊深悬系。着即确查速奏,并饬各统领扼要坚守,与潘鼎新各军力固边疆门户,毋稍疏虞。钦此。

【注释】

　　① 鲍超(1828—1886):字春霆,四川奉节人。初从塔齐布,后以哨官从曾国藩,转战湖北、江西、安徽各省。战无不克,世号霆军。宿松、太湖之战,与多隆阿齐名。领兵十余年,大小七百余战。斩首三十余万级,降二十余万众。官至提督,封子爵。卒谥忠壮。

二月初二日电旨:

　　岑毓英、张之洞电奏已悉。官军攻宣数月,血战多次,将士损伤,卒为援寇所挠,实堪愤恨!现在各营退扎,岑毓英当饬统领等择要扼守,竭力维持整顿,候有机再图进取。张之洞电称,唐景崧军宜速回牧马助桂,着该督等妥筹进止。冯子材军应否调回,亦遵前旨,与潘鼎新商办。钦此。

二月初一日(1885.3.17)

先开两营。

初二日(1885.3.18)

自率两营由沾化起程。

初四日(1885.3.20)

至那香。伤卒扶行,颇迟。

初九日(1885.3.25)

抵苏街。中营已来,并炮军共六营,小住。闻法人铁甲船二只到广东北海。电询香帅,前有增足十营之论,尚准增否?

接香帅正月十九来电:

> 法闻我南洋五六船将出,分台北六艘将来寻我船并铁甲①二。正月初一日,遇我二艘于浙洋石埔②,均为彼鱼雷所毁。十五,攻三船于镇海③,战三刻④,招宝山⑤炮台助之。台船中敌五六炮,敌退。我军亡二,贼毙二十七。十七日又来攻炮台,击伤一艘,立退,余船皆中我炮,亦退,分泊舟山⑥、铜沙⑦、金堂⑧一带,我船无恙。洞。晧。

【注释】

① 铁甲:铁甲船,用钢板作为外壳的船。

② 浙洋石埔:浙洋中路重镇,位于东海之滨,象山半岛南端,明代洪武二十年(1387)筑城,曾为抗倭及屯兵的海防重镇。今属浙江宁波象山县。

③ 镇海:县名。属浙江省。汉鄮县地,五代梁开平三年(909),吴越置望海

县。宋太平兴国初改称定海县,属明州。明属宁波府。清康熙二十六年
(1687),别置定海县于舟山,改故定海县为镇海县。

④ 三刻:清代始用时钟,十五分为一刻,三刻为四十五分。

⑤ 招宝山:在浙江镇海县东北。本名侯涛山,因他国来华船舶停泊于此,
故改名招宝。形势险要,明嘉靖间筑有城堡守御。

⑥ 舟山:在浙江省杭州湾东海上,共有大小岛屿四百余,以舟山岛为最大,
延袤四百余里,合称舟山群岛。明洪武十二年(1379)于此设千户所,以舟师巡哨。

⑦ 铜沙:今名横沙浅滩,位于横沙岛东南,在长江口南支水道的南港和北
港之间。

⑧ 金堂:在今宁波慈溪市。

后闻此电情形不甚确。又恭阅电报,本日上谕:

刘秉章①奏镇海口岸获胜情形一折。正月十五至十
九日,敌船屡扑海口岸,经提督欧阳利见督率水陆营勇及
轮船管带各员合力轰击,将敌舰迭次击坏败退,尚属壮勇
可嘉。着刘秉璋仍饬在事各将领严密防守,毋稍松懈。其
尤出力之同知②杜冠英、副将费金绶、守备吴杰,受伤之军
功周茂训,均着存记,汇案请奖。钦此。

二月初七日(1885.3.23)

电香帅:

丁槐书来,谓彦帅准刘赴桂增募。彦帅函云"左育溃
后,士卒仅存数百。"崧访闻近似,故力属入关增募,否则黑
旗亡,戎心快。惟此人不用则已,用则宜明定饷章,与官军
一律,不可听其自便,不识艰难。全其令名③,崧所深

愿。崧。

恭录二月初九日上谕:

　　广西关外各军上年十二月及本年正月迭有挫失,巡抚潘鼎新身为统帅,虽身临前敌并受枪伤,惟未能策励诸将,力图堵御,实属调度乖方。潘鼎新着即行革职。前福建布政使王德榜赴防最早,未立寸功。前在丰谷遇敌挫退,南关失后,又未能迅速赴援,实属恇怯无能,着即革职,听候查办。苏元春屡著战功,任事勇往,着督办④广西军务。广西巡抚着李秉衡⑤暂行护理。钦此。

【注释】

　　① 刘秉章(1826—1905):字仲良,江西庐江人。咸丰进士,初从李鸿章,后自领一军。转战江苏、浙江、山东、河南等省,剿平发捻,所向有功。光绪间官至四川总督。在蜀八年,以历办教案皆主平断,教士讦于京,坐褫职。卒后复原官。

　　② 同知:清代府、州以及盐运使设同知,正五品,属于知府的属官,负责专门事务,常以职务冠前,如船政同知、缉捕同知。府同知即以同知为官称,州同知称州同,盐同知称运同。

　　③ 令名:美好的名声。

　　④ 督办:清末至北洋时期,中央或地方临时设置机构的主官,或称总办,副职称会办,职务再次者称帮办,负责办理日常事务者称坐办。

　　⑤ 李秉衡(1830—1900):字鉴堂,奉天(今沈阳)海城县人。光绪间由冀州知州累官山东巡抚。惩贪革弊,颇著清望。以曹州教案罢职。后巡阅长江水师,拳匪起,附和载漪、刚毅,排外仇教,御各国联军于通州。不战而溃,遂自尽。和议成,追夺官。

又二月十三日上谕：

　　潘鼎新电奏"各军鏖战，大获胜仗"等语。本月初七、初八两日，敌兵在镇南关外分路进攻，冯子材、王孝祺立即迎击。苏元春与蒋宗汉率师驰援，各军合力堵剿，大获胜仗，杀伤千余名，夺获象、马并枪炮多件，当将敌兵击退。将士奋勇可嘉，着苏元春、李秉衡优给奖赏，以示鼓励。钦此。

同日电旨：

　　潘鼎新电称初七、初八胜仗，本日已降旨宣示，所获象只准其解京，出力各员，苏元春、李秉衡查明请奖。王德榜东路获胜情形，并着查奏，该军已饬苏元春接统。如敌军东犯，各军应如何互相援应，力保岩疆，着苏元春调和将士，悉心布置，毋稍疏虞。钦此。

二月十七日（1885.4.2）

　　抵牧马。接芷庵报，南关连日胜仗。又报，十三日官军克复谅山，法人大挫，斩擒千有余人，伤者不计，楚军夺获枪炮、逼码、番银、马匹尤多。冯军追驻观音桥，苏军、楚军相机逐寇驻扎谷松。琴帅出关驻驴驴。是捷也，法人胆落，北宁、河内大震，束装①登轮，豫备逃遁。

二月（1885.3—1885.4）

　　在牧马。闻龙州电报，澎湖于本月十五日法人攻据之。接香帅电,准增四营。以刘仁柏义臣为副前营管带,邱启标发庭为副左营管带,任定元仲山为副右营管带,李文忠国卿为副后营管带,拟募成扎新街,规取太原。

二月(1885.3—1885.4)

在牧马。命越官梁俊秀筹粮。太原客勇头目梁正理、何三、谢二等纷请,愿随效力为前导。香帅奏以黄守忠归我,得旨允准。飞催黄守忠带队前来。

恭录本月十七日电旨:

> 据张之洞电陈左育接仗各情,并称"黄守忠骁勇"等语。黄守忠着准其随同唐景崧助剿。现在谅山已克,法受大创,必图报复。新加坡电报,有法船运水陆兵往东京之信。我军必应稳扎稳守,苏元春等不得恃胜轻进,致有挫失。鲍超由开化趋保乐,着岑毓英、苏元春互相知照,一俟鲍超到防,何路吃紧即会同援剿。总期彼此策应,自立于不败之地,再图进取。钦此。

二月(1885.3—1885.4)

在牧马。知丁统领槐于正月简授贵州古州镇②总兵。

【注释】

①束装:整理行装。

②古州镇:在今贵州榕江县东南部。位于都柳江、寨蒿河、平永河三江交汇处,昔有"黔桂水上要道与枢纽"之称,为黔东南要津和物资集散地。地理位置重要,历代商贾云集、商贸发达,曾有中国"江南八百州之一"的美称。

恭阅邸钞十年十二月二十七日上谕:

前据都察院①代递翰林院②编修③潘炳年等奏张佩纶等偾事情形,给事中④万培因奏张佩纶讳败、捏奏、滥保、徇私各一折,迭谕左宗棠、杨昌濬查办。兹据左宗棠查明具奏,张佩纶尚无弃师潜逃情事,惟调度乖方,以致师船被毁。且该革员于七月初一日接奉电寄谕旨,令其备战。初二日,何璟告以所闻,谓明日法人将乘大潮力攻马尾,该革员并未严行戒备,迨初三日败退,往来彭田、马尾之间,十五日始回驻船厂。其奏报失事情形,折内辄谓豫饬各船管驾,有"初三日法必妄动"之语,掩饰取巧,厥咎尤重。张佩纶前因滥保徐延旭,降旨革职。左宗棠等所请交部议处,殊觉情重罚轻,着从重发往军台⑤效力赎罪。何如璋被参乘危盗帑,查无其事。惟以押运银两为词,竟行逃避赴省。所请革职免议之处,不足蔽辜,着从重发往军台效力赎罪。何璟、张兆栋办理防务未能切实布置,业经革职,免其再行置议。提督黄超群、道员方勋,前据张佩纶奏,危险坚持,出奇设伏,截杀多名,是以降旨奖叙。兹据左宗棠等查明,该提督等纪律不严,已可概见。朝廷赏功罚罪,必期允当。黄超群着撤去黄马褂,方勋着撤销勇号,以昭核实。已革游击张成身充轮船营务,并不竭力抵御,竟敢弃船潜逃。虽此次马尾失利不能咎该革员一人,惟该革员有统率各船之责,玩敌⑥怯战,亟应从严惩办。张成着定为斩监⑦候,秋后处决,解交刑部监禁。左宗棠、杨昌濬于奉旨交查要件自应切实详察覆奏,乃所奏各情语多含糊,于张佩纶等处分意存袒护,开脱军事。是非功罪,关系极重,若失事之员惩办轻纵,何以慰死事者之心? 左宗棠久资倚畀⑧,夙负人望,何以蹈此恶习? 着与杨昌濬均传旨申饬,嗣后大员查办事件,务当确切查明,据实陈奏,用付⑨朝廷实事求是至意,不得以"或查无确证"、"或事出有因"等语依违两可,含糊覆奏,自干咎戾⑩。懔之⑪。钦此。

【注释】

① 都察院: 官署名。汉以后有御史台、专监察弹劾官吏,参与审理重大案件。明洪武十三年改御史台设都察院,以都御史为长官,其次有副都御史、金都御史、监察御史等。清因明制,置左都御史满、汉各一人,左副都御史、汉各二人(右副都御史为外省总督、巡抚兼衔),下有吏、户、礼、兵、刑、工六科给事中及京畿道、河南道等十五道监察御史。

② 翰林院: 官署名。清代翰林院掌编修国史及草拟制诰等,其长官为掌院学士,满、汉各一人,由大学士、尚书中特派,所属职官有侍读、侍讲、修撰、编修、检讨和庶吉士等,无定员。

③ 编修: 官名。宋代有史馆编修,明代属翰林院,职位次于修撰,与修撰、检讨同谓之史官,掌修国史。清承此称。

④ 给事中: 明初沿前代设给事中,洪武六年(1408)开始分为吏、户、礼、兵、刑、工六科,各设给事中及左、右给事中以总司之。清初沿明制,雍正元年(1723)始并入都察院,职权范围已大为缩小,与各道监察御史合称科道,同有建言及进谏之责,并同任漕、盐等差,不再划分。清末撤销六科,仍通设给事中。

⑤ 军台: 清代西北两路传达军报及官文书的机构,辛亥革命后废。

⑥ 玩敌: 轻敌。

⑦ 斩监候: 先行监禁,到期处斩。

⑧ 久资倚畀: 长久得到倚靠信任。

⑨ 用付: 以便相称、符合。付,通"副"。

⑩ 咎戾: 罪过。

⑪ 懔之: 对之抱有畏惧之心。

二月二十日(1885.4.5)

电香帅:

咸电谨悉。遵飞致渊亭。刘此际以增募自强为主。前劝来牧马,今再促之。桂军乘胜取北宁,崧请往攻太原。越官梁俊秀原籍龙州,系高平、太原之豪,得其助,越民易呼应。须小有津贴,以便从公。多福府金英县民俱请崧往剿,愿筹粮。此外,可一檄响应。候示遵。崧。号。

二月二十二日(1885.4.7)

电香帅:

华人梁正理聚游勇数百,经崧饬安分。据禀,现驻新街,不敢扰民,候调遣。太原民禀,如崧军往,有八十社,每社愿月以十金供正理饷,另供粮。又有何三、谢二,正理愿招集一处。若辈流荡扰民,则官军夫粮为难;抚之,便须略有所给,方受部勒。往太原,不重克省,期收拾人心,虏自穷。马、陈六营可并苏一路,与苏、冯并规北宁,力乃厚。但太原不复,恐中路终难飞渡而逼北宁,故崧请往太原。崧。养。

又电香帅:

十七日电旨恭悉。承示分别速复。窃意诸军挫虏复城,乘胜进取,民心军心就此大震,此机不可失。但迭次力战,不无损折,且虑粮械乏,稳扎再进亦善。前各军奋勇,迫于罪无可逭,路无可退。今局面一更,恐未必历久心志皆齐。当以调和诸将为要义。鲍军自应协滇,若入桂则应往海阳,我多一路兵,敌分一层势。崧得十营,合黄军,可独任太原。料理有绪,即拔队。崧。养。

卷 八

二月(1885.4)

在牧马。二十七日四鼓,接芷庵函,报香帅二十四日电"已有旨停战撤兵"等语,不胜惊讶。亟披衣起阅,电曰:

苏督办①、冯帮办②、李护抚台③、王藩台④、王镇台⑤、唐主政、岑宫保、鲍爵帅⑥、云南抚台⑦:

顷据总署二十二日来电:"本日奉旨:'法人请和,于津约外别无要求,业经允其特请。约定越南宣光以东,三月初一日停战,十一日华兵拔队撤回,二十一日齐抵广西边界。宣光以西,三月十一日停战,二十一日华兵拔队撤回,四月二十二日齐抵云南边界。台湾定于三月初一日停战,法国即开各处封口。已由李鸿章分电沿海云、桂各督抚,如约遵行。惟条文未定之前,仍恐彼族要挟背盟,伺隙卒发,不可不严加防范。着传谕沿海各省将军、督抚并云南、广西督抚及各路统兵大臣,督饬防军随时加意探察,严密整备,毋稍疏懈,是为至要。钦此。'着即转电云、桂"等语。洞谨转。敬。

【注释】

① 苏督办:广西军务督办苏元春。

② 冯帮办：广西关外帮办冯子材。

③ 李护抚台：广西巡抚李秉衡。护，暂行护理，相当于代理。抚台，巡抚。官名。清以巡抚为省级地方行政长官，总揽一省的军事、吏治、刑狱、民政等。因兼兵部侍郎衔，也称抚军。又因明、清两代巡抚例兼都御史或副都御史衔，故也称抚院。

④ 王藩台：前福建布政使王德榜。藩台，藩司，明、清时布政使（全称承宣布政使司布政使）的别称。在清代为督抚的僚属，或称藩台，主管一省人事与财政。康熙六年后，每省仅设布政使一员，不分左、右，为从二品官。别称方伯。

⑤ 王镇台：广西右江镇总兵王孝祺。镇台，总兵。清制，各省置提督，为地方武职最高长官。下设总兵、副将等职。总兵所辖的部队称镇。故俗称总兵为总镇。

⑥ 鲍爵帅：鲍超（1828—1886），字春霆，四川奉节人。初从塔齐布，后以哨官从曾国藩，转战湖北、江西、安徽各省。战无不克，世号霆军。宿松、太湖之战，与多隆阿齐名。领兵十余年，大小七百余战。斩首三十余万级，降二十余万众。官至提督，封子爵。卒谥忠壮。

⑦ 云南抚台：云南巡抚张凯嵩。张凯嵩（1820—1886），字云卿，湖北鄂州人。道光二十五年进士，参与广西剿匪有功，历任云贵总督、通政使参议、贵州巡抚，光绪十年至光绪十二年（1884—1886）任云南巡抚。光绪十年（1884），与内阁学士周德润勘测中越边界。光绪十二年（1886），卒于任上。

二月二十八日（1885.4.13）

接彦帅来书，知云军于二月初八日与法人战于临洮府，大破之。战情见彦帅二月十二日电奏：

法大股六千上犯临洮府，复分两枝，一北趋珂岭安平，一南趋缅旺猛罗抄我后。英饬李应珍、岑毓宝扼北路，王文山等扼南路，亲督覃修纲扼夏和、清波中路，王文山进据缅旺。各路营官在象山、梁支、燕毛等处遇贼，战，皆有斩获。贼遂并力临洮。二月初七日，贼四千围临洮存洱社，

由义埔各营李应珍伏垒坚守,覃修纲以精锐驰援。初八日
援至,应珍突出,与韦云清、沙如珩俱负伤,击阵斩五画一,
三画二画各二。真法兵千余贼仍拒,诸军夹攻。战至夜,
贼大溃,毙白衣法兵二百余,红衣法兵四百余,教匪千余,
获械百余,皮匣百九十余,白衣裤四百余,红白洋帽四百
余,图籍甚多,均解营验。令馘分悬云、越示众。我军亡三
十九员,弁勇伤百二十余,传言战死法公使一,法酋七,尚
未探确。现督师进剿。请代奏。毓英肃。文。

此捷在克复谅山之前,时宣围已撤,关外无站,文行内地,
捷报入京,已在议和后矣。

二月二十九日 (1885.4.14)

接香帅二十四日电:

岑宫保、唐主政:

　　顷接总署二十二日来电,本日奉旨:"是日已将停战日
期谕知岑毓英矣。现拒撤兵期近,刘永福一军必须妥为安
插,将来或在边界屯军,抑或别筹调度。该督务须熟思审
处,先行奏闻,候旨定夺。钦此。即转电岑督"等语。洞谨
转。查刘事前接彦帅电并咨,已饬永福赴桂边募勇助剿,
电知维卿。现在彦帅如何办法,请电示。鄙意此人万不可
弃以快敌,为粤扼边亦甚好,或钦州,或思州、或龙州,皆有
用。拟询刘所愿,方为妥协。请彦帅卓裁,即赐复。维卿
并即酌复。洞。敬。

同日又接香帅二十五日来电：

岑宫保、苏督办、冯帮办、李护抚台、唐主政、刘提督永福：

洞三次电奏谅山暂缓撤兵，严旨不准，贵军即钦遵二十二日电旨，依限撤兵，勿误。洞。宥。

即函渊亭来桂，再议电复香帅。香帅三次电奏录后：
二月二十二日电奏：

顷阅西人密报"海防来电，北宁危急，特拨该处军士数百名前往救护。又接法电，新换外部又辞职"等语。至法提尼格里毙，洋电久传。现因梧州线阻，前敌自十六后无信来。惟前接冯电，法遁北宁，分军追剿，此必是冯军进攻北宁。冯三次出关，威惠素孚，越官民多为耳目。近大胜后，越人必多响应。连日西电，俱言法愿就款，俱照津约，不知确否。万一实有其事，伏望详酌。总之非有谅山，龙州无险不能守。愚昧沥陈，恭候圣裁。请代奏。之洞肃。养。

又二十三日电奏：

条约未定，万万不可撤兵。臣之洞谨昧死上陈，恳圣明熟思。请代奏。之洞肃。漾。

又同日电奏：

顷北洋电,和议已画押,奉旨撤兵。窃谓停战则可,撤兵则不可,撤至边界尤不可。关外兵机方利,法人大震,中法用兵年余,未有如今日之得势者。我撤敌进,徒中狡谋,悔不可追。桂边必扼谅山外谷松、观音桥等处,若弃谅及高平,法必屯兵。沿边无险,无从防守。钦廉亦逼,两广永与法为邻,以后兵力饷力难支。且电线断数日,连日雷雨,忽通忽阻,前敌远难速达。初一停战,断难接到,粮械繁重,十日亦难撤至界。伏望展限详议,令彼撤基隆、澎湖之兵,我方可撤。看北宁能否攻克再定。若得手,更易商。边事重大,迫切上陈。伏候圣裁。

再,正发电间,接冯十九电,拟于二十一日亲率本部并王孝祺军攻郎甲,绕袭北宁。洞昨闻法调海防兵往助,尚催冯添兵援剿,并饬钦州进兵,欲停不及,只可俟续报战情再请旨。请代奏。之洞肃。漾。

三月初三日(1885.4.17)

接香帅二月二十五日电:

李护院、苏督办、冯帮办、王镇台、唐主政、岑宫保:

总署二十五日来电,本日奉旨:"撤兵载列津约。即允照津约,两国画押,断难失信。现在桂军复谅,法即惧,苏、冯、王若不乘胜即收,不惟全局败坏,且孤军深入,益无把握,纵再有进步,越南终非我有。而全台隶我版图,援断饷绝,一失难复。彼时和战两难,又将何以为计?且该督前于我军失利时,奏称只可保境坚守,此时得胜,何得不

图收束耶？着该督遵旨亟电各营，如电信一到，即发急递
飞达，如期停战撤兵。傥有违误，敌生他变，惟该督是
问！钦此"即转电云、粤督等因，所有云、粤各军停战撤
兵日期，望谨遵二十二日电旨办理。李护院速发急递，飞
致苏、冯、王、唐、岑、刘钦遵。接此电后，即赐复为要。
洞。宥。

彭雪帅电奏请饬统兵诸臣仍扎原处，二月二十六日奉电旨：

彭玉麟奏"请饬统兵诸臣仍扎原处"等语。撤兵系照
津约，断难失信。已将办理此事全局利害谕知张之洞，着
即给与该尚书阅看，自可了然。然自撤兵回界，仍系整军
严防，彼族即挟诈背盟，我亦有备无患。该尚书等惟当懔
遵前旨，迅速办理。钦此。

香帅二月二十五日电奏：

保、琼不可让法，桂全边广，钦、廉二千余里，皆设防
营、炮台，断无此力。如初议难改，窃有一策。请敕总署、
北洋速告法，广州至龙线壤数段，洋匠少，难速修。岑军距
龙二十五站，宣光撤围后，云、桂、台站已断，前敌难速达。
此本实情。越地停战，宣光东西各展限十日或半月。冯提
现率王孝祺军规北宁，冯素得越心，习越地，越人多通消
息。此次法人入关，疑冯有内应，以匪教居后，法兵居前，

故真法兵将伤独多,遂大溃遁。冯首倡出关,诸军从之,越人响应。今他军尚屯谷松之后,冯军独前进深入,王军肯同冯进,其故可想。闻李扬材之弟现在北宁城内,与冯通信,如此事机兵势,不争可惜。可否特敕冯加以褒奖,如能于十日内攻克北宁,许以爵赏,军士及越官民破格优保重赏,敕苏酌分军助之,敕岑进兵牵敌。万一能克,河内必震,法更馁,可以北宁换保、谅,全局俱振。洞不敢谓必克,特以大局安危,人事宜尽。若蒙天助,或冀成功。区区愚虑血诚,有一线可为,不敢不竭力。伏候圣裁。恳电旨速行。请代奏。之洞肃。有。

恭录二月二十七日电旨:

张之洞电均悉。中国素以信义为重,法已电孤拔于三月初一日停战,开台湾北海封口,并令在越统领定期停战。若我失信,致生他变,不特兵连祸结,且为各国所不直,嗣后交涉事件,益形棘手。电线中断,二十五日已由总署告知赫德,以云、桂电信恐难速达,展限二三日,令其电法,断难再与议展。若此时复饬进兵,此等举动岂中国所可为?幸而获胜,尚觉得不偿失,一有蹉跌,更伤国体。该督近接岑毓英电报,是电线已通,正宜迅速传达,务当懔遵,严谕饬令防军如期停战,撤回边界,并仍整兵严备,以防不测,方为正办。倘有违延,朝廷固必严惩,而贻误全局,该督返而自思,谅亦不敢出此。懔之①慎之。该督于奉旨钦遵后即电闻。钦此。

【注释】

① 懔之：对之抱有畏惧之心。

恭录三月初一日电旨：

张之洞电奏"冯子材探法新兵到定，二十八日大举攻谅，虚实难测，请训示诸将进止机宜"等语。停战期前，法如进犯，自应尽力堵剿；停战期后，如彼前来攻扑该防营，侦探确实，即由将领照会法兵官，告以现已停战，毋再进兵。倘彼置若罔闻，仍来扑犯，即行实力剿办，一面将照会原文即电总署存案，庶不令借口我先开战，别生枝节。钦此。

三月初五日（1885.4.19）

接丁统领函，云渊亭仍欲恋保胜，并云刘、黄不睦，久未晤面。

接香帅电：

唐主政：

款局虽定，边防难撤。贵部所添四营仍速招，如有愿用良将而在他营者，可向李护院求之，洞已电致矣。黄守忠速调，率所部来，有信否？今筹安插刘永福，洞奏请令屯思、钦一带，统三千人捍边，归冯调遣，粤给饷械，望速催东来。缘此次和议撤兵，止于边界，刘若在越，亦必为法并，官军不便援助。惟有附粤属冯为长策，永为国家守边大将，亦甚壮伟。可属渊亭率所部来桂边，募足此数，详议屯扎处所。正发电间，已奉电旨允准，速达岑、刘。即复。
洞。歌。

鉴帅三月初五日电奏：

　　滇、桂、广三省皆与越接壤。滇以互市重，广以海防
重，桂以守边重。桂与越界自小镇安、归顺州、下雷、龙英、
安平、上下冻、凭祥、思陵、思州各土州，以达龙州、上思，自
南至东绵延一千八百余里，历镇安、太平、南宁三府，所辖
计大小隘共一百数十处，犬牙相错。归顺出牧马，镇南关
出文渊，思陵出那阳，下冻出芃封，皆近年行军大道。如由
上思出十万山，通北海至海阳等类，则又不可悉数。现遵
约桂军还扎边界，如将谅山、高平越境悉听法屯兵，则桂防
处处可虞，敌或渝盟①，瞬息压境，我将何之？ 似不能不豫
筹限防。秉衡博采众论，拟请在谅山、高平一带之地，仿古
之瓯脱②，两国皆不置兵，听越民杂处，俾我与法隔，既免
时起衅端，遇事较可措手。请总署代奏。秉衡谨肃。歌。

　　香帅电奏，已委州判孙鸿勋赴越，谕云军、刘军撤回界，事
毕，委员偕刘入越。盖此时法人惟恐中国电断不能达滇退兵，
乃由赫德派洋人吴得禄偕广东委员乘轮赴越，传撤兵之信于云
军、刘军也。

三月初六日（1885.4.20）
接香帅电：

李护院、唐主政、岑宫保、冯帮办：

　　总署初五日来电，本日奉旨："张之洞电奏'拟令刘永福统军屯扎思、钦一带'等语，所筹尚是。着该督与岑毓英商办。钦此。转电云督，微"等语，请彦帅妥筹指示办法，并檄刘速来。请维卿速递彦帅善致渊亭。洞。鱼。

【注释】

① 渝盟：背弃盟约。

② 瓯脱：指两国势力边界之间的地区。《史记·匈奴传》："（东胡）与匈奴间，中有弃地，莫居，千余里。各居其边为瓯脱。"

香帅三月初二日至二十二日电奏录后：
三月初二日电奏：

　　两广各军谕旨已到，云亦必达，法又代递。臣之洞未敢违延，当蒙圣鉴。惟紧要数端，必应早议。一、我虽撤兵，彼亦不得进兵，宜扎原处。目前游勇甚多，设生事，我难任咎。一、东则谅山、高平、广安，西则保胜，凡与我界近之地，宜作为瓯脱。虽法保护，仍不得屯兵、筑炮台，以免逼近生衅。一、基隆、澎湖宜令即退，以为和好实据。一、津约但言于法商务极有益，宜增为中法商务彼此均有益，以昭平允。一、自去年开仗以后，停战以前，中国毁伤法人物业，应勿庸议，去年粤曾照会法及各国领事。一、既不碍华体面，须载明听越朝贡。一、刘永福无论安置何处，刘若不攻法，法亦不得寻衅。再论以上七条，请敕北洋、赫德速与法议。此乃津约未备，赫德疏漏，与津约并无翻背,理当增补。近体察法领事情形,惶急殊甚,急盼停撤税司,言云、桂军虽停战,但恐刘永福进攻。盖永福败衄详情,彼族不知,尤宜护惜,借以悍敌。务宜早商,尚可补救一二。乘此撤兵限内,我虽守信,彼或虑变,较易商量,事半功倍。若我兵已退,彼军渐集,据要养力,更难争论。机不可失,悔不可追。沥恳圣鉴。请代奏。之洞肃。沃。

三月初五日电奏:

接总署电,中法约定撤封口后,彼此勿运赴台兵勇、军火,不胜焦灼疑惑。既禁济军,所谓撤封口何事? 若仅通各国商船,与我何涉? 连日赴台法船络绎,何一不运,孰能查阻? 不过禁我而已。然则赫德所议我撤越军、彼开封口之说,皆属虚妄。台、彭不撤已不平允,今并口亦不开,是中国坐受欺诈,实可痛愤。数月后,台则彼足我耗,越则我退彼进,设有要挟,台既难守,越亦难攻。窃恐基隆终难全还,必有踞炮台、屯水师之谋。恳敕北洋速与法商,令将台口即日认真弛封,以符原约,并令勿添兵来华,告以彼不开口,显然背约。越地将帅闻之必皆愤怒,撤兵必不能速。以此为词,及早力争,大局幸甚。请代奏。之洞肃。歌。

同日电奏:

冯二月十七至二十九电,略言自克谅后,客教离散,法匪屡惊,稳守不如速战,令钦军袭广安,令麦凤标等逼郎甲,约苏军牵制船头,拟二十五亲往进攻北宁,密布内应,河内亦有布置。郎甲一克,北宁自溃,并以钜金约定西贡内应。又称"彼兵不撤,我退彼进,长庆、谅山仍为彼有。缓兵奸谋,前车可鉴。如再被欺,材实不甘,当率三军与之从事"等语。李护抚电"冯独不愿撤兵,已连函劝之"等语。

　　查唐景崧二月十七至二十二电,略言十七到牧马,拟即进驻新街攻太原,高太剿抚使梁俊秀能呼应,可为助。多福府金英县民俱请往剿,愿供粮。梁正理聚游勇甚多,据太原,请受景崧调遣。太原民八十社愿集饷筹粮供梁军。又有"何三、谢二,皆可招。已调黄守忠军,请独任太原一路"等语。

　　苏二十七电"闻鲍军抵距龙四站之归顺州,已飞请来助"等语。查二月以来,桂军捷于东,云军捷于西,唐景崧由中路规太原,官民游勇响应,鲍军已近桂边,钦军已备进剿,刘、黄部众尚强,若乘胜四路进攻,敌援未到,党畔防虚,应接不暇,宁化、太原必有两处得手,诚为历年未有机会。今诸军皆撤,冯朔电亦遵限停撤,鲍军已遵旨电阻[①],特近日越地军势民心不敢不以上闻,以备议约操纵。请代奏。之洞肃。歌。

【注释】

① 电阻:发电报阻止其继续前进。

三月初六日电奏:

　　津约第一条,中国南界毗连北圻,法国约明,无论遇何机会或他人侵犯,均应保全护助。查去年此约,法人本意指刘永福言。法恐刘为患,欲中国助彼禁刘。洋人所谓保护,皆谓主其政令、用兵攻剿,并非善意。惟既有"均应"字样,自是中法均可同任保护。然则北圻地方,中国确可与闻,不得专归法保护明矣。洞前奏请作为瓯脱,禁彼勿屯兵、筑炮台,正符前约。务恳敕北洋力争,关系云、粤三省边防甚大。再北洋如能别思一策,令于法人商务别有利益,婉商换回保、谅、高平、广安尤善。换回者,非我占其地也,地仍属越,专归中国保护而已。洋例兵争,得者不让人。今谅、高两省及宣光以西、馆司沿江以上皆我兵力所取,法兵力所不及,法不应无故占踞。若以此措词,而与以他项利益,以商换之,或冀就范,亦未可知。津约并无北圻全归法之语,洞所陈皆未稍背原约。至"无论遇何机会",语太含糊,必应议妥写明,免后患。若地已暗属法而令我为助敌剿匪,无此情理。巴德诺已赴津,伏望圣明熟思早计,幸甚。再津约三个月后议详款。此次限以几月,仰恳谕示,以便筹备。请代奏。之洞肃。鱼。

三月十一日电奏:

　　二月初密运洋械到粤,无弹,设法凑垫,共配毛瑟[①]二千,新林明敦[②]千、弹二百万及枪炮药、炸药等项。二月二十二日,委员分解泉、厦、汕,分起零渡。兹接厦回文"二十九到厦,密雇船解"等语。惟初四接总署电,约定勿运台械。此械发运到厦,均在署电先,此时必有已行者。连日接台信,晤台员,皆在澎湖失后,云泉州鹿港民船仍可潜渡,若分多起,即或被截,所失有限,与兵勇冒险不同。且发运在前,彼亦难苛责。特署电既言约定,未敢有违,似宜筹一妥法,既免枝节,又备不虞更善。此械是否听其运渡,抑饬勿渡,请旨遵行。

再法电:"新添兵八千,有一半已起程,仍来东京③。"昨法兵轮一自港赴台。顷廉电:"初六、初七又来二兵轮,泊北海口,诡计难测。"请代奏。之洞肃。真。

三月十三日电奏:

顷北洋电"运械在前,又潜渡即被搜截无妨"等语。仰恳圣恩,凡前已发运者,无从追回,听其自然。且有商捐自运者,官无从阻,即生枝节,北洋亦能辩晰。将来基隆恐不全还,若听屯兵,终为法有。台百事不缺,惟缺军火。彼多违约,我不可自困。若不赶运,万一反覆,台必不支。他事可让,此事不可让,迫切上陈,请旨遵行。请代奏。之洞肃。元。

【注释】

① 毛瑟:毛瑟步枪。1867 年德国毛瑟兄弟研制。1871 年被采用成为标准的制式步枪。运作方式为旋转后拉枪击式,内置弹仓可装五发子弹。

② 林明敦:林明敦滚轮式一号步枪。1865 年由美国雷明顿(Remingtons)公司推出,是当时世界上最流行的单发军用步枪。1871 至 1874 年中国采购一万四千四百支,1871 年江南制造局开始仿造。

③ 东京:指 19 世纪阮朝时的北圻,约今越南横山以北的地区。

同日电奏：

乘胜结束，庙谟①宏远，实深钦服。惟谲寇②难防，不敢不陈。盖法虏狡险，并不照约：一、原议彼开各口，今台、廉仍封；二、冯军郎甲初一退兵，彼开四炮击我；三、禁我济台，彼船不断；四、我撤越兵，彼仍来新兵四千，于廿四号即三月初十起程。查兴化一路，岑于二十日后屡大捷，夺关复地，兴化垂克。越民四应，法敛兵保河内。北洋电称，巳接越酋电，诘粤独无寄岑文，惶急谬误如此，兴化之危可知。冯军、唐军虽撤，将士皆怀忠愤。北宁一路，越官黄廷金立忠义五大团及游勇纷纷应冯，请为前驱。河内消息已通，客教内畔。至太原一路，官民、游勇应唐，前已奏，军势民心几如破竹，似宜乘此机会，杜彼狡谋。查我所虑者，惟台、澎，今我释越，彼不释台，欺诳缓兵，以便要挟，实堪发指③。拟请饬北洋作为该大臣意，速商法使，言"云、桂将帅皆奏请速攻，朝廷不欲改约，但法兵不得进扎一步，俟详约定再议，且立开台口，我亦不遣兵轮渡台。惟官商民船不得搜查，因两国既和，我正屡胜，若我撤彼进，台口不开，显不平允，于中国体面大有碍，必为各国所笑，于鸿章原议之人亦为难。彼如违约，鸿章惟有奏请敕越进兵矣。即或仍然决裂，我纵弃孤悬之台，彼不舍接壤之越，我陆战可恃，谅所深知。彼既无越，台焉能踞"等语，限法廷即日电覆，乘此越酋惶急，新兵未到，以此为词，此两事必不敢不从。若听则越未全踞，台有接济，彼无所挟，详约易商，再战亦易；即不听，亦不过北洋与法商议之词，朝廷大信无损。盖我重台，彼重越，彼经营多年,费财无数。我陆兵易进,又近西贡,故全力谋之。且无越则法兵无根,台不能久攻,津无论也。叠次来兵,越多台少,敌情可见。不然,自去秋以来,若兵全赴台,台北危矣。北洋为国家重臣,此大局要关,伏望谕该大臣,无论如何为难,亦宜尽力早争。赫德但主调停,不无左袒④,不可恃也。洞乃钦遵乘胜结束之意,正欲和局早定,免贻后患。洞屡奏缓台惟有急越,今日事势仍同,若越缓则台终危矣。不惟此也,欲保台,惟有权词⑤轻台,夺其所挟,怵⑥其所急,乃可就范。伏祈圣鉴,可否录洞此电发北洋酌办?请代奏。之洞肃。文。

三月十六日电奏:

苏电"委员自法营回,五画云求驱越南反贼、禁黑旗滋事,回文亦此数语"等语。查关外游勇万计,我军入界,越匪岂能代剿?招抚亦无钜赀。洞初二日电奏七条,曾虑及此。刘可调思、钦,不愿从者、假名字者,我恐难问。冯电问我军入界,谅山交付何人。洞复以暂谕越官看守。此两事应如何措置,请旨遵行。

再,各军十一已连环撤退,二十一必入关,李、苏、冯电同吴得禄⑦电,十一到河内,十二赴各营。请代奏。之洞肃。谏。

【注释】
①庙谟:犹庙谋。朝廷对国事的计划。
②谲寇:狡诈的敌军。此指法军。

③ 发指：头发竖起，形容愤怒之至。

④ 左袒：偏护一方。

⑤ 权词：亦作"权辞"，此作动词，指以……为随机应变之词。

⑥ 怵：惊吓。

⑦ 吴得禄：赫德所派的洋人。

三月十八日电奏：

法酋照会，请我禁黑旗勿滋事、驱越南反贼。十六已电奏，法慑我军威，非去年可比，但求黑旗不攻法即万幸，无逐刘意。法既无奢望，调刘思、钦之说，宜暂祕之。刘部久在越，有家属，其众必多留越。黄旗叶成林等与刘若合若离，必不远徙，过众亦难收养。恳敕北洋与法约，照洞初六日电奏，我兵力所及之地法勿占，安置黑、黄旗余众及游勇，免无归扰法。但调刘本部赴粤，以示格外和好较妥。法所谓越反贼即游勇、义团，乃近助冯军、岑军战及办粮、向导者。彼之贼，我之忠义，若不早争，将来责我驱禁，理有不可，力有不能，不敢不先奏闻。请代奏。之洞肃。巧。

同日电奏：

唐景崧电"游勇股数太多，扰边、扰越、扰法，均受累，招抚编营费太钜。或议令在太原、高平开矿自给，但越官禁矿，华民向有强据窃开者"等语。查桂边外游勇无算，云边情形当同，又有黑、黄旗近云境，矿尤多，此诚善策，不惟棲流，兼可捍边兴利。越官尚易谕遵。目前须略筹费,兼筹箝束之方。法据越必窥云、桂,边防终可忧。将此辈设头目、受约束,资以军火,有变可用,不然游勇即为我患。已与李、岑商,请敕北洋商法宽留瓯脱,此事方能办。请代奏。之洞肃。巧。

三月二十日电奏:

入三月来,法船自港运煤、粮、兵衣赴台者多起。十二日,法兵船连运陆营帐棚八十副,水桶三百六十具赴基隆。十八日,法兵船渣刁埃壬载兵数百、马三百匹赴澎湖。十三日,法船载兵四百到海防。冯帮办电,十一日,我兵退后,探知郎甲、船头、阮下各法营俱修台添炮。廉电:"法船二现仍封口。至来华新兵三月初十仍起程者四千。"前已奏,法禁我调兵、运械、筑炮台、济粮米,彼种种违约,虞有他变,谨奏闻。请敕北洋诘问,并敕台、闽、云、桂诸军勿弛备。请代奏。之洞肃。号。

三月二十二日电奏:

西贡报"平安轮被掳弁勇除分置各船外,发至西贡者二百二十四员名,留西贡官弁十五人,余发往普鲁堪作工"等语。前据冯电"越地义团多领冯军旗号助战,或挑浆饭向导,或分道进攻。今军退,恐为法害,深可悯惜"等语。顷龙探冯入关,"越民从之者千余人,金称冯扎龙随来龙,扎钦同往钦。因其反教助军,法人好杀,必被害"等语。洞属冯善言抚慰,酌赏遣之,谕以我即告法勿害。查龙州获法酋五,皆善待,无凌虐。请敕北洋告法:一、令将平安船人善待,勿远遣,将来彼此换回;一、约明以前越人从法者我未诛,越人助云、桂官军者彼亦无害。洞为恤军士、系民心起见,是否有当?恭候圣裁。请代奏。之洞肃。养。

三月初八日(1885.4.22)

开四营赴归顺守边。

三月十五日(1885.4.29)

在牧马祭随征死亡将士,班师入关。时各军俱撤入关。苏军扎镇南关中路,萃军、勤军扎平而关、彬桥一带,在关之右。楚军扎油隘,在关之左。

三月十六日(1885.4.30)

闻琴帅将起程。念琴帅之待余也,初小不洽,余适沉病,遂有假归之请。嗣起领景军,琴帅借饷、借枪、函信往来,亦颇投合。今失意去,不能恝然①,乃遣倴祝卿赍函送行。琴帅手自复书曰:

龙州握手,驰念至今。小住河干,忽蒙惠翰,拳拳厚意,感不能忘!我公锐志勋名,备历艰险,孤军独立,百折不回,景佩之余,益深系念!新一载徒劳,无裨时局。谅山一役,得失分明,朝廷仅予罢归,俾得生还故土,天恩高厚,图报无由。毁誉听之于人,是非断之于己,悠悠之口,何与

身心？惟祝我公立志精进，宏此远谟，为书生吐气，是则江
上闲人所日夕盼祷者也。小舟草此留别，不尽欲言。

三月十九日（1885.5.3）

抵龙州。芷庵率同广东派到景军差遣委员中书科中书②
周其璇、知县曹星佐、常寿龄、举人王勋臣、府经③陈启鸿、县丞
龚瑞时、州判张炳荣、巡检④李廉、从九⑤李大受、盐大使衔⑥李
生花、繙译⑦石绍祖五里郊迎。

【注释】

① 恝然：无动于衷的样子。

② 中书：官名，全称为中书科舍人。属内阁中书科，负责缮写文告、命令等
事务。

③ 府经：府经历，又称府经厅，知府的属官，主管出纳文书事。

④ 巡检：官名。明清时，凡镇市、关隘、距县城远的大抵设巡检分治，为县
令的属官。

⑤ 从九：从九品官衔。

⑥ 盐大使衔：盐课司大使官衔。正八品。

⑦ 繙译：翻译。繙，通"翻"。

接香帅电，景军万不可扎归顺，以近龙州为要，乃定计扎下
冻。新四营募成。芷庵耐苦多才，性高志洁，忌者毁之。办我
景军后路，纤巨躬亲，公私并理，深感不忘。当时萃军、勤军、刘
军，香帅皆倚其一手经理，措置裕如。以谅山之捷保花翎知州。

本日电香帅：

密皓。开矿安置游勇，梁俊秀一力承当，以为可行。

崧虽不遽信,未敢恝置之。再,今日要义,在将帅有远谟宏量,任大事勿让,遇小节勿争;反是,不足济非常之变。可忧不仅在游勇。崧。皓。

三月(1885.5)

在龙州。李护院、苏督办、冯帮办、尹仰衡、蔡仲岐、李兰生、张缦卿、许天倬、钟西耘、赵汉甫时相往来。西耘于正月抵龙州,与琴帅颇合。鉴帅护抚篆意气参商,奏请军务就平,回京供职。仰衡博学清才,刊有《抱膝山房诗文稿》行世,亦留心时务,举人,官广东同知,保知府。天倬,叔文年丈之子,副榜①,年少才美,窃心爱之。

三月(1885.5)

在龙州。接京寓来电,惊闻季弟禹卿病殁,痛不可言。禹卿一字元颖,十五岁入学,十七岁中乡试,二十四岁入翰林,聪颖绝伦,跌宕②有识,议论常出人意表。仲弟春卿同官翰林,二人怡怡读书。春卿专攻经史,禹卿则泛览群籍,讲求时事。余在都搜访越南情形,半得禹卿力也。有志无寿,仅分校③顺天乡试一次,殁时仅三十二岁。癸未拟有集款兴屯之奏,未上,寄稿来营。附记于后:

【注释】

① 副榜:科举时代会试取士分正榜、副榜。正式录取的名列正榜;在正榜之外,另取若干,名列副榜。元至正八年(1348),中书省奏会试例取十八人外,再取副榜二十二人,副榜之名始此。清代只有乡试有副榜,可以入国子监肄业。

② 跌宕:谓行为无检束。

③ 分校:科举时,担任校阅试卷的房官。

奏为集款兴屯,裕边持久,敬陈管见,仰祈圣鉴事。窃越南乱离日甚,仰赖天朝救护,筹兵筹饷,劳费不资①。近日越事愈棘,王亡国破,谈边务者,率以多增兵饷为言。第值国计维艰,偏灾屡见,动须筹款,岂属易易?伏念皇太后、皇上旰宵廑系,南顾殷忧,苟有一得之愚,谨当披沥②上陈,以备采择。

查越南地广人稀,北圻如谅山、太原、高平、兴化、宣光等省,极多沃土,尤宜谷性,天气暄和,四时可种。该国人民既少,兼习于游惰,芜秽不治,遂成弃地。华人在彼开垦,获利甚钜。其受田之法,向该国地方官承领,给以地券,约十余年后酌议升科③,赋税亦薄,历来办理具有成例。该地一岁恒再熟、三熟,计一人耕可获十余人之食,数千人耕即可获数万人之食,利源甚大。若兴屯政,即农即兵,除自给外,尚有羡余④,可佐军需及开田工本之利。惟是创办伊始,则有田器、牛畜、籽种及给予工食各费;农训为兵,则有军火、器械及头目薪水、犒赏、伤恤各费,诸非筹款不办。

公款难筹,请筹私款,大宗莫如招股。查中国招商局久夺洋人之利,亦由众擎易举,数十百万咄嗟⑤可办。然近日开煤铁矿招股,亦觉稍难,则华商之力绌也。惟华商之在外洋贸易者,招股犹易。南阳各埠,如新嘉坡、槟榔屿⑥等处,华商富者极众。前广东举人温宗彦曾充招商局员,到彼招股,并办直隶赈捐,集资甚钜。他如花旗⑦之金山、日本之横滨、暹罗⑧之滨角,皆属华商聚集,招股必属易成。是在办理得人,则去其害而全其利,人自乐从。招股宜择地设局。凡出入各款,详细造册,刊刻成书,年终概行给阅,以示至公。其摊股较钜者,即令入局司事,大致仿招商局办理。此外,如有官绅入股,亦可照办。

屯务关系边防至重。现值度支告匮,庙算⑨忧劳之日,必有勉力⑩输将者。况并非一出无入,尤应乐于从事。此筹集私款之大概情形也。

【注释】

① 不资:不可计数。

② 披沥:竭尽忠言。

③ 升科:清代新开垦的田地,一般水田六年,旱田十年不征税,满年限后,按照赋税规定,征收钱粮,与普通田亩同等,叫做升科。

④ 羡余:盈余。

⑤ 咄嗟:犹言出口即至,形容很快。

⑥ 槟榔屿:指今马来西亚的槟榔屿州。

⑦ 花旗:此代指美国。美国国旗星星、条纹众多并有红蓝白三种颜色,故称。

⑧ 暹罗:泰国。

⑨ 庙算:由朝廷制定的克敌谋略。

⑩ 勉力:努力。

招募屯军,宜用边关附近之人,既悉地形,更服水土。流民散勇,健者即可充役,编以卒伍,束以号令。无事则为农,有事则为兵。考前代备边,代兴屯政:汉屯广武①,卒破先零②;魏屯淮上③,遂困吴国;隋屯朔方④,而突厥⑤、吐谷浑⑥不敢窥边;元屯粤徼⑦,而蛮寇⑧以靖。所谓无劳费之苦,有守御之备,坐困强虏,明效可征。其余营田积谷,顿致富强,尤为史不绝书。或行之有弊者,缘名在而实亡,而固非屯之无益也。

今法夷蓄志南藩⑨，军事断难遽止。中原坐耗，讵有穷期？在朝廷轸念藩邦，勤求边计，原不惜重费以赡军贶。第遭际时艰，续济之款方穷，持久之谋愈绌，惟亟兴屯务，则足食足兵，节省实多，战守兼资，商民交利，洵筹边之要务，经国之远图也。顾兴利而不究其害，必有虞滞碍难行者，臣请剖而言之。

【注释】

① 广武：县名。西汉置，属太原郡。东汉属雁门郡，为郡治所在。隋开皇十八年避太子杨广讳，改为雁门县。故城在今山西代县西。

② 先零：汉代羌族的一支，又称先零羌。最初居于今甘肃、青海的湟水流域。汉武帝伐匈奴，始置护羌校尉。以后即离开湟中到西海、盐池一带。宣帝时，复渡湟水，为赵充国所破。后渐与西北各民族融合。

③ 淮上：两淮之上。三国时期，魏国在邓艾的建议下屯田两淮。

④ 朔方：北方。

⑤ 突厥：古代阿尔泰山一带的游牧民族。隋、唐之际，占有漠北之地，东西万里，分为东西二部，后为回纥所灭。留在我国者，多与回纥诸族混同。

⑥ 吐谷浑：我国古代鲜卑族所建立的王朝名。鲜卑族，本居辽东，魏晋时西迁，附阴山而居。晋末又西度陇，居住在今青海省北部和新疆东南部地区。叶延时，始称为吐谷浑。唐太宗贞观中，被李靖、侯君集攻破，国势渐衰。高宗龙朔三年，被吐蕃吞并。

⑦ 粤徼：两粤边界。

⑧ 蛮寇：南方少数民族敌寇。

⑨ 南藩：南方的藩属国。指越南。

或谓开垦致扰越境，越人或未必从。不知设屯即以设防也。现滇、粤防军仰食该地，将毋悉索敝赋？我自种之而自食之，彼既不劳于供亿，更能倍入以租粮。地界清而争土无虞，税额定而逃征弗苦，是则善于经理，则诸弊可除,何虑不从?

或谓越南战事方殷,孰肯以有用之财掷诸可危之地?则招股难。不知谅山、太原、高平、兴化、宣光等省近在边隅,无异内地。现滇、粤防军所驻山西、北宁等省,远包于外,该各省尚在其内,为夷人足迹所不到。且平原沃衍,亦非用武之区。屯务一兴,人实其地,且耕且守,尤属外侮无虞,则非孤注一掷可比也。

或谓商人重利,岂以有余之息急公义而济军储?不知夷埠①保护商民兵饷,其费多取于商。屯军为国家捍御,亦即为商民捍御也。取诸商仍用诸商,为公计则有急上好义之名,为私计则有谋利守财之实,一举两得,激劝易施。前代屯边,若汉之输财②,明之易盐③,均有借诸商力者。目今中外互市,商务尤盛,仿而行之,事必倍易。

或谓开田有费,饷军④有费,则本大而利微,招股亦难。不知该国自谅山西北迤逦达于兴化、宣光等省,沿边殆千余里,扩而充之。如附近山西、北宁及东南滨海之广安、海阳各省,又不下千余里。除深山密箐、该国民人自垦之地外,约得地数千顷。臣谓一人耕可获十余人之食者,犹从其少而言也。论其一岁屡熟,荒地倍收,计万金之费,可垦二十余顷之田,一顷岁收五百石⑤,二十余顷约岁收万余石。子母兼权⑥,几盈倍蓰⑦,饷军而外,饶有余息,可以照股均分,当较招商局获息为尤旺。是贵长于综核,则汰冗费以植利源,获益自钜。待扩至数千顷,边计不足忧矣。

或谓垦荒为熟,训农为兵,都无速效。不知功以积渐而成,事以并行而易。即垦即耕,农随地可获也;即耕即屯,兵随时可练也。一事有一事之效,一时有一时之效。积小致大,势有必然。且及今而为,犹虞已迟;及今不为,更将何望?与其耗无穷之国帑,而接续为难,何若裕不竭之军储,而迟回终就。所谓河海起于一勺,泰岱⑧基于寸壤也。

【注释】

① 夷埠:夷人停船的码头。

② 输财:献纳资财。

③ 易盐:明代鼓励商人输运粮食到边地换取盐引,给予贩盐专利。盐商因为长途运输粮食耗费大,故于边疆就地开垦荒地,换取盐引,以便获得更大利润,此为商屯。

④ 饷军:给军队供饷。

⑤ 石:容量单位,十斗为石。

⑥ 子母兼权:本指轻重两种货币并行,此指经商取利。

⑦ 倍蓰:数倍。倍,一倍;蓰,五倍。

⑧ 泰岱:泰山。

惟是招商一节,似招商局可办,而招商局员或未能办。自非晓然于公家利益所在,因善用其激劝者,难望有成。屯田一节,尤虞办理不善,致扰越境,滋生事端。若二者统归于边关将吏,则招股既恐无人,而耕获、训练事务繁多,目前戎马倥偬①,断难兼顾。若数事分派数员,则节目不相联属,措置必难裕如。非专员董办②之不可。古昔屯田,多设专官,应仿而行之。略如船政之制,名曰屯政。虽系招商,然究属国家公事。无不可派员之理也。

窃意此举一行,不费丝毫国用,而兵强饷裕,可支长久,夷虏不足③却,边患不足平矣。臣为裕边持久起见,恭折沥陈,伏乞皇太后、皇上圣鉴训示。

【注释】

① 戎马倥偬:军务繁忙。戎马,本指战马,引申为战争、军事;倥偬,事情纷繁迫促。

② 董办:监督办理。

③ 不足:不难。

亡弟此疏拟于山西、北宁未失之前,寄商可否。维时边事日紧,止其缓陈,遂不果上。其议若行之五年前,诚为善策,边防有资。盖越圻旷土实多,游民且众,而集商股、设专官尤为认真举办之要术,非此则仍苟且而无实际也。越难甫兴,粤西即议办屯田,以收游勇而裕军储,于是停边营夫价,拟集为开垦之费,因军务紧而不暇行。惟今日中外用兵,有异于古,以农为兵,诚不易言。亡弟心神旷远,立志匡时,阅历再深,自必益有见地。录存此稿,略志一斑而已。

三月二十五日(1885.5.9)

接香帅电:

岑宫保、鲍爵帅、李护院、冯督办、苏督办、唐主政:

总署二十四来电,本日奉旨:"彭玉麟、张之洞十九日电陈各节均悉。前因苏元春屡著战功,张之洞亦称为良将,特派督办广西军务。其时,冯子材一军先经彭玉麟等请调钦廉办防,本未令归苏元春调度。冯子材威望素孚,即着督办钦、廉一带防务。苏元春着仍督办广西边务。至一切善后事宜,着李秉衡与冯子材、苏元春会商妥筹,奏明办理。数月来,云、桂各军奋勇打仗,叠获大胜,深堪嘉尚!岑毓英仍当督率各营,严申儆备,勿稍松懈。其粤东、西各军,着张之洞调和将帅,以资得力;如有龃龉贻误等情,惟张之洞是问!刘永福一军,着即调扎思、钦一带。该军到防后,人数、饷数,张之洞酌定具奏。越地义民,岑毓英、李秉衡随宜措置,朝廷不为遥制。鲍超一军,着暂在马白关扎营训练,以备不虞,俟岑毓英撤兵时,一同入关,届时作何调遣,听候谕旨。钦此。"转电岑、李、冯、苏、敬等语,即请转咨各处,并摘"刘永福至具奏"一段,飞速行知刘提督。洞转。宥。

请缨客曰:冯萃亭军门曾督办广西关外军务,今为帮办,分①亚于苏,尝悒悒②与苏不合。彭、张两公奏闻,不知作何语,而冯遂有督办钦、廉之命。勋臣老将,上劳宸虑调停,能不令人鼓舞而颂圣明之世哉!冯得旨,次日即拔队赴廉州。

谅山克后,诸将争功。至是南皮乃确采战情,会彭、倪③入奏,最为详核,录后:

【注释】

① 分:职分、名分。

② 悒悒:忧闷,不舒畅。

③ 彭、倪:彭玉麟、倪文蔚。

奏为广军援桂规越,会合桂省主客各军力战破敌,保全南关,连克文渊洲、谅山省、长庆府、观音桥各城垒及遵旨撤兵,回界严防各缘由,恭折详陈,仰祈圣鉴事。窃惟广东奏派冯子材、王孝祺两军入越协剿,当于上年十二月奏明在案。至本年正、二月间,诸军保关复谅,大挫凶锋。当经前广西抚臣潘鼎新随时电奏,臣等仅于桂电所不及者间有奏陈。惟来电与各路禀报颇多异同,深恐或有参差纰漏,即不足以服将士之心。现在款议粗成,边防尤亟,谨将详实战状上为皇太后、皇上陈之。

查上年十二月,法虏大股自船头来犯。十九日攻谷松。二十九日陷谅山。本年正月初九日,入镇南关,桂军将领杨玉科战殁,董履高战伤,诸军多溃,惟苏元春所部及陈嘉六营尚完。于是法据谅山,于关外十里之文渊州筑台安炮,为坚守计。龙州为全军后路,商民惊徙,游勇肆掠,逃军、难民蔽江而下,广西全省大震。自太平、南宁以达浔、梧,皆电报所通、水路所达,纷纷告急请兵,桂林空虚,倥偬筹备。先是,帮办军务前广西提督臣冯子材暨广西右江镇总兵王孝祺于腊月先后抵龙,而募军未足,装械未齐。王孝祺率数营驰援出关,而谅已溃。冯子材原有之八营尚在东路,仅带中军两营驻龙州。元旦闻警,乃留一营弹压根本,亲率一营赴南关,与王孝祺军拦截溃勇。一面调八营来关晤商。抚臣潘鼎新,告以守关无须该军,令仍顾东路,遂以所部全扎关外派站,亲往督剿。初九日,南关告警,复檄西援。十二日,闻信折回,时法已于十一日焚关自退。冯子材素有威惠,为桂、越人心所向,还入关,众心稍定。乃建议于关内十里之内前隘跨东西两岭间,督所部筑长墙三里余,外掘深堑,为扼守计。谓桂军宜稍养锐自任,以所部萃军守之,营于岭半。令王孝祺勤军屯于其后半里许为掎角。当是时,帮办军务署广西提督臣苏元春毅新军、陈嘉镇南军俱屯幕府,在关前隘之后五里。蒋宗汉广武军、方友升亲军俱屯凭祥,在幕府后三十里。潘鼎新率鼎军屯海村,在幕府后六十里。魏纲鄂军屯艾瓦防芄封,在关西百里。王德榜定边军屯油隘,专备抄截,兼防入关旁路,在关外东三十里,独广军两枝当中路。前敌时值北海封口,西电皆谓法将由钦、廉攻南宁,断桂军后路,而廉州并无统将,臣等因桂军渐集,拟调冯军回顾钦、廉,又恐难于移动,当经电奏调廉,仍令冯子材酌度进退缓急。一面询商该帮办,或全移,或只调两营,或全不移动,但声言即日东援,以定众心,听其斟酌。因潘鼎新屡电不以冯军为得力,必不肯言留,故令该帮办自酌,知其力任大局,必有权度。旋接潘鼎新覆电,谓苏元春自芄封调回,即令冯军回廉。冯子材覆电则言该军吃重,两营亦难移调。当即电复,令其专顾桂防,不必援廉。此正月中旬以后广军布置扼守前敌之实在情形也。

于时,冯部全军已成,桂军休息渐定。越人密报,法将出扣波,袭芄封,攻牧马,绕出南关以北,且断唐景崧、马盛治两军归路。苏元春率军暨魏纲军趋①芄封以待,冯子材遣五营扼扣波以邀②之。二十七日,法数十骑率教匪至芄封,官军先在,惊走,扼扣波之冯军突出奋击,败遁,获其驮军火大象一,擒匪党二。二月初二日,法又争扣波,遇冯军,脱洋衣洋帽挂林木而窜芄封,即长定府,法以越官长定府知府绐③己,杀其子,遂无西犯意。冯子材请于潘鼎新调苏军还中路,法扬言将以初八、九日犯关。冯子材料法必于初七日礼拜一出兵,决计先发制敌。群议多不欲战,潘鼎新以士气未复止之。冯子材力争,率王孝祺军于初五夜出关袭敌。山有贼垒三,安巨炮,我军已入街心,自五鼓战至初六日午刻,贼益盛,王孝祺马中炮毙,易骑战,率死士由山后攀崖而上,破其二垒,毙贼甚多。贼败走,我军伤亡亦多。未刻,我军饥疲,乃还。此二月初五、初六两日广军倡议出关,力战破垒之实在情形也。

【注释】

① 趋:朝向,奔向。同"趋"。
② 邀:阻截。
③ 绐:欺骗。

初七日,法果悉其谅山之众,并力入关,直扑关前临长墙,攻广军营垒。冯子材告诸军曰:"法再入关,有何面目见粤民? 何以生为?"王孝祺以淮军为龙州人所诟病,诸军多轻之,愤甚,皆誓与长墙俱死。法以开花炮队循东、西两岭进,向下轰击,以枪队扑中路。法谓粤人皆冯内应,自以真法兵居前,黑兵次之,西贡洋匪又次之,教匪、客匪在后。炮声震天,远闻七八十里外。山谷皆鸣,弹壳积阵前,厚者至寸许。我军殊死战,伤亡甚多。东岭新筑五垒未成,为敌攻据其三。王孝祺自率小队抄敌后仰攻,敌稍却。战至申刻,苏元春援军至,合力拒战。诸军竟日不食,至夜仍未收队。是日，王德榜自油隘出军夹击，据文渊之对山与敌鏖斗数时，互有伤亡。遇贼运军火干粮之驮马无数，逐之皆反走，法粮械遂不得入关。初八日清晨，复大战。贼来益众，炮益紧，冯子材居中，苏元春助之，王孝祺当右，陈嘉、蒋宗汉当左。左路即东岭，敌炮最猛。冯子材与诸统领约，有退者，无论何将遇何军皆诛之。复于各路设卡，以截杀逃者。冯子材、王孝祺各刃退卒数十人。贼势狂悍致死，已薄长墙，或已越入。冯子材年将七旬，短衣草履，持矛大呼，跃出长墙，率其两子冯相荣、冯相华搏战，将士齐开栅门涌出，诸军睹冯子材如此，无不感奋。关外游勇客民千余，闻冯子材亲出阵，皆自来助战，伺便随处狙击。冯军扣波五营自关外西路来夹击其背，于是诸军合力死斗，短兵火器杂进。王孝祺部将潘瀛率选锋袒臂裸体，冲入敌阵，故所部勤勇伤亡最多。陈嘉争东岭三垒，蒋宗汉继之，七上七下，陈嘉受四伤不退。至酉末，王孝祺已将西路贼击败，亲率军由西岭抄敌后，与陈嘉等合击。而王德榜之军亦自关外夹击东岭之背，遂将三垒全数夺回。是日，王德榜自清晨出军甫谷，待敌援贼至，率队冲之，贼截为二。援贼因回枪击德榜军，我军奋击，大胜。部将张春发、萧得龙战最勇，毙法酋法匪甚多，余众败走，获其骡马五十余匹，所驮皆枪炮弹、面饼、洋银之属。德榜遂自外夹击东岭，夺还三垒。法鏖战两日，炮弹已尽，而后队军火被截，惶惧无措，顷刻间炮声顿息，遂大溃。我军任意斩杀，贼翻岩越涧而窜。教匪路熟先逸，法兵多歼。此战所毙真法兵、黑兵千余，法酋数十，客匪、教匪数百，逐出关十里而还。是日,冯子材、王孝祺身畔屡有开花炮子坠落,未炸。我军曩与法战,被挫之时,率皆阴雨雾雾,独是日大开晴雾,风日光明。此初七、初八两日广军会合桂省主客各军血战大捷之实在情形也。

初十日,冯子材亲率十营出关攻文渊州,法匪望风溃遁,追击毙红衣法酋一,遂复文渊。法以越官文渊州知州通款,剖其腹杀之而去。十二日,诸军三路攻谅,法据谅城固守,并扼对河北岸之驴墟。墟有王德榜旧垒,甚固。黎明,王德榜进攻之士卒多伤,毙其六画兵总一。午后,诸军至,王德榜与王孝祺两军战尤力,伤亦多。孝祺部将潘瀛执旗先登,诸军并进,克之。法涉水而逃,并守谅城。十三日五鼓,冯子材军杨瑞山、刘汝奇潜渡河攻谅,辰刻克之,获其军械粮米无算,皆纳之于官,军无私焉。诸军大至,法悉众遁,分兵追剿,桂军、楚军追中路,广军追西路。十五日,陈嘉攻谷松,贼势仍悍,王德榜力援克之,斩三画法酋一。冯子材军追贼至观音桥,破其巢,同日克复屯梅。屯梅即长庆府,生擒五画法酋一,斩三画法酋一,遂进军拉木,逼攻郎甲。郎甲即谅江府。王孝祺进军贵门关。连日诸军追杀,搜获法兵极多,尽复去年官军所驻边界。此初十日至十五日,广军会同诸军克谅后分兵追剿获胜复界之实在情形也。

越人久苦法虐,闻冯子材此次起家治兵,欣若望岁。越官越民多来入关通款,当即密布间谍,宣慰招徕。及克谅后,遂慨然画扫荡北圻之计。越官北宁总督黄廷金纠集各路义民,立忠义五大团,二万余人,皆建冯军旗号,供粮米,做向导,或分攻,或助战。北宁城内逃溃大半,李扬才之弟在北宁来报,官军破郎甲,彼即率众内应。冯子材各许官赏,分给旂械。河内、海阳、太原等处皆密受约信,纷纷畔法,西贡亦以重金购线①通款。已令莫善喜一军由钦州袭广安。时唐景崧一军亦由牧马进规太原,冯子材已定于二十五日亲率全军进规北宁,并率勤军同进,适奉停战撤兵之旨乃止。前军冯绍珠、麦凤标等于二十九日尚攻郎甲,是夜前军闻旨乃还。自三月十四、五日起,广、桂、楚、鄂诸军连环卷扎,至二十日皆撤入边。冯子材之军分屯樟山、平而关等处,王孝祺军屯彬桥。此二月十六日以后、三月二十日以前广军进规北宁,遵旨凯撤,还界屯防关内之实在情形也。

窃惟法虏自去秋败盟以来,扰闽围台,增兵据越,攻犯桂军。谅陷关失以后,大局岌岌。此战若再不利,则南太②将危,钦廉隔绝,两粤事体大难措手。幸赖国家威福宏远,诏令严明,将士同心,士卒效命,遂获大捷,克复越南一省、一府、一州,擒斩法酋六画至一画数十,法提督尼格里重伤,法之精锐尽歼,客教离散,全越惊扰。法虏自谓,入中国以来,未有如此次之受钜创者。时滇军亦获大捷,于是法都震慑天威,举国嗟怨,将其外部花利罢黜,仓卒乞款。皇上宽仁,不欲究武,俯允其请,休兵息民,是此战胜负之所关实非浅鲜。在前敌亲见战事者,佥言法二次犯关,非有生力大军,难遽言战。非冯子材创筑长墙与王孝祺合军死守,则诸军无所依倚,更无战守之法。当初六、七,广军苦战两日之后,非苏元春军往援,陈嘉、蒋宗汉力拒东岭,则冯军亦将不支;非王孝祺军叠次肉薄陷阵,横冲敌坚,则冯、苏诸军亦不能取胜;非王德榜截其后路,断其军火,关内外夹攻,则亦不能如此大溃;然非冯子材之素得人心,忠勇奋发,镇边安民,戢掠收溃,设险倡战,料敌情,散贼党,广援应,则法不至如此摧破瓦解,惶骇远遁。故诸将皆有功,而尤以该帮办为功首。然非李秉衡之廉劲公诚,坚镇龙州,力持危局,上匡抚臣,下调诸将,吊死恤伤、多方慰劳以抚残军,苦心撙节③、悉力供赏以励勇士,粮饷军火不分主客,随宜接济,则诸将亦不能成功。该护抚臣之撑拄挽回,其功不细。凡此皆参考各路电报禀函、采访关内外军民舆论,并询访自龙来粤人员,公论确情,俱出一辙。其广军屡次出力,伤亡员弁勇丁已由臣之洞咨照苏元春、李秉衡汇同各军奏请奖恤,不致虑有淹没。圣主明见万里,优奖戎行,其应如何特颁懋赏,朝廷自有权衡。惟是敌情军势、将略民心,臣等既考察详实,不敢不详晰上陈。不惟知以前之战状,亦可以筹后日之边防。所有广军会合诸军保关克谅,遵旨凯撤入边各缘由,谨缮折合词具奏。伏祈皇太后、皇上圣鉴。谨奏。

【注释】

① 购线:买通他人为内线。
② 南太:中国广西南宁及越南太原省。
③ 撙节:节约。

请缨客曰:是役也,朝廷威灵,将帅勋略,均应表暴,为千秋论世者之征。当是时,敌锋猛甚,关内之战,诸军稍有不支,岂独龙州不可问也哉？广西之邕、梧，广东之钦、廉，势必相继蹂躏，不可收拾，边事大坏，我虽欲和而有所不得，更无论赔偿兵费矣。赖国家之福，转败为捷于瞬息间。虽曰师武臣力①，此中岂无天意哉？失谅以来，诸将多被严旨。寇已入关，无可再退，故誓死血战而奏此捷。非仗庙谟②严切及皇太后独断之懿旨，何克臻此！法人经此挫折，立即就范，不索兵费，俯首行成，盖亦气尽力索，而不敢再以兵戎向我矣。第自南关陷后，几无人敢驻垒关前。非南皮尚书预筹冯、王协桂之师，则桂军势不能骤振。然则南皮实为功首也。此疏所陈，均系确情。惜谅山既克，彼族亟浼英人赫德以和款我，且以不索兵费悦我。朝廷念台、澎万紧之际，遂允撤兵。全越有可复之机而一旦下停战之诏，三军扼腕，五利滋疑。然以一隅论，则越圻弃诚可惜；以全局论，则台湾为我内地，越南为我外藩，得失轻重，庙堂固有至当之权衡也。

三月二十六日（1885.5.10）

电香帅：

> 崧军在东路，亦自树一帜。当轴必以客礼待，崧亦敬事诸公，各军独崧与人无尤③。谅山、牧马不作为瓯脱，此后沿边竟须长驻兵，主客军酌留几何？桂军协饷有著之款几何？龙州宜筑城，各隘宜筑炮台，皆不可缓。崧。寝。

【注释】

① 师武臣力：官军威武，臣子尽力。

② 庙谟：犹庙谋。朝廷对国事的计划。

③ 无尤：无怨。

四月初一日（1885.5.14）

接香帅电：

李护院、冯督办、唐主政：

　　刘渊亭已奏准调屯思、钦，请萃帅、鉴帅、维卿均作函檄飞催速来。本部有用者愿来者务须带来，少则数百，多则二千俱可，但须核实数，遵营规，将来点验照章给饷。广东供饷械，归洞及冯督办调度。驻扎处所，到后酌定，大约在上思州一带。得宜将弁，如吴凤典、李唐等，务须劝谕随来，洞为奏恳圣恩，各授实缺，渊亭更不待言。中华一镇，远胜越南三宣矣。此时和议已定，若仍在越，法必不相容，云亦不能庇，早来越境，上建捍边报国之功，下有衣锦还乡之乐，旧垒不必恋，机会不可失。若防后患，洞敢保之，不必疑虑迟回。黄守忠亦请鉴帅、维卿再调率本部来，不容迟缓。万一有变，此枝可当选锋。请照办，并希分别赐覆。洞。朔。

四月初二日（1885.5.15）

函催黄守忠。接香帅三月二十一日照会并黏抄电奏，录后：

　　照得本部堂于光绪十一年三月二十一日电奏：云、越各军宣光攻战出力缘由,今于三月十四日准总署十三日来电,本日奉旨:"张之洞奏沥陈边军出力情形。官军围攻宣光,虽未克复,而叠次奋勇进剿,劳绩足录。着岑毓英仍遵前旨,将十一月初五之捷出力员弁查明保奏,并将云、粤各军宣光攻战出力者与临洮胜仗案一同保奏,侯旨施恩。钦此。"即转电岑等因,到本部堂承准此。查去年秋间奉旨,敕令滇、桂进兵。木部堂因岑部堂督率云军已将循江东下,适刘提督永福奉旨录用,特奏派贵主政统率粤军远涉越疆,间道往会,联络黑旗以助滇军。自八月间率营出关,由牧马以达宣光。间关崎岖,千有余里,皆行无人之地,山箐险恶,不见天日,虎蛭纵横,人马颠陨。缒幽凿险,艰苦异常。而地方幽僻,办粮极难,非远到数百里外,无从采购。其转运粮米以及军装器械尤为累重艰辛,至于沿途耗损,需费繁多,尚不足论。嗣又创立台站,设法觅丁驰递,各路军情赖以通达。到防以后,会合云军、刘军,遂有十一月初五之捷。以后复偕诸军围攻宣光。岑部堂调度精密,号令严明,而诸军亦俱能奉承指挥,踊跃用命,和衷协力,联络救应,先歼援贼,继夺炮台,血战数月,歼毙法酋、法兵无算,教匪更不待言。力攻缺口,肉薄先登,我军死伤如积,毫无退沮,法虏号泣技穷,伏匿待毙,实为法入中国被围穷蹙之始。其时,法已粮尽援绝,克在旦夕。若非谅山失陷,敌兵分援,宣光早拔。今战事已定,回念诸军鏖战之苦,似未可以坚城未下没其前功。至刘提督永福,虽经败挫,其部下数月死战,亦有足录之劳。且十一月初五之役,曾奉明旨保奏。兹复钦奉前因,除业经恭录转电云、贵督部堂钦遵外,合就恭录,并抄电奏照会,为此照会贵主政,烦为钦遵查照,将围攻宣光历次出力各员弁核实开单,就近呈送岑部堂覆核保奏,并具报本部堂衙门备查。望切施行。

计黏单三月十一日电奏一纸:云、粤各军攻围宣光,自去秋至今正,血战最苦,歼寇极多。去年十一月初五日,唐景崧等截剿获胜,已奉十二月二十四日谕旨,令岑督保奏施恩,懿旨颁赏。其时云军尚未到齐,嗣后各军攻战愈力,叠奉电旨褒嘉,俟克后给予优奖,并饬存记。徒因谅失援众,刘军不支,未竟其功。然诸将仍守旧营,粤军以牧马危急调防,咎不在围城之军。谅若不陷,宣已早克。查历次皆法犯官军,其被我围攻危慼,自宣光始。非此次力挫其锋,法早扰馆司以上矣。攻城最艰,较之去年桂军诸战,难易悬绝。云军截获法酋求救书洋文及东京法人新闻纸,皆译出可据,言华兵勇敢异常,围攻形势布置极善,甚合欧洲所教习者。法游击茂连掌厘阵毙,真法兵毙三分之一,余伤过半,皆匿地窟,再过七日,必无一生者。今事渐定,攻宣之军但有伤亡,未闻奏奖。粤军行无人之地千余里,涉险裹粮,往会云军;刘军攻剿,死伤如积,尤为艰苦。刘虽败,其部下功不可没,以后尚须用其力,结其心,外则绥越,内则安边。可否仰恳圣恩,敕岑督仍遵前旨,将十一月初五之捷保奏,并将云、粤各军宣光攻战出力者与临洮胜仗案一同保奖,以免向隅①。请代奏。之洞肃。真。

四月初四日(1885.5.17)

香帅三电录后:

唐主政：

沁电悉。贵部与萃军相联络极是。法复至谅残杀，此本意中事。阁下怪其无信义，何异责牛马以衣冠乎？吴凤典、李唐两人才具性情，速详示。渊亭近日确情，并示。洞。支。

苏督办、李护院、唐主政：

中国岂利②越土？惟必留瓯脱，庶纾后患，且保义民耳。然不乘胜兵压境而议之，彼岂肯听？去冬，赫德即出调停和议，彼兵方胜，不允。至二月初八日，云、桂两军同时大捷，桂趋北宁，云趋兴化，虏之精锐已尽，新兵未来，客教畔散响应官军。法举国惶惧，归咎外部花利，勒令辞职，急浼赫德乞和，草草定议。赫德急发电至法都立草约，限定撤兵还界期，令其党金登干在法画押，而款议成矣。详约皆赫德往来传达，闻亦将定，瓯脱无望矣。廷议因澎失台急，俯从法请。不知台、越互相劫制，我重台，彼尤重越。去年洞屡陈缓台在急越，又云河内急则台湾解，又云半年法不能踞全台。今谅山克而法已请和，若北宁、兴化克，台北虽失，亦必还我，况不失乎？撤兵而后议约，悔之晚矣！洞。支。

【注释】

① 向隅：汉刘向《说苑·贵德》："今有满堂饮酒者，有一人独索然向隅而泣，则一堂之人皆不乐矣。"后因称惠不及众或孤独失意为向隅。

② 利：以……为利益。

唐主政：

密。阁下解人①也，安得人人如维卿哉？接此电后，即复。洞。支。

四月初五日（1885.5.18）

电香帅：

吴、李到龙，即止其募。奉朔电，所示适符。刘与虏不两立，然不命之战亦不敢妄逞。其恋越者，因辎重、田园在保胜耳。崧再四函劝，据吴、李云，必从所属。论者谓不如仍留保胜，可以蔽滇。但今昔不同：一则法必不容，必逼中国迁之；二则虏以全力攻保胜，刘无助，岂能久支？滇不足蔽，适以陷刘。前劝刘赴桂，即筹庇法。崧。微。

【注释】

① 解人：见事高明能通晓人意者。

四月（1885.5）

在龙州。催渊亭入关赴桂，书曰：

吴督带、李、胡两管带，晤于龙州，两接惠书，一切览悉。已付吴、李银一千两矣。招募一节，令其暂缓，俟执事到时再议。香帅来电亦同。现已派弁送伯涛于十五日起程赴东，进谒香帅，面禀情形。

来书所云存亡弁勇家属零丁孤苦各情,弟已一一电陈。今接香帅复电,抄录寄览。香帅为执事谋者至优且详,来电许给二万两,则弁勇眷属自可成行。若再恋恋保胜,必遭不测。

来书所云与法人声明,以兴化为限,不可上犯之语,执事细思,法人能如此守约不背乎? 何其观理不明? 并鄙人叠催赴桂之意均不省悟。香帅奏调执事赴桂驻防,具有深意,无非为执事妥筹之至计,并非逼其迁籍,何乃误会? 倘再徘徊保胜,不独负香帅与鄙人一片周全之苦衷,实亦拙于自谋。大丈夫感恩知己,即令赴汤蹈火,亦有所不辞。何况劝驾东来,实为执事一身起见。

昨接彦帅来函,谓尊处乞请路费,业已允行。是彦帅亦并非薄待,岂可一味执性违拗?

总之,速速赴桂为是。即一时难于启行,亦必遵旨按限先撤入云南境内。至要! 至要!

弟与执事性命相依,二人万死一生,幸保骸骨,所代为谋,断无不是之处。设再不听鄙言,则此后一切,弟必不能照料,幸勿自误,后悔不及! 金石之言,千万详度。临颖不胜驰系之至!

四月初八日(1885.5.21)

约钟西耘、尹仰衡、南宁钟孝廉游紫霞洞。洞去(一)龙州五十里,山在河干,两洞毗连,跨山之半有楼、有亭、有半月廊,龙州同知蔡仲岐所修茸也。数年从事鞍马,日居卑湿帐中,几忘世间有栋宇几榻之乐,至此精神为之一健。窗外碧桃一株,虬枝①拂槛,客袖皆绿。晚酌毕,披襟坐山门风月下,俯听河流淙淙有声。道士为言,晓山抚军②被逮时,舟行过此,游眺③竟日而去。不觉边关情事枨触心头,体不耐凉,先归楼卧。四人联榻谈至四鼓。

【校勘】

(一)洞去:底本无,据1955年本、中华书局本补。

初九(1885.5.22)

晨起,游洞参佛。观音莲台凿石粲粲④,壁镌擘窠大书⑤,皆祷神俗语,惜玷佳境。午后,舟旋。有诗二章:

> 绛天⑥新卷汉旗回,更看江霞江上来。
> 极目重关谁锁钥⑦,置身百尺有楼台。
> 绿窗桃叶迎人笑,白石莲花抱佛开。
> 赖有君谟最风雅,甘棠留种水云隈⑧。

【注释】

① 虬枝:像虬龙般盘曲的树枝。

② 抚军:巡抚。清以巡抚为省级地方行政长官,总揽一省的军事、吏治、刑狱、民政等。因兼兵部侍郎衔,也称抚军。

③ 游眺:游览。

④ 粲粲:鲜明貌。

⑤ 擘窠大书:大字。擘窠,原指篆刻印章时的分格,以便匀排。古来写碑版或题额者,多分格书写,使其点划停匀,称擘窠书。

⑥ 绛天:把天空染成红色。

⑦ 锁钥:谓锁及钥匙。引申指军事防守重镇。

⑧ 水云隈：水云弥漫的角落。

匡时抗疏①奏明光，_{西耘、仰衡与余在都俱有时务奏疏}星象珠联聚一方。
如此风云迟遇合，曷来②林壑觅清凉。
重游赤壁言犹在，_{是日李兰生、许天倬不至，有约再游}一宿曹溪③去太忙。
何必勋名比铜柱，千秋诗碣镇炎荒④。

【注释】

① 抗疏：上书直言。
② 曷来：何不来。曷，通“盍”，意为何不。
③ 一宿曹溪：唐玄觉禅师初谒六祖惠能于韶州南溪，问答投契，顿时得悟，因留住一宿，时谓一宿觉。后因以指神悟、顿悟。
④ 炎荒：南方边远之地。

同游者皆有诗，仅记西耘一联云：

世间不信无风马①；
眼底何曾识海鸥。

属李兰生绘《游紫霞图》，西耘继有诗来，造语拔俗，录之：

昨日从紫霞，握手得君语。
劬勤②趋穷边，斗胆敢扞围③。
我马初欲西，旁看足跬趄④。
重山起蔽日，无路上嵚崟⑤。
藤箐阴结蟠⑥，云雾气如瘢⑦。

【注释】

① 风马：神马、神车。

② 劻勷：急迫不安的样子。

③ 扦圉：护卫边境。

④ 踟跙：亦作"趑趄"、"趑趄"，且行且却，徘徊不前貌。

⑤ 嶔岠：高峻的大山。嶔，高峻貌；岠，大山。

⑥ 结蟠：盘旋屈曲。

⑦ 瘝：病。

日夕无人烟，行者胸捣杵①。

筶兵走其间，徒步仗腰脊②。

掬水慰饥卒，安敢意炊黍。

回头路三百，谈齿发酸醋③。

恩穷以威通，此亦天覆处。

魑魅今纵横，有责实在御。

孤军军其城，天地易寒暑。

雨铁④杂寝饭，雷电相尔汝。

男儿须奇功，磔此牛角鼠⑤。

鬼章⑥不就禽，时事遽如许。

吾尝闻之君，兵策岂豪举。

迹粗功用神，后孙祖先吕⑦。

瞋目⑧语海难，万众眇螟蠓⑨。

君今遇真知，缚虎绳以苎⑩。

【注释】

① 捣杵：执棒槌捶打。

② 腰脊：犹腰背。

③ 酸醋:辛酸痛苦。

④ 雨铁:雨水及兵器。

⑤ 牛角鼠:丑陋的怪物,比喻敌寇。

⑥ 鬼章:鬼獐,比喻敌寇。

⑦ 先吕:先辈。

⑧ 瞋目:张目。

⑨ 万众眇蝛蝛:眇,眇视,轻视。蝛蝛,虫名,亦作"鼠妇"。甲壳虫类,可入药。

⑩ 缚虎绳以苎:捆绑老虎的绳子用苎麻的皮做成。意为武器不精良。苎,苎麻,多年生草本植物,高约一公尺,茎的皮可采纤维以织布。

登坛易转烛①,余子固邾莒②。

策马登南关,吾肩想艰钜。

谁居梗中逵③,心止听柷敔④。

得时奋龙木⑤,退可拥牛篓⑥。

英雄不相惜,谁与策岛屿。

其诸同心人,有昧入尊俎⑦。

世方挟喜怒,扪腹较迎拒⑧。

吾当推吾心,泼雪瓶可煮⑨。

世方挟恩威,颠倒售酤醋⑩。

【注释】

① 转烛:喻世事变幻莫测如风中烛。

② 邾莒:邾、莒,春秋二小国名。北魏杨炫之《洛阳伽蓝记·正觉寺》:"羊者是陆产之最,鱼者乃水族之长。所好不同,并各称珍。以味言之,甚是优劣:羊比齐鲁大邦,鱼比邾莒小国。"此喻小人物。

③ 谁居梗中逵:居梗,居中作梗;中逵,谓道路交错处,引申为中道、中途。

④ 柷敔:乐器名。乐开始时击柷,乐终止时刷敔。

⑤ 龙木:树木之王血龙木。主要生长于越南、印度、尼泊尔等地原始森林

中,用于制作工艺品。

　　⑥ 牛箪:口大底浅的圆形竹编容器。

　　⑦ 尊俎:古代盛酒肉的器皿。尊为酒器,俎为载肉之具。也作"樽俎"。

　　⑧ 扪腹较迎拒:扪腹,抚摸腹部,形容饱食后怡然自得的样子。较迎拒,衡量迎合还是拒绝。

　　⑨ 泼雪:如汤泼雪。比喻事情非常容易解决。《水浒传》第五十八回:"若是拿得此人,觑此城子,如汤泼雪。"

　　⑩ 酤醑:美酒。

吾当公吾心,拔茅且及茹。

我真愚无知,口舌受龃龉。

礌砢①抱枝干,固未学刻楮②。

已决袖手归,长啸返林墅。

气焰不足多,安问长吴楚③。

蛟龙翻沧溟,何争一洲渚。

重屋排云霄,负荷必柱础④。

遇我君独深,卤馥酝古秬⑤。

拂衣行当东,倾心尽筐筥⑥。

【注释】

　　① 礌砢:树木多节,比喻人有奇才异能。

　　② 刻楮:工巧的技艺。典出《韩非子·喻老》,宋国有人用象牙雕刻楮叶,三年雕成,放在楮叶中,分不出真假。

　　③ 吴楚:春秋时二国名,其地略在今湖南、湖北、江西、安徽、江苏、浙江一带。

　　④ 柱础:柱子的基础。

　　⑤ 卤馥酝古秬:卤,礼器,中型酒尊。形状很多,一般椭圆形,大腹,敛口,圈足,有盖与提梁。盛行于商周;馥,香。酝,酿酒。古秬,陈年的黑黍。

　　⑥ 筐筥:筐与筥的并称。筐,方形盛物的竹器;筥,圆形竹筐。

四月初九日（1885.5.22）

香帅电：

总署初八日来电,本日奉旨："岑毓英奏停战撤师仍严密整备一折,览奏均悉。阮光碧等情殷效顺,实属深明大义。现在详约未定,着岑毓英设法维系其心,傥有驱策之处,仍可得力。所奏请赏刁文撑等宣抚、土司之职,分界现未定议,且属国地方官员向不由中朝除授,应毋庸议。刁文撑等如果情深内附,该督当查明实系情切、尤为出力者,令其随同入关,妥筹安插,请旨遵行。其仍留越境者,应俟定界奏明,分别办理。刘永福仍遵前旨,饬赴钦州,归张之洞调遣。钦此。"

四月初十日（1885.5.23）

查取各营宣光打仗出力义武员弁职名,申请彦帅、香帅、豹帅奏请奖励,并称景崧事不偿愿,无功足录,不敢仰邀保奖。

四月十二日（1885.5.25）

黄守忠来见,自带三百余人,营官农耕贵带五百余人未到,余队不愿入关者,留在河阳。编其军为景军忠字左右两营,守忠仍为督带。越官梁俊秀专人入关求借军火,畀洋枪二百杆。

四月十三日（1885.5.26）

香帅电奏：

越留二员,归二员。携岑督咨"师当如期撤。惟刘永福安置未定。越义民未得所。勃出示不日派兵讨逆贼,即指刘与助军义民。师一撤,法必与战。胜,法必疑我;不胜,越民必求入关。纳之,法有词;拒之,非恤藩,失响义心,属代电奏请旨"等语。刘禀"感天恩,遵来粤,求带旧部三千人,又部下孤寡十余家,收养多年,须筹安置。又军械、辎重甚多,须迁移免资敌。又历年战事,求奖恤。又请留其子通判刘成良在保胜,候示遵"等语。吴得禄禀"刘军恐一两月未能全撤。勃意只在刘移,虽入关稍迟,法当允"等语。委员孙鸿勋回称"勃言岑撤一步,法即进一步。岑咨、刘禀俱实情"等语。

洞查刘在越,根蒂深,不带本部,刘不能来洞前。许带二千,当可听。安部眷可给资,迁辎重可宽期,奖恤仰求恩准。可否由洞奏请。留子在越已驳。窃谓从容商办,中法均宜。若法进太速,逼刘过甚,必生衅。至法残桂边义民,洞已奏。云边义民,请敕岑遵办,并敕总署、北洋商法慎办,务求妥善,勿以急遽误事,边疆幸甚!祈代奏,请旨遵行。之洞肃。元。

四月十四日(1885.5.27)

香帅电奏:

顷探得确信,法毁澎湖房屋,分三街建兵房,作铁炮台。三月内共掳民船十六、七,勒船客作工。询左同。又接左电,台湾录孤拔告示,基、澎由法兵暂行驻守,华所得东京地,由华兵暂行驻守,详约定即退。是法并不责①我先撤。赫德欺蒙朝廷,愚华助法。撤兵而后定约,已中诡计。岑因路滞,抵界稍缓;刘因累重,内徙难速,乃是实情,非不撤。似可援孤拔此示以折②法,免过促难办。越员禀:"在越确知法畏刘,勃及法兵官谆探③刘撤否。"趁岑、刘尚在越,详约较易商。洞已屡调刘矣。请代奏。之洞肃。愿。

【注释】

① 责:督促。
② 折:挫败。
③ 谆探:再三探查。

同日,雪帅、香帅会衔电奏:

详约闻将画押,大计数端务宜详慎:

一、云桂界越,宜留瓯脱;

一、桂边通商不可轻许,边防无长策;

一、刘永福能调而不能速,急则恐生枝节;

一、台、澎万不可令屯兵。法现修澎炮台,宜阻;

一、英、法最亲,赫德英人,处处助法愚我,诡谋显著。法若得利,他国均沾,断不可信。望敕枢臣、总署全权详核,并电敕沿海沿边疆臣,筹复再定。画押以后挽救无及;

一、闻金登干在法立草约,系与斐礼画押。其时斐礼已黜,法甚诡异。查斐礼狠狡好兵,与孤拔为党,力主攻华吞越之人,因谅败,众攻去位。请商法都,另派大臣定议画押,责斐礼历年办理不善,以伐敌谋,杜后患。不然,因越用兵,兵胜而越仍弃;因台许和,和成而台终危;与法立约,约成而各国得志,恐贻国家无穷之悔。

臣等深忧,不避冒渎①,求圣主熟思大计,幸甚!前五条,臣之洞已奏,未悉是否允议。兹将画押,敬敢申恳,末条似尤要。谨电奏请旨。请代奏。玉麟、之洞同肃。愿。

同日电香帅:

密。梁俊秀专差入关,求假军火。拟借以大吉枪数百杆,助彼守土,即为我捍边。不与恐失其心,有事不能再用。闻游勇于二月击毙从法之越官丁观珍,获火器甚多。谅、牧、山、北义民,昔黄、赵屡给枪械,不克收回,似应报总署与法言明此事,嗣后游勇、越民有火器与法斗,不得咎我暗助,豫杜借口。崧。寒。

四月(1885.5)

在龙州。派魏云胜督带景字正前左右后四营,王宝华督带副前左右后四营,炮军营在牧马,已改派龚士珩管带,欧阳萱仍带中营,合黄守忠两营共十二营,分扎下冻及水口关峻隘一带,在龙州之右,余坐营在下冻关帝庙。

四月十九日(1885.6.1)

香帅电:

　　总署十八日来电,本日奉旨:"李鸿章奏法电吴税司,言云督不肯退兵回界,谓须奉旨全退,方可钦遵等语。其言固不足据,但撤师之期早经约定,且云军路远,已议展十日。现在条款不日画押,爽约之衅岂可自我而开? 岑毓英惟当懔遵叠次谕旨,将全军按期速撤至界,并与张之洞催刘永福一军如期撤回云界,再赴思、钦。中外交涉,惟以信义为重,况中旨屡降,大计攸关,在远疆臣自未能深悉情形,何得于事及垂成再生异议? 将来设有贻误,再蹈十年覆辙②,该督等岂能当此重咎耶? 岑毓英接奉此旨后,即将启程及何时抵界日期速行电闻。钦此。"

【注释】

　　① 冒渎:冒犯亵渎。

　　② 十年覆辙:据郭以廷《近代中国史事日志》(上),光绪十年(1884)中法订立李福天津简约,福禄诺面请李鸿章订撤兵之期,李拒之。于撤兵一事上未能达成一致,以致中法在越战事不停,基隆被陷,台湾被围,边疆危机加剧。

四月二十五日(1885.6.7)

　　香帅来文,节录:

　　查中法款议已定,滇、桂各军撤守边界。刘提督所部在越,非主非客,于义未安;且法人既与刘军为仇,越地久归法人保护,岂能留弹丸之保胜,供士马之饱腾? 应钦遵叠次谕旨,速带得力旧部一两千人,由刘提督自行酌量,贵精不贵多,并刘提督亲丁眷属,一并起程离越,先入滇境,转至龙州,再行募足全军,听候指定或思或钦,屯扎调遣为

要。至其余历年部众家属、越地辎重资产,应由刘提督随
宜斟酌,妥为安置。除照会刘提督办理并分别咨行外,相
应照会贵主政,烦为查照,选觅熟识刘军将弁,赍文加函,
飞速移知刘提督遵照办理施行。

四月二十七日(1885.6.9)

催李兰生绘游紫霞洞图。初,兰生倚琴帅得意;今李护抚
恶,将劾之。因借催画讽以诗曰:深山深处如人世,幻尽朱霞
与白云。已过清和好时节,画图迟了李将军。后终被劾。

本日接李燕伯同年三月二十六日来书,书曰:

　　每闻捷音,辄一起舞。吾粤三百年来,未闻以儒将著
者,泰西通商五六十年来,亦无如此次受我折挫者。兄以
管敬仲①有为之才,当陈同甫②无聊之境,凭此血诚,上达
天听,遇奇而功伟。回思初到广州,踟蹰进退之时,至不得
已而欲以逋臣③自居,泪随声下,彤窃为扼腕叹息者数矣。
此种苦心,所谓至诚未有不动者耶? 惟是有一日通商,即
有一日边事.如执事者,何可多得! 才难变巨,忧喟实深。

　　彤耳之所闻,目之所见以及早夜所思,读书阅历之所
得,无不极力推求,亦欲获有用于世。第仕宦不可以求而
得,知遇不可以干谒而来。兹无论其大者、远者,即一官一
邑,尚未假手;而徒蒿目④时艰,杞忧在抱,此身何益人间?
近惟读书,思取古今掌故与时事合者,稍为纂述;再则,薄
有诗文几卷,山花自开,谷鸟自鸣,借以消遣壮志,无他长
足以告慰二十载之知交也。并寄诗五首为景军铙歌⑤:

廿年簪笔侍承明⑥，一出都门便将兵。

杀贼归来看草檄⑦，才知霍卫⑧是书生。

载酒江湖杜牧之⑨，感春楼上夜题诗。

请缨便是韩忠武，儿女英雄事事奇⑩。

【注释】

①　管敬仲：管仲（？—前645），名夷吾，字仲，春秋齐颍上人。初事公子纠，后相齐桓公，主张通货积财，富国强兵，九合诸侯，一匡天下，使桓公成为春秋五霸之一。

②　陈同甫：陈亮（1143—1194），字同甫，学者称龙川先生，婺州永康（今属浙江）人。南宋杰出思想家、文学家。绍熙进士第一。亮为人豪迈，有才气，好言兵，议论风生，喜用世而不得一试。著有《三国纪年》、《欧阳文粹》、《龙川文集》。

③　逋臣：逃亡的大臣。

④　蒿目：举目远望。

⑤　铙歌：军乐，又谓之骑吹。行军时，马上奏之，通谓之鼓吹。

⑥　廿年簪笔侍承明：廿年，二十年；簪笔，古代朝见，插笔于冠，以备记事；侍，侍奉；承明，古代天子左右正室称承明，因承接明堂之故。

⑦　草檄：起草檄文。

⑧　霍卫：西汉时期抗击匈奴的名将霍去病和卫青。此代指统兵的唐景崧。

⑨　"载酒江湖"句：载酒江湖，杜牧《遣怀》："落魄江湖载酒行，楚腰纤细掌中轻。"杜牧之，即杜牧（803—582），字牧之，京兆万年人。杜佑孙。太和二年擢进士第，复举贤良方正。曾任监察御史、黄、池、睦等州刺史，后官至中书舍人。时值中、晚唐，作《罪言》，提出削藩、强兵、固边、反佛等主张，又注《孙子兵法》。诗长于近体，七绝清新俊迈，尤为后人所推崇。文章奇警纵横，皆有为而发。为别于杜甫，人称小杜。临死，悉焚其文草，其甥裴延翰辑其稿，编次为《樊川集》。

⑩　韩忠武：韩世忠（1089—1151），字良臣，宋延安人，抗金名将。儿女英雄，韩世忠妻子梁红玉本京口倡女，识世忠于微时，二人结为夫妇。世忠既贵显，封为安国夫人。建炎四年，世忠与金兀术战于黄天荡，红玉亲自擂鼓助战，金兵终不得渡。这就是有名的"梁红玉击鼓退金兵。"

椎牛犒士一军欢,月照泸江剑气寒。_{宣光河即泸江。}

洒遍乌支①头上血,征袍三日未曾干。

几人屠狗卖浆②中,能捍边关即是功。

亡命莫教西夏去,张元吴昊本英雄③。

捣穴犁庭④事岂难,愤时谁共寸心丹。

连朝钜鹿城边战,诸将皆从壁上观⑤。

【注释】

① 乌支:古县名。在今甘肃泾川县。

② 屠狗卖浆:宰狗卖酒。比喻从事卑贱职业者。

③ 张元吴昊:张元、吴昊,宋华州人。二人负气倜傥,有纵横才,欲共谒韩范,耻自屈,乃为诗哭于衢,果被召。未用。元与昊乃走西夏,夏人以为谋主。连兵十余年,西方疲弊,职此二人为之。

④ 捣穴犁庭:捣毁其巢穴,犁平其庭院。比喻彻底摧毁敌方。

⑤ "连朝钜鹿"句:秦末,项羽与秦将王离战于钜鹿,九战九捷。交战伊始,诸侯援军惧秦作壁上观,见项羽胜利在望,则冲出壁垒一同战秦。壁上观,遇事袖手旁观。

请缨客曰:燕伯原名鹗,更名受彤。吾二人布衣时贫极,咸丰辛酉①缔交于桂林会城之宝相庵中,洒落天真,不知世间有忧戚事。是年乡试,余领解②,燕伯亦捷,同坐公车北上。于是交情日老苍矣。而忧亦渐来,燕伯屡踬春官③,节母④在堂,捧檄情切,乃纳赀⑤官广东知州,受知于张振轩制府,未尝一日侪诸闲散也。燕伯善处家庭,孝友无间,立品狷洁⑥,力争上流。其讲求时务,不为迂远难行之说。小试于钦州,勤苦爱民,若惟恐所行负所学者。南皮制府疏其政绩入告,世患无千里马耳,岂患无识马之伯乐哉! 平生知交数百辈,信其志洁行芳,历久不渝者惟燕伯与吾宗芷庵而已矣。而燕伯尤能訚訚⑦与世无忤⑧也。当日答以诗,未寄,仅记卒章云:

> 三千甲士解吴钩⑨,百战归来愿不酬。
>
> 儿女英雄都抱恨,花残月黯感春楼。

【注释】

① 咸丰辛酉:咸丰十一年(1861)。

② 领解:乡试取中者为领解。领解,即获解之意。

③ 屡踬春官:指会试屡次失败。踬,不顺利;春官,即会试,在春季举行,又称"春闱"。

④ 节母:年轻就守寡的母亲。

⑤ 纳赀:缴纳资财。

⑥ 狷洁:洁身自守。

⑦ 訚訚:和颜悦色貌。

⑧ 与世无忤:与人无所抵触。忤,抵触。

⑨ 吴钩:钩,形似剑而曲,春秋吴人善铸钩,故称。后来泛称利剑为吴钩。

四月二十八日(1885.6.10)

探闻法人由船头修路至威埔,惨役越民,奸淫妇女。游勇头目苏二、何三在芫封五百人,谢二在州哋三百人,邓宾权、黄二、冯满在新街一千人,李逢春在大社三百人,王大朋在怕拉二百人,亚来、何三在燕雄四百人,梁正理在山西二千人,又带越民三千,王太忠在太原三百人,黄廷金募华勇千人、土勇不计数,皆通函于我,乞济军火,愿复越圻,听候指挥。余权为维系之。

四月二十九日(1885.6.11)

香帅电：

李护院,唐主政：

　　总署二十四日来电,本日奉旨："李鸿章电奏'林椿来言,法约定一月内退澎湖;如刘永福不退保胜,澎湖宜须迟退'等语。现在详约将定,中外交涉惟重信义。刘永福一军亟应如期撤回。着岑毓英、张之洞懔遵十八日电旨,严催该提督即率所部迅回云界,再赴思、钦,不准稍有迟延,致令借口。其起程、抵云日期仍速电闻。钦此。"

　　法以澎湖为质①,刘一日不离越,中国海防一日不能结局,断无展缓之策。即请维卿恭录此旨,并加切函,晓以祸福,速派妥弁飞递刘提钦遵。此员由何道前往,岑帅必已遵限入关,应到岑营探明刘驻处,往探似可由归顺往,不必由越到彼;约须几日,此弁何日起程,即示复。如维卿无员弁可委,请鉴帅酌派员弁,听维卿差遣,并请鉴帅恭录咨岑帅。洞。艳。

【注释】

　　① 质：用来保证条约执行的事物。

　　余旋派游击周荣春、都司刘光明给予路费百两,准于初一日兼程前往,取道归顺入开化府,恭录谕旨并致切函,交两弁赍投。书曰：

飞启者：

四月二十三日，曾由岑宫保处转寄一函，计尚在途。阁下现在何处？务恳飞速示知。其函即送宫保营，转递来龙甚速。兹承香帅电寄上谕一道，恭录，派弁赍投。麾下得此信后，已入云界，固好；如尚羁留保胜，务望遵旨立即拔队离开保胜，速进云南，切不可再流连越地，致令法人借口，不肯退出澎湖，贻误大局。此阁下前程之所系，香帅之所切属，鄙人之所急劝。傥再违延，祸将立至。时事业已至此，吾兄自揣力量。如无人助饷银、军火，岂能久据保胜而无恐？如敢不遵严旨退入云界，换出澎湖，谁又敢助贵营饷银、军火耶？大丈夫明哲保身，再看将来机会。违旨身且不保，更何有于保胜？切切三思！速速拔退！望即将离越入云日期，飞速函知。

请缨客曰：余岂欲刘离保胜哉？盖至是不得不为刘计矣。南望伤心，惟自知之。

四月(1885.6)

朱曼伯观察来龙州总办西转运局，赠余六朝碑拓。边关获此，如稀世珍矣。蜀人廖光，号蜀樵，少年清品，赠诗笺，书画俱秀逸。

卷　九

五月初三日（1885.6.15）

赴下冻坐营，距龙州五十里，边防无事，重理书籍。亲友宗族纷纷来营，编竹而居。香帅、彦帅先后寄到保荐微名折片，录后：

香帅奏疏：

奏为唐景崧一军越境会剿，历次攻战情形及遵旨撤兵还界各缘由，恭折补奏，仰祈圣鉴事。窃查五品卿衔、四品顶戴、吏部主事唐景崧，于上年秋间派令出关，会合滇军及提督刘永福之军进攻宣光，为规越广军四枝之一，历经奏报在案。

查该军行抵牧马，值桂军郎甲挫溃。前西抚臣潘鼎新令暂留防守牧马。云贵督臣岑毓英来函，虑道阻难达，属其绕道入滇。唐景崧以进军宜速，不愿迁延时日于无用之地，仍由牧马分起前进。山路险恶，粮运艰难，十月初旬抵宣光西北之三江口。宣光系石城，城内一山，法筑炮台下瞰。

十一月初五日，法攻刘永福部将吴凤典营，势甚危急。该主事亲督将士力援获胜，毙贼甚多，于是先率所部进薄城外。宣光一带荒僻无路，随象迹以行。野象百十为群，夜行触之则毙。该军随处开修，始渐能与各军来往。复创设台站,自龙州达于馆司,千数百里,设法分段驰递,滇桂之气始通。

十二月十一日,与滇将提督何秀林、总兵丁槐等合力进攻。滇军争南门外贼寨,约该军截东门外援贼,刘永福、黄守忠截沿河援贼。贼大股自东门出,专击粤军,于山巅、城上、船中三面环施枪炮。营官游击谈敬德已伤复进,再中炮,殁于阵;营官都司卢贵重伤,参将王宝华两伤。军不少却,贼不得过南门,滇军遂夺得寨;该军击沉舟中逸贼甚夥;刘军夺贼舟三,贼多溺。自此,贼伏不出。自十一日至十三日,昼夜攻击,未曾收队。十五日,该军生擒逸贼二百余。会滇军猛攻,滚草填壕而进,夺获城外炮台,贼溃,死伤无算。城上枪炮密如骤雨,该军逼城而垒,以草捆蔽身,冲弹运锄①,悬炮西北隅山巅,轰击洋楼,城堞多毁。刘军亦来助击,贼纷窜,又生擒数十。据获匪供,十一日之战,毙五画法酋一,四画一,一画二,法及教匪数百。自十七、二十二、二十六、二十八、二十九至本年正月初二、初三等日,俱有战事,尽拔城外竹栅、木桩,以云梯、草捆进攻。该军据城北土阜俯击,以乡音诱客、教匪投出百余,皆释去;偷渡者任其逸。嗣闻援贼将至,逼攻愈急。初八、初十、十一、十三等日,滇军以地雷轰塌缺口三处。贼于缺口立木栅、土垒,排列开花炮,伏地窟以守。该军与滇军屡冲缺口,悬赏募士,肉薄②先登,前者伤亡,后者继进,裹创血战,雨夜不休。望见城内之贼,纷纷倒毙。该军入城而战死者甚多,带队游击赖朝荣于十一日冒弹登城,殒于城上。参将邹全鸿于初十日两伤,参将邓有忠于十三日重伤。通计数月来,营官带队战殁者二人,重伤四人,哨弁以下更难悉数。城中樵汲已断,粮亦垂尽。教匪大半窜逸,贼势危慝,伏匿待毙。法自入中国以来,皆系扑犯官军,独宣光为受攻被困之始。于上年十二月十一、十五、二十四等日,本年正月十三、二十一日迭奉谕旨褒嘉,懿旨颁赏。乃以桂军失谅,移寇西援。刘永福十六、七等日左育扼战,力竭败退。援贼与城贼通连,恐致腹背受敌,遂与何秀林、丁槐等商,暂撤先锋营,稳扎缓攻。时值法入南关,将窥牧马,牧马即高平省。该军后路,饷弹俱缺,虑被截断,臣与岑毓英均令回防牧马。该主事抵牧马后,越官高太剿抚使梁俊秀愿结北圻义民助战。太原金英县民亦来请兵,游勇渠魁③梁正理、何三、谢二等拥众甚多,皆来就抚,愿受约束,助军攻剿。越民自愿集八十社,按月供梁军粮饷。黄守忠所部约千人已檄令东来,唐景崧各加抚励部勒,自任攻太原一路。方欲进讨,适已奉旨撤兵。现于三月二十日以前,将该军撤入边界,分扎龙州之下冻一带,与广、桂各军联络屯防,均经电奏在案。

【注释】

① 冲弹运锄:冒着炮弹运送锄头。
② 肉薄:即肉搏。两军迫近,用短兵或徒手搏斗。
③ 渠魁:首领。旧称武装反抗集团或敌对者的首领。

当围急时,法虏以玻璃瓶盛求救书,顺流放下,上插小旗,书"拾送端雄法营者,给银二十元",被官军截得数具,解送臣处,当经译出,自言日夜攻击,势在垂危,不日将陷。

又译出西人自河内来洋信暨东京法人新闻纸,所言略同,盛称宣光华军力战甚勇,攻围有法。游击茂连拏厘伤毙,再过七日,则城内无一生者。述左育之战,则言法攻东京,以援宣一役为最难。黑旗勇敢无匹,真法歼毙四百余人,兵官二十五人,黑兵、教匪不与焉。盖永福虽败退,而法人守城与援宣之兵受创过甚,力散气沮(一),故仅解宣光之围,不能上犯馆司。其震怖之情,露于楮墨①。至今法人犹深畏忌。

查该主事以文学书生亲率偏师,越疆会剿,行无人之地千余里,山箐②幽险,不见天日,夜堕深堑,昼逢猛虎,马蝗盈尺,噬人立毙,人马颠陨不可数计,购粮运械尤为难苦。其人数比之滇军、刘军不及其半,其后路之远近难易则又倍之。至于临战赴援,攻城夺垒,其摧锋斩获,每与诸军相埒③,将士致果效命,伤亡多于他军。每有攻战,该主事皆亲履前行,其为力能用众,勇能克敌,已可概见。此军以之防边,可期得力。除宣光历次攻战获胜,云、粤、刘三军已奏奉恩准咨照岑毓英遵旨保奖并随时奏恤外,合将截获宣光法匪求救书暨西人河内来信、东京法人新闻纸译出,缮单恭呈御览。所有唐景崧一军越境会剿,遵旨还界屯防各缘由,理合恭折补奏。伏祈皇太后、皇上圣鉴。谨奏。

【校勘】

(一)沮:底本作"阻",据1955年本、中华书局本改。

【注释】

① 楮墨:本义为纸和墨,此指文字。楮,木名,即构树,也叫榖树,叶似桑,

皮可制纸。
　②山箐：竹子丛生的山谷。
　③相埒：相等。

　　谨将截获宣光法人求救书暨西人河内来信、东京法人新闻纸译出，缮单恭呈御览。

译光绪十年十二月官军截获宣光法人玻璃瓶求救书

　　函面写："即交沿途所遇法营炮队官；如不遇炮队官，即速投递驻扎宣泰统领。"函背写："安南人能将此文飞递宣泰者获重赏，切速切速！"函内写："本处被华兵围困，其数甚众。日夜攻击，势在垂危。四围九百码①之外皆华兵所驻，密迩相逼，我军不得不弃外垒而退守内城。惟南面一方，距华兵尤近，相去仅二百码。华军由此掘挖地道，工程甚速，不日将陷我城。复于汙沃②道上建筑土垒，坚壁固守。此处即刘永福所驻，有黑旗二千人在此。谨此急报大营统领察照。由宣光法营发。火速！火速！火速！"另洋文一分，辞意相同。

译正月二十四日西人河内来信

　　法攻东京，以援宣一役为最难。然与刘军接仗，未尝有易事也。宣光一城，在克来河旁之山谷中，距城百丈许，有山临之，易于被击。去岁九月间，华兵围之。至月杪鏖战一次，围始解。后法留新兵守之，援兵仍回河内。越四日，华兵复围之。至十二月初间，奋勇迎扑，城垣被毁三处。法苦不支，告急于河内。华人跨城数次，虽被击退，而法兵死伤者亦甚多。

其时法已据谅山，统兵官即调前营副将几阿樊你之兵趋援宣光。计法兵二营，一真法兵，一越南土著，又有大炮一队，哈乞开士炮③一队，由古来河沿流而上。水程甚远，直至正月十六日始见黑旗，有炮台在都约地方，距宣城约六英里，形势甚佳。台设山上，绕以矮树，船炮既不能及，陆炮亦难击中。共有小台八座，内联壕沟，外筑短垣，上开炮眼，下挖地道，垣以外有竹竿三重，枪队护垣一道。再前十五丈，树木尽芟，刘军伏垣内地道，既得地利，复善策应。法人连攻四次不克，进至第五次，始攻入第一重垣，死伤甚众。黑旗勇敢无匹，败退时仍以药筒、药包、石块、小刀掷击法人。忽见法之黑兵从左边攻入，有一华人自知逃避不及，即焚火药房，轰法兵四十人。是日下午，法攻第二重土垒，华人相持不若前次之坚，法营大炮又可翼助其步兵。至黄昏后，华人尚保存土垒数座，夜间出围法人，旋被击退。次日军心稍懈，未刻宣围始解。

【注释】

① 码：英美长度单位，一码为 0.9144 米。
② 汙沃：低洼。汙，同"污"。
③ 哈乞开士炮：hotchkiss 47mm 三磅机关炮，法国哈乞开士公司制造。盛行于 19 世纪 80 年代。

华人所开地道距宣光城垣仅三丈。垣上有五缺口，皆填满华尸，可见华人攻城之勇，又可见哈乞开士炮及开花炮近攻之利。

是役，法守宣城之兵死者一百五十，其余受伤过半。

法兵穴地而居以避枪码,已阅三十六日,设再迟七日,援兵不至,必俱死矣。法之官报载援兵死者四百六十七,其中二十五均系员弁,大约不止此数。向来土著之兵死者,法人从未计及。观河内医院受伤者之多,几无安置处,法之失利已可概见。其援兵现札①宣城,华军离城仅二英里。法之不敢迎击者,盖自知其力有不及,欲待援兵至,然后图之。闻日内有法兵五千来越,现已有到河内者,俟其全到,将由红河以取保胜。法人亦自知欲到保胜,非数月不可,或须延至今冬。可见法人在越,不甚得手,所谓增兵者,不过补阵亡病故之缺而已。四十日以来,法兵之受伤病故者已有两千名。现在法军第二队驻守谅山,粮运艰难,未能得力。其在宣光之第一队,只可固守城池,冀不为华军攻陷已耳。目下情形如此,和议无期,殊非法人之幸。旁观者始以为去冬之战,和局可复;及睹现在情形,觉战事终未易了,不禁为之太息。下月酷暑炎蒸,进兵不易,其新到之兵,尤不堪其苦。去年四月,法人多受瘴毙命。一交六月,湿痢症②又将继而发矣。

【注释】

① 札(zhā):屯扎。
② 湿痢症:因感受湿邪而致的痢疾。

译东京法人新闻纸

　　华十二月初旬,法军闻华人欲夺回宣光之护城炮台。若攻夺宣光与太原,则广西、云南两处之兵可进而联守,云

南兵勇又足拒越南兵之镇守地名得及黑河者。法将军方
带兵二队前往谅山,即闻云南官军围绕宣光城。华十二月
十一日,华军即攻击此城。观华军围攻形势,布置极善,想
华人必有曾往欧洲军政书院练习战法者。华军趁河水干
浅之时,多人携带军械,望城垣前往,即向墙边洞穿窟穴,
埋以地雷。华十二月二十八日侵晨,华军然发地雷多具轰
击,城墙即行倾塌,遂乘势奋攻,竟被法军击逐,并毙多人。
是时,法总兵率兵丁在城内日夜急筑土垒。幸华军不能进
城,华人又闻法人救兵将到,愈欲速夺护城炮台。于华正
月初八日,再用地雷三具,攻塌炮台之墙,倾卸甚阔。镇守
此炮台之法兵又将华兵驱逐。是日法游击茂连挐厘者阵
毙,又有兵官二人受伤,法兵毙命十二人。

又译东京法人新闻纸

以今日之华军,较二十五年前大相悬绝。此次中法交
战,华兵勇敢异常。又有兵官善于管带,围宣光城之法甚
合欧洲军政书院所教习者,放枪炮均有准的,且储备弹子
甚多。法军毙命不少,其死伤实数尚未知确。正月十六、十
七两日,法军死伤者约三百人,内兵官二十五人;另镇守宣
光之法兵六百人,已有三分之二在阵死伤。中国交战时,法
国浅水小轮船亦然炮助击。惟河水太浅,炮船不能驶进。

再,五品卿衔、四品顶戴、吏部主事唐景崧,前奉朝命,
经越入滇,崎岖蛮荒,经营调护。去年黄桂兰溃退后,该主
事接统残军,支持败局,扼守观音桥,最当前敌,为人所不

肯为。此次越境出师，首击宣光，屡挫强敌，躬冒炮火，备
尝瘴厉。岑毓英前奏，言唐景崧奋不顾身，有胆有识；致臣
书亦同。臣察其为人，既能亲临行阵，深悉洋战利病、越地
情形，又能筹画大局，抚驭民夷，条理井井。如此人才，实
不易得！洵属可任兵事，无愧边才之选。现因奉旨保奏宣
光出力各军，该主事禀称"事不偿愿，无功可录，不敢仰邀
保奖"等语，其应如何奖励之处，应请俟岑毓英奏到，恭候
圣明裁度，出自逾格鸿慈，理合附陈。伏祈圣鉴。谨奏。

彦帅附片：

　　再四品顶戴、五品卿衔、主事唐景崧，于上年十一月初
五日，贼围提督刘永福部将吴凤典营，该主事率兵同提督
刘永福、游击张世荣三面夹击，大挫凶锋。嗣后，围攻宣
光，该主事会同丁槐、何秀林逼城而垒，力攻三十六昼夜，
轰城穴隧①，肉薄相当。贼死已数千，驰书求援，亦自谓华
兵猛厉；城中有坐毙之势，设非刘团左育一溃，已告成功。
伏念滇军随臣百战之余，加以训练，杀敌致果，势所不难。
该主事以一书生，招募新集之勇，随同攻坚陷阵，不少退
却，使非有胆有识，报国情殷，何能如此奋勇？
　　查该主事率营出关之时，正值宣光、太原路梗。该主
事以会剿为急，攀绝壁，逾深溪，间关崎岖，逾越圻千有余
里，竟达滇营。其经过之路，地当幽僻，无粮可办，往往远
至一二百里外采买，而军资、军火迢遥转运尤难。该主事
身临前敌，复顾后路，节节设站，处处留兵，其筹画精详，人

所不及。且选锋陷阵,精锐伤亡如积,该主事气不少挫,激励戎行,促攻愈紧。营官哨弁奋不顾身,其笼络驾驭尤属有方。臣毓英与臣之洞往返函商,均以该主事值辛苦艰难之会,独能竭力国事,奋迅图功,洵属明体达用②,艰钜堪膺,应如何破格擢用,以收效得人之处,出自逾格鸿慈。现在该主事已回驻龙州防所。除将该主事开呈围攻宣光尤为出力员弁十三员名缮单请奖,并敕该主事仍查明出力人员暨此次接应出力之人,开报到时,再行缮单续请奖叙外,臣谨会同两广督臣张之洞合词附片具陈,伏祈圣鉴。谨奏。

【注释】

① 轰城穴隧:轰击城墙,穴居隧道。

② 明体达用:源自北宋教育家胡瑗的教育思想。本指明白儒家传统道德,并且能够用于治事。此指明白国家根本利益,能够为国切实效力。

五月二十五日奉旨:

唐景崧着赏戴花翎,并交军机处存记,侯旨简用。钦此。

同日奉上谕:

岑毓英查明宣光、临洮获胜出力人员分案请奖开单呈览一折。钦奉慈禧端祐康颐昭豫庄诚皇太后懿旨,所有云南官军及唐景崧、刘永福等所部各军尤为出力兵勇,着共赏给内帑银一万两,由岑毓英分别发给,以示鼓励。钦此。

云军、景军、福军①将士均蒙奖,进秩②有差③：彦帅敕部优叙并加一云骑尉④世职；刘渊亭军门赏依博德恩巴图鲁名号、三代一品封典；同时桂边奏捷,香帅赏戴花翎。冯萃亭军门赏太子少保衔、三等轻车都尉⑤世职。苏子熙军门赏三等轻车都尉世职,并赏给额尔法蒙额巴图鲁名号。王福臣⑥军门赏给云骑尉世职。王朗青方伯开复原官原衔翎枝勇号,与王军门均蒙珍赏。陈军门嘉、方军门友升、蒋军门宗汉均赏头品顶戴,并荷珍赏,陈军门又赏云骑尉世职。李鉴堂护抚,敕部优叙。在事文武员弁均进秩有差。又奉懿旨发内帑银一万两,赏苏部五千两,冯部二千两,勤军、定边军共三千两。此次独余微名不在开单拟奖之列。嗣因续保宣光胜仗,蒙恩赏给霍伽春巴图鲁名号,并加二品衔,则在已授台湾道勘界之时也。

【注释】

① 福军：刘永福之军。

② 进秩：获得提升官职、品级、俸禄。

③ 有差：不一,不等。

④ 云骑尉：勋官名。清为世职之末级,其袭次已完者,授恩骑尉。

⑤ 轻车都尉：勋官名。清有一等、二等、三等轻车都尉,与骑都尉、云骑尉均为世职。

⑥ 王福臣：广西右江镇总兵王孝祺,号福臣,安徽人,统领八营勤军。

五月初五日(1885.6.17,端午)

接丁统领函,云彦帅拟驻蒙自县。

初六日（1885.6.18）

梁正理驰报，越领兵陈止与已阵亡河内领兵官阮秋河之妻妾率义兵会合正理兵，于四月十三日乘法不备袭入北宁城，戮法人甚众。十七日，法大股来争，独涌球一路越兵不敌，城复失。游勇头目刘翰华来见，假以军火。翰华名焕棠，后据保乐州。

香帅行知北洋大臣与法使商办详细条约画押事竣奏稿、条约。录后：

光绪十一年五月十八日，准北洋大臣李咨开为照：本大臣于光绪十一年四月二十七日在天津行馆会同刑部尚书锡、鸿胪寺卿邓由驿具奏，与法国使臣商办详细条约画押竣事一折，除俟奉到谕旨，另行恭录咨达外，相应钞折咨行查照，计黏钞奏稿、条约。

同日，又准咨开为照：本大臣于光绪十一年四月二十七日在天津行馆出驿附奏照会法国使臣，将前次拏获平安轮船官兵全数释回。法使请将广西生擒法国弁兵交还，并将因案牵涉之张志瀛等宽免查究一片，除俟奉到谕旨，另行恭录咨行外，相应钞片咨会查照，计黏钞片稿并往复照会稿。

十九日，又准咨开为照：本大臣于本年四月二十七日在天津行馆会同刑部尚书锡、鸿胪寺卿邓由驿具奏，与法国使臣商办详细条约画押竣事一折，业经钞稿咨行在案。兹于四月三十日准兵部火票递回原折后，开军机大臣奉旨依议。钦此。

相应恭录咨会查照。

同日,又准咨开为照:本大臣于光绪十一年四月二十七日在天津行馆由驿附奏,照会法国使臣将前次拏获平安轮船官兵全数释回,法使请将广西生擒法国弁兵交还,并将因案牵涉之张志瀛等宽免查究一片,业经钞稿咨行在案。

旋于二十八日准总理衙门来电,本日奉旨:"李鸿章电称'中法详约业经画押,法使巴德纳允将前掳平安轮船弁勇七百余人全数交还,请将桂军擒获法国弁兵释回'等语,着李鸿章迅派妥员前赴澎湖会商法兵官,约定日期,将掳去弁勇王仁和等七百余人妥为收回。其中如有被害者,必须与之理论。至由西贡载回者,酌给船费,均由该督妥办。并着将约定日期电知李秉衡,将前获法弁兵九人届期派员送交越境法兵官收回。至降将阿麦里,仍遵前旨,饬令随营效力。如何妥为安置,着李秉衡酌度,奏明办理。钦此。"转电护桂抚李①等因。

同日又准来电,本日奉旨:"李鸿章电奏'法使巴德纳允将前掳平安轮船弁勇七百余人全数交还,请将张志瀛等宽究'等语。中法详约现已画押,所有因案牵涉之张志瀛及前获卖给法船食物之民人等,准其宽免追究,一俟平安轮船弁勇送回时,即行释放,着曾国荃、卫荣光②遵照办理。钦此。即转电南阳苏抚等因。业经本大臣分电在案。兹于三十日准兵部火票递回,原片后开,军机大臣奉旨,已有旨。钦此。"

相应恭录咨会,钦遵查照各等因。到本部堂准此,为此照会贵主政,烦为查照施行。计黏钞原折片稿、条约并照会共一纸。

【注释】

① 护桂抚李:代理广西巡抚李秉衡。

② 卫荣光(1824—1890):字静濂,号星源,河南新乡人。咸丰进士,授编修。官至山西巡抚。

奏为与法国使臣商办详细条约,画押竣事,仰祈圣鉴事。窃臣等钦奉三月初六日上谕,本日已有旨:"派李鸿章为全权大臣,与法国使臣办理详细条约事务,并派锡珍、邓承修前往天津会同商办。法使巴德纳不日到津。所有应议事宜关系重大,李鸿章务当与锡珍、邓承修会同详细妥筹,临机因应,与法使据理辩论,毋得意存迁就。总期无伤国体,不贻后患。仍随时奏明,请旨遵行等因。钦此。"仰见圣谟阅远,训示周详,曷任钦悚。臣锡珍、臣承修陛辞① 后,于三月初十日抵津,会晤臣鸿章,密商详细条约,业经由总理衙门王大臣② 饬总税务司赫德与巴黎法外部电商办理。巴德纳至津,彼此拜晤,初未谈及公事。

三月十六日,接奉醇亲王③、礼亲王④、庆郡王⑤公函,以赫德面交法都所拟详约十条,皆本上年津约之意,略有出入,现酌改数处,属臣等再行酌度具覆。臣等当据管见胪陈,去后嗣迷准庆郡王等密函,历次删改辩论之处甚多,均随时进呈御览,遵旨酌办。

三月二十九日,先将第一、三、四、七、八、九共六条,彼此均允照办。

四月初三、初六等日,复将第五、六条核订,先后钞交,臣等与巴德纳督同中法翻译官详确考究,讲解文义,间有不符,复函请王大臣与赫德、丁韪良⑥等妥细校正,寄由臣等与巴德纳面定。仍请总理衙门随时奏进,请旨遵行。

【注释】

① 陛辞:辞别天子。

② 王大臣:主持总理衙门事务的庆郡王奕劻。

③ 醇亲王:奕𫍽(1840—1890),字朴庵,号兰阳。清道光帝第七子。咸丰初封醇亲王,与兄奕䜣训练京营。同治帝卒,其子载湉入承大统,是为光绪帝。乃引嫌乞休。中法启衅,代奕䜣入军机,与李鸿章创立北洋海军。凡军国重务,规划颇周。平生自持谦谨,卒谥贤。

④ 礼亲王:世铎(1843—1914),爱新觉罗氏,满族。皇室宗室。光绪十年(1884)三月至光绪二十七年七月(1901)任军机大臣。

⑤ 庆郡王:奕劻(1838—1917),满族镶蓝旗人。清朝宗室,乾隆曾孙,庆僖亲王永璘孙,爱新觉罗·绵性子。1884年,担任总理各国事务衙门大臣,进庆郡王。1894年封庆亲王。

⑥ 丁韪良:美国传教士。道光三十年(1850)来华,在宁波传教。随后为美国政府提供太平天国情报。同治元年(1862)一度回国,不久又来华,在北京建立教会。1865年为同文馆教习,1869至1894年为该馆总教习,并曾担任清政府国际法顾问。光绪十一年(1885),获三品官衔。

四月十九日,第二、第十两条亦经法电遵改,巴德纳译送臣等,又缄请庆郡王令赫德、丁韪良另译进呈。

二十三日,奉电旨:"此次议约,往返电商各条,均尚得体。本日披览,改定第二、第十两条,亦最妥协。着李鸿章等再将各条详加核对,如意义相符、并无参错,即着定期画押等因。钦此。"臣等复与巴德纳面商,覆加核定,随即电奏在案。该使屡催克期画押,订于四月二十七日齐集公所,将中法文四分会同校对无讹,均各画押钤印竣事,彼此各存正、副本二分。窃惟中法两国为越事战争数年,胜负互见,今乘谅山大捷之后,皇威震慑,薄海同钦。法都既有悔过之诚,中土①亦可藉收戢兵②之益。仰蒙皇太后、皇上坚持定见,杜要求之诡谋,扩怀柔③之大度,诸王、大臣和衷匡弼④,实力赞襄,自本年正月迄今,往复辩析,煞费经营,遂得定艰危于俄顷,跻⑤举世于平康,实天下臣民之福。

臣等从事其间,禀承庙谟,随机因应,幸无陨越⑥,断不敢稍有草率,致贻后悔。此后惟冀总理衙门暨滇、粤各督抚臣恪遵条约,分析筹办,慎固封守,联络邦交,庶可防患于未萌,相安于无事耳。谨将条约正本封送军机处呈进,恭候批准,以便届时互换。其副本咨送总理衙门查核。

臣鸿章原奉全权大臣谕旨一道,敬谨咨缴军机处备查。所有商办法国详细条约画押竣事缘由,谨缮折由驿驰奏。伏乞皇太后、皇上圣鉴训示施行。

再臣锡珍、臣邓承修即日起程回京覆命。合并声明。谨奏。

【注释】

①　中土:中国。
②　戢兵:息兵。
③　怀柔:招来安抚。
④　匡弼:纠正辅佐。
⑤　跻:使……上升。
⑥　陨越:颠坠,跌倒。比喻失职。

照录与法国巴使会议改定条款：

大清国大皇帝、大法民主国大伯理玺天德^①，前因两国同时有事于越南，渐致龃龉。今彼此愿为了结，并欲修明两国交好通商之旧谊^{（一）}，订立新约，期于两国均有利益，即以^{（二）}光绪十年四月十七日在天津商订简明条约光绪十一年二月二十八日奉旨允准者^{（三）}作为底本，为此两国特派全权大臣会商办理。

大清国大皇帝钦差全权大臣文华殿大学士太子太傅北洋通商大臣直隶总督一等肃毅伯爵李、钦差总理各国事务大臣刑部尚书管理户部三库^②左翼世职官学事务^③镶黄旗汉军都统锡^④、钦差总理各国事务大臣鸿胪寺卿^⑤邓^⑥，大法民主国大伯理玺天德钦差全权大臣赏给佩带四等荣光宝星并瑞典国头等北斗宝星驻劄中国京都总理本国事务巴德纳，各将所奉全权文凭，互相校阅，均属妥协^⑦，立定条约如左：

【校勘】

（一）谊：底本作"议"，据1955年本改。

（二）以：底本作"于"，据1955年本改。

（三）者：底本、中华书局本作"著"，据1955年本改。

【注释】

① 伯理玺天德：清朝后期对英语President（总统）的音译。

② 管理户部三库：职务名。户部三库，清代户部设银库、缎匹库、颜料库，故有此称。由王公大臣充任，负责三库库藏、出纳、按年月会计造册，清点核实上奏。

③ 左翼世职官学事务：左翼官办学堂首领。世职官学，清代教授八旗世职子弟的官办学堂，乾隆十七年（1752）置。左、右翼各二所，左翼镶黄、正白二旗

一所,镶白、正蓝二旗一所。左、右翼后各增一所。由满洲一二品大臣充任。

④ 锡:锡珍(1847—1889),全名为额尔德特锡珍,字仲儒,号席卿,额尔德特氏,蒙古镶黄旗人,同治七年(1868)进士。光绪十年(1884),任都察院左都御史,同年改总理各国事务大臣、刑部尚书、镶白旗汉军都统,管理户部三库事务等。

⑤ 鸿胪寺卿:官名。掌朝贺庆吊之赞导相礼。鸿,声;胪,传。传声赞导,故曰鸿胪。清代满、汉各一人,正四品,以礼部满人尚书兼管。

⑥ 邓:邓承修(1841—1892),字铁香,号伯讷,广东惠阳县淡水人。中法勘界,作为勘界大臣,忠于职守,有理有节,不卑不亢,不惧威胁,勇于维护国家利益。著有《语冰阁奏疏》。

⑦ 妥协:妥帖一致。

第一款

一、越南诸省与中国边界毗连者,其境内法国约明,自行弭乱安抚;其扰害百姓之匪党及无业流氓,悉由法国妥为设法,或应解散,或当驱逐出境,并禁其复聚为乱。惟无论遇有何事,法兵永不得过北圻与中国边界。法国并约明,必不自侵此界,且保他人必不犯之。其中国与北圻交界各省境内,凡遇匪党逃匿,即由中国设法,或应解散,或当驱逐出境。倘有匪党在中国境内会合,意图往扰法国所保护之民者,亦由中国设法解散。法国既担保中国边界无事,中国约明亦不派兵前赴北圻。至于中国与越南如何互交逃犯之事,中、法两国应另行议定专条。凡中国侨民及散勇等在越南安分守业者,无论农夫、工匠、商贾,若无可责备之处,其身家、产业均得(一)安稳,与法国所保护之人无异。

第二款

一、中国既订明,于法国所办弭乱安抚各事无所掣肘,凡有法国与越南自立之条约章程,或已定者,或续立者,现时并日后均听办理。至中、越往来,言明必不致有碍中国威望体面,亦^(二)不致有违此次之约。

第三款

一^(三)、自此次订约画押之后起,限六个月期内,应由中、法两国各派官员,亲赴中国与北圻交界处所,会同勘定界限。倘或于界限难以辨认之处,即于其地设立标记,以明界限之所在。若因立标处所,或因北圻现在之界限稍有改正,以期两国公同有益,如彼此意见不合,应各请示于本国。

【校勘】

(一) 均得:底本作“得均”,据 1955 年本改。

(二) 亦:底本无,据 1955 年本补。

(三) 一:底本无,据 1955 年本、中华书局本补。

第四款

一、边界勘定之后,凡有法国人民及法国所保护人民与别国居住北圻人等,欲行过界入中国者,须俟法国官员请中国边界官员发给护照,方得执持前往;倘由北圻入中国者系中国人民,只由中国边界官员自发凭单可也。至有中国人民欲从陆路由中国入北圻者,应由中国官请法国官发给护照,以便执持前往。

第五款

一、中国与北圻陆路交界,允准法国商人及法国保护之商人并中国商人运货进出；其贸易定限若干处及在何处，俟日后体察两国生意多寡及往来道路定夺，须照中国内地^(一)现有章程酌核办理。总之，通商处所在中国边界者，应指定两处，一在保胜以上，一在谅山以北；法国商人均可在此居住，应得利益应遵章程，均与通商各口无异。中国应在此设关收税，法国亦得在此设立领事官；其领事官应得权利，与法国在通商各口之领事官无异。中国亦得与法国商酌，在北圻各大城镇拣派领事官驻扎。

【校勘】

（一）内地：底本作"向地"，据 1955 年本改。

第六款

一、北圻与中国之云南、广西、广东各省陆路通商章程，应于此约画押后三个月内，两国派员会议，另定条款，附在本约之后。所运货物进出云南、广西边界应纳各税，照现在通商税则较减；惟由陆路运过北圻及广东边界者，不得照此减轻税则纳税；其减轻税则，亦与现在通商各口无涉。其贩运枪炮、军械、军粮、军火等物，各照两国界内所行之章程办理。至洋药进口、出口一事，应于通商章程内定一专条。其中越海路通商亦应议定专条。此条未定之先，仍照现章办理。

第七款

一、中法现立此约，其意系为邻邦敦和睦，推广互市。现欲善体此意，由法国在北圻一带开辟道路，鼓励建设铁路。彼此言明,日后若中国酌拟创造铁路时,中国自向法国业此之人商办,其招募人工,法国无不尽力勷助;惟彼此言明,不得视此条系为法国一国独受之利益。

第八款

一、此次所定之条约内所载之通商各款以及所定各项章程,应俟换约后十年之期满方可续修。若期将满六个月以前,议约之两国彼此不豫先将拟欲修约之意声明,则通商各条约、章程仍应遵照行之,以十年为期。以后仿此。

第九款

一、此约一经彼此画押,法军立即奉命退出基隆,并除去在海面搜查等事。画押后一个月内,法兵必当从台湾、澎湖全行退尽。

第十款

一、中法两国前立各条约、章程,除由现议更张外,其余仍应一体遵守。此次条约,现由大清国大皇帝批准及大法国大伯理玺天德批准后,即在中国京都互换。

光绪十一年四月二十六日

西历一千八百八十五年六月初八日

大清国钦差全权大臣李　押

钦差总理各国事务大臣锡　押

钦差总理各国事务大臣邓　押

大法民主钦差全权大臣巴　押

再，臣鸿章前准左宗棠、杨昌濬电称"本年二月二十六日，法国兵船在台湾瑯𤪌洋面截夺平安轮船，将所载杨岳斌干勇七百余人带往澎湖，闻已分送西贡安置，请向法使追索"等语。臣面商巴德纳，该使谓此事尚在两国未停战以前，西国战例，凡彼此损伤人货均不赔补，若俘获兵民，可互交还，但须和约定后再议。闻广西军营亦有擒获法国官兵数人，应恳发还互换。

又苏州提讯卖给法船食物之人并被控之法馆幕友张志瀛等，均请释放，以敦睦谊等情。

臣查两国和局既定，在交战时，掳获弁兵及因战事查拏之人，一体释放，皆系万国公法所应行。臣因于详约画押之先，备具照会，属将拏获平安轮船之官兵全数释回，其携往西贡者，即交便船载回澎湖，由闽浙督臣派员往澎湖领取。该使照复允办，并请将中国军营拏获法国弁兵一律释回，其意即指春间桂军生擒者。又称所有无论何国何色之人，与前衅有涉者，乞恩宽免究追，其意即指上海张志瀛等案也。相应请旨饬下左宗棠、杨昌濬等即派妥干大员赴澎湖会商法国兵官，索还前次截掳之弁勇，其由西贡载回弁勇船费若干，如该兵官求补，可由闽省筹给，并请旨饬下护广西抚臣李秉衡将前此生擒法国弁兵照数押交越境法国兵官查收。仍恳恩饬两江督臣、江苏抚臣将前此因案牵涉之张志瀛等一并宽免追究，以广皇仁而示大信。

以上各节可否均由电报转达，俾得迅速？

谨照钞臣与巴德纳往复照会稿，咨送军机处备查。伏祈圣鉴训示施行。谨附片具奏。

照录给法国巴使照会为照会事：

照得本年二月二十六日，贵国兵船在台湾瑯𤩺洋面截夺平安轮船，将该船所载中国弁兵七百余人带往澎湖，闻已分半载送西贡安置等情。查各国公法，凡战时所俘获兵士，俟和议定后仍即交还。兹中法和约业经订定，应请贵大臣笃念友谊，转致贵水师提督，即将前次擎获平安轮船之官兵七百余人全数释回，其有携往西贡者，亦即交便船载回澎湖。本大臣当咨会闽浙督部堂杨①就近派员前往澎湖领取，谅贵国必能体彼此和好之忱，迅速施行。

相应照会贵大臣，请烦查照见覆须至照会者。

光绪十一年四月二十六日

照录法国巴使照覆为照覆事：

接准贵大臣光绪十一年四月二十六日照会，内开法国兵船截夺平安轮船所载中国弁兵，应请转致释回等因，前来查我国家，想中国内地若遇有擒获法国弁兵等，则贵国必定一律释回。即已达致，无不应允所请。惟愿于互交擎获弁兵之余，按照各国公法，一面亦由贵国将所有无论何国何色之人与前衅有涉者，一体宽免究追，谅贵国必愿我两国前此参差日后无留遗迹，即能体量此和好之忱，亦乐而施行。希即见覆可也。为此照覆须至照会者。

光绪十一年四月二十六日

西历一千八百八十五年六月初八日

五月初七日（1885.6.19）

越南谢现来见。询四月十三日越兵袭入北宁事，据云甚确。阮秋河两妇，不知外氏，妻年三十二，妾年二十六，起义兵报夫雠。前寓北宁文江县，今移太原富平府，联络游勇，一府供粮。该总阮桂主军粮，妻掌兵符，妾能临阵。谢现流离琐尾，忠义可矜，无法慰之。

五月十二日（1885.6.24）

闻黄廷金避虏于保隆⁽一⁾，遣人往视之，并赏以翡翠搬指②、绸缎等物。

【校勘】

（一）保隆：1955 年本作"保乐"。

【注释】

① 闽浙督部堂杨：闽浙总督杨昌濬（1826—1897），字石泉，湖南湘阴人。累擢浙江巡抚、陕甘总督，在任七年，加太子太保。坐甘肃教回复乱，褫职。有《平浙纪略》《平定关陇纪略》。部堂，总督加尚书衔者。

② 翡翠搬指：饰品，翡翠制作的扳指。搬指，扳指，古时称决、抉或玦，以骨或象牙制，着右手大拇指上，为射箭时拉弓弦用具。后改以玉、翠为之，成为一般饰物。

五月十三日（1885.6.25）

接香帅五月初八日来电：

北洋电，据巴使云，孤拔于四月晦在澎湖毙。或云因伤发，或云部众积怨毒杀之。

特奉闻。

五月二十一日（1885.7.3）

黄廷金禀报,四月初一日与法战于观音桥,颇有斩获;终虑难支,拟以眷属居下冻。允之。

五月（1885.7）

香帅遣委员孙鸿勋、陈文塎赴滇照料渊亭赴桂,并送去统领及各管带关防,又送渊亭妻黄氏冠服、簪珥①、缎疋②,盖闻渊亭信黄氏言故也。两委员先至下冻。

五月（1885.7）

香帅遣材官③四月初三日赍赠各军礼物,馈余雷葛④、台席⑤、香料等件,并有书云:

> 叠接电函,知经营善后,布置边防甚备。方今以安插游勇为第一义,此辈区处得所,为我捍蔽,胜于十万师矣,独是汲汲⑥。目前惜费畏事者,语以宏谟远略⑦,辄谢置不讲。如阁下者,其可多得乎哉?

【注释】
① 簪珥:发簪和耳饰。
② 缎疋:缎匹。
③ 材官:材官校尉,领工匠土木之事。
④ 雷葛:广东雷州特产,广东雷州良田出产的葛。
⑤ 台席:一种优质席子。

⑥ 汲汲：急切。

⑦ 宏谟远略：宏大长远的谋略。

宣光数月战事，奏恳优奖，已奉俞允，交云督查奏，当即钞电咨达，并照会尊处，谅登台①览。惟是执事出关半岁，跋涉数千里，备历劳瘁；现始分军屯处，凡属将士，俱极可念。边关春戍，征衣未遍于同袍；帐下健儿，椎飨②尚期诸异日。谨具菲物③数种，聊致区区④，祈哂入⑤。

余即日函谢，并电云：

赐件并函谨登⑥，另禀⑦交原差带呈。东来者，皆言公忧劳过甚，尝废寝食。公肩天下巨任，处今日时势，固不能不烦荩念⑧；而爱国爱身，理乃一贯，敢请珍摄。尝惜公迟生五十年，致中外成此巨变。然赖自今以往，经营补救，犹不甚迟。祈览鬖发⑨而念朝野⑩。

【注释】

① 台：旧时书信尊称。

② 椎飨：椎牛飨士，指犒劳军队。

③ 菲物：谦辞，菲薄的礼物。

④ 区区：思念。

⑤ 哂入：笑纳。

⑥ 谨登：恭敬地登记。

⑦ 另禀：另有一报告。

⑧ 荩念：忠诚谋国之念。

⑨ 鬖发：靠近耳边的头发。

⑩ 朝野：朝廷与民间。

五月(1885.7)

往阅水口关、峻隘各处防营。李鉴帅巡视边营。闻张朗斋①军门简授广西巡抚。

五月(1885.7)

营门演戏数日,酬神享士。芝庵、天倬来营。天倬欲注《晋书》,接裴松之②注《三国志》后。仲弟春卿适欲注《唐书》,不谋而合。

恭录五月二十二日电旨:

前叠谕岑毓英将云军及刘永福营一律撤回边界,迄今未据覆。法已退出基隆,并将掳去弁勇悉数交回。我军亟应如约迅撤,以昭大信。着张之洞速咨岑毓英懔遵③叠谕,赶速办理。现闻电线中断,应如何设法急递,并苏元春派赴谅山弹压之兵,何时撤回,着迅速电闻。钦此。

香帅五月二十四日代彦帅四月三十日电奏:

奉十六日电旨,着岑毓英将起程抵界日期电闻。毓英于三月十七日自馆司起程,四月十七日过文盘州,均经奏报在案。兹于四月二十六日抵界,计五月朔可抵蒙自县驻扎。所有云军三万余人,已撤回二万三千余人,均抵开化、临安边界各处。又,三四百里,路遥兵众,道路崎岖,船马稀少,辎重未能尽行。且越民畏法,又恐别生衅端,因留粤勇七千余在后弹压,当陆续撤回,并无不肯退兵回界之说。

吴税司④到营时,临洮、广威、不拔、枚支关各营撤回馆司,该税司眼见,辄敢捏造是非,上烦圣廑⑤,可恨!刘永福现在保胜料理,定五月中赴广西。请代奏。毓英。肃。

【注释】

① 张朗斋:张曜(1832—1890),字朗斋,顺天府大兴人。原籍钱塘。咸丰间督团勇守固始,受知于僧林格沁,命从讨捻。在豫境苦战经年,功甚伟,累擢河南布政使。御史刘楠劾其目不识丁,改官总兵。后随左宗棠平回于陕甘,定天山南北路,官至广东陆路提督。改授山东巡抚,筑河隄,修道路、开厂局,精制造。凡有益于官民者,莫不毕举。光绪间卒于官,谥勤果。曜幼失学,自被劾改武,一志向学,遂淹通图史,诗文皆有古法。以"目不识丁"四字,镌印佩之以自警。

② 裴松之:字世期。南朝宋闻喜人。博览坟籍,立身简素。武帝领司州刺史,以松之为州主簿。宋国初建,召为太子洗马,累转中书侍郎。文帝使注陈寿《三国志》,松之鸠集传记,广增异闻。既成奏上,帝曰:"裴世期为不朽矣。"出为永嘉太守,勤恤民隐,吏民便之。后为国子博士,进太中大夫。使续何承天国史,未及转述而卒。有文论及《晋纪》。

③ 懔遵:谨遵。

④ 吴税司:厦门海关税务司英人吴得禄。

⑤ 圣廑:圣上殷勤挂念。

五月二十四日(1885.7.6)

探报,法攻黄廷金山寨,破其两岩,至其三岩,廷金包抄,大胜之。

五月二十八日(1885.7.10)

接渊亭在保胜本月十五日来书,谓本月移辎重、家属入云界六十里之南溪,自稍缓行,事毕亦决不恋保胜矣。

五月二十九日(1885.7.11)

接香帅本月十七日电:

李护院、苏督办、唐主政:

顷接北洋电,称"巴使照会,称北圻元帅顾来电'闻谅山一带忽到中国官军三队,请飞知总督,如何设法撤去。华兵若仍留驻北圻,与前言之约不符。法兵已撤退回北,并将俘获华兵交还,中国当一律照办'等语。并据巴面言,澎湖本拟照约克期撤尽,迷闻此信,不无疑虑,求转电粤西查明,如有此事,即速查撤回,以示大信。希即电复,以便转复巴使。鸿。谏"等语。日来线梗,一面排递,请即刻电复,切祷。洞。霰。

卷　十

六月初三日（**1885.7.21**）

香帅来电，和约已定。景军裁六营，留四营并黄守忠二营。是时，勤军、萃军俱裁，香帅皆捐赏银两。景军裁六营，赏三千两，悯其苦战也。

六月（**1885.7**）

香帅寄到与总署往来电信及电奏与所奉电旨，录后：

总署五月二十五日电香帅：

> 法使已到京会约。据称，彼国领事及商人、教士等拟即赴粤，希饬①地方官于法人到时，照常接待保护，以敦②和好。有。

香帅六月初五日电总署：

> 前奉署电，法商、教欲入粤，即告各将领及地方官。皆不愿，佥称宜稍缓。粤正裁勇，又值水灾，澎湖未退，闽尚未有法人入口，教士骤入，必滋事，保护难周，难当重咎。当令税司贺璧理③转致法领事暂缓，俟晓谕军民妥帖，再属贺知会。渠欲先修领事署，允之。既归和好，宜求相安。

钧署自未便拒其所请。以外省形情不便为词。彼当释然。
之洞肃。歌。

总署六月初七日电香帅：

歌电悉。进呈和议定后，法一切遵约，其教士赴粤未
便阻止。希即出示晓谕，解释群疑，严申约束，勿以"不能
保护"等语授人口实。遵旨电达。阳。

【注释】
　①饬：告诫。
　②敦：促进。
　③税司贺璧理：贺璧理（A. E. Hippisley），英国人，当时任职于总税务司税
务署。

总署六月初八日电香帅：

阳电想已达。昨准①巴使照称"两广尚未照行，与上
年七月谕旨相背。主教缓期八日，实难再展"等语。即照
阳电妥办，迅速出示晓谕，勿再阻止，务于八日内将教堂、
教民房产去封归还，勿延，别生枝节。并电复。齐。

香帅六月初九日电奏：

法教入内，总以中国海面无法船为断。今澎湖未退，闽
省未令法入，军民皆知，众怒未息。法商、教遽欲入粤，似非

定约本意。目前裁勇数十营,被水灾民数万,教士骤到,各属必易生事,教入粤西尤多不便。商之文武僚属、将弁,皆曰不可。税务司(一)贺璧理目击情形,亦深谓缓来为宜。前托税司商法领事缓入以期安稳,意似相信,允缓八日。年来体察洋情,若由外省办,较易商量,不止一端。彼不过姑耸巴使向总署妄求,以图尝试。若以外省难办谢之,臣之洞当属税司或他国领事婉致熟商,务求妥善,上纾宸廑②。总之,法人气馁力散,沿海及各国皆知,断不敢再生枝节。粤省法并无商,传教何争此数日? 此乃得步进步! 若彼兵船尚据我地,遽令教士入口,流弊太多,且中国示弱太甚,转为各国所轻。伏恳圣明熟思,并垂询北洋③,敕其妥筹,必能商办。臣之洞为防患息事起见,实无与去年谕旨相背之处。请代奏。之洞肃。佳。

六月十一日电旨:

张之洞奏“法教入粤流弊太多,示弱太甚”等语。传教载在条约,上年七月降旨用兵,当谕令保护法国教民。现在基隆已退,被虏弁兵均已收回,法使业已到京,教士照约入口,有何示弱? 澎湖尚未退出,正以云督撤兵稽迟④为藉口。若再因阻教入粤,别添枝节,以致澎湖久踞不退,其为示弱不更甚耶? 此等紧要关键,岂能轻听僚属、将弁之言,有意阻挠! 如地方莠民借端滋闹,全在该督严饬弹压,果能实力奉行,何至生事?

贺璧理致法领事信,有“法商、教入粤,粤督不愿”等语,何以向该督言,亦谓缓来为宜？恐不足据。张之洞速即出示晓谕,准令教士入口,以昭大信,勿得再存意见,转启群疑。设有偾事,惟该督是问！钦此。

【校勘】

(一) 税务司：底本作"英领事",据下文香帅六月十四日电奏改。

【注释】

① 准：依据。

② 宸厪(qín)：帝王的殷切关注。奏章敬语。

③ 北洋：北洋通商大臣李鸿章。

④ 稽迟：滞留,耽误。

香帅六月十二日电总署：

遵旨即日出示,准教法入,果能即退澎湖,惟恐入粤不速耳。之洞肃。文。

香帅六月十四日电奏：

已遵旨出示,令法教入口。前据英领事嘉托玛①、税司贺璧理商法领事,已复允缓十日。旋接吴宏洛②自澎湖电,澎湖法船十一日辰初全退,闽电亦以退告。今澎湖既退,其来迟早自可听之,亦不拘定十日。请代奏。之洞肃。愿。

香帅六月十四日电奏：

刘永福离保胜,中国事事如约。北洋电,林椿③函告巴使④,谓越民内乱由粤帅主使,缪妄太甚!粤为调刘,劳费无算,以后甚费筹画。彼力不足以服越,节外生枝。越服法、拒法皆非中国所能使。岑奏越众据垒,此实情。黑、黄旗余众陆东环、王玉珠、汤宗政、朱冰清、刘文谦、刘志雄、黄俊芳、梁茂林、谢炳安及叶成林等头目十余,今皆弃刘自雄。岑五月朔电甚详。刘四月电声明,诸人现扎红花江一带,与该提督无涉,证以岑电可信。本月初六,洞已驿奏。在越法兵多病殁。拒法者,西路宣、兴以西十余股,越官阮光碧等、越民王梅孝等、游勇陆叶等约两万;东路谅、平以南七八股,越官黄廷金等、越民阮秋河之妻等、游勇梁正理等,约六七千。四月内,阮民在北宁获胜,入其郭⑤。五月内,汤五在丹凤获胜。越回委员、云函、桂探甚晰,皆与云、粤、刘无涉。谨详陈,以备法再生波,总署可与驳辩。总之,法船退澎湖而不回国,仍分泊中国海面,不过无聊缠扰,仍为越事。望朝廷察其计狡而力窘,其技自穷。请代奏。之洞肃。

【注释】

① 嘉托玛:英国外交官,1861 年来华。
② 吴宏洛(1843—1897):字瑞生。清末淮军将领。时任澎湖镇总兵。
③ 林椿:法国领事。
④ 巴使:法使巴德纳。
⑤ 郭:外城。

六月十四日(1885.7.25)

接彦帅书,谓越民二万人与法战于临洮,大捷。

六月十五日（1885.7.26）

香帅电：

　　总署六月十二日来电，奉旨：

　　岑毓英电奏"刘永福已抵文山县①料理赴粤"等语。法人在澎专候云省撤兵消息。现在刘永福已将赴粤，云军亦概入云界，法人自不能以此借口，办理尚合机宜。前据张之洞电奏，有已许刘永福带二千人，可任安置之语。目下该军旧部不满五百，著于遣营游勇内添募，合成二千人，饬令迅赴思、钦一带，由张之洞妥为布置，毋任在云逗留，以免别生枝节。钦此。

六月（1885.7）

香帅寄到本月初六日奏稿，录后：

　　奏为提督刘永福一军遵旨饬令内徙，历次筹办、现在饬催各情形，恭折奏祈圣鉴事。窃臣于二月二十三日钦奉二十二日电旨："法人现来请和，于津约外别无要求，业经允其所请等因。钦此。"同日又奉电旨："刘永福一军必须妥为安插等因。钦此。"

　　臣查津约，第一条有"无论何人侵犯北圻，中国均应保全护助"之语。法人此条之意，即指刘永福而言。法与永福雠衅山积，永福不去越，则法人必不相容。中国既不能违约而助永福，然永福曾经授职统军，为国宣力，亦断无代法人翦除之理。惟有令其去越②，则葛藤③自解，既可结束款局,兼可保全猛将。其时适接云贵督臣岑毓英咨电,谓永福遣弁来粤募勇,意欲东来就饷。该督词意甚以永福离滇赴粤为喜。此臣调屯思、钦之议所由来也。

嗣经委员孙鸿勋等赍文赴越,传达停战撤兵谕旨。该员亲见永福,剀切④宣谕。据永福面称,感激天恩,深愿内徙。惟在越年久,部多累重,但求妥为措置,俾得成行。委员带回一禀,内有请示数条:"一、求带旧部三千人入关;一、请给木质关防,以资统率;一、历年军士战殁者,家属皆加收养,约有数千家,义难弃之,此项丁口求为安置;一、历年出力伤亡将士,乞臣之洞奏请奖恤;一、积年炮械甚多,乞为设法运致;一、备言保胜险要,拟令其子通判刘成良留守其地,以固滇防"等语。臣体察情形,若不许其统带数营,则心不自安,又似置之闲散,必不乐于内附;多带越众,则其部下不尽驯谨,恐日后转为永福之累。因岑毓英咨有"刘部并招回黄部不过二千人"之语,故许其带一二千人;如得力旧部不多,数百亦可,不必勉强凑数,以少为佳。入关后,必令募足五营。关防许其入边发给。其余众丁口,则令给资留越安业谋生。奖恤则允为上请。器械则告以精者酌带,粗者禀商岑毓英酌办,内地精械甚多,毋庸搬运劳费。至其子刘成良留越一节,则驳饬不准。以前饷项、目前取费,则咨照岑毓英,于解到刘饷,从宽发给。当经逐条批答,并咨岑毓英转饬酌办,兼令唐景崧加函催促各在案。奖恤一条,当经电奏,仰蒙俞允。由臣奏请,种种招徕,无非欲其速入边关,早定款局。复派总兵马宗骏、州判孙鸿勋等再往敦趣⑤。乃接岑毓英函答,但云五月中启行;唐景崧接四月二十七日来信,亦无准期。而法人方且坐踞澎湖,以待保胜之退。严旨屡下,西顾忧劳,若再迁延相持,成何事体?

【注释】

① 文山县:位于云南东南部,今文山市。

② 去越:离开越南。

③ 葛藤:葛和藤均缠树蔓生,因谓事务的纠缠不已。此指刘永福军与法军的缠斗。

④ 剀切:切实。

⑤ 敦趣:催促。

　　查永福征战越境二十余年,根深柢固①。一旦尽弃故垒,重觅新巢,实非容易。自法攻北圻以来,越官率多②依附永福;闻其内调,咸诣③委员请留。今滇军已撤,越人纠众拒法者甚多,更必借永福以为固。虽永福左育败后,部众多离,而其积威虚声,尚足悚动④法、越。法酋勃里也及五画以外兵官,日向委员探问永福之去否。以臣揣之,大抵永福一人甚愿内徙,而难免不为部将所累、越人所留。不来则惧负朝恩,来则重弃故土,是以动多牵制,大有进退维谷之情。

　　昨据永福二月遣来募勇之营官刘正兴面称"接永福信,知已将赀产陆续变卖、迁移。如因道远累重,猝难赴粤,亦必让出保胜,就近先移滇境"等语。惟是广、越相去二千余里,该军实情殊难遥度;岑毓英近在咫尺,其抚驭机宜,可以随方因应⑤,宣慰操纵,似尚非难。臣又严檄永福,令其迅速启程,遵旨先入云境,再拟东行。一切措置之法,叠次函檄批禀,俱以周详。其有未尽事宜,变通办法,令其就近禀商岑毓英酌办,不得以听候粤批为词,亦毋庸侯委员到彼致稽行期。并函致岑毓英,永福应带若干人,先到何处屯扎,余众若何安置,轻重炮械若何运致,或竟⑥难赴粤,只肯稍移至滇边地界,悉请该督就地裁酌;并属察其是否果能离越,如实有为难之处,亦令其切实禀复,飞速奏达,上听圣裁。所有催调刘永福近日情形,除随时电奏外,理合缮折具奏。如有谕饬办理之处,仰垦先由电旨传达,俾臣早得奉到遵行。伏祈皇太后、皇上圣鉴。谨奏。

【注释】

① 根深柢固:根基牢固,不可动摇。也作"深根固柢"。柢,又作"蒂"或"蒂"。

② 率多:大多。

③ 诣:前往晤见。

④ 悚动:震动。

⑤ 随方因应:依据情势随机应变。

⑥ 竟:毕竟,确实。

再,顷接刘永福五月初一日来禀,据称"现已检点杂物,挑选三千五百人,整队待发,专待前禀批示,请派员设法搬运军火。并称岑毓英拟启程日给银壹万,到粤后给银贰万;如此时能发三万两,则路费有资,否则颇难措办,遽难起程"等语。旋接岑毓英五月初八日咨,据刘永福禀称"束装以待,决无再延,纵或偶有稽迟,亦必先行移驻南溪①,用践入关之约。请发给关防,并咨行两粤沿途州县,庶无阻滞,均已批准"等语。查屡次滇咨,俱称收存刘饷六万,已付三万两,尚存三万;核计粤解刘饷由滇军转交者,尚不止此数;无论后批到否,此项固已足数,岑毓英两起分给之说当系以此坚其行意。臣已电属宽给。其人数多少,滇电力言只可带数百人,多则恐沿途滋扰。至搬运军火,陆运太费,水路经由法境,亦多窒碍②两节,臣均复以听岑毓英酌度。惟是两文相距数日,饷项则滇给少而所望者多,人数则所请多而许带者少,炮械一节,未经议及。据刘禀则所待尚奢;据滇咨则行计已决,情事参差,窃恐仍非定议。或系永福未敢久延,而诸多未定,故姑迁至南溪,以俟后命,亦未可知。查南溪在保胜西南,隔江七十里,地属滇境。果能先移此地,徐图安置,亦可免法人借口,较之远徙,尚可从速。至此地是否相宜,应请敕下岑毓英妥筹饬办。理合附陈,伏祈圣鉴。谨奏。

【注释】

① 南溪:地名,位于云南省文山县。
② 窒碍:障碍。指行事或议论不可通之处。

再,据刘永福四月间禀称"该提督旧部员弁营官黄俊芳、谢炳安、陆东环、刘文谦、朱冰清、梁三、刘志雄、练忠和、王玉珠、韦高魁、邓遇霖、梁茂林等十二人,哨弁黄爵元等十人,均系另投别军,现扎越南红花江一带。此项旧部随别营不同进关者,日后有无事故,与永福无涉"等语。又接岑毓英五月初一日电,称"刘团自左育溃后,逃归阮光碧、王玉珠、汤宗政三处,不下千人,朱冰清、刘文谦、刘志雄等带归何元凤六百人,又黄俊芳、梁茂林、陆东环、谢炳安等各带各部归覃修纲、张世荣又千余人,所存不过数百人,缪为大言,该督过保胜诘之"等语。体察永福来禀之意,殆深怨黄俊芳等各树一帜,不肯附从,知其散处越地,将来必为法梗,意在声明已投他军,以免后累。岑毓英此电之意,盖力斥永福之非,谓其不应大言部众多人,求索重饷。然电、禀互证,是以上诸人现不在永福部下,尚属可信。

查近日越地游勇、义民结营拒法者蠢起,谅、平一带,华、越约六七千人。宣、兴以上,华、越约二万余人。大率越人自知必遭法虐,又已习见法兵伎俩,故连结游勇,供给粮米,与法为难,恐非法人一时所能安戢①,亦非中国之力所能措处。永福能速离越入滇,中国即已践言,此外只可付之不问。故永福之部众渐离,在永福则为失势,而在中国则甚为有益。诚恐法人强指为永福部下,借口刁难,谨先陈明以备总署辩论驳折。理合附陈,伏祈圣鉴。谨奏。

六月(1885.7)

余函电香帅,陈边防事宜。香帅复电:

函电并悉。足下志甚壮,心甚深,惜其时非也。朝廷果欲攻法定越,广、桂兵食合为一家,统计盈绌,汰驽留良,号令一,赏罚平,诸君谋之,鄙人赞之,尽收北圻,期以一年,中国虽贫,尚可支,鄙人虽劣,不敢辞也。今中枢坚持和局,想暂无败盟决战之事。久远戍守,势不能多宿重兵。洞大为饷所困,僚属诋之,粤绅怨之,司农②憎之。省事、省钱便好,此时只可相题行文。饷已饬运局筹措,望妥办。

【注释】

① 安戢:安定。戢,止息。

② 司农:户部尚书。本为汉代官名,主管钱粮,为九卿之一,又称大司农。东汉末改为大农。魏以后,或称司农,或称大司农。清代因户部主管钱粮田赋,故俗称户部尚书为大司农。

七月(1885.8)

记名提督、贵州安义镇总兵陈嘉卒于龙州。陈嘉号庆余,广西人,苏军门部将,骁勇敢战,桂边诸军无与匹者,劳伤病死,关内外莫不惜之。

七月二十日(1885.8.29)

内阁奉上谕:

着派鸿胪寺卿邓承修驰驿前往广西,会同张之洞、倪文蔚、李秉衡办理中越勘界事宜,并着广东督粮道①王之春、直隶候补道李兴锐随同办理,与邓承修随带司员,一体驰驿前往。钦此。

同日奉上谕:

着派内阁学士周德润②驰驿前往云南,会同岑毓英、张凯嵩③办理中越勘界事宜,并着五品卿衔吏部主事唐景崧、江苏试用道叶廷眷随同办理,与周德润随带司员一并驰驿前往。钦此。

七月二十五日(1885.9.3)

母寿,电信叩祝,将士制锦称觞④为寿。

闻李护院授广西布政使。

七月二十六日(1885.9.4)

接香帅二十四日电:

军火东易西难,王镇⑤军火可概留付唐主政。无论前后膛枪、弹药俱不必带赴高州,以陆运劳费,切要。

香帅此举具有深意,后李护院尼⑥之,乃缴归西运局。

【注释】

① 督粮道:官名。清代置于漕运各省,掌粮米运漕之事。

② 周德润(1832—1892):字生霖,广西临桂人。同治元年(1862)进士,选庶吉士。中法战争前,上疏言越事十一次,反对妥协乞和,提出作战方略,敦促清廷当机立断,采取军事、外交措施抗法。因熟悉边情,命在总理衙门行走。1885 年 8 月,奉派到云南勘界。经激烈辩论,收回国土数百里。

③ 张凯嵩(1820—1886):字云卿,湖北鄂州人。道光二十五年(1845)进士。光绪十年至十二年(1884—1886)任云南巡抚。光绪十年(1884),与内阁学士周德润勘测中越边界。光绪十二年(1886),卒于任上。

④ 制锦称觞:撰写祝寿之文,置办酒宴。

⑤ 王镇:广西右江镇总兵王孝祺,号福臣,安徽人。统领八营勤军。镇,清

末新军编制单位,一镇一万二千余人。镇由总兵统辖,故亦称总兵为镇。

⑥ 尼:阻止,止息。

七月二十八日(1885.9.6)

电香帅,议赴滇事宜。

八月二十一日(1885.9.29)

香帅电奏:

> 唐景崧奉派随勘云界。查景崧带六营防下冻、土州一带,当高平冲。高平、太原游勇方盛,议界必多棘手,内衅亦甚可虑。若景崧入云,所部无统,且保胜定界断难速办。景崧前攻宣光,乃在越境,虽会云军,距云境尚十余站。景崧习桂、越事,在桂界似更有益。可否改派景崧随勘桂界,其云界另派他员,伏候圣裁。洞为边将难离起见,谨请旨。请代奏。之洞肃。马。

八月二十二日(1885.9.30)

奉电旨:

> 张之洞电奏已悉。唐景崧着乃遵前旨,赴云南,随同周德润办理界务。其所带六营,着张之洞派员暂行统带。所请改派该员随勘桂界,着毋庸议。钦此。

八月二十六日(1885.10.4)

电香帅,商起程、部署防营事宜。香帅复电"勘界尚早,云界尤早,尚有要事烦阁下,且缓行"等语。

九月十七日(1885.10.24)

接王佑遐京中来书,娓娓千言,虽寻常酬应,而气息隽雅①,爱而录之。书曰:

> 别来四载,靡日不思。执事指麾旗鼓,威振殊俗,奏绩边庭,凡天下有血性男子,莫不仰望声威,思亲丰采而不可得。运何人,乃荷②执事于训练余闲,远承垂注,迭赐手书,荣幸何极。自古豪杰之兴,未始不由人事。即如麾下间关绝域之始,天时人事未识何如,卒能出万死不顾一生之计,使黠者训③、强者詟④。当其始,事在麾下,故知其必然,旁观者莫不动心挢舌⑤,然后叹。向者觅句堂中,从容文酒,其相期许者,不过作数十篇绝好诗、古文词,附昭代⑥文人之列,其为知足下者,可谓微乎微者也。吾家⑦右丞⑧有言:"贱日岂殊众⑨,贵来方悟稀。"其在素习且然,信乎知己之难言也。

【注释】

① 隽雅:优美典雅。

② 荷:承受,获得。

③ 训:顺从。

④ 詟:恐惧。

⑤ 动心挢舌:内心震动,感到惊讶。挢舌,舌翘起不能出声,形容惊讶。

⑥ 昭代:清明的时代。旧时多用以称颂本朝。

⑦ 家:本家。

⑧ 右丞:王维(701—761,一作699—759),字摩诘,唐代杰出诗人、画家。太原祁(今山西祁县)人。开元初进士,历任监察御史、尚书右丞,世称王右丞。

⑨ "贱日岂殊众"句：出自王维的《西施咏》。

　　罢战安边，庙谟深远。然老貔当道①，自足夺岛夷②觊觎③之心。来谕谓为国体计，为桑梓计，具服公忠伟抱，度越时贤④，倾听下风⑤，为之一王⑥。周生霖阁部奉命临边，运欲从游，一以快壮游，一以习边事，所尤深愿者，可以借亲丰度，敬拜军容，伸数年来积思之切。乃言之较晚，不克成行。其为怅惘，殊未可言喻。天涯翘首，握晤尚遥，麾下掉厉⑦于长途，贱子委蛇⑧于寮底⑨。云泥⑩之感，纵未敢言；参商⑪之路，何时可并？

【注释】

① 老貔当道：老黑当道，"貔"当为"黑"。比喻声势逼人。
② 岛夷：对法国的蔑称。
③ 觊觎：非分的冀望或希图。
④ 度越时贤：胸襟气度超越当今贤人。
⑤ 倾听下风：指阅看信件。下风，谦辞，个人的意见。
⑥ 为之一王：精神为之一旺。"王"通"旺"。
⑦ 掉厉：掉入瘴疠。"厉"通"疠"。
⑧ 委蛇：曲折。
⑨ 寮底：小屋之下。寮，僧舍，后通称小屋为寮。
⑩ 云泥：云在天，泥在地，喻人地位悬隔，道路有异。
⑪ 参商：二星名。参在西，商在东，此出彼没，永不相见。比喻双方隔绝。

　　运自客冬①入都，闭门息景，游乐全非，回首旧欢，了不可续。不敢谓长安城里绝少名贤，只以忧患之余，神形都索。即间一展卷，亦不知于意云何。意兴如斯，尚敢于酒国诗城少为驰骋耶？春卿丈相去咫尺，往还尚稀，他可知矣。同署畴丈、鹤老皆老健如昔,曝直②之暇,时一谈艺。同乡则近延左纫鹤课读③犹子④阿龙,朝夕聚首,子石见过⑤时多。李子和先生公子文石,名葆恂,少年英俊,博雅能文,为近年新交中畏友⑥,不可不告君知之。朋友之乐止此。

【注释】

① 客冬:去年冬天。客,过去。
② 曝直:官吏连日值宿。
③ 课读:进行教学,传授知识。
④ 犹子:《礼记·檀弓上》:"丧服,兄弟之子,犹子也,盖引而进之也。"本指丧服而言,谓己之子期,兄弟之子亦为期。后来因称兄弟之子为犹子。
⑤ 见过:尊称他人的过访。见,表示他人行为及于己。
⑥ 畏友:品德端重、使人敬畏的朋友。《孟子·公孙丑上》,曾西谓子路为"先子之所畏"。"畏友"之义当本于此。

松琴缄札①时通,月二三次,襟抱②似尚宽阔。昨邮寄手书许氏《说文》③,至为精美。欲肆力著书,规模已具者,为《经史地理韵编》,造端宏大,观成自尚需时。前有书来,约运共为小词,奉题执事《请缨图》。渠亦有《长城饮马图》,拟求大笔④。嗟乎!同是图也,其境地相去为何如耶?又岂当年觅句堂促膝盖时所能逆睹⑤者耶?

而运从宦则无功,著书则无学。饥餐倦卧,年复一年,镜里尘容,渐非青髯⑥,不惟抱惭知己,思之亦极难为怀。加以唇鼻之患,迄今五年未尝见愈,盛夏差可,秋风渐厉,故态即萌。与药裹⑦为缘者,已将二千日。室人⑧病体顽劣,日甚往时,悠悠不识内助⑨之谓何,近始知日用饮食之细，真有非内莫助者。

　　弱息^⑩已长，尚未相攸^⑪。前年在汴^⑫，仲培家兄以其第三子名瑞周者为运嗣^⑬，年已十七，童心未化，复性不能读。人生只此哀乐，所处若斯，怀抱可想，足下知我，毋俟赘言也。

【注释】

① 缄札：书信。

② 襟抱：胸襟，抱负。同“衿抱”。

③ 许氏《说文》：东汉许慎的文字学著作《说文解字》。

④ 大笔：对别人文章的敬称。

⑤ 逆睹：预见。

⑥ 青髯：青鬓，乌黑的鬓发。髯，同“鬓”。

⑦ 药裹：犹药袋。

⑧ 室人：妻子。

⑨ 内助：妻子，谓能在家里相助。

⑩ 弱息：自己的儿女。

⑪ 相攸：择婿。《诗经·大雅·韩奕》：“蹶父孔武，靡国不到。为韩姞相攸，莫如韩乐。”《郑笺》：“（蹶父）为其女韩侯夫人姞氏视其所居，韩国最乐。”后因称择婿为相攸。

⑫ 汴：汴省，河南省。旧时称开封为汴梁，河南省为汴省，皆以汴河所流经之故。

⑬ 嗣：后嗣，儿子。

　　故乡水患，为五百年来所无，桑梓松楸^①，关怀曷极。京门^②秋燥万分，棚阴帘底^③尚嫌逭暑无方，翘首旌麾，日劳劳于瘴乡风雨间，何以耐此？

　　二十五日，师母荣庆^④，春丈豫日^⑤称觞^⑥，酒歌竟夕。运以久病断酒，是夕亦为尽醉。当酒酣耳热时，又不禁南望蛮云,为君踂鞠⑦也。是日得读执事电音,亦是一快。禹卿之变,痛骇良深。同侪中,学问、官阶俱为首出,中途遽折,不仅为执事伤弱一个而已。

舍间弟侄辈应南北闱试⑧,共有五人,如能得一,则明岁春官⑨之试,决不再为冯妇⑩。人生即无他长,亦安能终身逐逐⑪作逢时伎俩⑫,与乳臭小儿较量得失也。

【注释】

① 松楸:松树与楸树。因多植于墓地,常用为墓地代称。
② 京门:京城门口附近。
③ 帘底:隐蔽门窗的竹帘下方。
④ 荣庆:光荣庆生。
⑤ 豫日:预先一日。
⑥ 称觞:举杯饮酒。
⑦ 踂鞠:鞠踂,曲腰小跪,表示恭敬。古人席地而坐,以两膝着地,两股贴于两脚跟上。股不着脚跟为跪,跪而耸身直腰为踂。鞠,弯曲。
⑧ 南北闱试:明清科举时,江南乡试为南闱,称顺天乡试为北闱。
⑨ 春官:指会试。
⑩ 再为冯妇:指重操旧业。典出《孟子·尽心下》:"晋人有冯妇者,善搏虎,卒为善士。则之野,有众逐虎,虎负嵎,莫之敢撄。望见冯妇,趋而迎之。冯妇攘臂下车,众皆悦之,其为士者笑之。"
⑪ 逐逐:必须得之之貌。
⑫ 伎俩:技能,贬义。

仲兄居汴,伯兄居江西,宦况平平,觕能①自给。长安薪桂②,视昔蓓蕜③,但祝两家兄佳境日臻,或者乞米太仓④,不饥臣朔⑤耳。

夜窗草此,凌杂无端,聊当昔年篝灯⑥对语观可也。鹏运顿首。

【注释】

① 牰能：大体能够。

② 长安薪桂：长安，唐朝京城，代指京城北京；薪桂，柴价贵如桂枝，比喻物价腾贵。

③ 蓓莛：当作"倍莛"，数倍。倍，一倍；莛，五倍。

④ 乞米太仓：向京城储粮的大仓求米。

⑤ 不饥臣朔：不饿到汉臣东方朔，意为不饿到自己。

⑥ 篝灯：灯笼，以笼蔽灯。

余髫⁽一⁾年①聘王氏，为佑遐胞叔祖之女，未娶而夭。王氏在桂林曰燕怀堂，科第②辈出，先大夫③课读其家者十年，佑遐尤为乌衣佳子弟④也。惜有鼻病，然盲左腐迁⑤，名雄千古，况鼻也，何害？将以此慰励佑遐。

【校勘】

（一）髫：中华书局本作"有髫"。

【注释】

① 髫年：童年。髫，童子下垂之发。

② 科第：科举登第。宋王安石《送陈舜俞制科东归》诗："君今壮岁收科第，我欲它时看事功。"

③ 先大夫：先父。

④ 乌衣佳子弟：南京东南乌衣巷，东晋时王导、谢安等世家大族居住在此。后以乌衣子弟泛指富贵望族。

⑤ 盲左腐迁：左丘明及司马迁二人的并称。春秋鲁国太史左丘明作《左传》。《史记·太史公自序》有"左丘失明，厥有国语"，后因沿称为"盲左"；《史记》作者司马迁因忤汉武帝而受宫刑，故称"腐迁"。

九月初五日（1885.10.12）

香帅电：

李护院、唐主政：

　　维卿在桂边大有益，洞奏请改派勘桂界，未蒙允准。惟保胜难通，云界难勘，至速亦须半年后，事竣无期。景军无人统率，粤饷十分艰难，万口诟病。暂将景军裁三营，留一营并亲军百名，哨官有得力者，准留十名差委，俱支哨官薪水，姓名开报。赴云宜带亲军往，各营装械仍存勿缴；他日差竣，如朝廷仍倚以边事，增兵不难。黄守忠两营留，计景军本部、黄部共三营，暂请李护院节制调遣，并令唐牧镜沅照料。前函底①营法甚善。所留即分为两营，管带官姓名电示。洞。歌。

九月初六日（1885.10.13）

香帅电：

李护院、苏督办、唐主政：

　　洞前奏令刘屯琼州，旨令见刘后察看再酌。刘未有定所，未便遽令率众来东。兹令留军于邕。该提督轻骑赴龙。欲请鉴帅及子熙、维卿察看筹商，距南宁数十里有便于暂屯营处否？即示复。洞。鱼。

九月十七日（1885.10.24）

香帅电奏：

　　委员孙鸿勋等禀,刘永福在南溪待粤员到详谕一切,八月
初四日始启行,分队三起入桂,约九月半到南宁。饬刘部暂驻
南宁,永福轻骑赴龙,见李、苏②详察商办。唐景崧与刘契,拟
请饬唐暂留龙月余,与刘筹商,庶可周妥。刘新入关,部下颇
杂,必令情通心安,乃能相处。周大臣到云界尚早,约十月底。
法领事亦言云界恐难速勘,或先办桂界。云事既缓,唐晤刘再
行,必不至误勘界。抚刘甚有关系,不敢不详慎。请旨遵行。
请代奏。之洞肃。霰。

【注释】

① 底: 结构助词,同"之"。
② 李、苏: 署理广西巡抚、广西布政使李秉衡、广西提督苏元春。

本日奉电旨:

　　张之洞奏"拟饬唐景崧留龙月余,与刘永福筹商"等
语,着依议行。商定后即速赴云南,随同勘界。钦此。

九月十八日(1885.10.25)

香帅电:

李护院、苏督办、唐主政:

　　处刘之道,留越不问,上也;滇边,次也;思、钦、归顺①
则邻越,南宁则内地,皆不宜,不得已乃思屯琼,又其次也。
留越,法不许;屯滇,岑不许;处粤边必生衅;处腹地必累

刘。洞皆不敢允。处琼，内意又多虑。如何而可？望筹示。思、钦之议，乃洞争瓯脱、阻桂商时语。中法既邻，时势迥别。现委方道长华赴邕经理该军营务，以资钤束②谕导。洞。巧。

九月二十五日(1885.11.1)

电复香帅：

> 安刘之策，腹地则拥兵无名，近法则虑召祸，惟归顺稍宜。地僻未必通商，且牧马现有游勇，法难即至，又距越境两日程，令刘屯城外数十里，名曰防边，而不与法邻；否则，仰饷于东，径调东亦长久策。祈决定一处，示以必往，实毋庸查看，无可筹商也。陈文埩函称，刘抵百色，执意不赴龙。设彼竟不来，不独崧在龙坐候无谓，且刘冒跋扈名，则处刘之道愈难。不如崧取道南宁与晤，妥筹安置，顺道赴滇。实则鉴帅亦不望其来龙。若必欲其谒苏、李③，面劝或可行。崧。径。

本日香帅来电：

> 南宁电，刘部于二十四日已到，遵扎石埠，甚规矩。刘亦将到。电请阁下筹安刘处，未复，望速酌示大约。刘及所部可随宜安置，其孤寡老弱家口，惟有处之桂境，无各处携带之理。刘电，不欲赴龙。已复电促之。阁下可电致开导。洞。有。

【注释】

① 归顺：归顺州，元置，明代为归顺土州，清代改土归流复置归顺州，民国初之归顺府，后废府置靖西县。位于中越边境，毗邻云南。

② 钤束：管束。钤，车辖，引申为管束。

③ 苏、李：广西提督苏元春及署理广西巡抚、广西布政使李秉衡。

九月二十六日 (1885.11.2)

电复香帅：

有电谨悉。细思安刘策，上思州亦好，是其本乡，距越界亦远，其孤寡老弱可安置于此。然刘部终不如调东；若在桂边，则归顺与上思无疑义矣。已两函促其来龙。昨请赴邕①相晤，深虑其不来，更滋物议②，欲面劝之，祈示可否？不然，则派员往促之。崧。寝。

本日香帅来电：

鄙意令镇琼，屡电言之。中旨谓琼孤悬，宜慎；令到后察看，再审度。朝廷未允，鄙人如何敢定。尊意谓琼妥否？即复。上思、归顺，护院③皆不允。总之，刘必调东。如琼必不可，或屯廉以备由廉袭邕陆路，庶免虚糜④，总须奏准乃能定。由邕赴廉较便，免大队到广州，徒劳扰也。刘是否肯赴龙？姑俟复电再计。阁下就见亦是一策。其孤寡家口皆桂人，留西为便，并酌复。洞。寝。

【注释】

① 邕：邕州，清代广西南宁府治所，今南宁市。

② 物议：众人的议论。

③ 护院：署理广西巡抚、广西布政使李秉衡。清制，抚台离职，由藩台或臬台暂时代理，称为"护院"。

④ 虚糜：徒然浪费。

九月二十七日（1885.11.3）

电复香帅：

> 琼孤悬，刘难当一面，且番舶①往来，地恐不宜；廉亦太近海。刘部现无多，不如决计先调赴广州，再酌地处之。孤寡老弱，请留桂，第②不知鉴帅意又如何？崧。感。

九月二十八日（1885.11.4）

越南翰林院侍讲学士黄如珠来见，谈越事甚详，见上香帅书，书曰：

> 昨奉电谕，敕准留龙月余，应即钦遵，候办刘事。界务苍茫③，诚不卜何时办结，令人闷损④。关外蛮触相争⑤，正未有艾⑥。顷接见越官黄如珠，赍有国王密诏，号召北圻，其言法越战事甚详，录陈钧览。
>
> 据称"五月二十二日，法驶四大兵艘泊顺化口，要国王出议事。王不出，乃索辅政大臣宗室阮说出。阮说谓王曰：'王出不测；不出，则要求亦靡有已。宗社危在旦夕，不如战。战而存，幸也；不胜亦亡而已矣。'乃绐⑦法人，迟一

日王出见。遂集兵突击之,战一昼夜,杀伤相当。法折数酋,继以十四小轮进,越兵不支,阮说乃以三千人奉王夜遁于广治省之甘露地方,而故王阮福时八旬太妃及其妃犹在宫中也。法入都,焚毁官庭,胁阮福时妃书召⑧王,仍以保护为辞,曰:'王不来,妃当死。'妃潜函王:'勉力复雠,不可归,我死无憾。'王谋走清化,法以重兵截于乂安。乂安民麕集⑨勤王⑩。六月二十七日,与法大战,越死万人,法毙二千有奇,横尸山积,路为不通。王仍驻甘露,法亦夺气。而法所立各省官,已群起刃之。王欲赴牧马,因闻谅、牧有豪杰足用,且近可仰庇⑪于天朝。惜法兵截兴化江不得渡,他处愈不可行"等语。又云:"越南王印被毁,王遣员呈报云南、广西督抚,请旨另颁。"

【注释】

① 番舶:外国来华贸易的商船。

② 第:但是。表示转折。

③ 苍茫:不知结束日期。

④ 闷损:烦闷。

⑤ 蛮触相争:《庄子·则阳》:"有国于蜗之左角者,曰触氏;有国于蜗之右角者,曰蛮氏。时相与争地而战,伏尸数万,逐北,旬有五日而后反。"比喻细微事物。

⑥ 正未有艾:尚未停止。

⑦ 绐:欺骗。

⑧ 书召:写作书信呼唤。

⑨ 麕集:成群集合。

⑩ 勤王:出兵救护王朝,为王事尽力。《左传·桓公二五年》:"狐偃言于晋侯曰:'求诸侯莫如勤王。'"

⑪ 仰庇:依赖庇护。

　　该国君臣颠沛流离，不肯甘心俯首于腥膻①之下，闻之伤心，想公亦必南望而咨嗟②也。越人辄以军火为请，而虑者防闲③甚至，怵以危言④。岂知景军区区粗笨之器，即全举而畀之，又岂在彼虏目中！既自予之，有咎则自当之，又何肯累及他人？岂非过虑耶？"

　　请缨客曰：阮说闻有胆识，敢任事，为阮氏宗室之最贤者。自奉王出走，遂率兵三千人、从臣数十员、银三十万，间关千里，避于三猛山中。三猛与云南接壤，阮说于光绪十二年七、八月间抵河阳。时华人刘焕棠拥众万人据保乐州，阮说檄之来，授以宣光布政使，并给金钱三百枚犒赏部卒。入马白关谒岑宫保。余适在河口汛勘界，不得见。阮说致书曰："久闻恩公大名，前者驾涖下都，惜未获晤。恩公为我下国谋者至矣尽矣，下国君臣同深感泣⑤。说不肖，不能保守都城，爰奉幼君流离琐尾⑥，至于荒漠，冒险入关，叩乞天朝垂恤下藩，惟云南岑宫保、广东张督堂及恩公能筹所以救之"云云。

　　岑宫保畀以路费三千金入粤。

【注释】

　　① 腥膻：入侵的外敌。
　　② 咨嗟：叹息。
　　③ 防闲：防，隄，用以制水；闲，栏，用以制兽。引申为防备和禁阻。
　　④ 怵以危言：以惊人之语恐吓。
　　⑤ 同深感泣：一同深深感激涕泣。
　　⑥ 流离琐尾：流转、离散如琐细末梢之物，谓颠沛流离，处境艰难。

十月初一日(1885.11.7)

香帅电寄筹边设奏大略,属为参酌①。略曰:

一、建阃②。西提③移驻龙州,新设龙州关道④亦驻龙,辖太平府⑤;增柳州镇备腹地,酌拔数营隶之。

一、留兵。除腹地外,边防留勇二十营,饷照桂章,并军火各费,月需饷五万。勿改绿营染习⑥。

一、汰卒。桂多伏莽,旧勇难裁。

一、防所。中五路屯营十二:凭祥中,中营三;南关中,前营五;宁明中,后营一;油隘中,左营二;下冻中,右营一。

东三路屯营五:思陵东,右营三;思州东,中营一;上思东,左营一。

西三路屯营三:下雷西,左营一;归顺西,中营一;小镇安西,右营一。

归镇营少为险僻,两思州营少为近东省。思宁⑦吃重,为扼那阳⑧来路。

一、筹饷。除本省厘金⑨外,请部拨饷三十八万,考成⑩照西征⑪例,炮台、军火另奏请款,商务通后,防饷即于关税坐支⑫。

【注释】

① 参酌:参考斟酌。
② 建阃:建立统兵机构。
③ 西提:广西提督。
④ 关道:守关道员。

⑤ 太平府：明置,清因之,属广西省,民国废,故治即今广西壮族自治区崇左市。

⑥ 染习：习染,学习内容。

⑦ 思宁：思州、宁明。

⑧ 那阳：位于越南北方谅山省。

⑨ 厘金：清末于水陆关卡征收的货物通过税。大抵就货物原价抽收几厘,故名。厘,小数名,单位之百分之一。

⑩ 考成：考核官吏的成绩。

⑪ 西征：指19世纪60年代左宗棠率师西征沙俄,收复新疆国土。

⑫ 坐支：在支用时即支取。

附余论八条:

一、洋寇行兵专用火队,必开车路。近水道少来。法虏有事,仍不过水攻北海,陆犯南关。北海袭邕为近海防①,陆寇窥龙为通船头②,两广之防专驻此两路可矣,断无崎岖而过龙州之理。今春景军西归,便屯牧马,意在规取太原,非常格③也。

一、开关必设关道,兼理饷需,省局员。

一、龙为前敌最冲④,移镇⑤不如移提⑥,能统诸路。

一、防洋寇与内匪异。方今时局不能先发,专恃炮台、炮垒,必设专营戍守,以便守台练勇,豫造地营,不能仓卒旋募。

一、廷旨语意似在增制兵⑦。绿营积习,糜饷无用。

一、洞前奏十万买炮,专为龙言,所指三路皆中路也。今通筹全边之路,炮似不敷⑧,须另筹。

一、桂关既开,桂厘⑨必减,然关税必可相敌⑩。

一、此次勘界,派往绘图好手颇多。趁此,令用西法,详绘边防全图,测算须准,不可率舛⑪。

以上愚虑如此,未必有当,姑以备采。

【注释】

① 海防:据本书《卷二·(正月)二十四日》:越南宁海汛,俗呼海防。

② 船头:地名。越南船头,位于越南东北部。

③ 常格:固定的格式。

④ 冲:突前。

⑤ 移镇:总兵向边防前移。镇由总兵统辖,故亦称总兵为镇。

⑥ 移提:提督向边防前移。

⑦ 制兵:清代绿营编制的地方常备军。《清史稿·兵志二》:"绿营规制,始自前明。清顺治初,天下已定,始建各省绿营。绿营之制,有马兵、守兵、战兵。战守皆步兵。额外外委皆马兵。综天下制兵都六十六万人。"

⑧ 不敷:不够。

⑨ 桂厘:桂省厘金。

⑩ 相敌:相当。

⑪ 率舛:轻率错乱。

请缨客曰:广西提督向驻柳州府,今移驻龙州。柳府设镇①,龙州设太平、归顺道②,兼理商务,边勇隶于提督,皆本南皮此议而奏请,垂③为定制者也。惟协饷④岁为数几何,考成能否照西征例,炮台能否筹费密置,未得其详。此议于桂边形势简括无遗,一览了然。防费亦不甚钜,洵为简当经久之策。特录之,为留心边务者有所稽考⑤焉。筹边奏疏当必更详,惜未得见,然窾要⑥已备于此矣。

十月初二日(1885.11.8)

电香帅,议起程屯营事宜。先是香帅奏留勘桂界,得旨不允。因议再裁三营,留一营并黄守忠两营。初议黄两营调扎廉州,继议扎思陵,另一营移扎龙州。余思驻龙无谓,请仍屯下冻,或并扎思陵,交唐芷庵照料。电香帅曰:

> 下冻至龙五十里,龙至思陵二百四十里,相距太远,彼此难顾,一也。守忠愚直,前见景军仅留一营,渠部两营仍旧,意不自安,坚请裁撤。且恐崧从此远离,渠另寄人篱下,泣涕一日,愿卸兵独随入滇。再四开导,他省可随往,滇独不宜。若黄屯思陵,而底营留龙,黄疑有外彼意,二也。崧已束装,移营匪易,仍屯下冻,亦是一策。本日读留勘桂界电奏,言下冻关系颇切,营若移廉,有无未便?黄移思陵,近广界,或犹有说。然底营宜同扎一处,以便唐牧照料,而慰黄心。请示移否?若底营移龙,不独无地可屯,且举动令人不解,不宜行。崧肃复。冬。

【注释】

① 镇:清末新军编制单位,一镇一万二千余人。
② 道:行政单位。清代在省与州、府之间设道。
③ 垂:流传。
④ 协饷:各省协助朝廷的军饷。
⑤ 稽考:考核。
⑥ 窾要:条款之概要。

十月初三日(1885.11.9)

香帅来电:

唐主政、唐牧镜沅:

奏留阁下不赴滇者,为其可系越人之心,兼防游匪也。游匪已为我化,何能为我患乎? 设义民竟复北圻,安用边防乎? 今留桂之请不行,接济又多讹言,是天不兴越,鄙人一腔热血已成画饼①,然则留三营于崎岖荒僻之下冻,徒看斥堠②耳,有何取义? 以此羁黄已不值,羁阁下更无谓矣。东省议又以东饷久供西戍,不愿,故拟移黄思陵以通东气。阁下既以底营付镜沅,渠管龙局,势不能离,欲移底营于龙者,以就镜沅也。不肯令镜沅离龙者,恐桂营、龙局全撤,从此与南关隔绝,并与越中消息不通,以后无从经营也。此意他人或不解,阁下亦不解乎? 若底营可并移思陵,镜沅能照料更妙,自当令并黄同屯。即酌复。至下冻应请桂军填扎。阁下既赴滇,主将去则军情迥别。且冯营所存无多,移东军③捍东境,措词尚不难。速复。唐牧如有所见,亦准电陈。洞。江。

请缨客曰:昔胡文忠④尝笑叶昆臣⑤为两广总督而忘广西,何耕云⑥为两江总督⑦而忘安徽。大抵督臣只知经营于所驻之地,而于兼辖省分或往往略焉。南皮于津约已成,桂边初定之后,犹有每饭不忘钜鹿⑧之意。观此电,虽寻常问答,而悲天悯人,往复缠绵之意,流露行间。有心人阅之,能不怆然⑨涕下乎? 余电复,三营并扎思陵。从之。

十月初六日(1885.11.12)

由下冻起程。随营亲友、员弁多遣回乡。带亲兵百名,差弁十人,另带文员数人,本日抵龙州。

十月初七日(1885.11.13)

由龙州起程。李护院率文武各员送行河干,乘船赴邕。

十月十七日(1885.11.23)

抵南宁。晤渊亭及镇道⑩府县各官。是时,香帅从余所议,檄渊亭率部赴广州候调遣,并以五千金购大宅,属渊亭挈眷⑪赴东。渊亭请置家属于宾州⑫,不欲俱东。其妻,宾州人也。

【注释】

① 画饼:画出的饼,比喻徒有虚名,不切实用的事物。

② 斥堠:用以瞭望敌情的土堡。

③ 东军:广东军队。

④ 胡文忠:胡林翼(1812—1861),字贶生,号润芝,湖南益阳人,湘军将领。道光进士,累擢湖北巡抚。谥文忠,有《读史兵略》及《奏疏文集》。

⑤ 叶昆臣:叶名琛(1807—1858),字昆臣,湖北汉阳人,道光进士。咸丰初由广东巡抚升两广总督,拜大学士。喜自负,好大言。时水师登英艇执逸匪,下英旗,英人以为辱,进攻广州。名琛不设备,广州遂陷,名琛被捕,英人挟之至香港。寻徙印度。居之镇海楼,卒于印度。

⑥ 何耕云:何桂清(1816—1862),号根云,云南昆明人。咸丰进士。尝督学江苏。任浙江巡抚、两江总督。专主饷事。和春、张国梁战死丹阳,桂清弃守常州,遁至上海。夺职逮问。伏法。"耕云"当为"根云"。

⑦ 两江总督:清初设江南总督,治今江苏、安徽两省。后兼辖江西,改为两江总督。

⑧ 每饭不忘钜鹿:时刻不忘战争之事。《史记》卷一百二《张释之冯唐列传》:"文帝曰:'吾居代时,吾尚食监高祛数为我言赵将李齐之贤,战于钜鹿下。今吾每饭,意未尝不在钜鹿也。'"每饭不忘,时刻不忘;钜鹿,秦钜鹿县。项羽引

军渡河,大破秦兵于此。其地在今河北平乡县。

　　⑨ 怆然:悲伤的样子。

　　⑩ 镇道:总兵、道员。

　　⑪ 挈眷:率领家眷。

　　⑫ 宾州:州名。本汉代岭方县。南朝设立岭方郡,隋废郡,以县属尹州。唐贞观五年置宾州。明清皆属柳州府。1912 年改宾阳县,属广西省。

十月十九日(1885.11.25)

　　香帅电报:

　　　　十八日上谕:"福建台湾道兼按察使衔着唐景崧补授。钦此。"

十月二十四日(1885.11.30)

　　渊亭赴宾州,令其半月回邕,余在舟候之。时周阁学生霖已过南宁入滇境,勘桂界使臣邓鸿胪、王、李两观察已抵龙州,法使六人抵谅山。法使议勘桂毕始勘云界。

十一月十六日(1885.12.21,冬至)

　　香帅会同邓鸿胪、李护抚电奏,留余先办桂界,再往勘云界。

十七日(1885.12.22)

　　奉电旨:

　　　　邓承修、张之洞电奏"暂留唐景崧随勘桂界"等语。

唐景崧留粤则查勘云界少人襄理,且该道熟于云省地方,
着仍遵前旨,赴云毋迟。钦此。

十一月(1885.12)

渊亭定二十四日拔队东下,所部千人编为五营,一切筹商
已定。余先于二十二日起程入云南,所部景字营在桂边者,于
十二月俱撤销。

请缨客曰:余以部下闲曹①,忽作奇举,请缨而出,万里招
刘,为破虏固边之计。而刘则起踬靡常②,余亦飘忽无着,盖至
是始有结束焉。刘旋奉命授南澳③镇总兵官,仍隶南皮节下,
改借广东钦州,与冯萃亭军门结姻,遂家钦州。余于十二月二
十七日抵云南开化府,岑宫保、周大臣与随带司员户部郎中④
张其潘、户部主事李庆云、工部主事关广槐均驻此。岑、周、李、
关皆乡人也,随同勘界,叶顾之观察并在焉。法使未来,闲居
以俟。

十二年丙戌二月(1886.3)

余与李郁卿出马白关,直至河阳踏看界址。旋开化,督率
洋学生绘图。

五月(1886.6)

法派狄隆、狄塞尔、达鲁等至保胜会勘。

六月初一日(1886.7.2)

余偕叶顾之赴河口汛,隔河即保胜也。周大臣继至。岑宫

保驻八寨、古林箐等处,不愿往见法人。维时沿边越民、游勇四面鱻屯,法约我履勘龙膊河,行不及百里,被戕十余人,不敢行,乃议较图⑤定界。河口瘴厉极盛,兼值伏暑,触疫辄死,叶顾之父子病殁。余适遘⑥疮疾,困顿床蓐,强起理事,每会法使,忍痛而谈,其苦万状。

九月二十二日(1886.10.19)

随周大臣过保胜画押,事竣旋开化,取道两粤。

十三年丁亥(1887)

乃航海而赴台湾道任。

勘界无日记,且与请缨之始愿不合,尝悒悒焉。故同事皆邀奖,余独辞赏。惟当日所较边图。或亲履其地,或绘图学生往勘,颇极精详。沿边分五图:其自龙膊河以东,直至猱人寨,接广西界,分作四图;自龙膊河以西一图,此段接越南十州三猛界,极荒奇瘴,人迹罕至。彼此图且不符。而我土司猛梭⑦本属越地,滇乱复投入越,至是法使与我争之,遂姑悬此图,留待将来补议。嗣经总理各国事务衙门会商驻京法使,以猛梭归越,而以马白关外,自小赌咒河起,至南丹,将近百里地方,并都竜在内,归于云南。南丹有险可扼,猛梭荒僻难控,则是以无用易有用,极合机宜。其所校图,每一图为一段,附以说,所谓节略是也。附载于后,为天下留心边务者得所稽览⑧焉。两广界务亦于十三年⑨夏间勘定。于是广东之钦州、滇、桂之沿边五千里,紧与法邻,寇在门阃⑩,伸足即入堂奥⑪,西南安枕无日,经世君子⑫其可忽乎哉!

【注释】

① 闲曹：闲散属官。

② 起踬靡常：胜利或遭遇挫折没有一个常态。

③ 南澳：县名。属广东省。本广东饶平县东南海中之岛。岛有三澳，明万历四年（1576）筑三城。明末郑成功在此抗击清兵。清初设总兵驻防。清末改为县。

④ 郎中：官名。秦始置为官，与侍郎同隶郎中令，以其为郎居中，故称。隋、唐以后，六部皆置郎中，遂为诸司之长。

⑤ 较图：在图上计算数据。

⑥ 遘：遭遇。

⑦ 猛梭：猛梭寨。中国滇南的一个土寨。清顺治九年内附。1895 年猛蚌、猛赖、猛梭被划入法属印度支那，在今越南莱州省封土县。

⑧ 稽览：考核观览。

⑨ 十三年：光绪十三年（1887）。

⑩ 门闼：门。

⑪ 堂奥：堂的深处。入门先升堂，升堂而后入室，室的西南角为奥。

⑫ 经世君子：治理世事有才德的人。

滇越勘界节略

第一段节略

光绪十二年①八月初六日，中、法勘界大臣等辨认界务。自龙膊河入红河处所起，至云南新店外与北圻猛康之狗头寨外交界处止，勘得如后：

由龙膊河口起，沿红河至保胜南西河口止，以河中为界，此段红河北岸属云南，南岸属北圻；又河内靠北岸之洲属云南，靠南岸之洲属北圻；或有后长之洲，均应各属靠近之岸。

由南西河入红河处所起，至坝结河入南西河处所止，此段南西河以河中为界，北岸属云南，南岸属北圻；自坝结河口以上之南西河全河归云南。

【注释】

① 光绪十二年：公元1886年。

由坝结河口起，至越村谷方、华村哥峰以下侧近止，此段坝结河以河中为界，西岸属云南，东岸属北圻。

于谷方、哥峰以下侧近起界，出坝结河，登西岸陆路而经于越村谷方、华村哥峰之间，从此向东北至云南新店外与北圻猛康之狗头寨外交界处止，其界限分别所经图上注明，云南之老凹、厂崖、那芹、菜塘、水碓房、独木桥、黑山坡、绽塘、新店各地处，北圻之那正谷、甘隴、怀溪、朝南、寨谂至龙角坪、荣车、荣侄、狗头寨各地处，并绘明界线，其线以西之地属云南，线以东之地属北圻。

以上水陆界地各自注明。此外，所有地名、山名、水名未经载入者，在云南界线内属云南，在北圻界线内属北圻。

此项节略，(中、法)文字各两分，彼此画押，各执(中、法)文各一分，并附辨认明确界图各一分。

第二段节略

光绪十二年九月初九日，中、法勘界大臣等辨认界限，勘得：

自云南新店外与北圻狗头寨外交界之处起，陆路界线向东入于小赌咒河，向东北至界图注明云南之天生桥，此节界限以河中为界，河以北属云南，河以南属北圻。

自云南之天生桥起，向东北至云南之碑亭卡，仍以小赌咒河河中为界，按照界图，分别云南之新窑卡、多罗卡、法支革、大小冷卡、碑亭卡，北圻之聚仁社、马鞍山。

自云南碑亭卡河中界限稍上入于小溪中（小溪合流小赌咒河处所，以上之小赌咒河全河归云南）向东又出小溪南岸陆地^{（一）}，向东至北圻高栈桥处所，界限入于漫冲河中。（由此以西全河归云南。）顺河中为界，东至云南之漫冲、北圻之漫冲，此节界限，按照界图，分别云南之新卡、木兔、底卡、菊花山、兔达、漫冲，北圻之上董亭^{（二）}、聚和社、高栈桥、漫冲。

自云南之漫冲、北圻之漫冲河界尽处，登北岸陆地^{（三）}，按照界图，向北少（小）偏西，即折向东北，至云南之天生桥，即上藤桥，北圻之孟牙寨，此节界限，分别云南之南亮河、牛羊坪卡、牛羊河、天生桥（即上藤桥，以上之盘龙全河归云南），北圻之南亮寨、小麻、栗坡、孟牙寨。

自云南之天生桥即^{（四）}上藤桥、北圻之孟牙寨，至云南之白营盘卡相对北圻之赶掌寨处所，按照界图，以大河河中为界，分别云南之中卡、南迷、下藤桥、南丁湾子寨、三保寨、老崖寨、白营盘卡，北圻之阿綦、赶掌寨。

自云南白营盘卡相对北圻赶掌寨大河处所界限，自河中，出于北岸，按照界图，向东至牛羊河将入大河之处（界线截止之处），此节界限分别云南之南腊寨、林家寨、滴达坡、南欧卡、苏麻地、马茅、达秧坡（云南、北圻在此坡脊分界）、马鹿塘、田冲、石盆水（云南、北圻在石盆水地方分界）、芭蕉岭寨、芭蕉岭卡、茅草坪、荒田、猡人寨卡至牛羊河界线截止处（以上牛羊全河归云南），北圻之扒子寨、平夷社、南歪寨、上胜社、新店、吊竹、青达、秧坡（北圻、云南在此坡脊分界)、石盆水(北圻、云南在盆水地方分界)、芭蕉岭、湖广寨、下胜社、大杆岭至牛羊河界线截止处。以上均辨认明确。

自牛羊河将入大河之处(牛羊河西界线截止处)起,至北保船头止,中国勘界大臣等查此段大河系以河中为界。

【校勘】

(一)陆地:底本作"陆路",据1955年本改。

(二)董亭:1955年本作"董亮"。

(三)陆地:底本、中华书局本作"陆路",据1955年本改。

(四)即:底本无,据1955年本补。根据上文"天生桥(即上藤桥,以上之盘龙全河归云南)",天生桥与上藤桥系一桥两名。

又查南洞卡小河之东,系以流水洞、老隘坎为界,流水洞、老隘坎(云南、北圻)各有一半界线出其中。向北直至绿水河东崖外与马白相近之处止,法国勘界大臣等查有未合,又查^(一)此节界限系经于大河之北。公同议定,现时不画界线,俟将来能履勘时,或两国边员,或另派员会勘清楚后,再行画线定界。

惟自绿水河东岸外,于云南三文冲、北圻高马白相对处所起,彼此仍定界线。以上界地,各自注明。

此外地名、山名、水名未经载入者,在云南界线内属云南,在北圻界线内属北圻。

此项节略(中、法)文字各两分,彼此画押,各执(中、法)文各一分,并附界图各一分。

第三段节略

光绪十二年九月初二日,中、法勘界大臣等辨认界限,勘得：自绿水河之东岸以外，于云南三文冲、北圻高马白相对处所起，界线向北稍偏东，至云南之棒甲、北圻之茅草坡，此段界限分别云南之中寨、温家箐、偏那、棒甲，北圻之慢生、富灵社、空江、那竜、大冲、茅草坡。

【校勘】

（一）又查：底本无，据1955年本补。

自云南之棒甲、北圻之茅草坡界限，按照界图向东稍偏北，至云南之马江、北圻之统勒，此段界限分别云南之达尾、那郎卡、那敦卡、丁郎、龙歪、奎布、崖腊、那呼卡、大卡、扣满、魁因卡、竜恩卡、竜腊卡、扣览卡、洒扫卡、普竜卡、茅山卡、统罢、统仰、统拜、普弄、小卡寨、小卡、猴子卡、穿洞卡、毛稗卡、马生卡、马江，北圻之那令、崔脚(一)、白石崖、八大山、普劳、普地寨、谷庄江、苗江、丽小、普竜、统林、统罗、汤莫、普高、同文社、普那、安朗、大陇、普棒、安岭堡、百的社、毋丹(牡丹社)、茶平、统勒。

自云南之马江、北圻之统勒界限，按照界图，向东北至普梅河，于云南烂泥沟、北圻竜古寨之间止，此段界限分别云南之马江卡、朋尚大山（此山为云南、北圻各有一半，在山脊分界）、马苏、马蚌、竜戛卡、普梅河、卡子寨、木欧卡、烂泥沟，北圻之底定县、马弄、马拉、朋尚大山（此山为云南、北圻各有一半，在山脊分界）、竜古寨。竜古寨外，图上绘界线处，所有(一)以上之普梅全河归云南境。以上界限，各自注明。

此外,地名、山名、水名未经载入者,在云南界线内属云南,在北圻界线内属北圻。

此项节略(中、法)文字各两分,彼此画押,各执(中、法)文各一分,并附辨认明确界图各一分。

【校勘】

(一)崔脚:1955 年本作"崖脚"。

(二)有:底本无,据 1955 年本补。

第四段节略

光绪十二年九月十二日,中法勘界大臣等辨认界限。勘得:自云南烂泥沟、北圻竜古寨相对之间起,至云南凉水井、北圻篾邦相对之间止,以普梅河河中为界,此节界限按照界图,分别云南之木杠、木桑、马邦山、马邦塞(一)、篾那寨、篾那卡、谭家坝、篾弄、凉水井卡、凉水井,北圻之篾布(二)、篾邦。

自云南凉水井、北圻篾邦相对之河界尽处界限,出河上岸,向东将至云南田篷街,转向南,至云南沙人寨外,折向东北,至云南猴子洞,折向东南,至云南猛人寨对北圻龙兰街止,此节界限按照界图,分别云南之石丫(三)口卡、竜哈寨、苗塘子、龙潭、竜哈卡、哈坑寨、哈坑卡、平寨、龙薄、田篷街、沙人寨、桥头寨、黄家湾、小湾、猛人湾、流水坪、猴子洞、乾河、达论、田尾、小龙、兰坡、门寨、中河卡、麻蒌卡、小卡寨、白藤山、猛人寨,北圻之上渡、上篷、新街、中篷、格荡、麻栏、格浪、下篷、龙兰街。

【校勘】

(一)塞：1955 年本作"寨"。
(二)布：1955 年本作"希"。
(三)丫：1955 年本作"了"。

中国勘界大臣等查，云南猛人寨、北圻龙兰街均接广西(达)省界，由龙兰街及普梅河之下渡以南，查非云南现界，应由中国勘广西界之大臣等与法国勘界大臣等自行会勘。

再，法国勘界大臣等查，云南与广西交界系在者赖河以东，中国勘界大臣等查，此河并不由云南流入北圻，实系由云南流入广西境内，再出广西界入北圻，无关滇、越分界之事，今附注入节略。以上界地，各自注明。

此外，地名、山名、水名未经载入者，在云南界线内属云南，在北圻界线内属北圻。此项节略(中、法)文字各两分，彼此画押，各执(中、法)文各一分，并附辨认明确界图各一分。

第五段节略

光绪十二年九月十四日，中、法勘界大臣等，以滇、越现在之界，自龙膊河入红河处所起(以上红河全归云南)，至云南之猛人寨、北圻之龙兰街止，业经会同辨认。兹公议由龙膊河口起，云南、北圻尚未经辨认交界处所一段，较图认辨，彼此意见不合。现因此段边界梗阻，当时不能履勘，故按照本年七月二十九日所立节略第五条已定办法，应各请示于本国。其将来如何勘定，并于何时勘定，应由两国商订。此项节略,(中、法)文字各两分,彼此画押,各执(中、法)文各一分。

钦差勘界大臣内阁部堂周　押

钦差勘界大臣云贵总督部堂岑　押

钦差同勘界务福建台湾道唐　押

钦差总理勘定边界大臣驻越帮办大臣狄隆　押

钦差勘定边界事务副将官狄塞尔　押

钦差勘定边界事务参将官达鲁　押

光绪十二年九月二十二日

西历一千八百八十六年十月十九日

保胜老街　画押

　　请缨客曰:近闻通商议在临安府蒙自县。由越南红江船行,经保胜直达蛮耗①,再陆行百数十里即蒙自。将来滇如有警,寇必专趋蒙自。保胜以上河道虽浅,不能行船,而彼由南岸陆行,乃北圻地,我难阻之。寇趋蒙自,则已入我腹地矣,所有河口汛及马白关沿边一带之防营皆落后,无所用之。蒙自距省仅十站,故今日滇防以重扼蒙自为要著。桂边要隘已见南皮所议,然尤以廉州之北海为重。此关两省命脉,地在粤东,而关系粤西更紧,明者当能微会②之也。通商议在龙州,李鉴堂力争不可,今竟在龙州。

【注释】

　　① 蛮耗:云南红河州个旧县蛮耗镇。

　　② 微会:暗自领会。

跋　一

溯自用兵海上,以强敌受我重创,为泰西各国所震慑者,惟越南法兰西一役。癸未①、甲申②之交,和钧谬参使事③,驻日斯巴里亚国④。时西报电传法越事无虚日,继载有中国克秘审色克得隶博亚阿夫西位尔阿斐士主画军事,号召联络,所向克捷。译诸英文,盖言有奉使者,吏部郎官⑤也。亟走函询曾劼刚⑥星使⑦,始谂⑧公出关谋越大略,深以不获侍行阵、执鞭弭⑨为憾。

【注释】

　　① 癸未:光绪九年(1883)。

　　② 甲申:光绪十年(1884)。

　　③ 谬参使事:谬,荒诞,谦辞;参,参与;使事,出使外国之事。

　　④ 日斯巴里亚国:西班牙的中文音译。

　　⑤ 郎官:汉称中郎、侍郎、郎中为郎官。自唐以来,指郎中员外。此指属官,即吏部主事唐景松。

　　⑥ 曾劼刚:曾纪泽(1839—1890),字劼刚。湖南双峰荷叶人,曾国藩次子。袭父一等毅勇侯爵。同治年间相继出使英、法、俄诸国,与俄人力争,毁崇厚已订之约,更立新议,交还伊犁及乌众岛山,帖克斯川诸要隘,有功于新疆甚大,官至户部左侍郎。谥号惠敏。

　　⑦ 星使:古代天文家认为天节八星主使臣持节,宣威四方,因称皇帝的使者为星使。

　　⑧ 谂:知悉。

　　⑨ 鞭弭:马鞭和弓,指代戎马生活。

　　岁己丑①,从事台南,属公左右,获读《请缨日记》十卷,详绎②颠末,证以夙闻。窃叹公出关以来,跋涉数千里,无尺寸凭借,惟以忠义相激发,从容樽俎③,指挥大定,安反侧④,驭桀骜⑤,拊循⑥慰勉,固结一心,以械钝粮竭之众,转战深入,馘斩⑦精锐,俘获酋虏⑧,不可数计。厥后⑨宣光之役,法军挫衄⑩陷危⑩,全圻震动,驯至⑪告警乞援,法之国会议兵议饷群起交讧⑫,宰执⑬避位⑭。综西报之缕列⑮,实与公是编相表里者也。和钧循览⑯数过,枨触⑰旧怀,谨缀数语,以为曩日⑱军情时事之一证云⑲。

　　光绪己丑⑳七月属吏㉑朱和钧谨识。㉒

【注释】

　　① 己丑:光绪十五年(1889)。

　　② 详绎:知悉并推究。详,知悉;绎,推究。

　　③ 樽俎:谈判,交涉。

　　④ 安反侧:安抚反复无常之人。

　　⑤ 驭桀骜:驾驭凶暴乖戾之人。

　　⑥ 拊循:抚慰、安抚。

　　⑦ 馘斩:斩杀并割取敌人左耳。馘,古代战争中割取敌人的左耳以计数献功。

　　⑧ 酋虏:敌方官兵。

　　⑨ 厥后:之后。厥,之。

　　⑩ 挫衄陷危:作战遭遇挫折以致面临危险。

　　⑪ 驯至:渐渐至于。驯,渐进。

　　⑫ 交讧:交相争吵。

　　⑬ 宰执:法国内阁总理茹费理。

　　⑭ 避位:下台。

　　⑮ 缕列:详细列举。缕,详尽、详细。

　　⑯ 循览:顺着次序浏览。

⑰ 怅触：感触。

⑱ 曩日：往日。

⑲ 云：语助词，无义。用于句首、句中或句末。

⑳ 光绪己丑：光绪十五年（1889）。

㉑ 属吏：属下的官吏。

㉒ 识（zhì）：通"志"，记录。

跋　二

越南为我圣清藩服①，恪修职贡二百余年。今王阮氏，由阮福映②传至阮福时，八十余年矣。咸丰年间，法兰西扰其南六省，战八年，取之，改称西贡。旋即行成，而法踪犹未至北圻也。同治年间，云南提督马如龙③购西洋火器，已革同知李玉墀航海取道越南宁海汛入红江达滇境，此番舶入北圻之始。十二年④，法兰西借衅⑤破河内，刘永福阵斩其酋，仍即议和，遂以宁海汛为通商口岸，继则代越榷税于东京。越君臣私与立约，不与我中国知之。光绪六、七年间⑥，西贡五画酋李威利觑越孱懦，起意吞灭，并艳⑦我云南之矿利。法院⑧执政犹疑越南为我藩属，碍公法，计未决，且虑劳师。李威利力称，全圻一鼓可下，坚主用兵。八年⑨五月十三日，突率五百人攻河内，据其城。当是时，广西防军十二营在镇南关外剿土匪陆之平，记名提督黄桂兰统之，是为左江左路军；候补道赵沃统五营，驻归顺小镇安一带，是为左江右路军。雌伏⑩守边，于河内军情未敢过问。滇边向无防军，至是马白关外始屯数营。云南布政使唐炯奉命筹防，驻蒙自县，去河内千有余里。两省⑪防务，介诸不即不离⑫之间，聊称善策焉。

【注释】

　　① 藩服：古代王畿以外之地分为九服，离王畿最远的地域称藩服。此指

越南。

② 阮福映：越南语：Nguyễn Phúc Ánh(1762—1820)，史称嘉隆帝(Vua Gia Long)。越南阮朝开国君主。1802 年称帝，改元嘉隆，建立阮朝，订新国号为"南越"，并遣使向清朝请求册封。1803 年，嘉庆帝封阮福映为"越南国王"。

③ 马如龙(1832—1891)：乳名阿五，原名席珍，字云峰，又字现彩，讳如龙，云南建水人。回中世族。曾自任伪帅，后受朝廷招抚授总兵。同治二年因功授云南提督。镇压滇西起义。同治十三年调任湖南提督。光绪十七年(1891)逝世。

④ 十二年：同治十二年(1873)。

⑤ 借衅：借端挑衅。

⑥ 光绪六、七年间：1880 年—1881 年。

⑦ 艳：羡慕。

⑧ 法院：法国众议院。

⑨ 八年：光绪八年(1882)。

⑩ 雌伏：比喻避让。

⑪ 两省：上文所提广西、云南两省。

⑫ 不即不离：似严非严，似疏非疏。

余官京师，于海国①情形粗有涉猎，环顾九州，慨然有纵横海外之想。河南才士黄晓眘跳荡②负奇气，两人相与于穷卢风雪中，时时以越南为说。晓眘溺死珠江酒艇下，余十五年吏部主事，潦倒文选司③中。而越南之难适起，乃伏阙上筹护藩邦④之疏。敕下往滇，中书舍人⑤谢子石为绘《万里请缨图》以壮行色⑥。

【注释】

① 海国：海外诸国。

② 跳荡：放纵不羁。

③ 文选司：官署名。专掌文职官吏的选授、铨叙、勋阶、改调、推升等事，唐以吏部主管文选，宋文武二选均归吏部，明设文选清吏司，清设文选司，皆属

吏部。

④ 藩邦：藩国，指越南。939 年至 1885 年越南对中国维持"藩属"关系，故有此称。

⑤ 中书舍人：官名。是中书省的属官。西晋初设置，历代名称和职务不尽相同。明有中书科舍人二十人，属内阁中书科，负责缮写文告、命令等事务。清代沿置。

⑥ 行色：行旅。

　　自出都门，日有笔记。是年壬午①为第一卷，录副寄京。癸未②所记特详，甲申③二月，北宁失守，稿弃城中。继驻垒于谅山之巴坛岭，羽书火急之下，抽毫追忆，仅撮④大端。养疴龙州，遂尔阁笔。八月，领军出关，复有记。自十二月十一日宣光战后，日夕从事鞭弭，仍废不书。乙酉⑤，款议成，遂遵敕班师而入关焉。计南征三载，与西虏旗鼓相当，大小十余战，未尝不系颈帐下⑥，悬头藁街⑦，而请缨之志终憾未偿。零编断帙⑧，束置于丛残伍借⑨之中，首尾不完。

【注释】

① 壬午：光绪八年(1882)。

② 癸未：光绪九年(1883)。

③ 甲申：光绪十年(1884)。

④ 撮：摘取。

⑤ 乙酉：光绪十一年(1885)。

⑥ 系颈帐下：拴敌人之颈于军帐之下，指俘虏敌人。

⑦ 悬头藁街：诛戮敌寇，正法示众。《汉书·陈汤传》："斩郅支首及名王以下，宜悬头藁街蛮夷邸间，以示万里：明犯强汉者，虽远必诛。"颜师古注："藁街，街名，蛮夷邸在此街也。邸，若今鸿胪客馆也。"汉代藁街在长安城南门内，为属国使节馆舍所在地。

⑧ 零编断帙：断续记录、零散编成的书籍。

⑨ 丛残伍借：零乱的军事著作。

　　或曰：中外用兵，盖以此次为最久而接战为最烈也，不可不记；南交①忽属泰西②，为二千年来未有之大变，不可不记；泰西为我国雠，咸丰庚申③后刘永福首起击之，不可不记；书生走万里，驭异域枭将，提一旅偏师，转战三年，目睹兵戎始末，不可不记。于是搜辑军报，编缀旧稿，得十卷，名曰《请缨日记》。虽不免厖芜�漏④之病，而军事之宏纲要迹始卒兼赅⑤。其中得失是非，足以备鉴来兹⑥，有裨时务，而事必征实，尤可为后世史官得所依据焉。

　　光绪十四年⑦岁次戊子六月唐景崧识于台湾道署。

【注释】

　　① 南交：指交趾，今河内一带。汉置交趾郡，古代相传其地人卧时头外向，足在内而相交，故称交趾。

　　② 泰西：极西，泛指欧洲。我国古代称南海以西为西洋，即中亚细亚及印度洋一带。而欧洲位于更西，因此，明代意大利人利玛窦入华，自称为大西洋人，以别于西洋。后来泛称欧洲为泰西。

　　③ 咸丰庚申：咸丰十年(1860)。

　　④ 厖芜texts漏：杂乱遗漏。

　　⑤ 始卒兼赅：开始与结尾都完备。

　　⑥ 备鉴来兹：准备以后之人借鉴。

　　⑦ 光绪十四年：1888 年。

跋 三

　　光绪戊子①六月,编缀日记成。窃念书名"请缨"缘谢子石舍人赠图而起,而是图实为龙松琴农部所作,并许题诗,盖觅句堂中交情缱绻②,悲欢离合,尝有此种词翰流落人间也。图成而松琴难作③,不果加墨。子石倡题一诗,恩恩付余,亦不及征咏④。图留京邸,计已无存。及日记缮毕,太夫人⑤乃曰:"请缨图早渡海来矣。"亟搜以出,展睹如新,纸额签⑥曰:"请绘万里请缨图,为送唐吏部之越南。"松琴墨也。子石诗曰:

　　　　瀛环⑦以外声华⑧起,神州今有奇男子。

　　　　材非蹻张⑨气瑰玮,状貌退然文士⑩耳。

　　　　今之吏部前太史⑪,十年饥索长安米。

　　　　一旦请缨行万里,万里日南盗如蚁⑫。

　　　　岛夷交乘危卵累⑬。

【注释】

　　① 光绪戊子:光绪十四年(1888)。

　　② 缱绻:缠绵。形容情意深厚,难舍难分。

　　③ 难作:灾难兴起。指《卷一·十一月二十六日》所言"龙松琴因云南报销案解任候质"。

　　④ 征咏:征召歌者歌咏。

　　⑤ 太夫人:汉制,列侯之母方称太夫人。后来凡官僚豪绅的母亲,不论存

不死^⑨。天乎？人乎？有同慨夫！特志原委于此，使后之览者知记外有图，考古流连，余兴不尽，更当索我于五百年后零缣断楮^⑩之中云。

　　癸巳^⑪刊成再识于台湾布政使署。

【注释】

　　① 韦杜城南：唐时，韦氏、杜氏世为望族，韦氏所居名韦曲，杜氏所居名杜曲，皆在长安城南，时称韦杜。后人因借以喻高贵门第。

　　② 五云：五色的瑞云。此指京城。

　　③ 一肩萧瑟羞行李：萧瑟，寂寞凄凉，此指少；羞，羞涩。

　　④ 作健：振作奋发。

　　⑤ 拱别：拱手拜别。

　　⑥ 谯楼：城门上的望楼，俗称鼓楼。

　　⑦ 易水荆卿：易水，水名，《战国策·燕一》："燕南有呼沱易水。"发源于河北易县。燕太子丹等人送别荆轲之处。荆卿，荆轲（？—前227），又名庆卿，战国卫人。为燕太子丹客，受命至秦刺秦王，诈献樊於期首级与燕督亢地图。既见，轲以匕首刺秦王，不中，被杀。

　　⑧ 匕首不灵：以荆轲刺秦王未能成功喻唐景崧请缨赴越未能驱逐法虏，巩固边疆。

　　⑨ 虎狼不死：以虎狼之秦王不被刺死喻法虏在越法虏未被歼灭。

　　⑩ 零缣断楮：零散的书册和断破的纸张。此指陈旧古书。缣，缣素，供作书画用的白绢，此指书册；楮，即构树，皮可制纸，此作纸的代称。

　　⑪ 癸巳：光绪十九年（1893）。

参考文献

1. 专著类：

[1] 邵循正等编. 中法战争（二）[M]. 上海：新知识出版社, 1955.

[2] 邵循正等编. 中法战争（二）[M]. 上海：上海人民出版社, 1957.

[3] [清] 唐景崧撰. 请缨日记 [M]. 台湾新北：文海出版社, 1973.

[4] 邵循正等编. 中法战争（全七册）[M]. 上海：上海人民出版社、上海书店出版社, 2000.

[5] [清] 唐景崧. 请缨日记 [M]. 续修四库全书, 第 577 册. 上海：上海古籍出版社, 2002.

[6] [清] 唐景崧撰, 古辛整理. 唐景崧日记 [M]. 北京：中华书局, 2013.

[7] [清] 唐景崧撰. 请缨日记 [M]. 上海：上海古籍书店, 复印本.

[8] 于石、王光汉、徐成志编. 常用典故词典 [M]. 上海：上海辞书出版社, 1985.

[9] 广东、广西、湖南、河南辞源编写组、商务印书馆编辑部编. 辞源 [M]. 北京：商务印书馆, 1988.

[10] 汉语大字典编辑委员会. 汉语大字典 [M]. 武汉：湖北辞书出版社；成都：四川辞书出版, 1990.

[11] 罗竹风. 汉语大词典 [M]. 上海：汉语大词典出版社, 1992.

[12] 郑天挺、吴泽、杨志玖主编.中国历史大辞典[M].上海:上海辞书出版社,2000.

[13] 赵应铎主编.中国典故大词典[M].上海:汉语大词典出版社,2005.

[14] 藏励和等主编.中国人名大辞典[M].上海:上海书店,1980.

[15] 来新夏.近三百年人物年谱知见录[M].上海:上海人民出版社,1983.

[16] 吴海林、李延沛编.中国历史人物词典[M].哈尔滨:黑龙江人民出版社,1983.

[17] 孙克复、关捷主编.甲午中日战争人物传[M].哈尔滨:黑龙江人民出版社,1984.

[18] 张㧑之、沈起炜、刘德重主编.中国历代人名大辞典[M].上海:上海古籍出版社,1999.

[19] 江庆柏编著.清代人物生卒年表[M].北京:人民文学出版社,2005.

[20] [越] 陶维英著.钟民岩译.越南历代疆域[M].北京:商务印书馆,1973.

[21] 陈佳荣、谢方、陆峻岭.古代南海地名汇释[M].北京:中华书局,1986.

[22] 杜敦信、赵和曼主编.越南老挝柬埔寨手册[M].时事出版社,1988.

[23] 中国科学院北京天文台、林亨国、汪克敏、朱永和编.日历对照表(1881—2000)[M].北京:中国林业出版社,1989.

[24] 马伯庸、阎乃川.触电的帝国——电报与中国近代史[M].杭州:浙江大学出版社,2012.

[25] 古鸿廷.清代官制研究[M].台北:五南古书出版股份有限公司,2005.

[26] 蒋建中编著.古今官职诠释[M].北京:中国书籍出版

社,2013.

　　[27] 牟安世.中法战争[M].上海：上海人民出版社,1961.

　　[28] 郭廷以.近代中国史事日志[M].北京：中华书局,1987.

　　[29] 王利器.史记注译(全四册)[M].西安：三秦出版社,1988.

　　[30] 灌阳县志编委办公室编.灌阳县志[M].北京：新华出版社,1995.

　　[31] 赵尔巽等撰.清史稿[M].北京：中华书局,1997.

　　[32] 黄振南编.中法战争(第四册)[M].北京：中华书局,2002.

　　[33] 李梦生.左传译注[M].上海：上海古籍出版社,2004.

　　[34] 南炳文主编.清史(下编)[M].天津：天津人民出版社,2011.

　　[35] 戚嘉林.台湾史[M].海口：海南出版社,2011.

　　[36] 政协灌阳县教育文化卫生体育委员会编.灌阳文史资料(第十一辑)[Z].灌阳：2011.

　　[37] 张海鹏、陶文钊编.台湾史稿[M].南京：凤凰出版社,2012.

　　[38] 国家出版局版本图书馆编.古籍书目[M].北京：中华书局,1980.

　　[39] 杨伯峻译注.孟子译注[M].北京：中华书局,2008.

2. 论文类：

　　[1] 唐东升.同父三胞皆翰林[J].广西师院学报,2000 年 4 月.

　　[2] 唐咸明.唐景崧卒殁地点及年代考[C].灌阳文史资料,2011(11).

附　录

清史稿·唐景崧、刘永福传

唐景崧,字维卿,广西灌阳人。同治四年进士,选庶吉士,改吏部主事。光绪八年,法越事起,自请出关招致刘永福,廷旨交岑毓英差序。景崧先至粤,谒曾国荃,韪其议,资之入越。明年,抵保胜,见永福,为陈三策,谓:"据保胜十州,传檄而定诸省,请命中国,假以名号,事成则王,此上策也;次则提全师击河内,中国必助之饷;若坐守保胜,事败而投中国,策之下也。"永福从中策。战纸桥,敌溃,为作檄文布告内外,檄出,远近争响应。越嗣君为法胁,莫能自振,景崧乘间劝内附。永福意犹豫,景崧曰:"子能存亡断绝,即所以报故主也。且阮福时已薨,无背主嫌。"永福意稍动,于是广招戎幕谋大举。上念景崧劳,赏四品衔。

景崧上书言:"越南半载之内,三易国王,欲靖乱源,莫如遣师直入顺化,扶翼其君,以定人心。若不为藩服计,不妨直取为我有,免归法夺,否则首鼠两端,未有不败者也。"十年,驻兴化,会北宁告急,毓英令景崧导永福往援。初,桂军黄桂兰等方守北宁,刘团被困山西,坐视不救,永福憾之深。至是景崧力解之,始往;并劝桂兰离城择隘而守,弗听。景崧轻骑如谅山,与徐延旭量战守。适扶良警,请还犒刘军,行至郎甲,涌球陷,阻弗达。回谅,谓延旭曰:"寇深矣!亟宜收溃卒,定人心,备糗粮,集军械,分兵守险,以保兹土。"于是令综前敌营务,扼巴塘岭。敌再至,再却之,广军气稍振。

　　会张之洞令其募勇入关,乃编立四营,号景字军,为规越广军之一。朝廷赏加五品卿。景崧遂取道牧马,行千二百里,箐壑深岨,多瘴疠,人马颠陨不可称计。既至,数挫敌锋。毓英高其能,复以潘德继滇军属之,兵力乃益厚,进顿三江口。逾月,法人攻刘军吴凤典营,景崧率谈敬德驰救,大捷。敌既退,遂先薄宣光。城外地故荒服,乃督军开山斩道,首龙州,讫馆司,创设台站,滇桂道始达。已而军其南门,敌开壁出荡,疾击之,逼城而垒,枪弹雨坌,攻益力。是时天霪雨,运溃绝,吏士无人色。逾岁,滇军丁槐攻城,桂军虽饥疲,然犹据山巅轰击。法人殊死斗,不可败。毓英虑其断后援,令勿拼孤注,于是退顿牧马。有旨罢战,遂入关。论宣光获胜功,赏花翎,赐号霍伽春巴图鲁,晋二品秩,除福建台湾道。十七年,迁布政使。二十年,代邵友濂为巡抚。

　　台湾自设巡抚,首任刘铭传,治台七年,颇有建设,详铭传传。铭传去,友濂继之,丈地清赋,改则启征,迭平番乱,建基隆炮台。及景崧莅任,日韩启衅,亟起筹防。永福分镇南澳。景崧自与永福共事,积不相能,乃徙永福军台南,而自任守台北,未几而李文奎变作。文奎故直隶匪,从淮军渡台,居景崧麾下为卒。有副将余姓者,缘事再革之,文奎忿甚,即抚署前斩其头,护勇内应,争发枪,将入杀景崧。景崧出,叛卒见而怖之,敛刃立,并告无事。景崧慰之,翻令文奎充营官,出驻基隆。于是将领多离心,兵浸骄不可制。

　　割台议起,主事邱逢甲建议自主,台民争赞之。乃建"民国",设议院,推景崧为总统。和议成,抗疏援赎辽先例,请免割,不报,命内渡。台民愤,乃决自主,制蓝旗,上印绶于景崧,鼓吹前导,绅民数千士诣抚署。景崧朝服出,望阙谢罪,旋北面受任,大哭而入。电告中外,有"遥奉正朔,永作屏藩"语,置内部、外部、军部以下各大臣。命陈季同介法人求各国承认,无应者。无何,日军攻基隆,分统李文忠溃败。景崧命黄义德顿八堵,遽驰归,诡言狮球岭已失,八堵不能军,且日人悬金六十万购总统头,故还防内乱,景崧不敢诘也。是夜,义德所部哗变。平旦,日军果占狮球岭,溃兵争入城,城中大惊扰乱,客勇、土勇互仇杀,尸遍地。总统府火发,景崧微服挈子遁,附英轮至厦门,时立国方七日也。二十八年,卒。

刘永福,字渊亭,广西上思人,本名义。幼无赖,率三百人出关,粤人何均昌据保胜,即取而代之。所部皆黑旗,号黑旗军。

同治末,法人陷河内,法将安邺构越匪黄崇英谋占全越,拥众数万,号黄旗。越王谕永福来归,永福遂绕驰河内,与法人抗,设伏以诱斩安邺,覆其全军。法人大举入寇,永福军频挫。越人惧,乃行成,而授永福为三宣副提督,辖宣光、兴化、山西三省,设局保胜,榷厘税助饷。有黄佐炎者,越驸马,以大学士督师。永福数著战功,匿不闻,永福衔之。越难深,国王责令佐炎发兵,六调永福不至,然越王始终思用之。

光绪七年,法人借词前约互市红河,胁越王逐永福。越王佯调解,而阴令勿徙。法大怒,逾岁,入据河内。永福愤,请战,出驻山西,径谅山,谒提督黄桂兰,乞援助。会唐景崧至,面陈三策,永福曰:"微力不足当上策,中策勉为之。"朝旨赏十万金犒军,永福入赀为游击。战怀德纸桥,阵斩法将李威利,越王封一等男。既又败之城下,法人决堤掩其军,越人具舟拯之出,退顿丹凤,与法人水陆相持,苦战三日,部将黄守忠攻最力。敌大创,乃浮舰攻越都,悬万金购永福,越乞降。永福欲退保胜,黑旗军皆愤懑,守忠自请以全师守山西,功不居,罪自坐,永福乃不复言退。无何,闻法军至,遂出驻水田中,而军已罢困,及战,大溃,退保兴化。

九年,法人要议越事,岑毓英力言土寇可驱,永福断不宜逐,上韪之,命永福相机规河内,并济以饷。十年,毓英次嘉喻关,永福往谒,毓英极优礼之,编其军为十二营。法人闻之,改道犯北宁。永福驰援,径永祥金,英、法教民梗阻,击却之。比至,粤军已大溃,永福夺还扶朗、猛球炮台。俄北宁失,力不支,再还兴化。复以粮运艰阻,改壁文盘州大滩,候进止。

毓英奏言:"永福为越官守越地,分所应为,若畀以职,将来边徼海澄,皆可驱策。"于是擢提督,赏花翎。而李鸿章坚持和议,犹责其骚动。已,和局中变,上令永福军先进。法人扰宣光,永福窨地雷待之,连日隐卒以诱敌,不敢出。复徙营逼城,三战皆利。敌援至,毓英遣水师溯河而上,永福夹流截击,夺其船二十余艘,斩馘数十级,法人愕走。逾月,法舰入同章,毓英遣将分伏河东西,永福居中策应,两岸轰击,败之,复以全力扼河道。十一年,法军攻左域,守忠失同章不守,诸军败挫,永福退浪泊。停战诏已下未至,犹大捷临洮。论胜宣、临功,赐号依博德恩巴图鲁。和议成,法人要逐如故。张之洞令永福驻思钦,不肯行。景崧危词胁之,乃勉归于粤,授南澳镇总兵。

二十年,中日衅起,命守台湾,增募兵,仍号黑旗。景崧署巡抚,徙其军驻台南。及台北陷,景崧走,台民以总统印绶上永福,永福不受,仍称帮办。日舰驶入安平口,击沉之。攻新竹,相持月余,兵疲粮绝,永福使使如厦门告急,并电缘海督抚乞助饷,无应者。而台南土寇为内间,引日军深入,破新化,陷云林,掇苗栗,袭嘉义,孤城危棘,永福犹死守。日台湾总督桦山资纪贻书永福劝其去,峻拒之。日军乃大攻城,城陷,永福亡匿德国商轮,日军大搜不获。内渡后,诏仍守钦州边境。后卒于家。

永福骨瘦柴立,而胆气过人,重信爱士,故所部皆尽死力云。

论曰:清初平定台湾,用兵数十载,始入版图。甲午议和,遽许割让,天下莫不同愤焉。台民奋起,拥景崧为总统,建号永清,此实国民自主之始,七日遽亡。景崧初说永福王越,乃自为之,竟不可以终日,虽有知慧,不如乘势,岂不然哉?永福战越,名震中外,谈黑旗军,辄为之变色。及其渡台,已多暮气,景崧又不与和衷,卒归同败,此不仅一隅之失也,惜哉!

(《清史稿》卷四六三,中华书局点校本)

后　记

　　《请缨日记》是清末广西桂林灌阳人唐景崧请请缨赴越，联络刘永福黑旗军抗法的一部日记。由于该书是个人亲身经历的纪录，故极具史料价值，在中法战争研究领域时常被引用。

　　由于年代久远且涉及越南，《请缨日记》对当代读者而言有一定的阅读困难，故对该书进行校注及初步研究能够给读者阅读及进一步研究该书提供一定的便利。

　　改革开放以来，国家经济建设取得巨大成就，具备了大力发展文化的物质条件。在这个背景下，国家对古籍的整理及出版越来越重视。最近几年，广西整理、出版了多部地方古籍，为广西地方文化的繁荣与发展作出了一定的贡献。为继续推进广西的古籍整理、研究，扩大广西地方古籍的影响力，广西对古籍的整理、研究、出版一直在继续。本书荣幸被列为新一批的广西地方古籍整理、研究成果出版。

　　本书的校注与研究得到了广西楹联学会会长周绍麟先生及广西大学文学院郭春林副教授的帮助；广西大学文学院孙先英教授、阳静副教授、张维副教授也对本书提出了宝贵的修改意见；广西大学文学院研究生张慧琴对部分底本的录入提供了帮助，宣融融、越南籍研究生裴氏秋水对本书的修改提供了支持；上海古籍出版社的编辑为本书的出版提出了宝贵的修改意见。笔者在此一并致以诚挚的谢意。

　　限于水平，本书难免有不足，疏漏、谬误之处恳请海内外方家批评指正。

作　者

2016 年 8 月

亡,均称太夫人。

⑥ 签:题文字以白事。

⑦ 瀛环:世界。

⑧ 声华:美好的名声。

⑨ 蹶张:以脚踏强弩,使之张开。谓勇健有力。

⑩ 退然文士:柔弱的文人。退然,柔弱。

⑪ 前太史:从前的太史公司马迁。此喻唐景崧记录中法战争历史。

⑫ 日南盗如蚁:日南,郡名,秦时象郡。汉武帝元鼎六年(前111)更名,以其地在日之南而称。属交州。地域在今越南中部地区,治西卷县(今越南广治省东河市)。文中代指越南。盗如蚁,盗贼多如蚂蚁。

⑬ 岛夷交乘危卵累:岛夷,倭寇,亦泛称外国侵略者,含有鄙视意;交乘,交相趁机为祸;危卵累,危如累卵。累卵,以卵相叠,比喻极端危险。

> 剥床恐及肤①,亡唇终累齿。
>
> 朝廷南顾忧,兵端戒毋启。
>
> 君乃蹶然②兴,奋笔书长纸。
>
> 九真吾屏蔽③,地匪珠崖比④。
>
> 群盗亦吾民,联之臂使指⑤。
>
> 见兵取劲支⑥,开屯当戊己⑦。
>
> 不费一金折一矢,以盗攻夷熊搏兕⑧。
>
> 书奏天颜⑨喜,皇华奉廷使⑩。

【注释】

① 剥床恐及肤:《易·剥》:"剥床以肤,切近灾也。"本指恐怕伤害到肌肤,此指法国侵犯越南,灾祸恐怕及于中国。

② 蹶然:疾起貌。

③ 九真吾屏蔽:九真郡,中国古代行政区,位于今越南北部。秦时属于象郡,赵佗称王后,分其地为交趾、九真二郡,属南越四郡之一。汉武帝于元鼎六年(前111)灭南越国后沿习,属交州。东汉时复名九真郡。东吴时由九真郡分

出九德郡。及至唐朝,仍有此郡。后越南独立,九真尽为其土,中国史书不复载之。此代指越南。屏蔽,屏障。

④ 地匪珠崖比:地,越南;匪,非;珠崖,郡名。"珠"亦作"朱","崖"亦作"厓"。汉置。珠崖郡,治今琼山县东南。即今海南海口市。元帝时废。孙吴所置名朱崖,治徐闻(今县西),在雷州半岛,称海南岛为朱崖州。晋废。隋再在海南岛置郡(珠崖、儋耳、临振),珠崖治所在今琼山东南。唐改崖州,废州存郡时又曾称珠崖郡。此指海南岛。因越南与中国接壤,法人侵越直接威胁中国,海南岛与中国大陆隔海,故非海南岛可比。

⑤ 臂使指:《汉书·贾谊传》陈政事疏:"今海内之事,如身之使臂,臂之使指,莫不制从。"就像手臂使用手指一样,臂之使指,形容运用自如。

⑥ 见兵取郅支:见,现。取,捕取,斩杀;郅支,匈奴单于名号。匈奴呼韩邪单于之兄,名呼屠吾斯。汉宣帝五凤元年(前57),五单于争立,呼屠吾斯于东边自立为郅支骨都单于。甘露三年(前51),呼韩邪入朝,郅支亦遣使奉献。元帝初,因怨汉厚呼韩邪,叛汉,杀汉使,并西走攻占乌揭、坚昆、丁令,侵扰汉之西陲。建昭三年(前36),为汉西域副都护陈汤攻杀。此借指侵越法军头目。

⑦ 开屯当戊己:开屯,开放屯田;戊己,戊己校尉。汉代官名,掌管西域屯田事务。泛指边区军事长官。

⑧ 以盗攻夷熊搏兕:用盗贼攻打夷人犹如熊与猛兽搏斗。兕,雌性犀牛,泛指猛兽。

⑨ 天颜:帝王的容颜。

⑩ 皇华奉廷使:指唐景崧奉命留越协助军务。皇华,《诗经·小雅》有《皇皇者华》篇。《序》谓为君遣使臣之作。后来遂用皇华作使人或出使的典故。奉廷使,奉朝廷之命出使。

韦杜城南秋雨晴①,五云回望天尺咫②。

富良江上瘴烟浓,一肩萧瑟③羞行李。

吁嗟乎!

男儿作健④宁顾此,奉君一杯君行矣。

其图为状短衣匹马男子拱别⑤于春明门外,谯楼⑥一角,烟树苍凉,极有易水荆卿⑦不顾而去之慨。惜乎匕首不灵⑧,虎狼

世纪出版

上架建议：中国史
ISBN 978-7-5325-8294-5
9 787532 582945 >
定价：68.00元
易文网：www.ewen.co